U0482571

“十三五”国家重点图书出版规划项目 | 丛书主编 侯怀银

本书是国家社会科学基金“十三五”规划2018年度教育学重点课题“中华人民共和国教育学史”（课题批准号A0A180016）的研究成果

共和国
教育学70年

Pedagogy of the People's Republic of China for 70 Years

特殊教育学卷

马建强　何　侃　王培峰　等著

北京师范大学出版集团
BEIJING NORMAL UNIVERSITY PUBLISHING GROUP
北京师范大学出版社

总　序

2019年系中华人民共和国70华诞。站在70年的节点，我们需要对中华人民共和国教育学的发展历程进行回顾、反思与展望。据我们目力所及，从中华人民共和国成立至今(截至2019年年初)，国人引进和自编的教育学著作(包括专著与教材)共计4700本，占20世纪以来中国教育学著作总量的80%。其中，国人自编的教育学著作4300本，引进外国著作400本。新中国成立以来，中国教育学人在20世纪上半叶教育学发展的基础上，砥砺前行，取得了非凡的成就，形成了学科发展的经验。时至今日，我们需要梳理新中国成立70年来教育学学科建设的成就和经验并寻找其启示，我们更需要系统开展中华人民共和国教育学史的研究，把中华人民共和国教育学史作为中国教育学史研究的重要组成部分。

一、新中国成立70年来教育学学科建设的成就

新中国成立后，中国教育学人在中国共产党的领导下，自觉以马克思主义为指导思想，着力建设中国教育学。纵观70年来中国教育学的建设，主要取得以下五个方面的成就。

(一)由照搬照抄到本土化再到中国教育学的建设取得成效

70年来，中国教育学学科建设取得的最大成就在于中国教育学的提出和建设。

新中国教育学的建设是从照搬照抄苏联教育学开始的。叶澜教授认为“引进”是中国教育学从“娘胎”里带来的印记。这就是说20世纪上半叶中国教育学的发展是从引进日本、德国、美国等国家的教育学开始的。在引进其他国家教育学的过程中，中国教育学人在20世纪20年代就注意到仅仅引进其他国家的教育学并不能解决中国教育实际存在的问题，故而提出“教育学中国化”的问题。客观而言，那个时期的中国教育学人在探索解决中国教育实际问题的过程中确实创造了很有品质的教育思想和教育理论。随后的抗日战争和解放战争，使中国教育学人的探索被中断甚至被破坏。新中国成立后，中国教育学并没有在原有的基础上建设，而是直接取法苏联。当时，中国教育学人学习苏联教育学主要是通过译介苏联的教育学教材、邀请苏联教育学和心理学专家来华授课、派遣留学生和专家去苏联学习等途径。1956年，中苏关系恶化，学习苏联教育学来指导中国的师资培养和教育实践的路径被中断，中国教育学人开始探索中国教育学。这一时期，中国教育学人虽然提出了“中国教育学”，但是具体的做法却是教育学的中国化(中国化的教育学)。

中国化的教育学得到研究和发展，其不足之处也得到反思。在“向科学进军”的号召下和“双百方针”的指引下，我国教育学建设者以前所未有的热情，在对学习苏联教育学的经验和教训进行反思的基础上，开始了教育学中国化的初步探索。1957年《人民教育》7月号以《为繁荣教育科学创造有利条件》为题，发表了当时一些学者对我国教育科学研究工作的意见。这些意见直指学习苏联经验中的教条主义、机械主义倾向，鲜明地提出了教育学的中国化问题，从方法论的高度对如何建设中国的教育学提出了十分宝贵的意见。曹孚在《新建设》1957年第6期上发表了以《教育学研究中的若干问题》为题的长篇论文，在教育观念上对以凯洛夫主编的《教育学》为代表的苏联教育理论提出了不同寻常的、有力的挑战，从而在教育学中国化的方法论上取得了理论思维上的进展。

然而，正当我国教育学研究者充满热情地为建设中国化的教育学科体系而努力探索时，反“右”斗争开始了。在此气氛中，曹孚1957年发表的《教育学研究中的若干问题》一文被错误地批判，作者被迫在《新建设》1958年第2期发表检讨文章。① 这一批判虽然是在内部进行的，但影响也波及全国高等师范院校和教育科研机构。由于反“右”斗争扩大化，高等师范院校一些教师和学者被错误地划成了右派，我国教育学科建设受到严重挫折。1958年至1960年，开始了以贯彻教育与生产劳动相结合为中心的“教育革命”运动，教育学领域开始了“大跃进”，开展了一系列的批判运动。这些在思想和学术领域的批判简单粗暴，压制了在学术上持不同观点的人，打击了很多有真才实学的学者，挫伤了当时教育科学工作者的积极性，严重地影响了我国教育学学科的建设和发展。

正是由于反“右”斗争的扩大化和“教育革命”中“左”的浪潮，我国教育学学科体系的建设出现了一种“左”的倾向。这主要表现在教育学的教材建设上出现了一种“教育政策汇编形式”的教育学。1958年4月23日，教育部发出通知，师范学校三年级教育学课原有教材停授，改授有关我国教育方针和政策的内容。② 这一切使“文革”期间教育学教材编写完全成为教育经验政策汇编，成为“语录学”和“政策学”的温床。

改革开放之后，中国教育学人再一次提出“中国教育学”，并对“建设具有中国特色的社会主义教育学”“中国教育学本土化”的内涵、必然性、方法论和路径等进行了探索。这些研究指导了中国教育学的建设和发展，中国教育学人出版了不少具有中国特色的教育学著作和教材，培养了大批人才。但是，建设具有中国特色的教育学仅

---

① 即《对〈教育学研究中的若干问题〉一文的检讨》，同期还发表了批评曹孚的文章《怎样理解“教育中的继承性问题”》。

② 中央教育科学研究所：《中华人民共和国教育大事记 1949—1982》，219页，北京，教育科学出版社，1984。

反映在教育学学科建设的局部，还没有反映到教育学的整体建设上来。之所以这样讲，是因为改革开放之后，中国教育学人又开始大量译介国外的教育学成果，一些具有中国特色的教育学著作和教材也吸纳了国外教育学研究成果，但未能完全反映出中国教育实践的需要。

21世纪初，中国教育学人在反思20世纪中国教育学发展的基础上开始建设中国教育学。这一时期，中国教育学人发表并出版了不少反思20世纪中国教育学发展的成果，并对建设中国教育学提出了展望。一些反映中国教育实践需求的教育思想和教育理论得以创生，如主体教育思想、新基础教育、情境教育、情感教育、新教育，等等。尤其出现了以叶澜教授创建并持续领导的“生命·实践”教育学派。学派的形成既是教育学理论发展的重要途径，又是教育学理论的丰富性和长久生命力的不竭之源。学派的发展，从深层次上探索了学科发展的内在的可能性空间。从学科发展走向学派的形成，是实现我国教育学发展的有效途径，也是时代的必然要求。只有创建自己的教育学派，形成真正的教育学家，形成一套完整的教育学本土化的逻辑体系和思维方式，中国教育学才真正有可能与国外，尤其是西方的教育学进行对话与交流。

(二)马克思列宁主义、毛泽东思想的指导地位得以确立

学科建设必须有指导思想。在社会主义的中国，教育学学科建设的指导思想是马克思列宁主义、毛泽东思想。新中国成立后，马克思列宁主义、毛泽东思想成为指导社会主义革命和社会主义建设的理论基础，与此相适应，迫切需要确立马克思列宁主义、毛泽东思想在中国教育学建设中的指导地位。马克思列宁主义、毛泽东思想在教育学发展中指导地位的确立是从新中国成立后开始的。这种确立同社会科学其他学科研究领域，如历史学、文学等一样，经历了7年的历程(1949—1956年)，也走了同样的道路，即学习、引进和批判相结合。其一，学习马克思列宁主义的基本原理。其二，引

进苏联教育学。诚如曹孚先生指出的那样："马克思列宁主义教育学在短促的几年中，在中国教育学术界奠定了自己统治的地位，这是与教育学方面学习苏联分不开的。"①其三，开展对旧教育思想的批判。经过学习、引进和批判，我国教育研究工作者开始从思想上确立马克思列宁主义、毛泽东思想的指导地位，自觉树立辩证唯物主义和历史唯物主义的世界观，"开始用马克思列宁主义的观点去研究教育科学问题……马克思列宁主义观点与理论已经在教育学、心理学、教育史的研究与教学中初步建立了统治的地位"②。马克思列宁主义、毛泽东思想在中国教育学建设中指导地位的确立，为中国教育学的重建指明了方向并提供了理论基础。

（三）国外教育学的引进成为中国教育学发展的重要组成部分

70 年来，中国教育学的建设在处理中外关系的过程中，逐渐走出了一条既不是依附又可以相互借鉴的道路。中国教育学的起点是从引进国外教育学开始的。新中国成立后一段时期，中国教育学人又走上了引进国外教育学的道路。这两次引进不是学习借鉴式的引进，而是照搬照抄式的引进。改革开放后，中国教育学人在讨论教育学中国化、本土化和中国教育学建设的过程中，逐渐注意到我们既不能照搬照抄国外教育学（因为照搬照抄解决不了中国教育实践存在的问题），又不能闭门造车、闭关自守，而要开放。这就要处理好教育学建设过程中的中、外问题。通过考察 1949 年以来国外教育学著作和教材的引进情况，我们发现，引进所占比例并不低，尤其是 1977 年后，即便是以再建中国教育学为目标，也有近一半的国外教育学著作和教材被引进到国内。教育学研究者在一定程度上已把国外教育学的引进作为再建中国教育学的重要组成部分，已主动学习并借鉴国外教育学的研究成果，注重与国外教育学的发展接轨，其

① 瞿葆奎等选编：《曹孚教育论稿》，208 页，上海，华东师范大学出版社，1989。
② 同上书，688 页。

中以美国、苏联、日本为主。然而，对发展中国家教育学的发展成果，我们借鉴和吸收得还不够。1977年以来国外教育学的译者数量占到整个20世纪译者总数的一半以上，这说明在教育学著作和教材的引进上我国已形成相对稳定的翻译队伍，这不仅为国外教育学的研究提供了人员上的保障，而且为形成中外融合的教育学研究队伍奠定了一定基础。

（四）中国教育学的学科群基本形成

70年的中国教育学发展，促使其分支学科不断出现与发展，仅1977—2000年这一阶段就增加了28门教育学分支学科，教育学的学科门类基本形成。同时，教育学学科体系也基本形成并初具规模。中国教育学学科体系的建设在改革开放后基本上是沿着正确的轨道进行的，教育研究领域越来越宽广，教育研究成果已成为教育学建设的丰富资源。教育学的理论基础不断得到拓展，我国初步形成了较完备的教育学学科体系，从而结束了作为一门学科的教育学一枝独秀的局面。

教育学既有了综合性的发展，又有了分化性的发展。从其综合性方面来说，教育学同其他有关学科有了紧密的联系，许多边缘性、交叉性和新兴学科相继恢复、产生、充实和发展；从其分化性方面来说，教育学越分越细，作为一门学科的教育学、教育概论、教学论、课程论、德育原理、教育哲学等学科快速发展。我国已初步形成了教育学交叉学科、教育学专门学科与教育学元科学相结合，多种教育学分支学科相继独立的学科发展格局。我国教育学的建设和发展，不仅为有关决策的形成提供了一定的理论依据，为中国的教育教学实践提供了一定的理论指导，在一定程度上促进了学校教育教学质量的提高，而且也起到了一定的理论预测作用，促进了教育事业的繁荣和发展。

特别需要指出的是，教育学元研究的发展为中国教育学学科建设提供了坚实的基础。教育学元研究是对教育学元问题的研究，包括教育学的概念、教育学的性质、教育学的体系、教育学的逻辑起点、教育学的方法论、教育学的价值、教育学的功能、教育学的学科立场、教育学的学科地位、教育学史，等等。

(五)中国教育学的社会建制得到完善

一门学科的社会建制大体包括五个部分：一是学会；二是专业的研究机构；三是各大学的学系；四是图书资料中心；五是学科的专门出版机构。[①] 按照这个标准来看，新中国成立70年来，中国教育学的社会建制得到了完善。第一，在学会方面，中国教育学会、中国高等教育学会等成立，在这些学会之下还有若干分会，分会下还设专业委员会。第二，在专业的研究机构方面，国家层面有中国教育科学研究院，各个省市有本省市的教育科学研究院等。第三，在各大学的学系方面，综合院校、师范院校等多设立专门的学院，如教育学部、教育科学学院、教育学院、教师教育学院、教育技术学院等，一些教育学院还设立了各个研究所。第四，在图书资料中心方面，教育学的书籍在各大图书馆有专门的图书分类号。第五，在学科的专门出版机构方面，中国有专门的教育学出版机构，如人民教育出版社、教育科学出版社、高等教育出版社等；一些省市也有教育出版机构，如上海教育出版社、福建教育出版社、山西教育出版社等；一些大学的出版社也出版教育学方面的著作和教材，如北京师范大学出版社、华东师范大学出版社、广西师范大学出版社等。就以上方面而言，新中国成立70年来，中国教育学的社会建制得到完善。

二、新中国成立70年来教育学学科建设的经验

70年来，几代中国教育学人就中国教育学的建设取得了诸多成就，形成了一些教育学学科建设的经验，具体来说，在于较好地处理了教育学学科发展中的几对关系。

---

① 费孝通：《略谈中国的社会学》，载《高等教育研究》，1993(4)。

(一)处理好马克思主义哲学与其他哲学流派促进教育学建设的关系

教育学与哲学有着天然的联系。在教育学学科化时，赫尔巴特就是以实践哲学和心理学作为教育学的学科基础的。再往前推，教育学首先是哲学家康德在大学的课堂上开讲的。新中国成立以来，中国教育学的建设以马克思主义为指导取得了辉煌的成就。但是我们需要警惕的是马克思主义不等于马克思主义哲学。马克思主义是我国各项事业建设的指导思想。马克思主义本身包含了马克思主义哲学、政治经济学和科学社会主义。马克思主义哲学是马克思主义的一部分。马克思主义哲学对其他哲学流派不是全盘否定的，其他哲学流派的观点也不是与马克思主义哲学水火不容的。在新中国70年教育学学科建设的过程中，有一段时间，我们将教育学的哲学基础完全确立为马克思主义哲学，对其他哲学流派实行全盘拒斥，阻碍了中国教育学的建设。改革开放之后，教育领域思想大解放，其他哲学流派不断译介和传播，教育学的学科建设逐渐兼容并纳各家哲学流派之观点，走上了快速发展的道路。这带给中国教育学人的经验就是处理好马克思主义哲学与其他哲学流派在促进教育学建设过程中的关系。

中国教育学人还需要吸取的经验是避免把马克思列宁主义、毛泽东思想在指导教育学学科建设时绝对化。马克思列宁主义、毛泽东思想是我们进行教育学建设的指导思想，中国教育学的建设必须确立马克思列宁主义、毛泽东思想的指导地位。然而，这并不意味着我们要把马克思列宁主义、毛泽东思想绝对化。在坚持把马克思列宁主义、毛泽东思想作为指导思想的前提下，如何还马克思列宁主义、毛泽东思想“智慧之友”的本来面目，充分发挥马克思列宁主义、毛泽东思想方法论意义上的指导功能，是我国教育学学科建设值得思考并需解决的重要课题。

（二）处理好批判和继承之间的关系

中国教育学的发展，在“文化大革命”的十年遭到严重的破坏和错误的批判。从这个意义上讲，如何正确认识批判的本质和功能，并处理好批判和继承的关系，对于我国教育学的建设和发展至关重要。就批判的本质来看，批判实际上就是分析，批判就是一个一分为二的分解过程。从马克思主义的观点来看，批判也就包含着继承，而继承又不是简单的肯定，是包含在否定中的肯定。从“文革”时期的“批凯”和“批孔”来看，这种“批判”是与马克思主义的批判观相违背的，它背离了批判的本质和功能，割裂了批判和继承的关系。正因为这种“批判”，才导致了对凯洛夫主编的《教育学》和孔子教育思想等的全盘否定，进而对整个教育学的批判否定，这个教训很值得我们吸取。我国教育学的建设必须在认真贯彻“双百方针”的基础上，正确地开展学术批判。我们应把学术批判作为繁荣我国教育学的基础、条件和动力，使其真正地推进我国教育学的建设和发展。

（三）处理好中国教育学建设过程中的中外关系

由于教育学从发生学意义上具有“舶来”的品性，其对国外教育学的“依附”自然难免。不过，纵观20世纪中国教育学的发展之路，我们可以欣喜地看到，在教育学的理论建设中，亦步亦趋的成分越来越少，独立创造的因子越来越多。叶澜教授曾在《中国教育学发展世纪问题的审视》一文中提出，政治、意识形态与学科发展的关系问题、教育学发展的“中外”关系问题、教育学的学科性质问题等，这些问题是影响教育学学科发展的根本性问题。① 新中国成立70年来，中国教育学人在建设教育学学科的过程中，不断地在处理教育学的中外问题。我们曾经有依附、有全面批判，当然，时至今日，我们已放弃了全盘接受和全面否定的态度。研究者多认同立足中国教育现实，寻找本民族与外来教育融会贯通的契合点是实现本土化、摆

① 叶澜：《中国教育学发展世纪问题的审视》，载《教育研究》，2004(7)。

脱对西方教育学的依附的根本途径。但也有研究者指出，本土化的过程仍然是对西方的“移植”过程，主要表现在本土化的途径仍然以译介为主，本土化的对象仍以借鉴为主，本土化的教育理论内容更是充斥着西方的思潮和思想。针对这种在认识论和方法论上存在的问题，研究者提出了本土化研究的重点和难点，乃是基于本土问题，研究本土性，寻找结合点，并开展具体研究。[①] “生命·实践”教育学派在处理教育学学科建设过程中的中外问题方面走出了一条具有特色的道路。该学派立足中国当代社会和教育中的具体问题，寻求中西方思想文化的滋养。

(四)处理好学科体系建设和知识体系构建之间的关系

在我国建立的教育学学科体系中，各学科的发展存在着较严重的不平衡现象。其中有些学科起步较早，已初步形成了较完整的体系；有些学科本身又分为若干分支，学科研究向着更加深入的层次、更加广阔的领域发展，处于成熟或继续发展期；有些学科是近几年才刚刚开始建设，处于汇总材料、构思体系、逐步创建阶段，正为学科体系建设创造条件；有些学科正处于初创阶段，趋于形成。教育学学科领域中的空白点较多，一些分支学科研究者甚少。这种不平衡性在一定程度上影响了教育学的学科建设和发展。我国教育学学科建设的水准不高，学科独立性尚差。一般来讲，教育学学科确认标准有三方面：其一，有明确的研究对象和研究范围，有相对独立的概念、范畴、原理，并正在或已经形成学科结构体系；其二，有专门的研究者、研究活动、学术团体、传播活动、代表作等；其三，该学科的思想、方法已经在教育实践中被应用、被检验，并发挥出特有的功能。[②] 以这三方面标准来衡量，我国教育学学科体系

① 吴黛舒：《繁荣背后的反思：中国的“教育学本土化”》，载《教育理论与实践》，2007(9)。

② 安文铸、贺志宏、陈峰：《教育科学学引论》，17页，南昌，江西教育出版社，1997。

还不成熟和完善，仅仅初步确立起了应有的门类和框架，在一定程度上尚落后于其他学科的发展。从各门教育学学科建设来看，无论是从深度还是广度来说，都还不能按学科建设的严格原则和标准进行具体规划和落实。在整个科学体系中，教育学学科特别缺乏一整套独特的概念、范畴、命题和研究方法，学科的独立性不强。

之所以出现教育学的分支学科发展不平衡和学科独立性不强的状况，是因为中国教育学人在教育学学科建设过程中还没有处理好学科体系和知识体系之间的关系。我们强调教育学分支学科的繁荣壮大，但在一定程度上忽视了教育学说到底是教育知识的学问。学科建设不能用学科体系取代知识体系。知识体系决定着学科体系的样态，而不是学科体系规范着知识体系。

（五）处理好教育学学科建设和教育研究之间的关系

教育研究是教育学建设和发展的基础和前提。新中国成立初期，我国的教育研究工作，一方面是总结和发展自己的教育实践经验，特别是老解放区的教育实践经验，开创我国的教育研究工作；另一方面是翻译出版苏联教育学方面的研究成果，借鉴苏联的教育研究经验，以指导我国的教育实践。20 世纪 50 年代后期，我国着手建立教育研究机构，并开始进行教育研究的规划工作。20 世纪 60 年代初，我国教育研究机构的建立以及教育研究工作的指导方针和任务的确立，才使我国教育研究工作进入一个初步繁荣和发展期。20 世纪 80 年代后，随着解放思想在教育领域的深入，研究者针对教育学发展问题进行了不同层面、不同领域、不同角度的研究，推进了教育学理论的发展，对教育学理论体系的构建起到了重要作用。

由此可见，教育研究工作直接影响到教育学建设和发展的进程。我国教育学的建设和发展必须切实重视并加强教育研究工作。我们应把教育学的建设和发展置于雄厚的教育研究工作基础之上。

三、新中国成立 70 年来教育学学科建设的启示

通过对 70 年来中国教育学发展的回顾与反思，我们深深感受

到，新时代中国教育学的建设，应以从中国出发的“世界教育学”和“大教育学”为根本追寻，赋予教育学以中国文化的特色，建设具有中国特色、中国气派的教育学，它服务中国社会和教育实践的发展，促进人的发展和社会的全面进步。我们应在对“人”的认识基础上，探索中国教育运行的特殊规律，形成我们的理论框架、研究方法和知识体系，处理好教育学发展中的引进和创新的关系、教育学的发展和教育实践的关系、教育学各分支学科之间的关系，确立教育学在整个科学体系中的地位，发挥中国教育学学科的系统功能，促进教育学的繁荣，并推动中国教育学走上世界舞台。为此，我们需要做到“六个坚持”。

（一）坚持教育学的学科自主

所谓教育学的学科自主，就是教育学研究者创生教育学学科、教育学理论。教育学虽是“舶来品”，但经过研究者多年的努力，其亦步亦趋的成分越来越少，独立创造的因子越来越多。因此，我们可以预料，中国教育学学科建设最终会走上独立创新的康庄大道。20世纪国外教育学的输入，已经为我们独立地创造自己的教育学准备了足够丰富的“质料”，依靠中华民族五千年积累的智慧，我们有理由创造出具有中国特色的教育学学科。这需要教育学界的同仁通力合作。在此须指出的是，走这样的一条道路，是要摆脱教育学学科建设中仰人鼻息的窘境，而不是说拒绝对国外先进的教育学的吸收。在这样一个日益走向全球化的世界，除了无知的妄人之外，任何人都不会不承认学习他国的优秀理论成分对我们的理论创造的价值。

我们应在吸收与独立创造之间寻求一种合理平衡，扎根本土实践与教育传统，把西方的教育学理论作为“质料”来进行审视，以“重叠共识”为基点，进行理论整合。

我们要坚持教育学的学科自主，需要在教育学的学科建设上树立大教育学观，改变教育学的学科建设主要局限于学校教育的建设局面。学校教育应该是教育学研究的重要领域与对象。我们应该对学校教育内在规律做深入细致的分析研究，力争发现与揭示存在于学校教育现象中的普遍规律，通过对学校教育基本原理的探讨，去阐述教育活动的一般原理。但教育学仅仅以学校教育为研究对象，是对人作为完整生命发展主体的一种有意识的忽视，学校教育不是人的教育活动的全部，对学校教育内在规律的分析研究无法全面揭示存在于所有教育现象中的普遍规律，对学校教育基本原理的探讨不能代替对教育一般原理的探讨。因此，新时代中国教育学的建设，不仅要去关注学校教育，而且要超越学校教育，以终身教育为视野，把教育学学科建设拓展到人类教育活动的其他形式，特别要重视社会教育学的学科建设。

我们要坚持教育学的学科自主，更需要在教育学的学科建设上，把中国教育学史作为教育学中的一门基础理论学科去建设，对中国教育学史的学科性质、研究原则和方法等进行深入的思考，以促进中国教育学史的研究。我们需要梳理中国教育学历史发展过程中的重要事实，研究和了解中国教育学发展的全貌，对我国教育学的发展进行整体而深刻的反思，从中探寻出值得借鉴的启示，减少我们在教育学建设和发展中的盲目性，完整地把握已有的认识成果并进行创造性转化，进而提出真正能促进当前我国教育学发展的理论主张并付诸实践，以此促进中国教育学的建设。

(二)坚持教育学的学科自立

坚持教育学学科自立的一个必要前提是强调教育学的独立学术品质。既往的历史告诉我们，学科的意识形态化始终是教育学获得独立性、自主性的一个重要影响因素。我们既需要摆脱对政治的依赖，又需要摆脱对西方的依赖，还需要摆脱对其他相关学科的依赖。在总结历史教训的基础上，以探讨教育学的逻辑起点和教育学本身特有的概念、范畴、体系等为突破口，教育学将会一步步走上一条学科的自主、独立之路，实现学科自立。世界教育学发展的历史告诉我们，任何时代的教育学学科的自主性与独立性的获得，都是需要一定的社会文化条件支撑才能形成并长久存在下去的。教育学学科的独立、自主绝对不是一种普遍化、无条件的存在状态。因此，希望教育学完全摆脱政治、西方和其他学科的影响而实现学科的绝对自立是不可能的，新时代的中国教育学必须处理好与政治、西方和其他相关学科的关系。

新时代的教育学学科建设，特别要处理好教育学和其他相关学科的关系。教育学学术生产具有跨学科生长的特点，教育学知识体系不能脱离任何一门科学，需要其他科学的参与来发展教育理论和教育实践，教育学要借鉴其他学科的最新成果，以求形成促进教育学发展的巨大合力。教育学已与哲学、心理学、社会学、经济学、政治学、管理学、人类学、统计学、文化学、生态学等学科融合而生成了诸多新学科，大大地拓展了教育学可能的发展空间。这就需要我们积极开展跨界协同，打造中国教育学研究的学术共同体。

为了实现教育学的学科自立，我们要特别重视教育学研究方法的研究。教育属于社会现象和社会问题的范畴。教育中的许多问题需要借助科学的方法来研究，进而得出具有普遍性的科学结论。我们要规范并综合运用研究方法，提升中国教育学学科研究的科学性。当前，中国教育学的科学化水平有待进一步提高，我们需要积极引入定性和定量的多元研究方法，提高学科研究的信效度，注重方法运用的规范性，不仅体现出中国教育学研究的世界水准，而且要结合当代社会学科交叉发展的大背景，利用好与社会科学其他学科之间开展交叉研究的有利契机，通过研究手段和研究方法的大力创新，增强自身理论对当代社会复杂教育现象的解释能力，提升对新时代中国教育问题的解决能力以及指导人们教育实践的能力。需要明确的是，在教育学研究方法上我们要鼓励开展教育叙事研究、教育案例研究、教育统计研究等，但教育学以人的发展作为研究的起点和基础必然涉及伦理、价值、意义等层面的具体问题。因而，教育学研究不能简单以“叙事”“案例”“数据”“统计”为标准，试图对教育现象做出深刻的新诠释、新判断和新建构。教育学学科建设必须要以事实为基础、以知识为核心、以思想为归宿。如果我们仅仅以事实为基准，那远离了教育学学科建设的最终目标。

（三）坚持教育学的学科自尊

教育学的学科自尊在于构建起完善的知识体系。从夸美纽斯的《大教学论》问世开始，中外的教育学研究者一直以来的一个理想追求便是构建科学的教育学体系。在当代中国，近年来教育学界的一个响亮声音便是构建科学的并具有中国特色、中国气派的教育学。[①]无论是一般化地呼吁构建科学的教育学体系，还是在特定的语境下呼唤“中国教育学”的创生，其实质都是在为教育学寻求一种确定的、刚性的知识体系。

这种追求如果追溯其哲学基础，可以还原到本质主义的认识论。在本质主义哲学被奉为经典、神圣的教条的年代，教育学理论和建构的确定性、刚性知识体系追求是唯一的努力方向。但是，近年来，随着后现代哲学的风行，鲜活的教育实践对封闭性知识的挑战，本质主义的哲学观在教育学领域受到了越来越多的质疑。作为一种非常有力的挑战，质疑本质主义的声音所持的哲学观往往被称为反本质主义、反普遍主义。可以预见，随着这股与本质主义、普遍主义相逆的思想潮流的涌动，即使教育学体系建构的堤坝不会被冲垮，中国的教育学界也会出现一种可以与教育学体系建构分庭抗礼的理论追求，那就是摆脱非历史的、非语境化的知识生产模式，追求教育学知识生产的历史性、地方性与语境性。教育学研究领域叙事潮流的蔚为壮观，在一定程度上就是这一趋势的反映。

对于这一趋势的出现，不少教育学研究者也许不无深深的忧虑：

---

① 侯怀银、王喜旺：《教育学中国化——一个世纪以来中国学者的探索和梦想》，载《教育科学》，2008(6)。

教育学是否会因此而完全失去其理论底色？事实上，在反本质主义者的头脑中，本质主义的对应词应该是“建构主义”。因为反本质主义给人的感觉是完全否认本质的存在，而建构主义则承认存在本质，只是不承认存在无条件的、绝对的普遍本质，反对对本质进行僵化的、非历史的理解。尤其不赞成在种种关于教育本质的理论中选择一种作为“真正”本质的唯一正确的揭示。在教育这样一个人文、社会世界，不可能存在无条件的、纯粹客观的“本质”，所有的本质都是有条件的，它必然受到社会历史等因素的制约。因此，我们对所谓教育的“本质”，应该采取一种历史的与反思的态度，把所谓教育原理、教育学知识系统事件化、历史化。原理、知识系统的事件化、历史化必然不是完全体系化的，但其丰富的理论内涵依然存在，只是其理论意蕴与特定的社会文化条件结合在一起了，绝不是完全丧失理论品格。

（四）坚持教育学的学科自强

教育学的学科自强主要从自身而言，是教育学学科分化和综合的过程中形成的强大体系。目前的教育学研究虽然出现了一定的分化趋势，但是，这种分化还不够，许多深层、细微的研究对象还有待我们从新的学科视角去发现、认识它们。因此，大范围的学科分化的保持与扩大是必要的。随着学科分化的进一步加剧，一些新的交叉学科、专门学科，如教育环境学、教育物理学等学科，会渐次出现在研究者的视野中。不过，这种大面积的学科分化并不排除在局部发生教育学学科综合的可能。随着学科分化的深入，当在某一层面研究者发现几门学科可以相互融通之时，学科的综合便会发生。只是学科的分化、深入没有达到一定程度的时候，这种学科之间的暗道相通不会被人发现，学科的综合就无从谈起了。

教育学的学科自强体现在教育学不仅要立于学科之林，而且要在中国教育实践中确立其应有的地位。中国教育学是根植于中国教育实践的教育学。我们的眼光既是世界的，又是民族的，我们应该在全球视野基础上，积极地关注、研究和解决中国教育的实际问题，进行基于中国立场、反映中国问题、凸显中国风格、汇聚中国经验的中国教育学建设。中国教育学前行的每一步都必须根植于反映独特国情的中国教育实践，结合新时代政治、经济、文化的变化，结合教育生态的变化，结合教育实践面临的新问题，扎根中国教育实践的沃土，生长出真正的中国教育学。特别值得指出的是，随着人工智能、信息技术的发展，教育变得更加无时不在、无处不在。同时随着技术化向纵深方向发展，信息技术从工具变成教育关系的一部分，教育的目的、内容和形式都在发生着改变，这就导致人机交互可能会在很大程度上改变传统的教育关系模式。基于教育实践活动的时代变化，新时代中国教育学的发展必须扎根新的教育实践，研究教育的新现象和新问题，构建顺应时代发展的新的理论体系，尝试从人工智能时代的研究视角探讨教育与社会、与人、与自然的关系，以发现新的教育基本规律。

（五）坚持教育学的学科自信

教育学的学科自信主要表现在教育学人的自信。首先，就中国教育学与国外教育学的对话方面，中国教育学人是自信的。我国教育学界在一系列重大的教育学理论问题上，有不同的见解和观点，形成了独特的中国风格的教育思想和理论。中国教育学人可以与国外教育学人互通有无、公平对话，而不是依赖国外教育学的发展而发展。其次，中国教育学人对教育学实践的发展是有发言权的。新中国成立 70 年来，中国教育学人依据中国教育实践的发展创造了很多本土的思想和理论，如主体教育、新基础教育、情境教育、生命教育、新教育，等等。再次，中国教育学人在其他学科的学人面前是自信的，因为中国教育学再也不是钱锺书先生笔下的被人瞧不起的学科了。教育学的综合复杂性决定了其与其他学科之间的密切关系。最后，中国教育学人在教育学的学习者面前是自信的。因为中国教育学人可以给学生讲清楚中国教育学，而且讲的是中国的教育学，而不是从其他国家照搬照抄来的教育学。这启示中国教育学人要坚持教育学的学科自信。

（六）坚持教育学的学科自觉

70年来，中国教育学的发展历程就是一个学科建设从引进、建立到带着自觉的体系意识去建设的过程。从这一发展逻辑顺延，教育学理论建设的体系化是一个必然的路径。只是我们目前的教育学体系化建设，仍然存在着浮躁的不良倾向。我们不能忙于通过引进西方的相关学科或匆忙地移植其他学科以“填补空白”“抢占阵地”，而应踏踏实实地对大的学科或某一学科的体系应如何构建进行创造性研究。抛弃浮躁之风，更为从容而扎实地对一个个子学科与大教育学的逻辑起点、建构的内在逻辑、体系构架等问题进行深入研究，将会成为中国教育学研究者未来努力的方向之一。特别需要指出的是，中国教育学不仅要突出“中国”两字，还要在新时代背景下，从人类命运共同体出发，通过缩小与西方之间的“话语逆差”，增强设置国际议题的能力等方式，建成世界一流教育学学科，在学科竞争力和学术话语权上进入世界前列，整体提升国际教育学界对中国原创和中国贡献的显示度、能见度、理解度、接受度、认同度和运用度。中国教育学既要为中国教育实践提供理论指导，又要在国际社会共同关注的教育问题上做出“中国贡献”，在世界教育学知识谱系中增添“中国智慧”，在国际学术标准和规则的制定中发出“中国声音”，最终促进教育学的整体进步。

四、中华人民共和国教育学史的研究价值和本丛书的研究宗旨

站在70年的节点，我们很有必要提出“中华人民共和国教育学史”。“中华人民共和国教育学史”这一概念和命题的提出，正是回顾、反思与展望中华人民共和国教育学70年发展历程的学术结晶。

中华人民共和国教育学史研究具有独到的学术价值：第一，有助于拓展中国教育学史的研究领域。第二，有助于推进中国教育学

的学科发展。教育学史在教育学发展过程中的重要作用越来越凸显。研究中国教育学史既是为了镜鉴于现实，也是为了推动我国教育学术的传承发展。中华人民共和国教育学史，实际上给我们提供了一面镜子，让我们更清楚地认识到，中国教育学人以前做了什么，现在还需要做些什么。我们系统梳理前人之思，有利于进一步明确中国教育学发展方向，推进教育学在中国的建设和发展。第三，有助于中国教育理论的完善和教育改革的推进。第四，有助于推进中国人文社会科学的建设和发展。教育学与人文社会科学各个学科的发展都有着密切联系，中华人民共和国教育学史的研究涉及中国人文社会科学各学科发展史的研究。中华人民共和国教育学史的研究不仅从一个侧面反映出中国人文社会科学的发展历程，而且也有助于推进中国人文社会科学相关领域的探索。

中华人民共和国教育学史研究具有独特的应用价值：第一，有助于推进中国教育系科的改革。教育系科史是本丛书的重要研究内容，通过对中华人民共和国教育学史的研究，一方面可以提供中国教育系科改革的历史经验，另一方面可以推进中国大学教育系科对已有传统的传承创新，形成其发展特色。第二，有助于推进中国教育学教材的系统建设，特别是作为一门学科的教育学教材的建设。第三，有助于整体推进中国目前“双一流”大学建设背景下教育学的学科建设。在当下高校追寻“双一流”的背景下，教育学在大学中如何存在越来越受到重视。一流大学，应该有一流的教育学学科。中华人民共和国教育学史的研究，既有利于我们总结教育学曾经的发展状况，又可为当下教育学发展路径的寻求、学科地位的确立、发展危机的解决，提供基于历史的经验和策略。第四，有助于我们在梳理和总结中华人民共和国教育学史的基础上，让民众更好地认识教育学、走进教育学，提升教育学的社会地位，使教育学不仅成为教师的生命性存在，而且成为一切与教育工作有关的人的生命性存在。

纵观中华人民共和国教育学70年研究历程，虽然研究者对中华人民共和国成立以来的教育学分支学科发展史、教材史、课程史等进行了相关研究，但总体上看，研究还不够充分和深入。特别是中华人民共和国教育学史这一主题还未有人研究过，已有研究与之相似的也只是对20世纪中国教育学发展的梳理，尚未将21世纪初的教育学发展统整融合。21世纪初的教育学发展有何变化，中华人民共和国的教育学发展至今有何特点，是否形成了自己的一套体系，教育学发展到了何种规模，已有研究都尚未论及。具体来讲，需要进一步探讨、发展或突破的空间主要有以下三个方面。

第一，历史研究需要拓展和深化。已有研究多是在回顾20世纪中国教育学史时，将20世纪下半叶的中国教育学史以改革开放为界限分为两个阶段进行研究的，但是对中华人民共和国成立以来，特别是21世纪初的中国教育学发展史尚未进行专门研究。国人在20世纪20年代就意识到，仅仅移植国外的教育学并不能解决中国的教育问题。有鉴于此，国人提出教育学中国化、本土化的口号，但是教育学真正的中国化是在中华人民共和国成立之后形成的。因此，我们认为有必要在研究国外教育学的引进及其影响的基础上，对中国教育学的发展历程及其特征进行专门研究，进而对教育学主要分支学科发展史和教育系科发展史进行研究。

第二，预测研究需要巩固和加强。历史研究的一个追求就是要预测未来。教育学在21世纪初的中国如何发展，需要根据教育学中国化以来的教育学发展进行前瞻式研究，在此基础上进行科学的预测。我们注意到，已有研究对教育学史进行历史研究的较多，但是对教育学的未来发展趋势进行预测研究的尚显薄弱。有鉴于此，我们认为应该在整理史料、理性反思的基础上进行未来学意义上的研究。

第三，研究方法需要深入理解和诠释。关于中华人民共和国教育学史的研究，最好的研究方法当然是历史研究，但是仅仅用历史研究法研究教育学史远远不够。我们需要突破收集和整理史料的局限，在理解、解释的基础上总结并反思教育学的发展规律。

正是基于中华人民共和国教育学史研究的不足，我们申报了国家社会科学基金“十三五”规划 2018 年度教育学重点课题“中华人民共和国教育学史”，并获立项(课题批准号 AOA180016)，本丛书是该课题的结题研究成果之一。感谢全国教育科学规划领导小组办公室对本课题的支持。

中华人民共和国教育学史研究的核心关键词为“中华人民共和国”与“教育学史”，前者指明研究范围，后者明确研究对象。展开中华人民共和国教育学史研究，需要厘清的主题为：教育学史的性质、教育学教材的发展、教育学二级学科的演变、教育学课程的状况及教育学者的相关论争等。

正是在这个基础上，我们本着“为国家著史，为学科立传，为后世留痕”的信念，遵循历史与逻辑相统一的原则，准确定位逻辑主线，注重把握中华人民共和国教育学史与 20 世纪上半叶教育学发展的连续性，注重从学科史切入，并将学科史与思想史相结合，注重对重要的教育学专著、教材等进行深入研究，带着历史的厚重感与时代的责任感，开始了对中华人民共和国教育学史的研究和写作。

本丛书旨在对中华人民共和国成立以来教育学各分支学科的发展进行全方位的研究，梳理各学科 70 年来的发展历程、取得的进展与成就，分析出现的问题与不足，展望未来的建设与发展。本丛书一方面力图“全景式”呈现教育学体系内分支学科知识体系的全貌，另一方面力图“纵深式”探究教育学及其分支学科内在的逻辑理路。研究坚持逻辑与历史相统一、整体与部分相协调、事实与论证相结合的原则。各卷的研究，突出了中国教育学的发展过程，对其形成、特点和争论等进行了必要的讨论，并以此为主线确定了各学科的阶段划分、进展梳理与学科反思。特别是对 70 年来各学科的重要专著、教材和论文进行了梳理和评述，既在书中呈现中国特色社会主义教育学学科的发展状况，又要凸显研究者及其专著、教材和论文对中国特色社会主义教育学形成和发展做出的贡献。需要说明的是，由于各学科的发展现状及已有研究基础不同，因此，承担各卷写作任务的作者根据实际情况采取了相应的撰写方式。对于教育哲学学科、教育社会学学科这两个教育学原理学科下属的分支学科，作者在对学科历史发展做总体性叙述后，据学科理论思想采取专题撰写的方式展开；对于其他二级学科，采取了大体按历史分期的方式叙述。发展阶段的划分尽量按学科内在发展逻辑进行，不拘泥于社会历史分期。

在丛书撰写的过程中，我们提出了研究的要求，明确了三个方面的意识：各学科的70年发展史如果是前人没有或少有涉及的，那就要有明确的标杆意识，研究成果应该体现当代中国学者的最高水平；如果学术界已有先期成果，那就要有明确的超越意识，达到新的高度；如果作者曾有过相应成果，那就要有明确的突破意识，寻找新的角度，进行新的思考，突破自己，切忌重复、克隆自己。

具体来讲，本丛书确定了以下八个方面的要求。

第一，丛书各卷研究的时限为1949—2019年，不向前后延伸。研究中把握好重大时间节点。有的学科发展考虑到问题本身的连续性，必要时可适当向前延伸，但不宜过多。

第二，丛书各卷的撰述范围限于中华人民共和国内各学科的发展，以中国共产党领导下的教育学发展为主。

第三，不刻意回避教育学发展中的意识形态属性，撰写时不做主观评价，撰写的原则是立足史实、客观叙述。

第四，坚持“以史为主，史论结合”的研究宗旨。研究以史实为依据，在梳理清楚基本事实的基础上，做出准确分析和客观评价。书中所阐述的史实应经得起不同时代不同读者的推敲和质疑，在写作中应避免将历史和现实“比附”。

第五，充分掌握国外教育学学科的发展历史，以及国内外研究的最新动态，使自己的研究有一个高的起点。研究方法上以历史法和文献法为主，兼及访谈和数据分析。

第六，坚持广博与精深的结合。一方面，应立足中华人民共和国70年的发展，全方位呈现自己所写学科的发展进程，不宜只介绍某几个方面；另一方面，写作中要抓住重点，对于学科发展的主要方面，着重笔墨、深入研究，避免史料文献的盲目堆积，在撰写中对于还不成熟的资料与推理以不介绍为宜。

第七，梳理学科发展史，既要见人又要见事。对于在学科发展中做出突出贡献的代表人物及其思想，写作时需有体现。

第八，处理好教育学学科发展和教育事业发展的关系，把共和国教育学70年的研究与共和国70年教育事业发展的研究结合起来。特别是教育学原理、课程与教学论、学前教育学、高等教育学、成人教育学、特殊教育学学科的研究，要处理好学科发展史与基础教育事业、学前教育事业、高等教育事业、成人教育事业、特殊教育事业的关系，要分别以各领域教育事业的发展为基础进行阶段划分、进展梳理和学科反思。

本丛书的出版，对于中国教育学史研究和中国教育学的发展是大事，更是幸事，具有重要的学术价值和现实意义。

从学术价值来看，教育学史越来越凸显其在教育学发展过程中的重要作用。我们开展中国教育学史的研究，既是为了推动教育学术的传承，也是为了在传播中促进教育学的发展。

从现实意义来看，学习和研究教育学的人也需要很好地了解本学科的发展史，明确研究基础和学科定位。本丛书以教育学分支学科为经，以学科发展为纬，其研究成果可为学习、研究教育学的人提供阅读书目和参考资料。

本丛书成书之际，北京师范大学出版社推荐其申请了《“十三五”国家重点图书、音像、电子出版物出版规划》项目，在此表示感谢。

本丛书共12卷。总论卷分上、下两卷，由山西大学侯怀银教授等撰写；教育哲学卷由南京师范大学冯建军教授等撰写；课程与教学论卷由山西大学郑玉飞副教授撰写；德育原理卷由江苏大学张忠华教授撰写；教育史学卷由山西大学孙杰教授撰写；教育社会学卷由青岛大学王有升教授撰写；比较教育学卷由西南大学王正青教授撰写；学前教育学卷由山西大学王福兰副教授撰写；高等教育学卷由山西大学侯怀银教授等撰写；成人教育学卷由山西大学桑宁霞教授撰写；特殊教育学卷由南京特殊教育师范学院马建强教授等撰写。

本丛书得以出版，要感谢来自各个高校的专家学者，感谢每一卷的作者，感谢北京师范大学出版社郭兴举、鲍红玉等老师的支持和辛勤工作。由于水平有限，本丛书难免有疏漏，恳请专家和读者批评指正。

侯怀银

2019年9月26日

序　一

得知马建强先生主持撰写的《共和国教育学 70 年 · 特殊教育学卷》出版在即，我既欣慰又感慨。欣慰的是，共和国特殊教育学的 70 年发展历程梳理终于有了一个代表作品，这是我特别想看到的一种学术传承；感慨的是，马建强先生这些年来一直在攻坚克难，由一个教育史的门外汉成了特殊教育史的专家。

我与马建强先生于中国教育学会教育史分会第十届年会相识后，常有往来互动。每次我赴南京开会，马建强先生得知后一定会开车带我在南京走走看看。对于南京的每一块城砖瓦片，他都能娓娓说出它们的故事；对于特殊教育的历史脉络，他更是了如指掌。这些都在他筹建的南京特殊教育师范学院中国特殊教育博物馆中得以体现。他从中学教师、作家、记者、编辑到今天特殊教育史的专家，这个过程凝结了他很多心血。为了研究特殊教育史，他常年独自奔走在全国各地，收集特殊教育的史料和实物，寻访特殊教育的专家和前辈，除了建成馆藏丰富、展陈新颖的中国特殊教育博物馆外，还出版了《中国特殊教育史话》一书。该书以人物为主，以时间为线，将中国特殊教育史上的中外知名人物串联在特殊教育发展的主线之中。该书平实生动，娓娓道来，旁征博引，信手拈来，极具可读性。特殊教育事关社会文明进步，事关人民公平正义，事关国家民主富强。在让全社会了解残疾人，了解特殊教育，让特殊教育多为世人所知的历程中，马建强先生和他的中国特殊教育博物馆、他的《中国特殊教育史话》在这个经济社会全面进步、残疾人事业加快发展的新时代的贡献是具体可感、有目共睹的。我曾经几次专门去博物馆参观，每次都很有收获。

6 月中旬马建强先生来武汉参加 2019 年世界集邮展览，顺便给我捎来这本《共和国教育学 70 年 · 特殊教育学卷》书稿，请我提些意见。我大致浏览了一遍，感到马建强先生的研究很不容易。特殊教育在国内教育学界不是当下研究的重点和热点，研究者人数不多，学科建设基础薄弱。在马建强先生研究之前，几乎没有什么人对新中国成立以来特殊教育学学科发展的资料做过整理与分析。他的特殊教育史研究、特殊教育学科史研究，完全是“坐冷板凳”的研究，是摸着石头过河的研究。在国内尚缺乏系统的特殊教育学学科发展研究的情况下，他得道多助组团队，上下求索找史料，在较短的时间内完成了这本《共和国教育学 70 年 · 特殊教育学卷》。该书分上、中、下三篇，全方位展现了 70 年来共和国特殊教育学学科酝酿、孕育、探索、建设、发展、形成的宏伟篇章，是特殊教育界向共和国 70 年献上的最好礼物。对于该书的内容我不想做多余的评述，每一位读者在认真阅读之后肯定会做出自己的判断。

马建强先生向我索序，我欣然答应。这既是基于我与马建强先生的私人交往，更是因为我作为全国人民代表大会的代表，理应为特殊教育发展改革奔走呼号。早在 2005 年，我就向全国人大提交了制定《中华人民共和国特殊教育法》的议案，2019 年“两会”我又提交了《关于全面实施残疾学生 15 年免费教育的建议》。这些议案和建议在社会上引发了普遍关注，并在一定范围内起到了推动作用。我认为，让残障人士享受公平的、高质量的教育是现代国际社会的普遍共识，也是教育公平发展的重要一环，更是推进教育现代化、实现教育强国的重要目标之一。所以，为特殊教育鼓与呼，是我应尽之责，也是我应有的担当。我更期待特殊教育界的专家学者们，在包括特殊教育学学科史研究在内的特殊教育理论研究与实践探索方面，齐心协力，久久为功，共同推动中国特色特殊教育事业取得更大成就，共同推动中国残疾人事业取得更大发展。

“合抱之木，生于毫末；九层之台，起于累土。”马建强先生凭借对中国特殊教育事业的热爱，依靠顽强的毅力，从每一条史料、每一个物件入手，汇聚成了今天的“合抱之木”“九层之台”。当然，我更希望马建强先生能够再接再厉，率领团队完成我们承担的“‘十三五’国家重点图书出版规划项目”《中国教育活动史研究系列》之一《中国特殊教育活动史》，为特殊教育的“九层之台”继续添砖加瓦。

是为序。

周洪宇

2019 年 8 月 1 日

于武昌东湖远望斋

（该序的作者系全国人民代表大会常务委员会委员、湖北省人民代表大会常务委员会副主任、国务院学位委员会教育学科评议组成员、中国教育学会副会长、长江教育研究院院长、华中师范大学教授）

序　二

昭昭前事，惕惕后人。历史是最好的教科书。知史鉴今，知今望远。任何事情都有其发生、发展的过程。了解一个事物，不能只知其现状，还要知其过去，看到其未来。特殊教育学是教育学学科下的二级学科，与心理学、社会学、医学、生理学、康复学、技术学等诸多自然科学和社会科学有着密切的联系，是一门交叉和边缘学科。

我们理解的特殊教育是有特殊教育需要的人的教育，当前主要是指有各种类别、各种程度的障碍(残疾)青少年儿童的教育。特殊教育学是研究特殊教育内部、外部现象及其规律的科学。现代特殊教育产生于18世纪的欧洲，有200多年的历史。19世纪后期，外国传教士进入我国，我国的特殊教育由此产生。其后外国传教士、中国仁人志士与教育专家均投身其中，扶弱助残，仁者爱人，筚路蓝缕，久经艰难。历晚清，经民国，直到中华人民共和国成立前，我国虽已有42所盲、聋哑学校，有了特殊教育事业，但是还没有特殊教育学学科。特殊教育与特殊教育学学科有密切联系，但不是一个概念，二者的对象与内涵不同。特殊教育学学科在特殊教育实践基础上产生，要应用于特殊教育实践，指导特殊教育实践，是对特殊教育实践规律的揭示与总结。新中国成立后，特殊教育事业随着整个国家的发展有了迅速的发展，不仅在性质、地位上发生了根本变化，而且逐渐融入了整个国家教育体系，与其他教育事业共同发展。作为教育学科分支，特殊教育学既有与普通教育学共性的一面，又有其独立、特殊的一面。同时，我国特殊教育学既有与世界特殊教育学共性的一面，又有在马克思主义指导下与其他国家特殊教育学不同的一面。在我国特殊教育事业快速发展的同时，特殊教育学科也有所发展，但相对缓慢，对其历史的研究更为薄弱。

我于20世纪50年代中期公派出国学习特殊教育，20世纪60年代初期回国参加特殊教育工作。60多年来，我几乎亲自参与和经历了新中国特殊教育事业发展的全过程。作为一名老特殊教育工作者，我十分感谢南京特殊教育师范学院马建强等一批学者勇敢地承担了研究共和国70年特殊教育学史的重担。他们在时间紧、人手少的情况下，多方奔走拜师求友，收集材料日夜整理，相互讨论切磋研究，在较短的时间内整理出《共和国教育学70年·特殊教育学卷》。这是一个了不起的工作和创举。这是前人未做过的工作，无可参考。他们把特殊教育学学科史进行了恰当的分期，认真整理了特殊教育学学科及特殊教育事业发展的历史史实，论述了特殊教育学学科的发展特征与基本成就，还认真编写了史料性很强的大事记，可喜可贺。

当然，开创性的工作和研究总有其局限性。我认为，这项研究不论有多大的缺陷和不足，也会给后人铺路，至少给后人留下批判、射击的“靶子”，避免后人从头再来。或许那时很多材料已无从收集。

我希望本书编写者以及热衷于特殊教育学史的朋友们今后能进一步全面收集、补充和订正我国特殊教育发展的历史事实，能进一步去粗取精、去伪存真、由表及里地深入分析我国特殊教育学术发展、学术争鸣、学术矛盾，与普通教育学和国外特殊教育学进行比较分析，深入探究我国特殊教育学发展的规律和特点，为我国特色的特殊教育事业发展和世界特殊教育学学科发展做出应有的贡献！

再次感谢本书编写者的辛勤劳动！应编写者要求写了一些感想，权作为序。

朴永馨

2019 年 7 月

（该序的作者系北京师范大学特殊教育系教授、中国高等教育学会特殊教育分会名誉理事长）

目 录

下 篇 特殊教育学的学科发展期(2005年至今)

绪 论

一、我国残疾人与特殊教育历史回顾

（一）新中国成立前我国残疾人与特殊教育历史回顾

自从有了人类，就有了残疾人。残疾人的出现是人类自身存在与发展的必然现象，残疾人问题是人类社会的固有问题。当然，人类社会不断发展，残疾人及其概念不断演化。残疾的种类、称谓、产生、存亡、增减，包括人类自身对残疾的认识与态度，从古到今，从中到外，这个演化过程绵延不绝，甚至还会与时俱进，始终伴随人的存在发展。残疾人（包括残疾人的概念）的演化过程，也客观地彰显了人类社会从愚昧走向文明、从落后走向先进的历史进程。

我国自古对残疾人的认识，就体现了我国作为文明古国的东方智慧，并且我国一直就有尊养残疾人的实践传统。《诗经》是我国古代第一部诗歌总集。《诗经·周颂·有瞽》记录了盲人乐师从事音乐演奏的喜庆景象："有瞽有瞽，在周之庭……我客戾止，永观厥成。"《礼记》是我国古代一部重要的典章制度选集，成书于2000多年前的西汉时期，主要书写先秦的礼制，其中《礼记·礼运》中有这样的表述："大道之行也，天下为公，选贤与能，讲信修睦。故人不独亲其亲，不独子其子，使老有所终，壮有所用，幼有所长，矜寡孤独废疾者，皆有所养。”废疾者，就是我国古人对残疾人的一种称谓。《礼记·王制》中有这样的表述：“废疾非人不养者，一人不从政。”非人不养，就是残疾人没有人养护，不能独立生存。为此政府的救助方式是“一人不从政”，即可以免除一个人的劳役。《论语·子罕》有孔子尊重盲人的记录：“子见齐衰者、冕衣裳者与瞽者，见之，虽少，必作，过之，必趋。”尊养残疾人，厚待残疾人，不仅在先秦的典章制度中有愿景式的明文记载，而且在秦汉唐宋等不同历史时期的社会生活中有现实性的历史记录。“塞翁失马”的成语故事、白居易《新丰折臂翁》的诗歌叙事，便是古人对残疾人可以免除兵役徭役的生动表述。

除了尊养救助残疾人，即“宽疾养疾”之外，我国古代也有对残疾人进行特定教育的记载。传说中尧舜时代典掌乐事的夔，就是专职从事音乐教育的教育家。相传夔是一足之人。到了夏商周时期，“教瞽矇”已经成为具有一定制度化的盲人音乐教育机构。相关记载显示，盲人乐队经过专门训练可以达到300人规模，其中上瞽40人，中瞽100人，下瞽160人。鉴于他们没有视力，“专能审音”，对他们进行用耳训练也算是对他们进行潜能开发、缺陷补偿，使他们发挥特长，服务社会。关于古代盲人在音乐、占卜、按摩、说书等方面经过师徒式教育训练之后养成一定的生存技能，进而自食其力、独立谋生甚至成名成家的事例，历朝历代均有记载。中华民族有“仁者为政，先拯残疾”“尊老慈幼、扶弱助残”的优良传统。在我国古代历史上，残疾人成为名人强人的事例也是屡见不鲜。尽管他们的残疾类型、残疾原因、成才历程等各不相同，但他们出类拔萃、青史留名的教育价值与文化价值，是我国社会宽疾养疾、残疾人身残志坚的历史见证。

当然，在古代，总体上我国对残疾人还是有养缺教的，即使有相关残疾人的教育，也主要是师徒式的谋生技能方面的示范与培训。

这不仅是基于残疾人教育与普通教育在教育观念、教育制度、办学模式、教学内容、教育成果等方面的天壤之别，也是基于残疾人教育在教育思想、教育能力、教育手段等方面呈现出的历史局限。我国如此，世界也如此。残疾人教育迎来根本性发展，或者说近代范式的特殊教育的出现，依赖于人类社会文明的进步，依赖于经济、文化、科技的发展。这里既有科学技术的进步、教育观念的更新，又有人权意识的高涨、平等理念的落实。

近代范式的特殊教育滥觞于16世纪的欧洲。14世纪到16世纪欧洲文艺复兴，17世纪英国资产阶级革命，18世纪法国大革命，19世纪德国产业革命，欧洲经过几百年的发展，自由、平等、博爱思想与人权意识逐步形成。科学技术特别是生理学、医学、解剖学的进步，使人们对身体残疾有了更科学、更符合情理的解释，进而在残疾人的受教育权利方面有了高度重视与基本共识，在对残疾人进行教育的方法方面进行了艰难的探索，并取得了有效的成果。波内特(1579—1633年)、洛克(1632—1704年)、卢梭(1712—1778年)、狄德罗(1713—1784年)等著名的思想家、教育家在推动特殊教育方面都做出了贡献，发表了许多关于盲人、聋人接受教育的重要文章。得道多助，大势所趋，特殊教育终于在欧洲经过生根开花结出了硕果。1760年法国人莱披(也译莱佩，1712—1789年)在巴黎开办了国立巴黎聋校。他还初步创立了聋教育的手势体系，完成了教育专著《教育聋哑人的手势手法》。国立巴黎聋校是世界教育史上第一所教育学意义上的、近代范式的特殊教育学校。1784年，同样在巴黎，另一个法国人阿维(也译阿羽伊，1745—1822年)创办了世界上第一所盲校。他的教育目标是通过实践和理论教育让失去光明的人们从事某种职业，实现自己的经济独立。该校办学规模迅速扩大，学生很快从30人发展到100多人。阿维的教育专著《盲人教学笔记》代表着盲人教育体系的初步建立。在聋校、盲校相继创立之后，人们对智障人的教育也开始了实践探索。法国人依塔德(1774—1838年)是世界教育史上第一位有目的、有系统地进行智障儿童教育探索与实践的教育专家。1837年法国人西昆(也译谢根,生卒年不详)在巴黎创办了世界上首个智障学校。至此,经过艰难探索,近代范式的特殊教育的三种主要类型,即盲教育、聋教育、智障教育,终于得以萌芽、产生与发展,进而从欧洲向亚洲、美洲推展与延伸。

在欧洲特殊教育的萌芽、产生与发展过程中,教会与教会人士扮演着主要角色。19世纪中后期,大批西方传教士进入我国。除了进行传教之外,他们在教育、医疗、科技等方面也进行了西学东渐的积极尝试。据相关史料记载,1835年,中国澳门就有外国传教士招收盲童入学接受教育的教育活动。但由于只是个别盲童,并且进入的不是专门盲校而是普通学校,所以教育界公认的中国第一所盲校的创立要算到1874年。这一年来自英国的传教士威廉·穆瑞(1843—1911)在北京正式创办"瞽叟通文馆"(后几经改名,即今北京市盲人学校前身)。第一所聋校是来自美国的传教士米尔斯夫妇1887年于山东登州(今蓬莱)创办的"启喑学馆"(后经搬迁与改名,即今烟台市特殊教育学校)。从1874年第一所盲校、1887年第一所聋校相继在中国创办起,直至1911年清政府被推翻,在中国境内创办的盲校、聋校共有10多所,但全部是外国传教士创办的。教职员主要是外国人,偶尔有中国人参与辅助教学与管理。这些学校主要有北京"瞽叟通文馆"(盲校,1874),山东"启喑学馆"(聋校,1887),湖北"汉口训盲书院"(盲校,1888),台湾"台南训瞽堂"(盲校,1891),广东"明心书院"(盲校,1892),上海"法国天主堂圣母院附设聋哑学校"(聋校,1894),辽宁"私立奉天瞽目重明女子学校"(盲校,1902),湖南"长沙瞽女院"(盲校,1908)。上述这些学校虽然后来历经改名、搬迁或停办、复办,但源远流长,一脉长存,成为目前各地仍在办学的特殊教育学校的源头与前身(其间另有几所盲校、聋校，因学校特性不强，师生很不稳定，办学时断时续，以慈善救济福利为主，且只是零星见于史料，此处不再赘述）。

清末，我国的特殊教育学校全部由外国教会、外国传教士创办，这一现象引起我国有识之士极大关注与深刻反思。民族觉醒自强，教育主权独立，民生平等自立，民智开化发展，这些思想开始不断萌发壮大，其中张謇以其清末状元和著名实业家、教育家的身份，开启了他特殊教育本土开拓的伟大实践：1903 年先后在山东烟台、日本东京专门实地参观盲哑学校；1907 年专门给时任江苏省按察使的朱姓官员写信请求他支持创办一所盲哑学校，结果石沉大海；1911 年再度前往山东烟台考察聋校；1912 年发动募捐，启动盲哑学校筹建；1913 年购地 4000 平方米作为学校校址；1914 年启动校舍建设；1915 年创办盲哑师资培训班。1916 年 11 月 25 日，中国人自己创办、自己教学、自己管理的第一所盲哑合校——通州狼山私立盲哑学校在南通诞生。该校有学生 8 人，教师 11 人。张謇自己亲任学校校长，直至 1926 年去世。

张元济在 1910 年进行了一次环球教育考察。当时欧美发达的特殊教育深深影响了这位清末进士、出版家、教育家。此后他“昌明教育生平愿”。特殊教育成为他教育出版人生中一份特殊的牵挂，一份特殊的情怀：他多次发表谈话与文章，呼吁全社会关注特殊教育；多年坚持为上海市盲童学校捐款；多年坚持录用聋哑学校毕业生来商务印书馆工作；策划批准出版多部特殊教育专著。他还终身收藏一套 1910 年从德国购回的盲用几何教具模型。

蔡元培作为清末到民国这一社会重大转型时期我国新式教育的奠基人与开拓者，对特殊教育也有卓著的贡献：1912 年他以民国首任教育总长身份制定公布的《小学校令》首次将盲聋哑教育列入国民教育体系，历史性地奠定了特殊教育在现代教育体系中的基础。1914 年北洋政府颁发的《修正教育部官制》沿袭对应《小学校令》里的相关规定，明确“盲哑学校及其他残废等特种学校事项”由普通教育司掌管。

张謇、张元济、蔡元培都是清末进士出身，在社会转型的关头，他们的历史贡献是多元的、重大的。他们都关注到了当时远远不被政府与社会重视的特殊教育，值得特殊教育史永远铭记。

筹办于1911年、正式招生教学于1912年的上海市盲童学校，创办人为傅兰雅。他是一名来自英国的传教士，为我国翻译出版了116部西方著作，在我国西学东渐的历史进程中做出了基础性贡献。晚年他任教于美国加利福尼亚大学，但仍念念不忘曾养活他35年的中国。他为当时中国最大城市之一的上海竟然没有一所盲童学校而耿耿于怀，于是他捐出6万两白银、8600多平方米土地用于筹建上海市盲童学校，让自己的儿子傅步兰专门在美国进修一年盲童教育，然后委派他出任学校校长(1926年他又资助傅步兰创办上海福哑学校)。上海市盲童学校(包括上海福哑学校)，办学起点高，办学条件好，师资力量强，教学质量优，为我国特殊教育在正规化、科学化、制度化建设方面树立了标杆。毕业生中有出国留学获得硕士博士学位的，有升入普通学校深造成为专门人才的。上海市盲童学校让盲生成为那个时代通过教育实现生活自立、工作自强，赢得社会尊重的人。

从1912年到1937年，我国特殊教育发展呈现一种稳步前行的良好状态，外国教会创办与国人创办并行，私立、商立、公立、民办官助，各显神通。尽管从总体上来看，办学规模、办学条件、办学水平、办学效益参差不齐，办学性质仍以慈善救济、技能培训为主，但相关教育制度、办学实践、办学布局、教育研究、师资培训等已经得到重视与推进。

第一，政府开始重视特殊教育，自觉尝试把特殊教育纳入自身管辖范围。标志性的教育事件是1927年南京市教育局负责接管创办了中国第一所公立特殊教育学校——南京市立盲哑学校；1931 年青岛市政府出资创办了青岛市市立盲童学校，后将该校改名为青岛市市立盲童工艺学校；1935 年北平市立聋哑学校创办。

第二，一批立志服务特殊教育的教育专家不断涌现，代表性人物有 1919 年创办私立北平聋哑学校的杜文昌，1923 年创办辽宁聋哑职业学校的吴燕生（1935 年创办北平市立聋哑学校并出任校长），1929 年在福建古田县毓菁小学创办聋哑实验班的雷静贞，1931 年创办杭州市私立聋哑学校的聋人龚宝荣，1932 年出任南京市立盲哑学校校长的陈光煦，1933 年起任教于成都中西慈善团盲哑学校的罗蜀芳，1937 年创办中华聋哑协会及上海中华聋哑学校的聋人何玉麟等。他们是那个时代以献身特殊教育为人生职业志向的教育专家，为特殊教育奉献了一生，为中国特殊教育本土化、专业化做出了开疆辟土的贡献。

第三，特殊教育理论研究、实践指导出现一些探索性成果。商务印书馆出版了一些教育专家的特殊教育研究专著。代表性专著有《特殊儿童教育法》（庞君博，1936），《特殊教育之实施》（郜爽秋，1925），《残废教育》（华林一，1929），《低能教育》（华林一，1933），《特殊学校》（李万育，1967）。另有一批特殊教育研究论文在教育刊物发表，以《教育杂志》为例，发表的特殊教育论文就有《中国特殊教育问题》（周予同，1922），《低能儿童心理与教育》（甘豫源，1926），《对于特殊儿童之待遇》（郑婴，1922）等。1935 年由浙江省教育厅呈请南京国民政府教育部审批，聋人龚宝荣编写的《手切课本》作为聋校教材正式出版并在全国聋校推广。1935 年吴燕生编写的《聋教育常识》编印出版，这是我国在聋哑教育方面最早的专著。1936 年杜文昌编写的《聋哑习音教授法》由私立北平聋哑学校印刷发行。

此外，关于智障儿童教育，这一时期已有一些教育专家从事相关理论研究。相关成果以论文或专著形式发表，弥足珍贵。诸如

1914年北京《京师教育报》刊登有京师公立第三十一小学教员余德春撰写的关于进行智障儿童教育的文章；1936年浙江奉化武岭学校创办了特殊儿童教育班，《进修半月刊》1936年第五卷第十四期还专门刊登有该校编写的《特殊儿童教育班实施办法》等。

从1937年起直至1949年，连续十多年的战争状态使得刚刚蹒跚起步的特殊教育遭受重创。但特殊教育经过一批特殊教育者的惨淡经营与顽强拼搏，重创之下仍然彰显出可歌可泣的风采。南京市立盲哑学校作为全国唯一一所整体西迁的特殊教育学校，在抗日烽火中愈挫愈勇。师生同仇敌忾，在常规办学的同时，不忘从事抗日宣传，成为抗战时期教育的一道独特风景线。1942年该校还从南京市立学校升为教育部特设学校。1937年冬第一所聋人创办的聋校——杭州市私立聋哑学校于杭州沦陷后，在校长龚宝荣的带领下，立志不做亡国奴，坚持辗转多地流亡办学，抗战期间没有停学过一天。师生数量不断扩大，教学质量上乘。因为抗战爆发，大量沦陷区的盲聋哑人进入四川，加上战争致盲致聋致哑的情况大量出现，1938年罗蜀芳创办私立明声聋哑学校。1942年她兼任基督教会盲哑学校校长。1943年起至1949年她受四川省教育厅和中国盲民福利协会联合委托，代办"盲残教育师资训练班"(共办两年制师资班4个，累计培养特殊教育教师70余名)。罗蜀芳以其坚韧不拔的意志、突出的特殊教育成就，赢得了包括美国教育家海伦·凯勒在内的国内外教育界的高度评价。海伦·凯勒三次为其捐款予以褒奖。

1945年抗日战争胜利，特殊教育迎来了新的发展机遇，全国各地纷纷创办了一批盲聋哑学校，原本特殊教育空白的地区也实现了零的突破，贵州、河南、重庆、江西、安徽、吉林、陕西等地开始有了第一所特殊教育学校。1947年由教育家陈鹤琴筹建创办于上海的上海特殊儿童辅导院，代表了这一时期中国教育家对特殊教育的美好愿景。陈鹤琴的建院构想计划招收五种类型的特殊儿童，即天才儿童、低能儿童、问题儿童、伤残儿童、聋哑儿童(原本计划增加盲童类型，后因为上海市盲童学校办得较好，避免重复建设遂放弃)，针对不同类型儿童设置不同的教育要求与教育目标，着力培养一支高素质的特殊教育教学队伍、科学研究队伍、康复矫治队伍，立足上海，面向全国，联系世界，为全国特殊教育提供人才队伍。经过两年的紧张筹备，1949 年年初，陈鹤琴率先开办了农村儿童班、聋哑班、伤残班。1949 年 5 月，上海解放，当时陈鹤琴已经接受共产党的指派前往南京接管原中央大学，但他对刚刚创办的上海特殊儿童辅导院始终倾注心血。当他听说外地特殊教育学校均由民政部门接管，辅导院也将由民政部门接管时，他坚持联系相关组织与领导，明确表示上海特殊儿童辅导院是一个教育机构、办学机构、科研机构，不是救济机构、民政机构、慈善机构，最后终于促成上海市政府教育局前往接管。

1949 年 10 月，中华人民共和国成立。陈鹤琴作为教育界代表(当然也是特殊教育界代表)参加了开国大典。是年 8 月，陈鹤琴在上海主持召开了上海市特殊教育工作者座谈会，11 月专门发起组织成立了上海特殊教育工作者协会。由陈鹤琴主持创办的《活教育》在 1950 年还专门出版了特殊教育专号，发表了一些特殊教育文章。

截至 1946 年，我国共有盲聋学校 42 所，在校学生 2300 余人。① 1922 年的一组数据显示：当时美国有特殊教育学校 227 所，学生 22920 人；日本有特殊教育学校 72 所，学生 5917 人；英国有特殊教育学校 124 所，学生 8032 人。② 由此不难看出，仅仅从办学规模上来进行比较，我国的特殊教育与当时发达国家的差距是相当大的。这 42 所学校中，公立学校屈指可数(主要就是南京市立盲哑学校、

① 《中国教育年鉴》编辑部：《中国教育年鉴(1949—1981)》，385 页，北京，中国大百科全书出版社，1984。

② 方俊明：《特殊教育学》，35 页，北京，人民教育出版社，2005。

北平市立聋哑学校、青岛市市立盲童工艺学校三所)，绝大多数还是由外国教会创办和国人私人创办的，管理水平、教育质量不高，在国际特殊教育界基本上无足轻重。国家层面的制度目标设计、法律政策保障、组织体系建设等是缺席的。当然在这么艰难困苦的条件下，一批不离不弃、任劳任怨、不计名利、无私奉献的特教工作者值得历史永远铭记。

(二)新中国成立后我国残疾人与特殊教育历史回顾

1949年10月1日，中华人民共和国成立，劳动人民成为国家的主人。残疾人作为劳动人民中生活最困难的人群之一，得到了党和人民政府的高度重视与深切关怀。特殊教育作为残疾人事业的重要组成部分，迎来了发展的春天。

私立北平聋哑学校创办于1919年，1949年是该校创办三十周年。这一年的2月和12月，郭沫若与董必武先后专程来校视察并题词予以鼓励。郭沫若给学校的题词：使聋哑儿童能言并启发其智能，是值得献身的崇高的教育事业。董必武的题词：使聋能听哑能言，造化无端自惹烦。科学神奇天可补，不平社会要推翻。

中央人民政府教育部成立后，在编制机构时正式专门设置盲聋哑教育处(陈鹤琴在1950年3月出版的《活教育》特殊教育专刊中提及教育部设立了特殊教育处)。1951年10月，周恩来总理亲自签发的《关于改革学制的决定》明确指出："各级人民政府应设立聋哑、盲目等特种学校，对生理上有缺陷的儿童、青年和成人，施以教育。"这是新中国成立后中央人民政府第一次就特殊教育提出的办学要求，历史性地明确了各级政府对特殊教育的主体责任，明确了特殊教育的国民教育体系的性质，明确了特殊教育的办学形式主要是聋哑教育与盲教育。1953年黄乃(盲人)出任盲聋哑教育处处长，洪雪立(聋人)出任教育专员。黄乃与洪雪立都是早年参加革命，资历高。他们两位出任盲聋哑教育处领导后，工作兢兢业业，作风严谨扎实，使新中国成立后的特殊教育出现了蓬勃发展、快速进步的态势。

新中国成立初期，百废待兴万象更新。从1949年起，政府陆续接管新中国成立前各类办学性质的特殊教育学校。截至1957年，大陆所有外国教会创办与管理的特殊教育学校全部收归国有，原国人私立民办特殊教育学校全部被政府接管。据当年教育行政部门的相关数据统计，全国特殊教育学校已经从1946年的42所增至1957年的66所，到了1959年已经迅速增至297所，1960年更是增至479所(这当中不排除有当年“大跃进”带来的教育事业的大冒进，但也客观反映了各地对特殊教育的重视与支持。1979年教育行政部门统计数据显示，1960年后经过不断调整停办合并，特殊教育学校数量减至289所)。

在加快创办特殊教育学校以满足广大特殊教育儿童接受教育的需求的同时，教育部在特殊教育培养目标、课程与教学计划、师资队伍、教材编写、教育管理、办学条件等方面进行制度建设与组织领导，以切实加强特殊教育学校内涵建设，不断提高办学水平。教育部于1955年、1956年、1957年先后颁发三个盲聋哑学校教学计划。内务部于1953年筹建成立中国盲人福利会，于1954年筹建出版《盲人月刊》，于1956年筹建成立中国聋哑人福利会。1955年起中国盲人福利会在北京先后举办四届两年制全国盲人训练班，分为师资(文化)、按摩、音乐、普通工艺、农艺五个班，共办五期(其中农艺班只招收一届)。这些盲人毕业后被分到全国各地工作，其中一部分成为各地新办盲校的骨干师资。1959年、1960年中国聋哑人福利会在北京举办了全国聋人教育师资培训班(含聋校体育师资班)，兼招聋人与听人。1960年中国盲人福利会和中国聋哑人福利会合并组建成立中国盲人聋哑人协会，并于1960年、1964年在北京先后两次举办全国盲人聋哑人代表会议。与会代表中有一批是从事特殊教育的盲人、聋哑人代表。为加快国家社会主义建设进程，我国在“一五”计划期间选送了数以万计的专门人才去苏联及东欧等社会主义国家留学深造。特殊教育事业发展也进入了国家最高层面。在第一批选派出国留学的人员名单中，经过层层选拔，最后选两名人员专门去苏联学习特殊教育，他们就是后来在中国特色特殊教育学学科建设中发挥开拓与奠基作用的朴永馨与银春铭。

教育发展，师资为本。新中国成立后特殊教育专业师资奇缺，国内既无一所从事特殊教育师资培养的专门学校，也无一所招收培养特殊教育师资的其他学校。20世纪50年代起，我国决定从普通师范院校中选调一批优秀毕业生从事特殊教育。这批毕业生品学兼优，德才兼备，勤奋刻苦，无私奉献，后来成为我国特殊教育学校的骨干。他们中的代表人物有余敦清、季佩玉、陆坤英、周文炽、简栋梁、何静贤、马琼璇、赵锡安、程益基、叶立言、海玉森、顾定倩、沈云裳、梅次开、曹正礼、沈美娜、杨春秀、李观泰、曹照琪、胡承昌、谈福奎、秦志英等。

新中国成立后，我国特殊教育学校还活跃着一支残疾人教师队伍。他们或盲或聋，但感同身受造福同病，奉献社会贡献教育，成为新中国教师队伍里的一支“特种部队”。这里列举几位著名代表：戴目(聋人，上海青年聋哑技术学校)、宋鹏程(聋人，无锡市聋哑学校)、梅芙生(聋人，北京市第四聋人学校)、赵峥(聋人，兰州市盲聋哑学校)、赵保清(盲人，北京市盲人学校)、尚振一(盲人，天津市盲人学校)、张覃昌(盲人，南京市盲人学校)、马恂如(聋人，宁波市聋哑学校)、谢伯子(聋人，常州市聋哑学校)等。

盲文、手语是特殊教育的主要沟通手段。新中国成立前，我国各地盲文不统一，手语更不规范。新中国成立后，黄乃经过艰苦探索，于1952年发明创制“现行盲文”并在全国推广。1974年黄乃与扶良文合作在现行盲文基础上研制“带调双拼盲文”。20世纪50年代，中国聋哑人福利会组织周有光、洪雪立、顾朴等研制《汉语聋人手指字母方案》，并于1963年正式公布实施。1974年周有光与北京市第四聋人学校教师沈家英合作共同制定了声韵双拼的《汉语手指音节指式图》。

新中国成立后我国教育全面学习苏联，特殊教育也是如此。苏联是人类历史上第一个社会主义国家。特殊教育发展作为一项重要的教育工作得到了国家和社会的高度重视，走出了一条不同于欧美的成功发展道路，非常值得新中国借鉴学习。“一五”期间，我国除了选派人员前往苏联留学特殊教育之外，还克服困难，引进翻译出版了苏联一些重要的特殊教育专著，如《我怎样理解和想象周围世界》(奥·伊·斯柯罗霍道娃，1956)，《盲童游戏》(萨姆比金，1957)，《聋哑学校的课堂教学》(斯·阿·孜科夫、勃·德·科尔宋斯卡娅，1956)等(因为当年缺乏既懂俄语又懂教育与特殊教育的专门人才，这些专著大多由科学院系统的自然科学专家翻译，所以当年翻译的这些特殊教育专著与20世纪八九十年代朴永馨、银春铭等翻译的苏联特殊教育专著差别还是比较大的。不过，当年这些专著的引进翻译推动了我国特殊教育事业的发展。据武汉余敦清说，当年他认真阅读这些专著，一开始很难读懂。直到有一年《聋哑学校的课堂教学》这本专著的作者、苏联特殊教育专家来到武汉，专门与他们进行交流，与作者有了直接接触，这才增加兴趣认真读了进去)。

从1949年到1959年，我国特殊教育事业发展迎来了一个高潮。进入20世纪60年代，由于三年严重困难和不停的政治运动，直至1978年改革开放前，特殊教育进入发展缓慢甚至倒退的阶段。当然扎根特殊教育一线的一批优秀教师仍然热爱特殊教育，热爱特殊教育儿童，在外部环境困难的情况下，无畏艰难，百折不挠，艰辛探索，取得了优良的成绩。既然是探索，难免走弯路，如原沈阳军区解放军三〇一六部队卫生科在辽源市聋哑学校进行针灸治聋的实验。

据1968年6月30日《人民日报》报道，该校168名聋生，经过针灸治聋，129名学生有了听力，125名学生能高呼“毛主席万岁”，47名学生能高唱《东方红》。基于当年特别的政治环境，原本一种医学与教育的实验与探索，被赋予了政治的实用任务，一时全国范围内针灸治聋成为时尚。喧嚣过后经过客观思考冷静分析，一些学者发现针灸治聋作为一种医学教育实践，成效非常有限，负面作用突出。1971年4月30日周恩来总理前往北京市第三聋人学校视察，深入课堂实地了解聋教育情况。他提出还是要让聋学生学习手语口语，聋学生的出路还是通过教育掌握一技之长，参加生产劳动，生活自立。全国各地盲校聋校在文化课基础上，加强职业技能训练，开办职业教育班，如一些学校的盲学生进行工艺编织，聋学生开展木工、缝纫、美工活动等。

此外，在盲聋教育的基础上，北京市第二聋哑学校和上海第四聋校分别于1958年和1979年开展培智教育尝试，拓展特殊教育办学类型，迎接智障儿童教育这一现实问题的挑战。全国其他一些地方就学前特殊教育也进行了积极探索，创办了一些特殊儿童幼儿园。

1978年，我国进入改革开放新时期，特殊教育也迈入发展的新时期。1950年教育部成立盲聋哑教育处(也称为特殊教育处)。1959年首任处长黄乃离任后，该处便降格为特殊教育科，由普通教育司管理。“文化大革命”期间该科名不存实更亡。1974年教育部恢复开展工作，龙庆祖从“五七”干校解放出来即被安排到教育部负责全国特殊教育工作。最初特殊教育与幼儿教育共同作为处级单位进行合署办公。1980年特殊教育处单独设立，龙庆祖出任首任处长。此后特殊教育处作为教育部全面负责全国特殊教育工作的业务处，一直保持直至当下，目前由基础教育司管理。

1978年中国盲人聋哑人协会恢复活动，分别于1980年和1984

年召开了第三次和第四次全国盲人聋哑人代表会议。1981 年是联合国确立的"国际残疾人年"(当时我国尚未使用"残疾"这一词，时称"国际残废人年"，直至 1983 年国家禁用"残废"，改称"残疾"，其间还短暂使用过"残缺人"一词，如 1984 年成立的中国残疾人福利基金会当时取名为"中国残缺人福利基金会")。1988 年，在中国盲人聋哑人协会、中国残疾人福利基金会等基础上，我国正式批准筹建成立中国残疾人联合会，这是改革开放新时期我国残疾人事业发展中的一件大事。作为国务院直接领导的服务、代表、管理全国残疾人工作的机构，中国残疾人联合会在制定出台保障服务残疾人教育法律法规、推动残疾儿童普及九年义务教育、促进残疾儿童康复、加快特殊教育学校建设、推进残疾人接受高等教育等方面发挥了前所未有的作用。1987 年和 2006 年，我国进行了两次全国范围内的残疾人抽样统计调查。调查显示我国残疾人数量分别为 5164 万与 8296 万，这为我国制定特殊教育与残疾人事业发展规划提供了科学依据。

1980 年，全国第三次盲人聋哑人代表会议在北京召开。时任教育部部长的蒋南翔出席会议并发表讲话，明确教育部为解决特殊教育发展落后特别是师资严重缺乏的问题，将尽快筹建一所专门培养特殊教育师资的特殊教育师范学校。1981 年，黑龙江肇东师范学校率先招生从事特殊教育师资培养，开创了在普通师范院校进行特殊教育师资培养的办学模式。1982 年，教育部创办的全国第一所专门培养特教师资的学校——南京特殊教育师范学校正式启动筹建，1984 年承办两年制民办教师特殊教育师资培养，1985 年面向全国分盲、聋哑、培智教育三类启动四年制师资培养。这是特殊教育师范学校培养特殊教育师资的办学模式。2002 年和 2015 年，南京特殊教育师范学校两次升格，从中师到师专到本科，改名为南京特殊教育师范学院，是我国目前唯一一所单独设置的、以培养特殊教育师资为主的普通本科院校，成为国家重视特殊教育与残疾人事业的一个样板与典型。20世纪80年代到90年代，我国共有34所特殊教育师资培训学校(含特殊教育师资培训中心等教育机构)，为全国基层特殊教育学校培养了大批急需人才。1986年，北京师范大学教育系开始招收特殊教育专业四年制大学本科生，此后华东师范大学、陕西师范大学、华中师范大学、辽宁师范大学、华南师范大学等陆续开设特殊教育本科专业。特殊教育学学科硕士点、博士点也相继在北京师范大学、华东师范大学等学校获得国家批准进行招生培养。教育发展，师资是关键。改革开放后，特殊教育师资培养逐年得到重视。经过几十年的持续努力，我国已经形成了从专科到本科再到研究生的特殊教育师资培养体系，特殊教育师资严重缺乏的情况得到根本转变。

1982年12月4日，第五届全国人民代表大会第五次会议通过修订后的第四部《中华人民共和国宪法》明确提出："国家和社会帮助安排盲、聋、哑和其他有残疾的公民的劳动、生活和教育。"这是我国第一次在宪法中对残疾人教育做出明确规定，意义非凡。此后我国宪法又经过几次修订，这一条始终保持。我国陆续出台的其他一些法律法规都对特殊教育给予了持续高度的关注与切实有效的支持及保障。例如，1985年《中共中央关于教育体制改革的决定》、1986年《中华人民共和国义务教育法》、1989年《关于发展特殊教育的若干意见》、1990年《中华人民共和国残疾人保障法》、1991年《中国残疾人事业"八五"计划纲要(1991年—1995年)》、1994年《中华人民共和国残疾人教育条例》、1995年《中华人民共和国教育法》、1996年《残疾儿童少年九年制义务教育"九五"实施方案》、1998年《特殊教育学校暂行规程》。近年来陆续有学者提出建议制定《特殊教育法》。

1985年，山东滨州医学院正式率先在全国公开招收残疾大学生，1987年长春大学正式创办专门招收残疾人的特殊教育学院，此后天津理工大学、北京联合大学、南京特殊教育职业技术学院等开始招收残疾人。1993年，教育部、中国残疾人联合会委托青岛市盲人学校和南京市聋人学校创办普通高中。此后全国各地多所特殊教育学校创办普通高中班。

1987年，中年失明的建筑专家徐白仑出于对失明儿童的博爱情怀与为国分忧的赤子热忱，先后在江苏、河北、黑龙江、北京等地开启盲童就近进入普通小学随班就读的"金钥匙工程"，进行随班就读这一切实有效并符合我国国情的特殊教育新模式的积极试验。1988召开的全国首次特殊教育工作会议对随班就读给予高度重视与积极回应。此后随班就读逐步在全国推广，并成为我国发展特殊教育的主要途径之一。徐白仑因为在首创随班就读方面做出了杰出贡献，被联合国教科文组织授予"夸美纽斯奖"。

中国教育学会特殊教育分会和中国高等教育学会特殊教育研究分会分别于1982年和2005年成立，《现代特殊教育》和《中国特殊教育》分别于1992年和1996年正式创刊出版发行，北京师范大学、南京特殊教育师范学校等学校与机构陆续创办了一批内部发行的特殊教育刊物。20世纪80年代开始，中央教育科学研究所、北京师范大学、北京大学、清华大学、中国人民大学、山东大学以及中国残疾人联合会、浙江残疾人联合会等相继成立特殊教育研究机构、残疾人事业研究机构。特殊教育研究与残疾人事业研究从教育学延伸到心理学、管理学、医学、康复学、社会学、伦理学等学科。以朴永馨、银春铭、方俊明、张宁生、魏华忠、汤盛钦、陈云英、顾定倩、李掬、李宏泰、杨运青、麦进昭、周苗德、李牧子等为代表的一代特殊教育学者，填补了中国特色特殊教育学学科建设进程中的一个又一个历史空白。

1983年4月至1984年5月，叶立言、李慧君、王助理等六名特殊教育工作者被教育部公派前往美国进修特殊教育。1987年，出生于中国台湾、留学于美国的特殊教育专家陈云英回到祖国，入职中央教育科学研究所，从事特殊教育研究工作。她先后筹建组织了特殊教育研究机构，主持编写出版了一批特殊教育专著，主持创办了特殊教育期刊，在推动我国特殊教育界对外开展合作交流方面做出了突出贡献。此后随着改革开放的进一步深入，公派、自费等出国留学进修考察的特殊教育者逐步增多，参加或承办的国际特殊教育会议也不断增多。联合国儿童基金会、美国卡特基金会、香港盲人辅导会、亚洲防盲协会、亚太地区聋教育协会等组织出资金、出项目、出专家。由于文化同源、文字相同、教育相近，一批台湾和香港的特殊教育专家长期服务特殊教育事业，开展交流合作。他们不仅亲力亲为，而且还带动一些机构与组织从资金、项目、设施、设备、师资培训等方面资助特殊教育发展。

21世纪以来，我国特殊教育事业发展经历了填补空白、合作发展、整体提升、做优做强的历程，进入体系建设逐步完备、特色发展更加明显、整体水平不断提升的新阶段。近些年来，教育部、中国残疾人联合会等先后于2014年和2017年分别制定《特殊教育提升计划(2014—2016年)》《第二期特殊教育提升计划(2017—2020年)》，将没有特殊教育的现代化就没有国家教育整体的现代化作为工作目标，以完善特殊教育体系、增强特殊教育保障能力、提高特殊教育质量为工作任务。

党的十七大报告、十八大报告、十九大报告连续对特殊教育给予党和国家最高层面的制度重视。从关心特殊教育到支持特殊教育到办好特殊教育，逐步递进与深入的语义表述更是彰显了党和国家对特殊教育与残疾人事业的庄严承诺与历史担当。伴随着我国特殊教育事业翻天覆地的发展与进步，几代特殊教育工作者不忘初心，继续奋斗。中国特色特殊教育学学科建设也由学科前探索、学科初创进入学科加快发展、不断完善与成熟的历史新时代。

二、新中国特殊教育学史研究的基本要素

学科及学科要素的形成是任何一门社会科学发展过程中必须探索的内容。目前，社会科学也沿用了自然科学的划分方式，将所有

学科划分为基础学科、技术学科和应用学科。特殊教育学作为教育学一级学科门类下设的二级学科，对现实社会特殊教育领域的特殊教育问题展开具有可操作性的研究，这就决定了其学科性质是一门应用学科。

学科要素一般由研究队伍、大学课程设置、学术组织、学术期刊及学术著作构成。在学科之林中，各门学科都拥有自己的领地，并以探寻自身领域的规律为研究对象。对于有着清晰界限的学科而言，这种研究是卓有成效的，因为这种在划定的学科界限内对真理的探寻可以形成代际接力作用，即下一代的学科同行在继承前辈成果的基础上，不断发展学科知识。同时，这种代际关系也给学科的发展营造了良好的氛围。学科同行们在自己的学科内相互激励，并相互约定形成“学科规训制度”①。现有的教育学学科对繁杂的教育问题的回应是令人沮丧的，理论上的滞后和实践中的盲从使得教育学学科在现实中表现为心有余而力不足。这种状况的形成一方面固然同教育问题本身的繁杂有关，另一方面也在客观上显示出了现有教育学学科的内在缺陷及方法上操作性的缺失。彼得·圣吉认为，问题的复杂分为两种：“一种是包含许多变数的‘细节性复杂’；另一种是‘动态性复杂’。”②对于“细节性复杂”，“人类有认知上的限制。认知科学家证实我们同时只能掌握少数个别的变数，我们意识层处理资讯的机制，很容易因细节性复杂而超载，迫使我们必须求助于简化的方法来理解事情”③。对“细节性复杂”的认识，正是我们传统学科努力探寻的目标。我们设法发现并掌握各种变数，但在用于解

---

① ［美］华勒斯坦等：《学科·知识·权力》，刘健芝等译，12页，北京，生活·读书·新知三联书店，1999。

② ［美］彼得·圣吉：《第五项修炼——学习型组织的艺术与实务》，郭进隆译，421页，上海，上海三联书店，1998。

③ ［美］彼得·圣吉：《第五项修炼——学习型组织的艺术与实务》，郭进隆译，421～422页，上海，上海三联书店，1998。

决问题时，却只能使用少数个别的变数，出现只见树木不见森林的“视野隧道”。“动态性复杂”则“表示我们处于一种因、果在时空上不相近，而原先以为是正确的解，并未产生预期结果的情形”[①]。对“动态性复杂”的处理，就得运用系统思考的方法，需要超越事件本身，去寻找事件背后的结构和行为变化形态。特殊教育学也概莫能外。

当前时代，知识的数量正以几何级数递增。在现代知识发展的过程中，学科的溯源就显示了其二重性的历史衍延。古拉丁文disciplina本身已兼有知识与权力的双重意义。但在其后的发展中，学科一词的各种含义逐渐全面，“只有福柯才率先让人意识到学科/规训是‘生产论述的操控体系’和主宰现代生活的种种操控策略与技术的更大组合”[②]。即学科既是一种知识的分类，也是一种权力—利益的分配。正因如此，一门新兴学科的诞生，既要有其内在的知识发展要求，也要有其外在的权力—利益的配给，两者缺一不可。

“社会科学是近代世界的一项大业。”[③]从历史上看，社会科学的发展并非完全是线性的扩展。按照华勒斯坦等的研究，社会科学的发展经历了三个阶段。第一，融合期(1500—1850年)，社会科学与自然科学融为一体，是共同探寻世俗真理的同盟。第二，整合期(1850—1945年)，随着实验性、经验性研究在自然科学领域的深入，社会科学因其先验的真理断言不可验证而备受责难，并不断遭到自然科学家的排斥。与此同时，一方面，社会科学家把大学作为一种手段，以争取国家对其学术工作的支持；另一方面，社会科学也通过自身内部的整合，以探寻普遍法则为己任，设法为各自的学科领

① [美]彼得·圣吉：《第五项修炼——学习型组织的艺术与实务》，郭进隆译，421页，上海，上海三联书店，1998。

② [美]华勒斯坦等：《学科·知识·权力》，刘健芝等译，13页，北京，生活·读书·新知三联书店，1999。

③ [美]华勒斯坦、儒玛、凯勒等：《开放社会科学》，刘锋译，96页，北京，生活·读书·新知三联书店，1997。

域划定范围，并从根本上把这些领域彼此加以区分。“截至1945年，组成社会科学的全部学科基本上都已经在世界上的绝大多数主要大学里制度化了。”[①]第三，扩展期(1945年至今)，第二次世界大战后，现实的需要及日益增多的学科专家促使新学科不断涌现。以地区研究为契机，学科间的界限日趋模糊，社会科学向更具综合性的方向发展，各种交叉学科层出不穷。以跨学科形式出现的新兴学科“不仅克服了现存学科之独特性的逐渐式的逻辑，而且也将这些学科从困境中解救出来，重新确定了它们的合法性”[②]。

学科是历史的产物。20世纪80年代以来，我国的人文社会科学也和自然科学一样，迎来了百花齐放的灿烂之春。一系列新兴学科如雨后春笋，特殊教育学也得以发展。“而且，在今天，无论是就不同的学科来看，还是就同一学科在世界各地的不同表现形态来看，学科的内在凝聚力和灵活性都有程度上的不同。”[③]说到底，这是由人文社会学科所具有的民族性、区域性和人文性特点所决定的，即它总要以服务于一定的社会实践为宗旨。为此，特殊教育学作为一门独立学科，势必具有民族性和本土化特征。

新时期，特殊教育学学科发展面临新的机遇。诚如福柯所言，学科的构建过程也是政府意志介入的过程，国家政权的力量在其中扮演了极其重要的角色，引导着学科往实用的政策方向发展。党的十七大以来，党和国家高度重视特殊教育，特殊教育政策不断细化与发展，特殊教育法律法规不断完善，特殊教育投入逐渐增加，特殊教育保障机制不断强化和细化。及时总结新中国特殊教育学学科

---

① [美]华勒斯坦、儒玛、凯勒等：《开放社会科学》，刘锋译，33页，北京，生活·读书·新知三联书店，1997。

② [美]华勒斯坦、儒玛、凯勒等：《开放社会科学》，刘锋译，51页，北京，生活·读书·新知三联书店，1997。

③ [美]华勒斯坦、儒玛、凯勒等：《开放社会科学》，刘锋译，105页，北京，生活·读书·新知三联书店，1997。

诸要素的发展与进步，有利于特殊教育学理论的不断深化。

总而言之，特殊教育学这门新兴学科的诞生，是既具有学科发展所需的内在动力，也满足了社会发展的需要，并在获得必要的权力支持后合理地构建起来的。鉴于学科要素一般由研究队伍、大学课程设置、学术组织、学术期刊及学术著作构成，本书对新中国特殊教育学的学科要素分述如下。

（一）特殊教育学学人的学术共同体形成并得到发展

新中国成立初期，随着《关于学制改革的决定》的签署，特殊教育逐渐成为新中国国民教育体系中的一个重要组成部分。从新中国成立初期一直到20世纪80年代中期，特殊教育学校一直是我国实施特殊教育的主要形式。在新中国特殊教育学的初步探索期，由于国家政策文本当时只涉及盲学生、聋学生，因此特殊教育学学人最初的探索主要针对视力障碍和听力障碍，致力于新中国盲童、聋童的教育研究与实验，同时也在一定范围内开始初步尝试探究智障儿童的教育。培智班、培智学校应运而生。但是，此时特殊教育学学人更多地从事特殊教育实践探索，也产生了一批研究成果，彰显了特殊教育学学人的学术共同体的形成。只是此时的特殊教育学学人分散于全国各地，没有形成具有学术组织和定期开展学术活动的稳定的学术共同体。鉴于特殊教育学学人的实践探索与理论研究，国家对特殊教育学制的认识表现为如下几个方面：强调特殊教育的特殊性，建立隔离式的教育形式，学制与普通教育不衔接，文化教育与劳动及职业教育同时实施。与此同时，特殊教育在形式方面呈现出多种探索，不仅存在大量公办的特殊教育，而且民办特殊教育也分为学前教育、初等教育、职业教育。伴随20世纪60年代培智班的建立，聋生、盲生到普通学校接受教育的情况也出现了。这样，最初的融合教育探索也产生了。

改革开放后，伴随国家经济社会的发展，特殊教育学学人的队伍不断壮大。党的十一届三中全会确定了党和国家工作重点向经济建设转移，我国教育的战略性、基础性、先导性、公平性等属性得以确立。中央政府关心、支持特殊教育，催生了一批特殊教育学专业。高等院校特别是高等师范院校纷纷设置特殊教育学系科，还设置了独立建制的高等特殊教育师范学院，促使从事特殊教育专业教育教学及科学研究的人员队伍不断壮大。

（二）大学设置特殊教育学专业并开展授课

学科的发展与成熟同样离不开环境的支持，以特殊教育问题为研究对象的特殊教育学同样得益于有利的高等教育条件。在大学设置课程是学科地位得以确立的要素。我国特殊教育学学科在大学的课程设置与发展历经如下过程。

师范大学创办特殊教育本科专业并设置课程，推动了特殊教育学发展。北京师范大学特殊教育系的前身是成立于1980年的特殊教育研究室，1986年开始招收特殊教育学专业的本科生。特殊教育专业的培养目标是培养具有扎实的教育与心理学科基础、精湛的特殊教育专业技能的专业人员，学生毕业后可以在国家各级各类特殊教育机构和相关研究部门从事特殊儿童教育、训练、康复服务及研究工作。开设的主要课程包括：特殊教育导论、特殊教育医学基础、智力落后儿童教育、特殊儿童心理评估、特殊儿童行为管理、特殊儿童早期干预、特殊教育史等。华东师范大学特殊教育学系成立于1987年，致力于培养在特殊教育学校及相关机构从事教学、研究、管理的人才，学生的就业去向主要是各类特殊学校、中等职业技术学校和普通学校，学生毕业后一般承担学校或机构的教学、科研工作以及体能、语言、心理等康复工作。开设的主要课程包括：特殊教育学、特殊儿童评估、特殊儿童病理学、教育听力学、特殊儿童早期干预、特殊学校教材教法、残疾儿童康复教育、心理测量及特殊学校实践等。

特殊教育学专业的硕士、博士学位授权点在师范大学的建立与增列，提升了特殊教育学学科的人才培养层次与质量。北京师范大学于1993年和2005年相继建立特殊教育学硕士点、博士点。2008年，特殊教育学被教育部定为首批建设的国家特色专业，其培养目标定位是高学历的特殊教育专业教师和高层次的学术研究人才。华东师范大学于2000年率先设立我国第一个特殊教育学博士点，2001年特殊教育学成为上海市重点学科。

师范院校甚至非师范院校纷纷开设特殊教育学专业，使得特殊教育学的办学规模得到扩大。截至2019年高考志愿填报，全国共有56所高校招收特殊教育本科专业；截至2018年年底，北京师范大学、华东师范大学、华中师范大学、陕西师范大学、重庆师范大学、华南师范大学、西南大学等15所师范院校及非师范院校具有了博士生招生资格。这些高校试图通过对各级各类特殊教育师资及管理人才的培养，支持和推动我国特殊教育的发展。

1982年，教育部创办南京特殊教育师范学校，联合国儿童基金会予以资助。这是新中国第一所培养特殊教育师资的中等师范学校，隶属教育部管理。1997年学校划归江苏省人民政府管理；2002年升格为大专院校，更名为南京特殊教育职业技术学院；2009年成为中国残疾人联合会和江苏省人民政府共建单位；2015年经教育部批准，更名为南京特殊教育师范学院，开启本科办学，升格为普通本科高校。该校是全国唯一一所独立设置，以培养特殊教育师资为主，兼及残疾人高等教育和残疾人事业专门人才培养的省属普通本科高校；是全国卓越特殊教育教师培养改革项目单位，中国残疾人联合会首批残疾学生高等融合教育试点学校，全国残疾人职业教育师资培训基地，中国盲文手语推广服务中心，江苏省特殊教育发展指导中心，江苏省特殊教育师资培训中心，江苏视障人员教育考试支持研究中心。学校先后荣获“全国特殊教育先进单位”“全国语言文字规范化示范学校”“江苏省文明单位”“江苏省精神文明建设先进单位”“江苏省高校先进基层党组织”和“江苏省高等学校和谐校园”等多项荣誉称号。

学校设有特殊教育学院、学前教育学院、康复科学学院、音乐学院、语言学院、数学与信息科学学院、管理学院(残疾人事业管理学院)、美术学院/阳光学院、马克思主义学院、体育学院和继续教育学院(江苏省特殊教育师资培训中心办公室)11 个学院，共开设 38 个本、专科专业，涉及教育学、文学、医学、理学、管理学、工学、艺术学七大学科门类。教育学和公共管理学为“十三五”省重点建设学科。

图书馆馆藏纸质图书 70.6 万册，数字资源数据库 15 种，收藏电子图书 297.9 万余册。馆藏结构以特殊教育与残疾人事业类、师范人文类为主，其中盲文书籍馆藏量为全国高校第一。学校建有校内实验(实训)室 86 个，校外实习基地 129 个。校内建有国内第一所教育类专题性历史博物馆——中国特殊教育博物馆，馆藏特殊教育类实物与文献 2300 余件，内设通史馆、文献馆、技术馆、体验馆、残疾人集邮馆、影视馆等。

可见，新中国特殊教育学学科发展迅速，专业人才培养规模不断扩大，层次不断攀升，人才培养目标日益明晰，通过大学专业设置并开展授课进行专业人才培养，推动特殊教育学进步。

(三)特殊教育学学术组织建立并定期开展学术活动

学术组织的建立及其定期开展的学术活动，是衡量学科得以确立的重要因素。特殊教育学学科也是如此。改革开放之前，我国特殊教育学领域尚未建立起本学科的学术组织。改革开放初期，伴随着我国学科建设事业的发展，特殊教育学也迎来了发展的春天，彰显了勃勃生机，形成了中国教育学会、中国高等教育学会下设的两大学术组织。定期的学术活动与交流得以开展，国际学术交流不断加强。

首先，中国教育学会特殊教育分会成立，这是特殊教育学学术组织。中国教育学会特殊教育分会成立大会于1982年10月在江西省南昌市召开。参加大会的有全国27个省、市、自治区特殊教育工作者的代表和与特殊教育有关的科研机构、生产单位的代表共计153人。中国教育学会副会长林迪生，中国盲人聋哑人协会副主席黄乃，教育部特殊教育处负责人高先丙，江西省人大常委会副主任谢象晃，江西省教育厅厅长吕良以及云南、江苏、内蒙古、北京等省、市、自治区教育厅(局)、民政厅(局)和盲人聋哑人协会的负责人参加了会议。中国教育学会特殊教育分会主要开展基础特殊教育领域的理论研究与交流活动。自创建以来，中国教育学会特殊教育分会始终坚持以为特殊教育改革和发展服务，为繁荣特殊教育科学服务，为第一线教师和教育工作者服务，当好教育行政部门的助手和参谋为宗旨，充分发挥群众性学术团体的优势，积极开展学术研讨、教学研究与实验、师资培训、论文评比、对外交流等活动，为推动群众性教育科研的开展，促进我国特殊教育事业的发展做出了一定的贡献。

其次，中国高等教育学会特殊教育研究分会成立，促进了特殊教育学的研究。中国高等教育学会特殊教育研究分会是经过5年的筹备，经中国民政部批准，于2005年10月21日宣布正式成立的学术团体。学会宗旨是在高等教育学会的直接领导下，团结和组织承担高等特殊教育的院校师生，开展有关残疾人高等教育、职业教育、教师教育与特殊教育专业人才培养等方面的研究，建立信息交流、学术合作和人才培养的平台，充分利用特殊教育资源，推动我国高等特殊教育和职业教育的发展。工作任务是适应我国残疾人高等特殊教育专业、职业教育专业和特殊教育专业教师教育的发展形势，开展人才培养、科学研究、学术交流、社会服务等方面的工作，提高我国高等特殊教育的学科水平和教育质量，深入研究我国高等特殊教育发展过程中遇到的理论和实践问题。学会将根据中国高等教育学会的宗旨和要求，组织会员学习国家有关发展残疾人教育和特殊教育的法规文件，申报科研课题，建立实验基地，评估鉴定和推广研究成果。

中国高等教育学会特殊教育研究分会的第一届理事长是北京师范大学朴永馨，秘书长是北京联合大学特殊教育学院曲学利。第二届理事长是华东师范大学方俊明，秘书长是北京联合大学特殊教育学院滕祥东。第二届学会的秘书组设在北京联合大学特殊教育学院，理事长办公室设在华东师范大学特殊教育研究所。第一批理事单位15家，第二批理事单位57家。下设研究机构及研究方向包括以下几个。第一，残疾人高等教育研究部：盲人高等教育、聋人高等教育。第二，教师教育研究部：融合教育研究、政策法规研究。第三，残疾人职业教育。第四，特殊儿童基础研究部：听力障碍儿童研究、视力障碍儿童研究、智力障碍儿童研究、自闭症谱系障碍儿童研究、情绪与行为问题儿童研究、学习困难问题学生研究、超常儿童研究。

（四）特殊教育学专门性学术期刊及著作相继出版且成果丰硕

专门性学术期刊及著作的问世与出版，是学科形成的重要标志和要素。新中国特殊教育学专门性学术期刊主要包括《现代特殊教育》与《中国特殊教育》。其中，《现代特殊教育》早于《中国特殊教育》创刊。特殊教育学专门性著作、教材的出版略晚于专门性学术期刊的创刊。

首先，特殊教育学专门性学术期刊的创刊与发展。《现代特殊教育》创办于1992年，系原国家教育委员会、中国残疾人联合会委托原江苏省教育委员会主办的特殊教育专业期刊，现由江苏省教育厅主管，江苏教育报刊总社主办。其办刊宗旨是为特殊教育事业发展服务，为特殊儿童少年群体和特殊教育教师发展服务。读者对象是全国各类特殊教育学校的教师和管理人员，有残疾学生就读的普通学校的教师和管理人员，残疾人康复机构的教师和管理人员，特殊教育行政管理和科研人员，大、中专院校特殊教育专业的教师和学生以及热衷于特殊教育的社会各界人士。主要内容是宣传国家有关特殊教育改革和发展的方针、政策和法规，推介特殊教育的新思想、新理念、新方法和新经验，报道国内外特殊教育发展的最新信息动态和优秀典型，研讨特殊教育理论与实践中的重点、热点和难点问题。值得一提的是，为搭建学术平台，促进学术研究，更好地为特殊教育和残疾人事业服务，2014 年 6 月 30 日南京特殊教育师范学院(筹)与江苏省教育报刊社签订协议，合作主办《现代特殊教育》杂志。《现代特殊教育》设综合和高教两个版，南京特殊教育师范学院负责主办《现代特殊教育》(高教)。双方各自成立编辑部，负责各自的编辑、出版与发行等工作。《中国特殊教育》由中华人民共和国教育部主管，中央教育科学研究所主办，中央教育科学研究所心理与特殊教育研究部编辑出版。该杂志于 1994 年 3 月创刊，当时刊名为《特殊儿童与师资研究》。由于我国特殊教育事业发展迅速，特殊教育的研究范围已经远远超出了对师资与儿童的研究，因此，1996 年 4 月，经国家新闻出版总署批准，《特殊儿童与师资研究》正式更名为《中国特殊教育》，现为月刊。《中国特殊教育》杂志的创办填补了我国特殊儿童心理与教育领域无学术性刊物的空白，并且很快成为国内特殊儿童心理与教育的核心刊物，对全国特殊儿童心理与教育研究的发展起到了导向的作用，同时也促进了与国际特殊儿童心理与教育领域的学术交流。期刊设置栏目有特殊教育理论研究、听力障碍研究、视力障碍研究、智力障碍研究、评估与测量、治疗与康复、孤独症研究、学习障碍研究、超常教育研究、青少年心理发展、心理健康研究、职业教育与高等特殊教育等，力求全面反映特殊儿童心理与教育研究各个领域最新动态。许多大学学报特别是师范院校的大学学报扩充与设立特殊教育专门栏目，也推动了特殊教育成果的发表。

其次，特殊教育专门性论著，包括教材与著作的出版。1980年以《特殊教育概论》为书名的著作首次出版，1992年较为权威的同名书出版，1998年又有同名书出版。其中，1992年的《特殊教育概论》于1999年修订，由特殊教育的概念和意义、对残疾儿童的基本认识、特殊教育的产生和发展、中国特殊教育的发展方针和教育体系、盲童的教育、聋童的教育、智力落后儿童的教育、其他缺陷儿童的教育、特殊教育教师九章内容构成；此外，还补充了超常儿童的教育、违法和轻微犯罪儿童的教育，将这些作为选学内容，形成了较为完整的概论性质的知识体系。此后，同名教材与著作层出不穷。以《特殊教育学》命名的教材最早于1995年问世。全书体例较为完整，较具权威性。全书正文共分三个组成部分：第一部分为特殊教育的一般问题，分别是特殊教育的对象和分类、特殊教育对象的鉴定、特殊教育的产生和发展、特殊教育的体系、特殊教育的理论基础、特殊教育的基本观点、中国特殊教育的立法、特殊教育的发展动向；第二部分为各级各类特殊教育，包括智力落后儿童的教育、听力残疾儿童的教育、视力残疾儿童的教育、学习困难儿童的教育、言语和语言障碍儿童的教育、情感和行为障碍儿童的教育、肢残和病弱儿童的教育、残疾儿童的早期教育、特殊儿童义务教育后教育；第三部分为特殊教育的组织和管理，包括特殊教育机构的建立和任务、特殊教育机构的领导和管理、特殊教育机构工作的评价、特殊教育师资的培养。2005年，另外一本较权威的《特殊教育学》出版，成为普通高等教育“十一五”国家级规划教材。全书共20章，其主要内容包括上篇与下篇两部分。上篇为总论，由特殊教育概述、特殊教育的产生和发展、特殊教育的法律法规、特殊教育的体系与模式、特殊教育的评估5章构成；下篇是分论，由视觉障碍儿童的教育、听觉障碍儿童的教育、智力障碍儿童的教育、言语与语言障碍儿童的教育、肢体障碍和病弱儿童的教育、自闭症儿童的教育、多重障碍儿童的教育与训练、学习障碍儿童的教育、情绪与行为障碍儿童的教育、超常儿童的教育、特殊儿童的职业教育、特殊教育教师的培养与培训、特殊儿童的家长教育、高等特殊教育、特殊教育研究的理论与方法15章组成。

最后，特殊教育学研究成果的理论演进呈现出自身的特征。分析特殊教育学成果我们就会发现，新中国特殊教育学的理论演进具有自身的特征，具体体现为从全面学习苏联转向对欧美特殊教育理论的借鉴与引进，从对特殊教育方针任务的认识与阐释转向探究特殊教育基本规律，从对特殊教育对象的传统认识与阐释转向马克思主义残疾人观，从隔离教育理论转向融合教育理论研究，从苏联课程模式转向全面课程改革理论探究。我们也会发现新中国特殊教育学在对学科自身基本问题的认识上，也不断发生着转变。具体表现为在对特殊教育性质的认识上，呈现出了学术争鸣的局面，包括特殊教育与残疾人终身发展的关系、特殊教育与整个教育的关系、特殊教育与全部脱贫和全面建成小康社会的关系、关于“特殊教育”与“特殊支持教育”的讨论、关于“医教结合”观点等方面的争议；在对特殊教育对象的认识与阐述方面，由关注盲学生、聋学生、智力缺陷学生为主向“零拒绝”转变，由残疾学生向特殊学生再向特殊教育需要学生转变，特殊教育对象的种类不断扩大，定义发生变化，有广义和狭义之别；在特殊教育理念上，从隔离教育向全纳教育和融合教育发展；在特殊教育目标上，从补偿缺陷向开发潜能迈进，将以人为本的学生本位与立德树人的社会本位的教育目标相结合；在特殊教育内容上，从注重文化教育与劳动及职业教育转向特殊教育课程设置与教材编写的研究和通用手语与通用盲文的研究；在特殊教育形式上，由特殊教育学校骨干与特殊教育班为主，向随班就读与同班就读的讨论、融合教育与多种办学形式的讨论发展；在特殊教育教师培养与培训上，从注重特殊师范教育的培养途径转向对特殊教育师资培养体系再造的认识，具体包括特殊教育教师培养模式的转变与复合型人才培养的研究，特殊教育教师专业标准的研究，高等师范院校特殊教育专业认证标准的研究，对特殊教育教师职业态度和特殊教育专业学生的认同，随班就读教育教师专业能力的研究等；在特殊教育经费投入上，由倡导和关注特殊教育投入向特殊教育经费投入的政策研究、特殊教育经费数量的变化、特殊教育经费投入结构的变化、特殊教育经费投入比例的变化、特殊教育经费投入的国际比较研究转化。

总之，新中国特殊教育学理论发展迅速。特别是自 2000 年以来，特殊教育理论研究成果如雨后春笋般涌现出来，突出表现为特殊教育学的基本理论以及特殊教育学的课程与教学论的进展。同时，新中国特殊教育学体现出独有的特征，即新中国特殊教育学从经验及实验升华为理论，不断走向科学化与体系化，从国际化走向本土化，逐渐彰显出独特性与独立性。然而，任何一门学科的理论架构都主要是由概念和内含于概念体系或模式之中的逻辑线索及以此为基础的分析模式构成的。鉴于此，我国特殊教育学的学科体系有待进一步建构。以动态的特殊教育问题为研究对象的特殊教育学并不排斥自身学科体系的建构。学科队伍也有待进一步建设，以形成应有的规模。特别需要指出的是，新中国特殊教育学的德育论研究有待提升，新中国特殊教育学的教育管理理论研究也亟待加强。

三、新中国特殊教育学史研究的意义、思路与方法

(一)新中国特殊教育学史研究的意义

1. 新中国特殊教育学史研究的实践意义

一方面，新中国特殊教育学史的研究能够推动我国社会文明进步，促进教育公平正义的实现。特殊教育学史的研究内容是建立在特殊教育学这门学科的发展史实基础之上的，旨在描绘特殊教育学自新中国成立以来在曲折中前进的完整历史图像。特殊教育学学科本身始终关注以有特殊教育需要的残疾人为研究对象的特殊教育。中国是世界上人口数量最多的国家，也是世界上残疾人口数量最多的国家。8500多万的残疾人口数量体现着发展特殊教育事业的社会需求与时代意义。人们也普遍认为，特殊教育的发展水平已日渐成为衡量一个国家社会公平正义与文明进步水平的重要标志。自新中国成立以来，我国不断加快残疾人事业发展的步伐，将特殊教育纳入国民教育体系，使相对完整的特殊教育体系得以逐步形成并持续发展。截至2018年年底，我国共有特殊教育学校2152所，与1949年新中国成立时的42所相比，增长速度喜人。有着特殊教育需要的残疾儿童能够有相对充分的机会接受学校教育。特殊教育事业的蓬勃发展也急切呼唤特殊教育学学科建设能给予其科学理论指导。由此可见，特殊教育学学科的产生与形成始终离不开新中国成立以来全社会对特殊教育的重视与支持，同时也能够反过来为整个社会的文明进步提供智力支持。

另一方面，新中国特殊教育学史的研究能够为当下特殊教育的改革与发展提供科学性、本土化的智力支持，为国家进一步办好特殊教育提供政策制定与制度建设的咨询服务。党的十九大报告提出“办好特殊教育”。从党的十七大报告中的“关心特殊教育”到党的十八大报告中的“支持特殊教育”，再到党的十九大报告中的“办好特殊教育”，将党和国家提升到了特殊教育办学主体的地位，实质上体现

了党和国家对特殊教育的重视程度实现了质的提升。党和国家正越发意识到，办好特殊教育对整个教育体系乃至全社会获得平衡发展具有重要意义，要想解决现实问题，必须回过头来反观新中国成立以来特殊教育的整个发展历程，以觅得可借鉴的历史经验。事实上，因为一定社会文化的协调性与连续性，无历史或反历史的教育实践是极容易遭遇障碍的。新中国特殊教育学史是研究者对特殊教育学在新中国的发展历程展开的一种寻找与叙述的过程，也是一种形塑与重构的过程，更是一种探究与创造的过程。就其能够发生的现实作用而言，它的的确确能规范和指导改革者、研究者、实践者的特殊教育活动。历史使人明智，对过去的考察能够为我们今天特殊教育学的研究提供新的路径与方向，并为解决当下特殊教育发展所面临的一些现实困境提供宝贵的经验。

2. 新中国特殊教育学史研究的理论意义

第一，将特殊教育学史作为研究对象，能够激发特殊教育研究者新的学术热情，有效拓展特殊教育研究领域。从现实状况来看，特殊教育领域的学术研究一直以来较倾向于实践层面。特殊教育学发展到今天，究竟具有什么特点，又已经发展到了何种程度，究竟是否形成了自己的一套独特体系等学科本身的建设问题，都有待研究与反思。当前，特殊教育理论研究相对滞后，许多理论停留在经验描述的层面，普遍缺乏建设学科元认知的意识。对新中国成立以来特殊教育学发展历程中各个阶段史料的挖掘、收集、梳理、解读，既能填补当前特殊教育学相关研究的空白，又能帮助特殊教育学人清楚地对本学科的过往建立明确的认知，并准确把握学科发展的未来走向，增强特殊教育学学科自觉，使学科发展呈现自主性、独立性。

第二，特殊教育学史是我国教育学史的一个次级研究领域，详细梳理我国特殊教育学的发展历史，能够有效拓展我国教育学史的研究范围。现有的中国教育学史研究主要集中在教育学原理、教育史、课程与教学论、高等教育学、学前教育学等教育学的二级学科，相对边缘化的特殊教育学向来不是教育学界所关注的重点。开展特殊教育学史的研究能够进一步完善中国教育学史的研究体系。

第三，特殊教育学史的研究有助于推进中国教育学的学科发展。如上所述，本书展开的研究描绘了特殊教育学在新中国成立70年来发展的完整历史图像，能够同时完善特殊教育学、教育学史的研究体系；与此同时，更重要的是能够通过填补空白来充分展现我国教育学发展的面貌，为我国教育学学科的建设与发展提供历史经验和启示。开展特殊教育学史的研究能有力地明确和稳固特殊教育学在整个教育学学科群落中的存在价值，改善特殊教育学目前的弱势与边缘化状态。

(二)新中国特殊教育学史研究的思路

1. 编写的思路与框架

本书以中华人民共和国成立以后特殊教育学的发展历史为研究对象。全书正文内容共分为五大部分：绪论、上篇、中篇、下篇、结语。

绪论部分：主要介绍本书的研究意义与价值、所采用的研究方法、写作内容、全书写作的思路框架等内容。首先对我国残疾人与特殊教育的历史进行简单的回顾。这一部分的历史回顾主要对新中国成立前的残疾人教育进行历史溯源，再讲述新中国成立后的特殊教育发展概况，在此基础上，对新中国特殊教育学的学科发展概况进行简述。接下来，从研究的范畴和要素、研究的目的和意义、研究的思路和方法三个方面介绍新中国特殊教育学史。研究的范畴和要素部分界定了特殊教育学史概念的内涵与外延，介绍了特殊教育学史研究的主要范畴和基本要素。研究的目的和意义部分介绍了特殊教育史研究与我国社会发展、教育学史研究以及我国特殊教育事业发展的关系。研究思路和方法部分介绍了特殊教育史研究的基本思路和主要方法。

上篇部分：主要介绍新中国特殊教育学的学科探索期。学科前探索时期为 1949 年到 1978 年，主要从时代背景、实践探索、理论的初步探索三个方面展开论述。时代背景主要介绍新中国成立初期社会环境的逐步变化，这些变化为特殊教育的发展创设了相关的发展背景。实践探索从政策法规与政府支持、师资培训与教师管理、特殊学校办学与随班就读、特殊沟通手段这四个方面进行介绍。理论的初步研究部分详细列出了学科前探索时期在盲教育、聋教育、其他障碍类型教育等方面的初步研究成果，并呈现出相关特殊教育学术期刊、代表性著作、学术团体与学术会议、国际交流与合作等方面的内容。

中篇部分：主要介绍从 1978 年到 2005 年新中国特殊教育学的学科初创期，主要从时代背景、知识体系的初步建构、发展成果与载体的初步建构三个方面展开论述。时代背景包含社会政治、经济、文化背景，教育学研究背景以及残疾人工作背景。知识体系的初步建构包含特殊教育政策法规与政府支持，特殊教育师资培养体系的初建，特殊教育分类办学与学校管理，中国特色特殊教育安置模式——随班就读的实施，特殊教育沟通手段的发展。发展成果与载体的初步建构包含学科知识体系的初步构建，学人构建、学术刊物与代表性著作，学术团体、研究机构与学术会议，专业与学位点的建设，与其他学科的交叉研究，国际交流与合作。

下篇部分：主要介绍从 2005 年至今新中国特殊教育学的学科发展期，具体从时代背景、知识体系与建构、发展成果与载体的快速发展三个方面展开论述。这一阶段的特殊教育学学科发展的实践探索主要体现在政策法规与政府支持、师资培养体系的发展、实施形式多元化的拓展、课程改革与教材编写、通用手语与通用盲文这五个方面。在这一阶段，特殊教育学学科进入快速发展时期。本篇从学科要素出发，从学科知识体系的基本形成与拓展，学人构建、学术刊物与代表性著作，学术团体、研究机构与学术会议，专业与学位点的快速发展，与其他学科交叉研究的深入，国际交流与合作的加强六个方面展开论述，详细介绍特殊教育学学科的快速发展的表现。

结语：主要介绍从1949年至今特殊教育学发展的基本成就，并分析当前特殊教育学发展的缺陷与不足，在此基础上对新中国特殊教育学未来发展进行愿景展望。

2. 学科发展分期的具体划分依据

对研究一门学科的发展历史而言，其合法性存在所依托的学科要素的形成是对其进行学科演变历程阶段划分必须参照的科学指标。研究特殊教育学的学科发展史，也概莫能外。特殊教育学作为教育学一级学科门类下设的二级学科，致力于对现实社会的特殊教育领域的特殊教育问题进行系统探索和科学研究。特殊教育学的学科发展历史就是特殊教育工作者展开的实践探索和学术研究的历史，就是特殊教育学学科要素不断生成和发展的历史。当然，基于不同的时代背景和社会环境，特殊教育学从社会场域中所获取的资源支持力度是不同的，学科本身发展的速度和力度也是不同的，因此不同阶段的特殊教育学呈现出不同的特点。

具体而言，本书的主体部分将新中国特殊教育学从1949年至今的70年发展历程划分为了三个阶段：从1949年到1978年，特殊教育学的学科探索期；从1978年到2005年，特殊教育学的学科初创期；从2005年至今，特殊教育学的学科发展期。

新中国的成立为我国各项事业带来了巨大的发展机遇。在百废待兴的时代背景下，政府依次出台了一系列教育方面的政策法规，初步确定了新中国教育发展的基本方针。特殊教育也得益于此，有了明确的发展方向，迎来了有计划、成系统、讲科学的发展新阶段。特殊教育工作者们开始了建设特殊教育事业的初步探索。十年“文化大革命”期间，特殊教育事业受到了一定的破坏，发展基本停滞。

1978年改革开放后，我国步入社会主义现代化建设新时期。得益于国家经济社会的快速发展，特殊教育学在此之后平稳发展，学科建设开始进入自发、自觉、自主状态，学科体系得以持续发展。党的十一届三中全会确定了党和国家的工作重点向经济建设转移，我国教育的战略性、基础性、先导性、公平性等属性得以确立。其间，一批特殊教育学专业产生，高等院校特别是高等师范院校相继设置特殊教育学系科。我国还设置了独立建制的特殊教育师范学校，促使从事特殊教育专业教育教学及科学研究的人员不断增加。可以说，从改革开放至此，特殊教育学学人们基本完成了特殊教育学的学科初创工作。另外，改革开放初期，伴随着我国特殊教育学学科建设工作的推进，为了响应特殊教育学学科建设的需要，特殊教育领域主要形成了教育学会、高等教育学会下设的两大特殊教育学学术组织，这两个学术组织定期开展相关学术活动与交流，充分依托高等院校特教资源，大大提高了我国高等特殊教育的学术研究水平和教育教学质量。

自2005年后，特殊教育学学科体系在学会的科学组织和指导下逐步得到全面建立，特殊教育学步入了快速发展的历史阶段。特殊教育学专门性学术期刊及著作成果相继问世，它们的出版是特殊教育学学科形成的重要标志。

(三)特殊教育学史研究的方法

1. 历史文献法

全书的编写主要基于这一历史学的基础性学科方法展开研究。编者将系统查阅与收集我国特殊教育学学科历史演变方面的相关学位论文、期刊论文、规划文本、研究报告、统计年鉴等文献资料，以在相关研究领域建立较为系统、准确的认知，为整体研究提供扎实的理论基础与充分的史学文本资料。其中第一手历史资料主要来源于南京特殊教育师范学院中国特殊教育博物馆文献馆、南京师范大学图书馆、南京师范大学教育科学学院教育文献资料室、南京图书馆、上海图书馆、大成老旧数据库、中国知网数据库等实体图书文献馆与线上学术数据库。全书的编写是在对所收集到的史料进行整理、还原、组织与梳理后展开叙述与讨论的。

2. 实物考据法

实物考据法是历史研究法的重要组成部分。本书的编写组集中依托国内唯一一所特殊教育专题性博物馆——南京特殊教育师范学院中国特殊教育博物馆，有选择、有针对性地收集新中国历史上特殊教育发展过程中的课程表、教学用具、测量与康复用具、重要特教学者的相关物品等与特殊教育学学科发展紧密相关的各类实物，将之与文献资料之间进行准确考证与系统化编次，充分利用其馆藏考证新中国成立70年来中国特殊教育学发展的历史现实，以提升本研究所运用史料的信度。

3. 个案研究法

个案研究法是针对单一的研究对象(人或者事件)的变化过程进行深入剖析的研究方法。本书主要是在呈现新中国成立以来各个历史发展阶段的重要思想流派、学术成果或理论研究发挥实践指导作用的具体案例时加以运用的。个案的选定主要从能够发挥以点带面效能的研究需求出发。编者在选取过程中也尽量规避自己的主观性，筛选出能够真实体现新中国特殊教育学演进脉络的研究对象，从而勾勒出新中国成立70年来特殊教育学从无到有的曲折路线。

4. 访谈法

访谈法是现代学者开展研究时常用的研究方法，一般分为结构封闭型、半开放型、开放型三种类型，主要是以口头形式，根据被访谈者的答复收集相对客观的、不带偏见的事实材料，以准确地说明样本所要代表的总体的一种方式，是访谈者与被访谈者之间开展的研究性质的交谈。本书编者在收集资料的过程中，分阶段、分主题地寻找各个历史阶段的特教事业当事人或相关特殊教育学学者，主要开展面对面的拜访与访谈，利用现代音像手段收集与整理相关第一手资料，借鉴口述史研究的方法，以减少研究者的主观性，揭示与新中国特殊教育学发展历史最接近的真实状态。

5. 比较研究法

比较研究法是按照一定的标准对彼此有联系的事物加以对照分析，以确定它们的共同点和不同点及共同规律和特殊本质，从而得出符合客观实际的结论。本书编者在描述不同历史阶段的特殊教育学学科发展历程时还对比新中国成立以来不同地区、不同时期的特殊教育的改革目标与发展差异，分析新中国特殊教育历史发展中的连贯性与独特性，找到历次特殊教育变革前后所存在的必然联系，解释特殊教育历史与社会文化之间的关联，总结出演变脉络与改革经验，并确定这些理论对当下与未来特殊教育转型与变革所具有的可借鉴之处。

6. 统计分析法

统计分析法是通过对研究对象的发展规模、速度、范围等数量关系的分析研究，通过科学、准确的数据结果揭示事物与外界的相互关系、内在变化规律和发展趋势，以此达到对事物的正确解释或者预测的一种研究方法。统计分析法是开展定量研究与分析的基础。本书编者运用统计分析法对各个历史阶段师资培养、经费投入、研究成果、专业学位点、特殊学校数量等学科建制相关要素或铺垫性工作开展数据统计与分析，并呈现客观历史事实，通过真实可靠的数据帮助读者一目了然地掌握新中国成立以来特殊教育学学科的基本发展态势，达到直观、准确的效果。

上　篇　特殊教育学的学科探索期(1949—1978 年)

第一章

特殊教育学学科探索期的时代背景

1949年10月1日，新中国成立，为我国各项事业带来了新的发展机遇。在百废待兴的社会环境下，国家出台了一系列教育方面的政策法规，初步确定了新中国教育发展的基本方针，对各级各类教育的课程教学、经费管理、师资培养等问题都做出了初步规划。特殊教育也得益于此，迎来了稳步发展的新阶段。

第一节　1949—1965年的时代背景

一、劳动人民当家做主

自1949年开始，国家就对旧教育有计划、有步骤地加以接管、接收、接办和改造，使之为新中国服务，为全国人民生活和生产建设服务。

1949年4月25日，由毛泽东、朱德签署的《中国人民解放军布告》再次重申："保护一切公立学校、医院、文化教育机关、体育场所和其他一切公益事业。凡在这些机关供职的人员，均按照常供职，人民解放军一律保护，不受侵犯。"这一政策得到教育界广大教职工的拥护和支持，使得各级各类学校的接管工作得以顺利进行。

1949年9月，中国人民政治协商会议通过了《中国人民政治协商会议共同纲领》，其中第五章“文化教育政策”规定：“中华人民共和国的文化教育为新民主主义的、民族的、科学的、大众的文化教育。人民政府的文化教育工作，应以提高人民文化水平，培养国家建设人才，肃清封建的、买办的、法西斯主义的思想，发展为人民服务的思想为主要任务。”教育部副部长钱俊瑞在《人民教育》创刊号上发表文章说：“为工农服务、为生产建设服务，这就是当前实行新民主主义教育的中心方针。离开了这些方针，我们就会出现偏差，就会犯错误。”

新中国的成立，标志着中国社会开始由新民主主义向社会主义过渡。新中国成立后，中央政府开始陆续全面接管新中国成立前各类办学性质的学校。截至1957年，大陆所有外国教会创办与管理的特殊教育学校全部收归国有，原国人私立民办特殊教育学校全部被政府接管。

残疾人作为劳动人民中生活最困难的人群之一，得到了党和政府的高度重视与深切关怀。特殊教育作为残疾人事业的重要部分，迎来了发展的春天。

教育部成立后，在编制机构时正式专门设置盲聋哑教育处。1951年10月，政务院在《关于改革学制的决定》中规定：“各级人民政府应设立聋哑、盲目等特种学校，对生理上有缺陷的儿童、青年和成人施以教育。”这是新中国成立后中央政府第一次就特殊教育做出的办学要求，历史性地明确了各级政府对特殊教育的主体责任，明确了特殊教育的国民教育体系性质，明确了特殊教育的办学形式主要是聋哑教育与盲教育。该决定指出特殊教育是中国整个教育事业的一个重要组成部分，改变了特殊教育从属于社会救济和慈善事业的性质。

1953年黄乃(盲人)出任盲聋哑教育处处长，洪雪立(聋人)出任教育专员。新中国成立后的特殊教育出现了蓬勃发展、快速进步的态势。

1953年，中共中央提出过渡时期的总路线，并开始执行发展国民经济的“一五”计划，使教育工作纳入国家发展轨道。1953 年至 1954 年，按照中央提出的“整顿巩固，重点发展，保证质量，稳步前进”的文化教育工作总方针，各级各类教育稳步发展。

二、全面学习苏联教育经验

新中国成立初期，百废待兴，百业待举。改造和建设社会主义新中国急需成千上万有科学文化知识、有思想、有觉悟的高级专门人才和中等职业技术人才。但刚刚成立的新中国对改造旧教育和发展社会主义教育事业没有任何现成的经验和模式，需要学习和借鉴别国的成功经验。在当时的国际舞台上，与中国政治体制、经济制度和社会制度相一致的苏联等社会主义国家对新中国给予积极的支持和帮助。经过 30 多年的努力，苏联在经济建设、文化教育等方面均取得巨大的成就，积累了丰富的经验。在这种历史背景下，向苏联“一边倒”很自然地成了新中国历史发展的必然选择，成了我国学习外国经验的主导思想。

1949 年 12 月，第一次全国教育工作会议确定以老解放区教育经验为基础，吸收旧教育的有用经验，特别要借鉴苏联教育经验，并把学习苏联教育经验作为建设新教育的方向。特殊教育也是如此。苏联特殊教育发展作为一项重要的教育工作得到了国家和社会的高度重视，非常值得新中国借鉴学习。“一五”期间，我国除了选派人员前往苏联留学特殊教育之外，还克服困难，引进翻译出版了苏联一些重要的特殊教育专著，如《盲童游戏》《聋哑学校的课堂教学》等。

20 世纪 50 年代，受特定国际国内环境的影响，我国与西方国家教育交流减少，基本限于与以苏联为首的社会主义国家进行交流，形成了“以苏为师”的“一边倒”局面。随着与苏联政治关系的紧张，从 20 世纪 60 年代初期开始，我国的教育对外交流转向了亚非拉第三世界国家。

20 世纪 50 年代初期学习苏联的教育经验，对改造旧教育，创建社会主义教育制度，加速人才的培养，起到了积极的作用。从1954年到“文化大革命”前，苏联留学生在北京和上海曾进行短期的智障教育试验。1956年8月，朴永馨和银春铭被派往国立莫斯科列宁师范大学特殊教育系学习特殊教育。

三、整风运动和反右派斗争

1957—1965年，是我国开始全面建设社会主义的时期。在中国共产党的领导下，全国人民在探索适合我国国情的社会主义建设道路方面，取得了很大的成就，积累了丰富的经验。

1957年2月27日，毛泽东在最高国务会议第十一次(扩大)会议上，做了关于《关于正确处理人民内部矛盾的问题》的讲话，明确提出：我们的教育方针，应该使受教育者在德育、智育、体育几方面都得到发展，成为有社会主义觉悟的有文化的劳动者。这一教育方针揭示了社会主义教育的基本规律，在中国当代教育史上具有里程碑的意义。

1957年4月27日，中共中央发出了《关于整风运动的指示》，对整风运动的要求、方法、步骤做出了具体部署。这次整风运动的宗旨以正确处理人民内部矛盾为主题，通过批评与自我批评的方式，在全党进行反对官僚主义、反宗派主义和反主观主义的教育，以期造成一个既有集中又有民主、既有纪律又有自由、既有统一意志又有舒畅心情的政治局面。整风运动正式开始后，我国出现了复杂情况。

经过反复动员，广大师生员工纷纷提出一些批评意见。绝大多数人是为了响应党的号召，本着知无不言的“鸣放精神”，热情帮助党整风。参与人的态度是诚恳的，所提意见也是善意的，反映的主要是学校和教育主管部门的官僚主义等方面的问题，如学习苏联生搬硬套不结合实际，学校各级行政领导有职无权，师资培养工作上存在宗派倾向，学校某些领导人严重脱离群众等。

1957年6月8日，中共中央发出《关于组织力量准备反击右派分子进攻的指示》，指出在整风运动中极少数人趁机向党和新生的社会主义制度进攻；他们是资产阶级右派，妄图取代共产党的领导；各级党组织要立即反击资产阶级右派的进攻。从此，一场全国规模的、群众性的反右派运动开展起来了。

反右派斗争改变了党的八大的路线和关于正确处理人民内部矛盾的理论。广大知识分子包括各级各类学校的教师被戴上了“资产阶级知识分子”的帽子，长期备受歧视。这不仅给知识分子个人，而且给包括学校教育在内的社会主义事业造成了严重的损失。

1958年3月29日至4月8日，教育部召开的第四次全国教育行政会议提出了“反掉保守思想，促进教育事业大跃进”的口号，以切合当时广大工人、农民在政治、经济上翻身后所产生的提高文化教育水平的强烈要求。同年9月19日，中共中央、国务院发布的《关于教育工作的指示》要求全国在三年到五年的时间内基本完成扫除文盲、普及小学教育等任务，这些对教育的“大跃进”起到了推波助澜的作用。

1958年“大跃进”、人民公社运动中“左”的错误，在1959年“反右倾”斗争后再度发展。国民经济比例严重失调，出现巨大的财政赤字，市场紧张，加上连续几年的大面积自然灾害，农业生产遭到极大破坏。就在我国面临严重经济困难的时候，苏联政府又召回在华工作的全部专家，撕毁两国经济技术协议，国内外各种反动势力也趁机对我国进行破坏。

在严重困难面前，中共中央认真调查研究，着手纠正工作中的“左”倾错误，并于1960年11月发出《关于农村人民公社当前政策问题的紧急指示信》。次年1月，党的八届九中全会决定实行“调整、巩固、充实、提高”的八字方针，并采取了一系列正确的政策和果断的措施。这两件事标志着这个历史阶段中党的指导方针有了重要转变。

第二节 1966—1978年的时代背景

一、十年"文化大革命"时期

从1966年5月至1976年10月，我国发生了"文化大革命"。当时，世界各发达国家的经济、科技和教育事业迅猛发展。而此时我国受到"文化大革命"的破坏，使本来与发达国家在许多方面已经缩小的差距反而拉大。在"文化大革命"中，教育事业是重灾区。

1966年6月初，针对迅速失控的混乱局面，刘少奇、邓小平等决定向有关单位派出工作组。从6月中旬起，大批工作组进驻学校。工作组进校协助党委工作，名义上是领导"文化大革命"，其实是以防乱为任务。同年10月，中共中央批转中央军委、原总政治部《关于军队院校无产阶级文化大革命的紧急指示》。文件要求军队院校和地方院校一样，在开展"大鸣、大放、大字报、大辩论"的同时，严厉批评有些领导"至今还存在压制民主的现象，把运动搞得冷冷清清"，提出"必须把那些束缚群众运动的框框取消"。

1967年2月开始，中共中央先后发布了《关于小学无产阶级文化大革命的通知(草案)》《关于中学无产阶级文化大革命的意见》《关于大专院校当前无产阶级文化大革命的规定》以及《人民日报》社论，要求外出串联的师生3月20日前返校进行军训，在校内批判"走资派"和"反动学术权威"。1967年10月14日，中共中央、国务院、中央军委、"中央文革"小组联合发出《关于大、中、小学复课闹革命的通知》，要求全国大、中、小学一律立即开学，一边进行教学，一边进行改革；逐步提出教育制度和教育内容的"革命"方案，并要求各大、中、小学立即筹备招生事宜。

1976年10月6日，华国锋、叶剑英代表中共中央政治局执行党和人民的意志，一举粉碎"四人帮"反革命集团，结束了"文化大革命"。

二、拨乱反正

1977 年 7 月，中共中央召开十届三中全会，恢复了邓小平的一切职务。8 月 8 日，邓小平在亲自主持召开的全国科学和教育工作座谈会上作了《关于科学和教育工作的几点意见》的重要讲话。邓小平的讲话明确否定了“两个估计”，在教育界引起了极大反响。同年 9 月 19 日，他在同教育部主要负责人谈话时指出，“两个估计”是不符合实际的，对《全国教育工作会议纪要》应该进行批判。1979 年 3 月 19 日，中共中央转发了教育部党组的报告，正式撤销了 1971 年《全国教育工作会议纪要》。党中央对“两个估计”的否定和批判，推倒了压在广大教育工作者身上的两座大山，摘掉了强加在他们头上的“资产阶级知识分子”的帽子，解除了他们身上的精神枷锁。1978 年 5 月 10 日，中央党校的《理论动态》上发表的《实践是检验真理的唯一标准》，在全国引发了一场关于真理标准问题的大讨论。1978 年 6 月 2 日，邓小平在全军政治工作会议上发表重要讲话，旗帜鲜明地支持这场讨论，并深刻阐述了实事求是、一切从实际出发的基本观点。这一观点对于搞好教育、教学、科研工作有实际的指导意义。

真理标准问题大讨论进一步冲破了教育思想和教育理论中的一些禁区，不仅恢复了新中国成立以来许多行之有效的做法，而且有力地推动了教育的发展。

1978 年 12 月，党的十一届三中全会以后，党和政府实行了一系列改革开放的政策，国民经济迅速恢复和发展。在这之后，我国的教育事业开始全面恢复：高校统一招生制度恢复，幼儿教育开始恢复提高，小学教育开始调整发展，中学教育开始调整改革，中等职业教育和高等教育恢复并发展，特殊教育也迈入发展新时期。

第二章

特殊教育的实践探索

新中国成立后，特殊教育迎来了全新的发展机遇。在中国共产党的领导下，改造旧中国的教育，重建新中国的教育，成了教育事业发展的当务之急。特殊教育同样面临着改造与重建的任务。在新中国成立后特殊教育基础极为薄弱的情况下，20世纪五六十年代，特殊教育开始了艰难的起步。特殊教育工作者围绕特殊教育制度建设、特殊教育学校学制改革、特殊教育教师培训以及盲聋哑教育教学、盲文手语制定与推广等方面进行实践探索，从而初步建立了新中国的特殊教育体系。到了20世纪60年代中后期，特殊教育由于受到“文化大革命”的冲击，因此有所停滞。一直到20世纪70年代初，特殊教育又开始缓慢恢复和发展。这一历史时段的特殊教育实践从时间跨度上来说有近30年的历程。新中国成立后特殊教育的第一个系统发展期主要集中于20世纪50年代到60年代中期。

第一节　特殊教育制度的初建

进入20世纪50年代后，新中国特殊教育迎来了第一个系统发展期。政府通过管理机构设置、学制改革、盲聋哑学校建设等方面的改革举措来推进新中国特殊教育的发展，从而初步构建起了新中国的特殊教育制度。

一、设立特殊教育管理机构，制定特殊教育发展方针

新中国成立之前，特殊教育的管理较为混乱，没有明确的管理机构来负责全国特殊教育的运行，也没有具体的特殊教育发展方针。20 世纪 50 年代初，我国开始通过设立特殊教育管理机构来明确特殊教育的管理，同时通过制定特殊教育发展方针为特殊教育学校指明发展方向。

一方面，设立特殊教育管理机构。在中央层面，新中国成立之初，教育部正式设立盲聋哑教育处。盲聋哑教育处直属教育部领导，作为全国特殊教育最高管理机构，以推动特殊教育的建设与发展为任务。盲聋哑教育处由黄乃任首任处长，洪雪立任副处长(专员)。在地方层面，教育部要求各级教育行政部门加强对特殊教育的领导。在当时的情况下，各地教育行政部门对盲童学校和聋哑学校的领导不统一：有的由小教科领导，有的由中教科领导，有的由工农教育科领导，有的由区文教科或区文教干事领导。个别地区也有归民政部门领导的盲校或聋校。1957 年教育部在《办好盲童学校、聋哑学校的几点指示》中要求小学阶段特殊学校的领导应统一划归省(市)教育厅(局)和县(市)文教科主管小学的部门来管理。对于办有中学阶段特殊教育的，应取得主管中学部门的配合。教育部同时建议中央直辖市、省辖市和县所属的盲童学校和聋哑学校，除教师的政治学习，党、团、队和教育工会的组织关系可交由区负责领导外，其行政和业务由该级教育行政部门直接领导；同时，要求现在办有盲童学校和聋哑学校的省(市)教育厅(局)和县(市)文教科应指定一个干部兼管盲聋哑教育工作。盲童学校和聋哑学校较多的省(市)教育厅(局)要争取设立一个专职的视导员，切实把特殊教育管理起来。通过以上举措，20 世纪 50 年代，我国逐渐形成了从中央到地方的特殊教育管理体系。

另一方面，制定特殊教育发展方针。1953 年，教育部在《关于盲哑学校方针、课程、学制、编制等问题给西安市文教局的复函》中指出，目前盲哑学校教育的方针应该是整顿巩固、改进教学、创造经验、提高质量。教育部同时建议各地根据目前国情，参照苏联盲哑学校的办法，规范和探索特殊学校课程与教材、学制、人员编制等问题。1957 年，《办好盲童学校、聋哑学校的几点指示》进一步明确了当前盲童教育和聋哑教育的工作方针是整顿巩固、逐步发展、改革教学、提高质量。同时，我国开始根据特殊教育本身的特点，对特殊学校的学制、人员编制、入学年龄、教学改革、学校领导等方面做出明确规定，从而初步构建了特殊教育制度。

二、从学制层面确立特殊教育的地位

学制是学校教育制度的简称，也称学校系统，指一个国家各级各类学校的体系。它规定各级各类学校的性质、任务、入学条件、学习年限以及它们之间的衔接关系。[①] 近代学制的产生以 1902 年清政府颁布的壬寅学制为标志，百余年间，屡经演变，迄今已发展成较为完善的现代学制体系。特殊教育也发轫于中国近代。以基督教会在华创办一系列特殊教育学校为标志，中国特殊教育开始真正步入教育的历史舞台。然而，回溯我国学制的变迁史以及特殊教育学校的发展史，我们会发现特殊教育学校进入近现代学制体系并非是一个简单自然的程序，而是经历着一个漫长又曲折的过程。尤其是在清末与民国时期，特殊教育学校或被拒斥于学制体系之外，或长时间游离于学制体系边缘。[②] 这也是特殊教育在新中国成立前发展较为缓慢、不受重视的重要原因之一。

① 顾明远：《教育大辞典》增订合编本，1827 页，上海，上海教育出版社，1998。

② 李拉：《从体系之外到体系之内：我国特殊教育的百年嬗变》，载《教育学术月刊》，2014(7)。

特殊教育能否被纳入国家学制系统，是特殊教育自身地位与受重视程度的深切反映。20 世纪 50 年代，新中国针对旧教育遗留下来的一系列问题，率先开始了学制改革。1951 年，政务院出台《关于学制改革的决定》，提出了关于新中国学制改革的基本办法。这是新中国成立后第一个关于学制改革的文件，特殊教育被史无前例地纳入学制系统。《关于学制改革的决定》明确提出："各级人民政府应设立聋哑、盲目等特种学校，对生理上有缺陷的儿童、青年和成人，施以教育。"将特殊教育学校纳入学制系统，意味着特殊教育真正进入国民教育体系，打破了人们长久以来将特殊教育归类于慈善救济事业的固有观念。与民国时期特殊教育游离于学制体系边缘的窘况相比，这标志着教育系统中特殊教育独立地位的确立。

特殊教育学校被写入国家学制改革之列。关于聋哑、盲这两类特殊教育学校的设置与发展，特别是具体的学制问题，教育部承认"关于盲哑学校的方针、任务、课程、学制、教材、教职员工编制，我部尚无明文规定"①。1953 年，《教育部关于盲哑学校方针、课程、学制、编制等问题给西安市文教局的复函》建议这两类特殊教育学校可以参照苏联盲哑学校的办法，在学制上增加预备班。在普通小学的六年之外，盲校学生可加半年预备班来学习盲文，熟习学校环境，掌握日常生活的知识。聋哑学校学生可增加一至两年来学习看口、发音、识字、手势、日常会话和生活知识等。1954 年，《教育部关于盲聋哑教育方针、课程、学制、编制等问题给山东省教育厅的复函》再次指出："关于入学年龄，各校多不一致。事实上多数是从 9 足岁到 15 足岁……但也不能严格限制，个别有特殊情况的还得酌量照顾。""我们认为目前问题的重心不在于作行政上的硬性规定，而在于

① 何东昌：《中华人民共和国重要教育文献(1949—1975)》，224 页，海口，海南出版社，1998。

积累教学上的经验加以总结。”①

事实上，一直到1954年前后，我国特殊教育基本处于恢复、改造与建设期，多模仿苏联学制或采取自由探索的方法。政府对特殊教育学制没有硬性规定，特殊教育学制还没有真正建立起来。当然，从新中国成立初我国整个学制的发展来看，短时间内统一全国学制是比较困难的，整个学制也基本处于或者是对苏联模式的模仿照搬，或者是“摸着石头过河”的自主探索阶段。②

在模仿和探索的过程中，教育部已经意识到特殊教育学制的不统一、不规范问题。1954年，《教育部关于印发“改编聋哑学校低年级语文教材小型座谈会综合记录”的通知》认为，“聋哑学校的教育对象是些生理上有缺陷的聋哑儿童，它应该有它自己的学制。过去沿用普通小学的学制是不适当的”，进一步提出取消预备班制度，规定低年级为三年，作为培养聋哑儿童语言基础的阶段；低年级第三学年结束的时候，要达到普通小学第一学年结束的程度；在入学年龄上，以8周岁为原则；对年龄较大的聋哑儿童的入学要求，予以适当照顾，并可根据当地聋哑学校的情况，开设特别班。1955年，教育部又取消了盲童学校的预备班制度。预备班制度的取消以及教育部关于聋哑儿童入学年龄的规定，表达了教育行政部门开始依据特殊教育自身特点建立不同于普通学校学制的趋向与诉求。

1956年，教育部又进一步对聋哑学校的修业年限做出明确规定。《教育部关于聋哑学校使用手势教学的班级的学制和教学计划问题的指示》指出，为保证聋哑学生能够学完普通小学的教材，具有大体上相当于普通小学毕业生的知识水平，并掌握一定的职业劳动技能，

① 何东昌：《中华人民共和国重要教育文献(1949—1975)》，320页，海口，海南出版社，1998。

② 李拉：《从体系之外到体系之内：我国特殊教育的百年嬗变》，载《教育学术月刊》，2014(7)。

参照苏联的经验，结合我国目前的师资水平低、教学经验不足这些实际情况，决定将聋哑学校修业年限延长为十年，不设预备班。一至六年级大体上相当于普通初级小学，七至十年级相当于普通高级小学。

1957 年，《教育部关于办好盲童学校、聋哑学校的几点指示》出台，暂行规定盲童学校在六年内学完普通小学的基本课程。修完普通小学的基本课程后，有些学生可以考盲人中学，其余学生应继续进行大约两年时间的职业劳动训练。盲童和聋哑儿童的入学年龄均规定为 7 至 11 周岁，现将盲童和聋哑儿童的入学年龄改为 7 周岁开始。如果学校师资和其他条件较差，仍可从 8 周岁开始。盲童学校超龄生的入学年龄规定为 12 至 16 周岁，修业年限原则上可以缩短为四年，接受完小学教育后，继续给予大约两年时间的职业劳动训练。聋哑学校超龄生的入学年龄规定为 12 至 16 周岁，修业年限原则上可缩短为八年。

《教育部关于办好盲童学校、聋哑学校的几点指示》不仅涉及以往特殊教育学制中的小学教育，而且涉及小学毕业后的教育，包括中学教育、职业训练等。这也意味着特殊教育学制逐步完善。1959 年，教育部又提出“有条件的地区，可以继续试办聋哑幼儿园(班)”。“本届高小毕业的聋哑学生人数多的省(区)市，如有条件，可以试办一所聋哑中学(在十年制学校用戴帽形式开办即可)。”①

由此我们可以看到，新中国成立后的十余年间，我国特殊教育学制经历了一个从模仿、自由探索到逐步规范的发展过程。在这一探索过程中，随着政府一系列关于学制规定政策的出台，特殊教育学制慢慢得以规范，开始逐渐孕育和形成相对独立于普通教育学制的学制系统。从我国特殊教育学制的发展史上来看，这一规范时期

---

① 何东昌：《中华人民共和国重要教育文献(1949—1975)》，879～880 页，海口，海南出版社，1998。

是我国特殊教育学制发展的重要时期，对之后我国特殊教育的演进产生了久远的影响。

三、特殊教育学校的发展与管理

新中国成立之前，特殊教育学校数量较少，发展较为缓慢，受国家重视程度不够，远不能满足大量残疾人的教育需求，因而只有少数残疾人有机会接受教育。据统计，新中国成立之初，全国仅有盲校、聋哑学校、盲聋哑学校42所，盲、聋哑学生2300余人。[①] 20世纪50年代初，政府开始通过一系列举措加强特殊教育学校建设与管理，包括接收、改造旧学校，兴建、发展新学校等，并逐渐明确了特殊教育学校在社会主义建设背景下的基本任务。

首先，接收、改造原有盲聋哑学校，兴建、发展新学校。民国时期，除南京市立盲哑学校等少数公立的特殊教育学校之外，盲聋哑学校多属教会或私立。新中国成立后，人民政府先后出台措施接管了原有的特殊教育学校，使盲聋哑学校逐渐成为社会主义的新型学校。例如，1949年4月，南京解放后，南京市立盲哑学校由人民政府接管。1951年，私立北京聋哑学校由人民政府接管，更名为北京市第二聋哑学校。1952年，上海市教育局接管上海市盲童学校。又如，1949年9月，上海市教育局接管了上海特殊儿童辅导院。1952年，上海特殊儿童辅导院更名为上海市聋哑儿童学校，原伤残班停办，1953年开设聋哑初中实习班，1956年正式建成当时全国唯一的聋哑人中等专业学校——上海市聋哑青年技术学校。概括来看，对于由教会兴办的特殊教育学校，1950年政务院《关于处理接受美国津贴的文化教育救济机关及宗教团体的方针的决定》明确了接管办法，即接受美国津贴的文化教育医疗机关，应分情况或由政府予以

---

① 《中国教育年鉴》编辑部：《中国教育年鉴（1949—1981）》，385页，北京，中国大百科全书出版社，1984。

接管改为国家事业，或由私人团体继续经营改为中国人民完全自办的事业。对于私立盲聋哑学校，1949 年第一次全国教育工作会议提出对中国人办的私立学校，一般采取保护维持、加强领导、逐步改造的方针。根据这一方针，国家对私立盲聋哑学校实行保护维持政策，并给予经济补助，使之继续办学。1954 年，教育部为加强对此类学校的领导，改善办学条件，扩大招生规模，先后通知各有关地方接管私立盲聋哑学校。至 1957 年，私立盲聋哑学校全部改为公办。学校原有教职工继续任职。在改造旧有盲聋哑学校的同时，政府根据群众要求和国家财力，稳步推进盲聋哑学校发展。1949—1957 年，盲聋哑学校由新中国成立初的 42 所发展到 66 所，学生由 2300 余人发展到 7538 人。随后几年，盲聋哑学校得到了快速发展，数量激增。到 1960 年，盲聋哑学校增至 479 所，学生 26701 人。由于在校舍、师资、经费等方面都缺乏可靠保证，因此我国进行了调整，停办了不具备条件的学校。至 1965 年，盲聋哑学校为 266 所，学生 22850 人。① 随后，受“文化大革命”的影响，盲聋哑学校和普通学校一样受到冲击，大量学校停止招生。到了 20 世纪 70 年代初，一些特殊教育学校开始恢复招生，一些教育教学活动也开始重新展开。例如，1970 年，中断招生的北京市盲聋学校率先恢复招生。1972 年，上海市 11 所聋人学校利用周末下午开展校际同年级教研活动。

其次，规范特殊教育学校运行，厘定盲聋哑学校基本任务。1957 年，《教育部关于办好盲童学校、聋哑学校的几点指示》确立了我国盲童学校、聋哑学校的基本任务是培养盲童和聋哑儿童掌握一定的文化科学知识和一定的职业劳动技能，并具有共产主义道德品质，使他们成为积极自觉的社会主义建设者和保卫者。应该说，这一基本任务具有鲜明的时代特征，是与我国 20 世纪 50 年代中后期

① 《中国教育年鉴》编辑部：《中国教育年鉴(1949—1981)》，385 页，北京，中国大百科全书出版社，1984。

轰轰烈烈的社会主义建设紧密联结在一起的，体现了教育为国家建设与发展服务的基本宗旨。同时，《教育部关于办好盲童学校、聋哑学校的几点指示》还涉及学校分类设置的问题，“盲、聋哑合校是旧中国遗留下来的不合理现象之一……建议有盲哑学校的省（市）教育厅（局）积极准备条件，争取在短时间内将这类学校分开设置”[①]；另外，还建议今后分别设置聋儿童学校和聋哑儿童学校，前者招收后天致聋而保有语言的儿童和微聋的儿童，后者招收由于听力障碍而没有掌握口头语言的儿童。盲哑分开办学的意见对于特殊教育来说极具创新意义。长期以来，尤其是自清末我国特殊教育学校产生以来，盲聋哑合校是一种常态办学方式，将学校进行分类设置反映了国家对特殊教育对象差异化的理解。

最后，尝试特殊教育办学方式的多样化。新中国成立后，特殊教育学校基本沿袭之前的设置方式，即面向盲、聋哑两类特殊儿童设置相应的盲童学校、聋哑学校。相应地，招生对象也主要面向盲聋哑学生，包括智障儿童在内的其他残疾类型儿童几乎没有专门的特殊教育学校。1958年，北京市依托北京市第二聋哑学校，开办了低能儿童班，招收了14名智障儿童；1963年又招收一个班，共有学生23名。[②] 应该说，这是新中国成立后，地方教育行政部门首次举办除盲聋哑之外的残疾儿童教育。虽然仅是十几名智障学生，又附设于聋校，但这种尝试却有积极的意义，标志着我国残疾儿童教育在类型上开始有意识地向盲、聋哑之外扩展。

值得一提的是，除少量智障儿童有机会进入特殊教育学校接受教育之外，残疾儿童教育安置方式也有所拓展。除了盲、聋哑这两

① 何东昌：《中华人民共和国重要教育文献（1949—1975）》，757页，海口，海南人民出版社，1998。

② 北京市教育学会特殊教育研究会：《北京市特殊教育50年》，3页，北京，华夏出版社，1999。

类特殊教育学校外，零星残疾儿童还进入普通学校就读。1995年，华国栋在四川大巴山地区调查发现，有的农村小学在20世纪50年代就接收了当地的残疾儿童随班就读。[①] 当然，四川大巴山地区的实践也仅是零星探索，在当时远未成为残疾儿童教育安置的主要方式。事实上，到了20世纪80年代中后期，我国政府才开始正式推行随班就读。但20世纪50年代的这种探索对于新中国成立之后特殊教育安置形式始终是盲聋哑学校而言，已经是一种突破。虽然它在当时并没有成为一种特定的残疾儿童教育安置形式，但这种将残疾儿童纳入普通学校的做法却为政府思考特殊教育的多样化提供了思路。1971年4月，周恩来总理曾陪同柬埔寨西哈努克亲王视察北京市第三聋人学校。周恩来总理走进手语、针灸、语训等教室，拿起教鞭指着黑板上的"毛主席语录"教聋童朗诵。周恩来总理与学校老师交谈时说："学生要有一技之长，要把有残余听力的学生送到普小学习。"[②]不过，限于当时的形势，这种随班就读的想法直到20世纪80年代中后期才开始由政府真正推行。

第二节　特殊教育师资培训与管理

发展特殊教育，离不开师资。新中国成立之前，特殊教育师资队伍极为薄弱。民国时期虽已有特殊教育师资培养培训的零星举措，但远不够系统。从师范教育的管理上来看，特殊教育师资培养还没有真正进入近代师范教育体系。同时战争不断，加之经济水平落后，以及总体上对特殊教育不够重视等多重原因，造成政府在建立特殊师范教育体系方面的缺位。这一时期的特殊教育师资培养模式是一

① 华国栋：《残疾儿童随班就读现状及发展趋势》，载《教育研究》，2003(2)。

② 《中国残疾人事业大事编年》编写组：《中国残疾人事业大事编年(1949—2008)》，12页，北京，华夏出版社，2008。

种自发性的、以非官方力量为主导的。这也造成新中国成立后，发展特殊教育同样面临着师资的困境。针对这一现状，探索初步的特殊教育师资培训与管理策略成为新中国成立后特殊教育发展的主要举措之一。

一、20世纪50—60年代特殊教育师资发展状况

20世纪50年代，随着我国对旧有盲聋哑学校的接收与改造，加上大量新的特殊学校的兴建，对教师数量与质量上的需求和要求日益提高，特殊教育发展与特殊教育教师需求之间的矛盾也开始出现。

这种矛盾一方面表现为对特殊教育教师数量上的要求。由于盲聋哑学校的扩充与新建，师资匮乏的现象开始越发明显。表2.1展示了1953—1959年我国特殊教育学校与教师的基本情况。

表2.1 1953—1959年我国特殊教育学校与教师的基本情况①

年份	1953	1954	1955	1956	1957	1958	1959
学校数量	64	57	57	62	66	91	297
教师数量	444	397	433	591	718	902	1755

从表2.1的数据对比来看，从1953年到1959年，学校数量增加了约3.6倍，教师数量增加了约3倍。盲聋哑学校师资缺口非但没有缩小，反而呈现扩大的状况。新中国早期的聋哑教育家戴目曾就20世纪50年代特殊教育师资缺乏的状况有一段生动深刻的描述：在聋哑教育大发展中，师资问题是非常突出的。去年"人民公社化"运动中，农村掀起了大办盲聋哑学校的热潮，但是各地都发生了严重的"师资荒"。有些地方成立了学校，因为没有师资，不能上课，等着向上级要人；有的地方派了教师到聋哑学校去参观学习，但因为缺少最基本的业务知识，教学上的困难也很大。同样，之前的聋哑学校也在不断发展、扩充，新的班级增加了，师资问题也感到困

① 根据《中国教育年鉴(1949—1981)》中的教育基本统计数据整理而成。

难。有些地方采用带徒弟的办法，边学边教。很显然，这些办法只是暂时的。①

另一方面，随着特殊学校的扩充以及随之带来的教师数量上的增长，特殊教育教师素质水平偏低的问题开始凸显。特别是上文中提到的一系列盲聋哑学校教学改革，势必对现有特殊学校师资提出更高的要求，以满足改革发展的需求。以口语教学改革为例，“口语法牵涉到的知识部门较为广泛，要求具有较高质量的师资”②。而在当时，由于旧中国一直缺乏系统的特殊师范教育，盲聋哑学校多采取师父带徒弟的教师培养方式，师资总体水平偏低，且参差不齐。在对特殊学校的接管改造过程中，原有学校的师资也一并保留下来。因而，盲聋哑学校教师整体素质水平不高是显而易见的。特别是随着20世纪50年代中后期特殊教育推进力度的增加，教师队伍素质水平整体偏低的问题更为凸显。1957年，《教育部关于办好盲童学校、聋哑学校的几点指示》中对师资状况有清楚的认识：“现有盲童学校和聋哑学校的师资水平一般都很低，并有少数教师不能胜任教学工作。因此，提高现有师资的政治、文化和业务水平，就成为改进教学工作的关键问题。”③很明显，师资问题如不解决，无疑将成为新中国特殊教育推进中的最大障碍。

二、师范教育体系中的特殊师范教育

20世纪50年代是新中国师范教育体系初步建立的时期。新中国成立后，人才匮缺已成为国家建设中急迫需要解决的问题之一。教育的恢复与发展需要大量师资。这一任务如果不能完成，就会影响

---

① 戴目：《调动聋人积极因素，培养聋人教师》，载《聋哑教育通讯》，1959(4)。

② 何东昌：《中华人民共和国重要教育文献(1949—1975)》，379页，海口，海南人民出版社，1998。

③ 《中国教育年鉴》编辑部：《中国教育年鉴(1949—1981)》，827页，北京，中国大百科全书出版社，1984。

教育的发展和国家的建设。为解决师资短缺问题，国家尤其重视师范教育。加之新中国成立之初全面学习苏联经验，师范教育也深受苏联模式影响，我国采取了师范院校独立设置的原则，从而建立起定向封闭型的师范教育体系。1951年，我国召开了第一次全国师范教育会议。会议认为，随着人民生活的安定和改善，国家建设事业的开展，初等教育、中等教育和工农教育将有大规模的迅速发展。会议估算："今后五年内，估计全国至少需要增加小学教师100万人，工农教育教师15万～20万人，中等学校教师13万人，幼儿教育教师至少数万人，高等学校教师1万多人。现有各级师范学校是远不能完成这个供应任务的。"因此，这次会议确立了要为培养百万人民教师而奋斗的目标。会议要求"中央和地方应切实调整、改造和增设师范学院、师范专科学校，师范学校和初级师范学校，按照各级师范学校的规程，进行正规的教育，培养一定数量的合乎标准的人民教师"①。这次会议同时也确立了我国师范院校独立设置的原则。1952年，教育部又颁布了《关于高等师范学校的规定(草案)》《师范学校暂行规程(草案)》《关于大量短期培养初等及中等教育师资的决定》。这三个文件的颁布，是新中国初期师范教育制度建设的标志。②

然而，新中国成立初期的师范教育制度并没有把特殊教育教师培养纳入其中，没有在高等师范学校和师范学校独立设置特殊师范学校，也没有在师范院校中设置相应的特殊教育专业来培养这类师资。为解决大量盲聋哑学校缺少教师的问题，教育部采用了从普通师范学校分配毕业生以及从普通学校调配教师担任盲聋哑学校教师的做法。在《教育部关于办好盲童学校、聋哑学校的几点指示》中，教育部建议在最近几年内，盲童学校和聋哑学校需要增加新的师资，

① 金长泽、张贵新：《师范教育史》，28～29页，海口，海南出版社，2002。

② 金长泽、张贵新：《师范教育史》，24页，海口，海南出版社，2002。

各地教育行政部门可采用如下办法解决：第一，分配中等师范毕业生到盲童学校和聋哑学校见习半年或一年，然后正式担任教学工作；第二，抽调具有一定教学经验的普通小学的教师到盲童学校和聋哑学校见习半年后任教。① 依赖普通师范教育以及普通学校，分配或抽调不具备特殊教育背景的人员补充教师队伍实则是20世纪50年代乃至后来很长时期内增加盲聋哑学校师资的主要做法。以数目相对较多的聋哑学校为例，1958年，我国聋教育家洪雪立就曾感言：新中国成立前，我国没有聋哑师范学校，各地聋哑学校教师都是出于自愿，到学校边教边学；新中国成立后，聋校师资主要靠普通师范学校供应。如何培训聋校师资也是当前迫切待决的问题之一。② 从普通师范系统分配或从普通学校调任教师进入盲聋哑学校，固然可以在部分程度上缓解师资短缺问题，但由于特殊教育的专业性，不具备特殊教育背景的教师进入盲聋哑学校工作，很难提升整个特殊教育师资队伍的专业水平。这也是20世纪50年代我国特殊教育发展中关于师资问题的一个突出矛盾。

三、20世纪50年代中后期到60年代初期的特殊教育教师培训

“我们还没有条件开办专门训练特殊教育师资的师范学校”③，这意味着我国无法为盲聋哑学校配置特殊教育专业的新教师。为缓解师资需求矛盾，提升特殊学校教师素质水平，以应对整个特殊教育领域内的教育教学改革，20世纪50年代中后期，教育部开始尝试通过举办短期培训班或将特殊学校教师纳入普通学校教师职后培训的方式促进盲聋哑学校教师的培训与进修。

---

① 《中国教育年鉴》编辑部：《中国教育年鉴(1949—1981)》，827页，北京，中国大百科全书出版社，1984。

② 洪雪立：《聋哑教育制度研究》，载《聋哑教育通讯》，1958(4)。

③ 《中国教育年鉴》编辑部：《中国教育年鉴(1949—1981)》，827页，北京，中国大百科全书出版社，1984。

(一)以短期培训班形式实施骨干教师培训

20世纪50年代中后期，教育部、内务部等部门开始组织一些盲聋哑学校骨干教师的专门培训。在地方层面，少数地区为发展特殊教育，也自发开展了少量对盲聋哑学校骨干教师进行培训的尝试与实践。

1. 教育部等中央行政部门举办的短期培训班

开办比较早的是盲童学校的师资培训。1955年，隶属内务部的中国第一个残疾人福利组织——中国盲人福利会开办了全国盲人训练班。训练班设师资(文化)、按摩、音乐、普通工艺、农艺五个班。其中，盲训班的师资班学制2年，受训的盲校校长和教师一律回原单位工作。1959年7月，中国盲人福利会与教育部又在北京联合举办盲童学校体育教师训练班，为各地培训盲童学校体育教师40名。培训时间1个月。主要学习内容为田径、体操、游戏的一般理论、基本技术、教学方法和盲童教法特点等。

1959年12月，为适应聋哑教育事业的发展，教育部、内务部决定成立聋哑教育师资讲习所，逐批培养聋哑学校的师资。1959年，聋哑教育师资讲习所正式招收学员，每期80人，第一期暂定学习期限为6个月，招收具有初中以上文化程度、1年教龄以上和有一定教学经验的聋哑学校教师(健全人)。学业结束后，回原选送单位工作。

2. 地方行政部门举办的短期培训班

除了国家层面举办的一些师资培训班之外，有些地方的教育局、民政局等部门也自行举办短期培训班，以满足本地区特殊学校发展对师资的需求。

1959年，上海市成立了聋哑教育师资短期训练班。它的任务是接受教育部的委托，代各省市训练聋哑学校师资。训练班第一期开一班，学额50人，由教育部调配给各省市保荐师范毕业班学生或小学优秀教师入学，训练期满后仍回原保送单位工作。第一期学习时间5个月。训练班的课程包括政治、聋哑儿童生理心理卫生、教材教法、指语、国画、体育等，并有专题报告。教学方式采用上课、经验介绍、讨论、参观、见习试教等相间进行。1959年至1961年，山东省盲人聋哑人协会协助省民政厅和省教育厅在青岛市盲哑学校开办了6期盲人、聋哑人教师培训班，共培训了280多名教师。1960年，广东省教育厅开办了第一期盲童学校师资训练班。学员名额14名，学习时间5个月，学员毕业后回原选送单位担任盲童学校教育工作。同年，广东省教育厅又举办了第三期聋哑师资训练班，训练班附设在广州市聋哑学校内，招收学员25人，学习时间5个月。①

此外，沈阳、武汉、绥化、西安等地都通过设立这种短训班来培养盲聋哑学校的师资。训练班有的由教育部委托当地教育局代办，有的由各省教育厅或市民政局主办。训练班一般都附设在各地的盲聋哑学校内，训练期限为3个月到6个月。学习内容有政治、盲聋哑儿童生理心理卫生、聋人指语及手势语、盲文以及其他与盲聋哑教育有关的特殊课程，如聋哑教育原理原则、盲聋哑教育简史等。训练班的学员都由各省教育厅或市民政局调配。大部分是师范毕业生及小学优秀教师，也有一部分在职干部。②

(二)将特殊学校教师的职后进修纳入普通学校教师职后培训

由于特殊学校教师短期培训班仅面向少量骨干教师，多数特殊学校教师得不到进修与培训机会，因此教育部在实施骨干教师培训的同时，也开始考虑将大量盲聋哑学校教师并入普通学校教师职后培训体系，以此作为特殊教育教师进行培训进修的补充举措。

---

① 顾定倩、朴永馨、刘艳虹：《中国特殊教育史资料选》下卷，1633～1635页，北京，北京师范大学出版社，2010。

② 顾定倩、朴永馨、刘艳虹：《中国特殊教育史资料选》下卷，2109页，北京，北京师范大学出版社，2010。

1957年，《教育部关于办好盲童学校、聋哑学校的几点指示》要求各地教育行政部门必须重视组织教师的业余进修工作，把现有不及中等师范水平的教师逐步提高到中等师范水平。盲人教师的业余进修可以和普通学校的健全教师一同组织进行。聋哑学校的业余进修可以组织教师参加函授学校学习。对于个别不称职、不能继续担任教学工作的教师，当地教育行政部门应根据他们的具体情况，采取负责的态度，妥善地帮助他们转业，或者让他们退休。1958年，教育部在《关于在盲童学校和聋哑学校教学拼音字母的通知》中指出："各地在组织普通中小学和师范学校教师学习时，应注意吸收盲童学校和聋哑学校的教师参加。"

另外需要补充的是，1951年，新中国首次派375名学子分两批奔赴苏联，拉开了新中国大规模派遣留学生的序幕。按照国家的发展计划，除了国内培养人才之外，一批又一批青年学子怀揣学成报国的梦想奔赴苏联和其他东欧社会主义国家学习。教育部盲聋哑教育处成立后，国民教育体系中有了特殊教育。盲聋哑教育处计划派遣两人出国学习特殊教育，回国后培训教师。1956年，国家公派朴永馨、银春铭两人至苏联国立莫斯科列宁师范学院学习特殊教育学。当时苏联的特殊教育叫"缺陷学"，因而分给他们学习的专业也叫"缺陷学"。1961年7月，朴永馨、银春铭从国立莫斯科列宁师范学院特殊教育系毕业，随之回国，投身到国家的社会主义建设中来。其中，朴永馨被分配到北京市第二聋哑学校，银春铭被分配到了上海市第二聋人学校。[①] 在当时国家百废俱兴、各行各业专业人员稀缺的背景下，特殊教育能有两个出国留学名额，殊为可贵。新中国至此真正有了出国留学学习特殊教育的专业人员。他们的经历与经验对改革开放之后特殊教育的发展也产生着直接

① 朴永馨：《特殊教育和我：朴永馨口述史》，17～49页，北京，北京师范大学出版社，2017。

的、至关重要的影响。

四、对这一时期特殊教育教师政策与管理的总结

从20世纪五六十年代我国特殊教育教师的相关政策与实践来看，这一时期政府开始参与到特殊教育教师培训之中，但参与的力度着实有限。我国虽有零星的特殊教育师资培训的实践以及少量的短期培训班，但还没有形成系统规范的特殊师范教育制度。一方面，特殊师范教育并没有进入20世纪50年代的师范教育体系，师范教育制度还没有涉及特殊教育师资的培养。特殊教育没有专门的职前培养机构，没有专门建立的特殊教育师范学校或相应的专业。特殊教育教师无法接受专门的职前培养，盲聋哑学校只能从普通师范学校调配补充人员。另一方面，职后进修多采取将盲聋哑学校教师并入普通学校教师职后进修体系的做法，盲聋哑教师职后进修实则处于从属的位置，缺乏专门性与针对性。特殊教育教师的职业特点与需要并未凸显。同时，盲聋哑学校教师的职后进修在很大程度上以提高学历为目标，充其量是完成了职后进修这一规定过程。中央与地方组织的零散的短期培训班又侧重于骨干教师培训，涉及人员较少。负责培训的机构既有教育部门，又有民政及其下属的福利部门等。培训时间、培训课程相对来说缺乏统一规范与标准，缺乏系统性与制度化。从这个意义来看，我们还很难说这一时期已经有了真正的特殊师范教育制度。

不过，与之前相比，新中国更为重视特殊教育，不仅确立了特殊教育在整个国民教育体系中的地位，而且开始了由政府制定政策，举办相关的盲聋哑教师培训进修的举措。无论是教育部门还是民政部门的参与，都已经是一种官方行为，与新中国成立前由教会、民间机构组织自发举办特殊师范教育相比，有了本质上的变化，标志着国家开始介入特殊师范教育。这毕竟是一种新的开拓与尝试，虽然很零星和微弱，但为后来我国20世纪80年代开始的制度化、体

系化、专业化的特殊师范教育积累了经验，在部分程度上奠定了实践基础。①

第三节 特殊教育教学改革与沟通手段的初步探索

新中国成立后，国家在宏观层面通过制定政策、加强管理、发展特殊教育学校及培训特殊教育师资的方式推进新中国特殊教育的发展。同时，为盲聋哑学校制订教学计划、实施盲聋哑学校教学改革以及推动盲文手语等沟通手段的发展，也成了微观层面的具体实践举措。

一、制订盲聋哑学校教学计划

教育教学是特殊教育学校的中心任务。新中国成立后，盲聋哑学校被纳入学制系统，特殊教育在教育体系中有了自己的位置。然而，盲童学校与聋哑学校的教学问题却缺乏统一规范与要求。正如1954年，教育部在给山东省教育厅的复函中所指出的：目前我国盲、哑学校的教学计划、教学大纲、教学方法，以及适应情况的教材等，都还未正式订定。“这些问题的适当解决，有待于比较全面和深入的研究，而这种研究还必须经过相当时间的经验积累和重点实验才能得出结论。”②基于现状，为盲聋哑学校制订教学计划成为教育部20世纪五六十年代规范特殊教育办学的重要举措。

在盲校方面，1955年，教育部公布的《小学教学计划》成为全国小学校实施教学的依据。对于《小学教学计划》，教育部要求各地盲童学校也遵照执行，但同时可有几点变更：盲童学校不设图画科，

① 李拉：《我国特殊师范教育制度研究》，46～50页，南京，南京大学出版社，2016。

② 何东昌：《中华人民共和国重要教育文献(1949—1975)》，320页，海口，海南出版社，1998。

强调手工劳动科在盲童学校中的重要地位，将唱歌改为音乐等专项要求。同年9月，教育部通过上海市教育局转告上海市盲童学校试行《盲童学校教学计划(草案)》，规定盲童学校设语文、算术、自然、地理、历史、手工劳动、体育、音乐等学科，每学年实际上课34周，总计5304学时。需要强调的是，在这份草案中，关于手工劳动科，教育部再次强调了其在盲童学校中的重要地位。它的教学任务是使学生获得初步的生产常识，学会使用一些简单的生产工具，为以后进行比较专门的职业劳动训练打下基础；使盲童从入学开始，通过有系统的训练，养成照顾自己的独立生活能力和克服困难的意志力；扩大盲童对事物的认识范围，提高盲童的理解力。对手工劳动科的重视体现了20世纪50年代我国在社会主义建设的背景下对学习者进行生产技能训练的普遍要求，也渗透着对残疾学生进行职业训练的理念。1962年，教育部又组织编制了《全日制六年制盲童学校教学计划(草稿)》，规定盲童学校设周会、语文、算术、历史、地理、自然、常识、手工、体育、音乐和在课外时间进行的生活指导等课程，既保证学生受到比较完整的配套普通小学的文化基础知识教育，也考虑到他们是有视觉缺陷的儿童，适当降低或加强了某些方面的要求。《全日制六年制盲童学校教学计划(草稿)》供全日制六年制盲童学校采用。各地盲童学校执行《全日制六年制盲童学校教学计划(草稿)》时，可以因地制宜，灵活变动。对于半工半读性质的盲童学校和超龄学生班的教学计划，由各地盲童学校参照《全日制六年制盲童学校教学计划(草稿)》自行拟定。由于种种原因，《全日制六年制盲童学校教学计划(草稿)》并未正式颁发，但仍是当时盲童学校教学的纲领性文件。①

聋哑学校教学计划中，首先受到关注的是低年级。1954年8月，

---

① 顾定倩、朴永馨、刘艳虹：《中国特殊教育史资料选》下卷，1611～1616页，北京，北京师范大学出版社，2010。

教育部召开了改编聋哑学校低年级语文教材小型座谈会，讨论了低年级的教学计划问题，建议在前三个学年设置语言、算术、听觉练习、美工、游戏、体育等课程；强调了低年级教材要注重培养聋哑儿童的视话能力，通过视话发展他们的视觉感受，使他们熟练地掌握视话的技能，并在视话基础上培养聋哑儿童发音、说话和思维的能力，充分注意聋哑儿童的特殊性，遵循量力性原则；确立了聋哑学校教育改革的方向是推行口语教学。对于使用手势教学而没有转变为口语教学的班级和学校，教育部还于1956年专门颁布了《聋哑学校使用手势教学的班级的暂行教学计划》，将这一计划作为过渡性改革的方式。1957年，教育部发布了《聋哑学校口语教学班级教学计划(草案)》，具体规定了语文、算术、自然、地理、历史、律动、体育、图画、手工劳动、职业劳动等科目的时数，并对各科教学进行了简要说明。1962年，教育部拟定了《全日制十年制聋哑学校教学计划(草稿)》，要求全日制聋哑学校必须以教学为主，全面安排教学、劳动、放假和社会活动的时间，全学年实际教学时间44周；在课程的具体安排上，要坚决保证学好主要学科，其他学科也作适当安排，既要学好文化科学基础知识，又要加强思想政治教育和生产技能的训练；同时为弥补聋哑儿童的听觉缺陷，一至三年级设置律动课，培养聋哑儿童感受音频的能力，使之动作协调，一至六年级增加图画教学的时间。《全日制十年制聋哑学校教学计划(草稿)》虽然也未正式颁布，但仍是当时聋哑学校教学的纲领性文件和重要依据。

二、改革盲聋哑学校教学

教学计划的制订为盲聋哑学校的教育教学提供了方向与指引，规范盲聋哑办学需要改革具体教学。随着盲聋哑学校办学目标与教学计划的确立，学校微观层面的教学改革开始成为重要的实践。

其中，在教学改革方向上有较大变动的是聋哑学校。新中国成立之初的几年，聋哑学校主要以手语法作为教学手段。1954年，教育部专门组织座谈会，围绕今后我国聋哑学校教学改革的方向进行研讨。这次座谈会强调了发展聋哑儿童有声语言的重要性，明确了聋哑学校教学改革的方向是从手语法转到口语法。这次座谈会对目前聋哑学校手语法教学带来的弊端进行了分析，认为聋哑儿童之所以词句颠倒、语法错乱，是手语法教学的结果。因为手语只形容、模拟具体的对象或形象的片面状态或外部特征，只有辅助语言的作用，决不能代替语言。目前聋哑学校虽有发音教学，一开始就教给学生许多繁难的汉字，使聋哑儿童视话、说明的能力得不到发展。因此，教学方法的改革不仅要改革手语法，也要改革手口并用和文字发音的方法。口语法的基本法则是在视话的基础上训练发音说话，在掌握语言(视话、说话)的基础上训练写话。视话在先，说话在后，视话是口语法的基础。基于以上认识，教育部明确了聋哑学校教学以口语法为主导改革的方向，并就教材选编等问题进行了论证。同时教育部还指定了北京几所聋校在新招班级中进行口语教学实验，力图通过实验积累经验，然后在全国的聋哑学校全面推行。这次聋哑学校教学改革是一次重要的改革，传统的在新中国成立之前就普遍使用的手语法教学逐渐被口语法替代，这也是我国20世纪50年代特殊教育学校改革中的重要事件之一。1956年，教育部又针对还未转变教学方式的聋哑学校专门发布指示，要求各地聋哑学校在具备师资条件的基础上，对新招的一年级学生争取实行口语法教学，对现有采用手语法教学的一年级(包括预备班)学生，也可转变为口语法教学。这个指示自1956年秋季起逐步在全国现有聋哑学校推行。同年，教育部盲聋哑教育处又配套出台了《聋哑学校看话教材总说明(一、二年级用)》，对语文、算术、自然、地理、历史、律动、体育、图画、手工劳动、职业劳动等科目的教学提出了明确的建议。尤其是语文，承担着教会聋哑儿童初步口语的目标，其中看话、发音说话等作业内容具体承担着训练儿童口语的任务。通过以上举措，聋哑学校教学改革从手语法向口语法教学的转变方向基本形成。

随之，教育部1957年在《教育部关于办好盲童学校、聋哑学校的几点指示》中又对聋哑学校实施以口语法为核心的教育改革任务进行了强调。聋哑学校教育改革的中心任务是继续进行口语法教学实验，全面总结口语法教学的经验，逐步推广口语法教学；同时要建立并加强职业劳动训练，努力积累经验，逐步建立起我国聋哑学校职业劳动训练的完整体系。盲童学校教学改革的中心任务是研究盲童教育的特点，在各科教育中充分贯彻直观教学原则，全面改进教学方法，以提高教学质量；建立手工劳动课和职业劳动训练，努力积累经验，并随着社会上盲人生产组织的开展，逐步建立起盲童学校职业劳动训练的完整体系。

盲聋哑学校的教学改革还体现在对国家教育改革政策的贯彻与回应上。1958年，国务院通过了《汉语拼音方案》，要求在普通中、小学和各级师范学校教授拼音字母。各地盲聋哑学校也根据这个通知的精神，逐渐进行汉语拼音字母教学。教育部要求盲童学校和聋哑学校要从1958年秋季起，在一年级就开始采用汉语拼音字母教学，一年级的教师也应在秋季开学前，进行一次汉语拼音字母的学习。聋哑学校第一册语文课本已采用汉语拼音字母编写，盲童学校的第一册语文课本也将用汉语拼音盲字编写。《汉语拼音方案》的推广，对盲聋哑学校教学内容与教学方式都提出了新的要求，也成了盲聋哑学校教学改革要面对的重要问题之一。

三、特殊教育沟通手段的初步探索

盲聋哑教育的实施首先要解决与盲人及聋哑人进行有效沟通的问题。自近代特殊教育学校产生以来，盲聋哑学校的发展就始终伴随着盲文、手语这些沟通手段的使用。然而，由于清末和民国期间的特殊教育受重视程度不够，盲文与手语虽有发展，但既不完善也不统一。这给盲聋哑教育的有效实施带来了极大的不便，也给这些人的相互交流带来了困难。新中国成立后，在恢复与发展盲聋哑教育的同时，也开始着手加强盲字与通用手语等沟通手段的改革，从而为盲聋哑教育的实施和特殊人群的沟通奠定了基础。

(一)盲字的改革

盲字，又叫点字，是法国盲人布莱尔于1829年发明的。它是用六个凸点组成的符号体系，以点数的多少和点位的不同来区分不同的符形。六点盲字的发明得到了国际盲教育的承认。1879年，柏林国际盲人教育代表大会通过决议，建议所有盲校采用布莱尔的盲字体系进行教学。六点盲字遂成为国际通用的盲文系统。新中国成立之前，盲字随着传教士兴办的盲校进入我国，经过几次改造，如“康熙盲字”“大卫·希尔法”“字母法”“穆恩法”“秦州法”“心目克明”等，形成了多种盲字认读体系。但总体来看，那时的盲字不规范，缺陷很多，使用起来有随意性，全国不统一。

直到新中国成立，盲字的统一化工作才全面铺开。1952年，黄乃改进了旧中国沿袭下来的盲字。他的盲字体系以北京语音为拼音标准，以普通话为基础，采用分词写法，共有52个声母和韵母符号，还有声调和完整的标点符号，被称为新盲字。新盲字有这样几个特点：一是采用分词写法，以词为本位而不以字为本位，在写法上反映了语法和词汇，使盲字摆脱了汉字的束缚，成为一种独立的拼音文字；二是以北京语音为拼音标准，统一了全国盲字；三是字母和标点符号尽量国际化；四是在技术上更加简化。[①] 1952年新盲字出现后，即开始得到试验和推广。北京市盲人学校首先采用新盲字教学，新盲字教学以后在各盲校传播。教育部盲聋哑教育处成立

① 中国盲人福利会：《怎样教盲人学盲字》，6～7页，北京，人民教育出版社，1959。

后，我国又创建了盲文印刷所，开始用新盲字印刷。由于有印刷物的传播，新盲字很快就推广到全国各地。到1954年秋，我国各盲校已普遍采用新盲字进行教学。同年，《盲人月刊》在北京创刊，这是用盲文点字印刷、供盲人阅读的一种综合性刊物，是中国盲人学政治、学科学、学文化的通俗刊物。其宗旨是贯彻执行国家路线的精神，宣传社会主义理论、政策、时事和盲人福利政策。“毛泽东为刊物命名，谢觉哉书写刊名。”①同时，用黄乃创造的新盲字编写的“盲童学校课外读物”“歌选”等盲文书籍开始出版发行。为推广新盲字，1955年，文化教育出版社还专门出版了黄乃编著的《新盲字入门》一书，对新盲字的拼法、分词写法、标点符号的使用以及语法常识等进行了解释说明。从旧盲字到新盲字是一个巨大的进步，它使旧盲字混乱的状态得到了统一，也使盲字从汉字附属地位上升为独立的拼音文字。

《汉语拼音方案》公布之后，各地盲聋哑学校也被要求逐步进行汉语拼音字母教学。1958年，中国盲人福利会、教育部、中国文字改革委员会联合组成盲字研究委员会，着手拟定汉语拼音字母的盲字写法。1958年，盲童学校第一册语文课本即使用汉语拼音盲字编写。1959年，《教育部关于各类盲人教育使用盲字的通知》提出盲人使用的盲字应当和健全人使用的汉语拼音取得一致，这是盲字改革的方向，是符合盲人长远利益的；确立了盲字与汉语拼音方案汇通一致的基本原则；要求各地盲校有步骤地探索实验汉语拼音盲字，稳妥地进行盲字改革。“文化大革命”期间，盲字改革陷于停滞。1977年，教育部发出通知，要求在上海、太原、天津、福州、长沙、昆明的六所盲校实验《带调双拼盲字方案（草案）》，盲字改革进入新的发展时期。

---

① 《中国残疾人事业大事编年》编写组：《中国残疾人事业大事编年（1949—2008）》，3页，北京，华夏出版社，2008。

（二）手语的规范

手语是聋哑人进行社会交往的主要工具，也是聋哑人接受教育的沟通方式之一。20 世纪 50 年代，聋哑教育确立了以口语作为教学改革的方向。但在实践教学中，一些手势语同时也在使用。而且，手势语作为聋哑人在社会交往中的工具，使用更为普遍。对聋人群体的沟通交流工具进行规范和统一已成为急迫的诉求。正如内务部、教育部在《关于试行聋人汉语手指字母方案的联合通知》中指出的，我国有聋人、聋哑人、重听人 300 万人左右，其中 90％系文盲和半文盲，在社会上进行交往，主要是用手势语。这种手势语只是对形象的模拟，缺乏概括性，无法表达抽象的概念，不仅在全国不统一，而且在一个城市、一个地区也不统一。这就大大影响了他们彼此之间思想的沟通、生产经验的交流和文化知识的传播。为了便于聋人交流，提高聋人思想觉悟和文化技术水平，我国迫切需要一套比较完善的手指字母，作为建立聋人交际手段的基础。[①]

1958 年，中国聋哑人福利会组建了聋人手语改革委员会，制定了以汉语拼音方案为基础的《汉语手指字母方案（草案）》，开始对聋人的手语沟通进行改革。随之，聋人手语改革委员会又对手语规范化进行研究，收集全国各地聋人现行手势语，并参考全国聋人一般通用的手势，编制了《聋人手语草图》，在聋人中试行。1960 年，内务部、教育部、中国文字改革委员会批准了中国盲人聋哑人协会《关于修订聋哑人通用手语工作方案的通知》，指出改革手势语的目的在于改善现行手势语词汇的表达方法和使用规则，取手势之长，再以手指字母补其所短，使两者相互结合运用，构成一套接近于口头语和书面语的更加完善的聋哑人的手的语言——手语，并确立了修订

① 何东昌：《中华人民共和国重要教育文献（1949—1975）》，880 页，海口，海南出版社，1998。

通用手语的四个基本原则，即手语与革命的现实生活相一致的原则，手势与手指字母相结合的原则，手语与口头语书面语相一致或接近的原则，保持形象化和清晰易辨的原则。同时，中国盲人聋哑人协会也有计划地组织工作组，深入聋哑人较集中的工业生产单位和农村公社进行实地调查，广泛地收集手势语资料；在北京、沈阳、哈尔滨、兰州、青岛、上海、武汉、广州、南宁、成都、昆明11个城市建立基点，调查地方手势，组织试行聋哑人通用手语，并做好宣传和推行工作。1963年，内务部、教育部、中国文字改革委员会正式公布《汉语手指字母方案》，要求各地民政部门、教育部门督促聋哑学校、聋哑人业余文化学校，一律按公布的《汉语手指字母方案》进行手指字母教学。

由此，经过几年的探索和实验，20世纪60年代后，全国统一的手语方案基本形成，通用手语开始成为聋哑人参与社会生产和生活的有效沟通手段。1974年，语言学家周有光和北京市第四聋人学校教师沈家英设计出声韵双拼的《汉语手指音节》指式图。它是在《汉语手指字母方案》基础上增加20个指式，使用时右手打声母，左手打韵母，双手配合同时打出，一次即打成一个完整汉语音节。这种方法具有一定的创新意义，对于教聋童汉语音节和唇读十分有效。

第三章

特殊教育理论的初步探索

第一节　特殊教育理论的研究成果

自 1949 年新中国成立至 1978 年，一些特殊教育工作者、相关组织机构管理者纷纷开始对特殊教育进行初步的理论研究。他们主要从盲教育、聋哑教育、智障儿童教育和其他特殊儿童教育等方面切入，并获得了一定的研究成果。下文将以此为线索来呈现这一历史时期的相应研究成果。

一、盲教育理论研究成果

新中国成立后，我国的盲教育有了初步的研究。我国政府通过一系列的方针政策推动了盲校的教育教学、学校管理建设以及盲字改革等方面的研究发展，从而产生了一些相关方面的研究成果。

(一)盲校的教育教学

20 世纪 50 年代初，我国开始制定盲教育发展方针、基本任务，进行盲教育的学制改革，为盲教育指明了发展方向。1951 年，政务院《关于学制改革的决定》出台，明确提出“各级人民政府应设立聋哑、盲目等特种学校，对生理上有缺陷的儿童、青年和成人，施以教育”，提及了盲校，将其纳入学制系统。但关于盲校的设置与发展，尤其是具体的学制问题，教育部也在1953年7月27日《关于盲哑学校方针、课程、学制、编制等问题给西安市文教局的复函》中承认“关于盲哑学校的方针、任务、课程、学制、教材、教职员工编制，我部尚无明文规定”，根据我国目前情况，参照苏联盲哑学校的办法，提出了初步建议。小学盲校除实施普通小学智育、体育、德育、美育的基础教育外，在有条件的地方还需要给予盲童职业技能的训练。学制同普通小学一样为六年，但可增加半年预备班来学习盲字，熟悉学校环境，掌握日常生活的知识。同年同月，内务部成立中国盲人福利会。1954年5月13日《教育部关于盲聋哑教育方针、课程、学制、编制等问题给山东省教育厅的复函》再次说明关于我国盲校的教学计划、大纲等都还未正式制订，1953年给西安市文教局的答复只是初步意见，暂供参考，“我们认为目前问题的重心不在于做行政上的硬性规定，而在于积累教学上的经验加以总结”①。

由此可见，对于盲教育，我国一直多是参考苏联的学制或是采取自由摸索的方式，政府对盲教育方针、学制、发展方向等没有硬性的规定。而在模仿苏联和自由摸索的过程中，教育行政部门也开始依据我国盲教育自身的特点做出了一些明确的改变与规定。1955年9月6日，教育部发出通知，在盲童学校试教新编初小语文课本第一册(适用本)。由于先学字母，使用新课本可以使盲童在两个月内初步掌握摸读和听写的技能，因此盲童学校取消了原来开设半年预备班的规定。②

我国教育部门意识到盲教育也是国家整个教育事业中的一个部

① 何东昌:《中华人民共和国重要教育文献(1949—1975)》，320页，海口，海南出版社，1998。

② 何东昌:《中华人民共和国重要教育文献(1949—1975)》，510页，海口，海南出版社，1998。

分，这方面必须有计划地发展起来。1957年教育部发出的《办好盲童学校、聋哑学校的几点指示》对我国盲校教育的方针、基本任务、学制等做出了指示。文件指出：我国盲童学校的基本任务应是培养盲童具有一定的文化科学知识，掌握一定的职业劳动技能，具有共产主义的道德品质，成为积极自觉的社会主义建设者和保卫者。学制暂规定在六年内学完普通小学的基本课程，之后可进入盲人中学或继续进行大约两年时间的职业劳动训练。盲童教育的方针与1953年教育部给西安市文教局的复函中的建议基本一致。《办好盲童学校、聋哑学校的几点指示》不仅涉及盲童教育中的小学教育，而且涉及小学后的中学教育、职业训练等。这是我国盲童教育学制逐步完善的一种体现。[①] 1962年1月12日，教育部编制了一份《全日制六年制盲童学校教学计划(草稿)》，因种种原因未正式颁发，但仍是当时盲童学校教学的纲领性文件，后来许多文献、会议都提到了这份计划。

随着国家文件的出台，各地方的盲童教育也开始发展，有所进步。例如，1959年3月31日，《重庆市关于第二个五年计划期间我市教育事业发展的初步规划(修正草案)(节录)》指出重庆市还没有盲童教育，但已经开始有了规划，通过盲人协会等群众组织，有领导地发动群众自办特殊教育学校，争取尽快做到全市盲童全部入学。[②] 1964年9月1日，《重庆市教育局等部门关于盲、聋哑学校招生有关问题的联合通知》表明重庆市盲童学校净增一个班(招收25人左右)，到1964年时已经有一所盲童学校，校内有一、三、四年级3个班学生39人，并仍有后续规划，发展明显。[③]

① 中华人民共和国教育部办公厅：《教育文献法令汇编：1957年》，13～17页，1958年。

② 重庆市档案馆馆藏资料：重庆市教育局分党组，1959年3月31日。

③ 重庆市档案馆馆藏资料：市教育局民政局公安局粮食局第二商业局第一商业局，1964年9月1日。

(二)盲校的管理建设

1. 师资培训与学生管理

《教育部关于盲哑学校方针、课程、学制、编制等问题给西安市文教局的复函》建议盲校每班可容纳10人至15人，除了音乐、体育、图画、职业技能训练等科目配备专任教师外，中、低年级每班一名教师，高年级可稍增加几名。其他职员、工友的编制，可视学校实际情况(如学校班级的多少、住校学生的多少等)参照普通小学标准，适当加多一点。《教育部关于盲聋哑教育方针、课程、学制、编制等问题给山东省教育厅的复函》也再次强调之前给西安市文教局的答复意在提醒各校注意招收新生要有限制，不宜太多。教育部意见为，原则上不妨照多数盲哑学校向来的习惯，9周岁到15周岁都可入学，但也不能严格限制，个别有特殊情况的还得酌量照顾。《教育部关于办好盲童学校、聋哑学校的几点指示》指出盲童的入学年龄规定为7周岁至11周岁，如果学校师资和其他条件较差，则可拖后，盲童学校超龄生的入学年龄规定为12周岁至16周岁；修业年限原则上可以缩短为4年，受完小学教育后，继续给予大约2年时间的职业劳动训练；盲童学校每班学生名额以12人为宜；关于编制方面仍旧应参照普通小学标准，适当增多一些。

关于学校的师资培养方面，在《教育部关于办好盲童学校、聋哑学校的几点指示》中，教育部建议在最近几年内，盲童学校和聋哑学校需要增加师资，各地教育行政部门可采用如下办法解决：第一，分配中等师范毕业生到盲童学校和聋哑学校见习半年或一年，然后正式担任教学工作；第二，抽调具有一定教学经验的普通小学的教师到盲童学校和聋哑学校见习半年后任教。1959年7月，中国盲人福利会与教育部又在北京联合举办盲校体育教师训练班，为各地培训盲童学校体育教师40名。培训时间1个月，主要学习田径、体操、游戏的一般理论、基本技术、教学方法和盲童教法特点等课程。

1959年12月，为了适应聋哑教育事业的发展，教育部、内务部决定成立聋哑教育师资讲习所，逐批培养聋哑学校的师资。1959年，聋哑教育师资讲习所正式招收学员，每期80人，第一期暂定学习期限为6个月，招收具有初中以上文化程度、1年教龄以上和有一定教学经验的聋哑学校教师(健全人)。学员学业结束后，回原选送单位工作。

2. 学校经费管理

在新中国成立初期，我国关于盲校的经费开支没有一个统一的标准，以致大部分地区的盲校因经费问题，满足不了学校的实际需要，使教学工作不能有效进行。《关于盲童学校、聋哑学校经费问题的通知》开列出了部分意见，以供各盲校参考。第一，教学行政费：盲童学校小学班的定额标准以班为单位计算，应比当地普通小学的定额标准多一倍到三倍。第二，一般设备费：盲童学校中住宿生的定额标准应相当于当地中等师范学校的定额标准，非住宿生的定额标准可相当于当地初级中学的定额标准。第三，教学设备费：盲童学校小学班的定额标准应相当于当地高级中学的定额标准，初中班的定额标准应相当于当地中级师范学校的定额标准。第四，技术实习费：盲童学校中的技术班和按照新的教学计划进行职业劳动训练所需的技术实习费(包括技术设备、原材料的消耗)，不包括在上述各项经费范围内。第五，人民助学金：盲童学校人民助学金的定额标准，应相当于当地初级中学的定额标准，盲童学校助学金名额可占学生数的30％～40％。关于助学金的使用，各个学校还可根据困难程度不同的学生的实际需要，增多等级，扩大发放幅度。有些学生家庭经济特别困难，可在人民助学金中调剂使用。

在文件最后，教育部还提出“希望各省、市教育厅、局根据当地情况定出盲童学校和聋哑学校的经费标准，并报部备案”①。这从很大程度上对盲校的经费设置做出了有效的管理。

(三)盲字改革

盲人失去了视觉，便不能通过眼睛来识字看书，可他们的其他感官尤其是触觉比常人要灵敏，因此他们便以指代目来识字读书。盲字自诞生之日起，逐步得到改进。相关政策也不断提出，经过一次次的实践，盲字越来越适合盲人学习使用。

1. 沿革过程

早在两千多年之前，我国就有了盲音乐家师旷、盲史学家左丘明等盲人。那时是否有便于盲人学习的乐谱和文字记号，今人没法考证，但甲骨文、竹简、铜鼎文是刻在甲、骨、竹、木、金、石等东西上的，属于凹字，显然是便于盲人触摸的。

1874年，英国传教士威廉·穆瑞在中国创办了北京瞽叟通文馆。他和学校里的一位教员按照布莱尔盲字的排列形式，编成从个位到百位的数字号码，又结合了《康熙字典》以及北京官话，组成408个号码，代表汉语的408个音节。每个音节按一定规律变换其图形可以表示四声，故又称“408”盲文。这也可以说是近代中国汉文盲字的开端。②

1919年，一名英国医生以南京语音为基础设计了一套拼音盲文，用了54个布莱尔盲字符号做成拼音盲字，称为“心目克明”盲字。中国盲字由号码变成了拼音字母，这也是我国盲字发展的一大进步。但它只是汉语拼音，还不具备文字的条件。1925年，上海市盲人学校为了弥补这种盲字的缺陷，填上了“阴平”“阳平”“上”“去”“入”五个声调符号，又增加了标点符号，使盲字在使用上方便了一些。这种汉字的拼音盲字被称为旧盲字。此外，还有“大卫希尔法”“字母

① 中华人民共和国教育部办公厅：《教育文献法令汇编：1956年》，285页，1957年。

② 沈晓初：《盲字的沿革》，载《光明日报》，1953-07-11。

法”“穆恩法”“秦州法”等，福建有以闽南话为拼音基础的盲字，广东、广西有以广州话为拼音基础的盲字。当时形成了多种盲字认读体系，但总体来看，都不规范，还有很多缺陷。曾有一些盲校老师想要根据北方话对旧盲字进行改革，但他们提出的一些方案只是在拼音方面做出一些调整，而没有摆脱汉字的束缚，所以都没能流传，盲字也迟迟没有统一。

新中国成立前，我国一直没有一种统一使用的盲文盲字。直到新中国成立后，盲字的统一工作才得以展开。1952 年，黄乃为了尽快扫除盲人群众中的文盲，提高广大盲人的文化水平，着手改进旧盲字。他的盲字体系以北京语音为拼音标准，以普通话为基础，采用分词写法，共有 52 个声母和韵母符号，还有声调和完整的标点符号，被称为新盲字或现行盲文。新盲字以词为本位，而不是以字为本位，在写法上反映了语法和词汇，使盲字成为一种独立的拼音文字，在技术上也更加简化，方便了盲人的学习和使用。1953 年年底，《新盲字方案》得到了教育部的批准。从此盲人有了自己统一的盲文文字，为新中国盲文出版事业的创建提供了可能。

1958 年，《汉语拼音方案》公布后，中国盲人福利会为了使盲字与汉语拼音方案汇通一致，成立了盲字研究委员会，提出了《汉语拼音盲字草案》。

1959 年 7 月 21 日，教育部发出关于使用盲字问题的通知，规定盲童学校、成年盲人识字教育、盲人业余补习教育仍用新盲字进行教学。①

1960 年 8 月 6 日，教育部、内务部联合发出通知，决定在上海、天津、广州、旅大(今大连地区)的四所盲童学校继续实验汉语拼音(双拼)盲字方案。

---

① 何东昌：《中华人民共和国重要教育文献(1949—1975)》，914 页，海口，海南出版社，1998。

1963年1月31日，教育部、内务部联合发出通知，指出《汉语拼音盲字方案(草案)》尚待修改，在正式公布以前不宜推行；决定自当年秋季开学起停止实验，一律改用新盲字。

1965年8月，中国盲人聋哑人协会召开盲文研究座谈会，内务部部长曾山在会上讲话，要求盲文研究水平应逐步提高，同时考虑将来发展的需要。

1975年，黄乃与一机部工程师扶良文合作研制了《带调双拼盲字》(现改名《汉语七五盲字》)。该方案在音素分析上完全以《汉语拼音方案》为基础，按照汉语的特点重新安排字母；只用两方盲符，将声母、介母等融入声方，将韵母和调号融入韵方，字字标调，词形固定，便于摸读；能准确地反映出汉语的四声以及轻声，便于普通话的推广；还设计了“哑音定字法”，以区分同音同调的字词并架起了盲字(拼音文字)与汉字间相互沟通的桥梁；同时继承了现行盲文的分词连写法。该方案较好地体现了汉语的各种语言要素，是一种更趋完善的汉语拼音盲文。方案得到众多有识之士的肯定，后来经过多年的试用和修改，形成了《汉语双拼盲文方案》。

教育部于1977年10月29日发出通知，指出在上海、太原、天津、福州、长沙、昆明的六所盲校实验《带调双拼盲字方案(草案)》。

2. 盲字使用的理论探讨

中国盲人福利会编写的《怎样教盲人学盲字》提到了怎样教盲人摸读和写字，具体包括摸读盲字的步骤和方法，学习写字的方法和步骤，批改作业的方法，写盲文信和文章的格式以及课外阅读和墙报。

其中盲人摸读盲字时，主要用食指指尖轻轻接触点字。六个点的排列为左边一行是一、二、三点，右边一行是四、五、六点。摸的时候不要用力按，也不能用指抠。老师在教学时要姿势正确，即头与上身要端正自然，把书放正，把左右手指尖靠拢，呈八字形斜放在点字上，辨认点的位置和点数。对于手指有残缺的盲人，任何一个手指都可用来练习摸读；如果双手全部截除，则可训练用唇摸读。摸读时头部不移动，用上肢移动书本。摸读时，从左往右，顺着行次移动。初学摸读时，主要以两手食指为主，中指与无名指略微弯曲，使其指尖与食指尖并排，轻轻放在两旁字母上，帮助食指辨别行次。及至熟练以后，中指及无名指的感觉得到发展，逐渐地也能同时发挥辨认字母的作用。这时，盲人就可用六个手指摸读。用六个手指摸读时，辨认的就不是单个字母的形象，而是整个词的形象了。这样，摸读速度就可大大提高。一行摸完，要换一行。换行时，先用左手移到下一行的第一个字母之上，右手摸完一行以后，就能顺利找到下一行。

盲字是反写正摸的，摸读和写字的方向正相反。初学的人往往容易写反字。要避免这种错误，开始时最好以数点的方法来学习写字。教学的步骤如下。

第一，认识工具。盲人的写字工具是一块写字板和一支锥式的笔。写字板由金属制成，分上下两片。上片叫盖板，下片叫底板。盖板上有许多长方形的孔洞，底板上有凹下的点字模。底板四角有挂纸钉。

第二，装纸的方法。装纸时，纸的上边要与底板上边齐，四角揿在挂纸钉上，然后把盖板合拢。一板写完，要移板。移板时，把纸从写字板上拿下来，把下面两个钉孔套入底板上面的两个挂纸钉上。

第三，执笔的方法。用右手大拇指和中指夹住笔杆，用食指的第三节按住笔杆顶，一、二节伏在笔杆上，无名指与小指呈弯曲状。笔杆要握得正，落笔、起笔要直上直下，不斜不偏。写字时，手腕控制笔一上一下活动，手指控制笔的前后位置。

第四，写字的方法。写字是从右往左写的，每一方六个点字中，右边一行是一、二、三点，左边一行是四、五、六点。按规格从右到左、从上到下写六点字，然后听写老师报的点数，如报写二、五点，一、二、六点等。在练写词和句的时候，要求分词写，词与词之间应该有停顿，逐步掌握分词写的方法。

第五，提高写字速度。写盲文字，需要较大的腕力和臂力，练习写六点字是增强腕力和臂力的一个方法。

第六，改错字的方法。写字时，要求做到不多点，不漏点，不戳穿纸，点字圆整。如有多写的点字，可用笔尖把点压平；如有漏掉的点字，必须先记住错误在第几行、第几列，然后把纸重新装到写字板上，用笔试探，找到漏点的所在，把它补上。①

二、聋哑教育理论研究成果

新中国成立初期，我国特殊教育界对聋、聋哑有了新的定义。聋哑的矫治与康复有了一定的方法，聋哑教育的教学过程、教学原则、语言教学、手势语手指语字母的改革等在相关聋哑教育制度的引导下也产生了初步的研究成果。关于手语法和口语法的争论也在逐渐向口语法靠近。

(一)聋、聋哑者的定义探讨

新中国成立后，聋哑教育迎来了一个崭新的阶段，对聋和聋哑也有了一个新的定义。那时人们对于听觉机能失调的人的称呼一直都有着激烈的讨论，因为听觉机能失调的聋哑症和言语中枢机能损伤的失语症在外部表现上有着相似的情况，即言语障碍。因此对于聋和聋哑者的定义也存在着复杂的情况。

后来在20世纪50年代，洪雪立提出了对聋和聋哑者定义依据的三个原则，并根据这三个原则对听觉机能失调的人下定义。定义

① 中华人民共和国教育部普通教育司特殊教育科：《盲童学校教育工作的初步经验》，41～46页，中国盲人聋哑人协会，1960年。

内容如下。

第一，对听觉机能失调的成年人，分为下列两类。

聋人：听觉丧失在80分贝以上者，即那些在实际生活中根本不能运用自己的听觉分析器，不管是先天还是后天致聋的人。

重听人：听觉损失在75分贝以下者，即那些依靠贴耳扬声能听取别人的言语的人和借助助听器来进行交际并不感到不便的人。

第二，对听觉机能失调的儿童，可分为下列三类。

聋哑儿童：先天或婴幼时期致聋无法学到言语的儿童和后天致聋而把所学到的言语忘记因而不会说话的儿童。

聋儿童：后天致聋，即学龄前期或学龄后期致聋，听觉丧失在80分贝以上的儿童。

重听儿童：听觉丧失75分贝以下的儿童，其中有的使用助听器能够听取一般谈话，有的不用助听器能辨别距离耳朵两米以内的一般谈话，但不能在普通学校就学的儿童。①

(二)聋哑教育教学的理论探讨

随着相关教育制度的出台，我国聋哑教育的教学过程、教学原则以及社会主义道德教育等方面也开始初步成型。在这一过程中以洪雪立的研究与观点最具代表性。

1. 教育对象

洪雪立认为聋哑教育属于听觉障碍儿童教育，它的对象包括所有听觉障碍的儿童，不包括听觉正常但不会说话的失语症儿童。他根据对听觉失调者的定义，将听觉障碍儿童教育也就是聋哑教育分成三大类：聋哑儿童教育、聋儿童教育和重听儿童教育。它们分别有各自的特点。

聋哑儿童的教育特点是要在教育教学中发展他们的口头语言。

---

① 洪雪立：《论聋和聋哑(节录)》，载《聋哑教育通讯》，1958(2)。

聋儿童的教育特点是在教学中发展他们的口语视觉感受能力，简称看话能力。重听儿童的教育特点是借助现代机械设备，使用扩音机助听器来进行教学，以充分利用、发展和保护他们所保有的残听力。[①]

2. 早期聋哑教育教学的启发

洪雪立随后又通过对聋哑儿童认识活动的特点进行讨论，并根据聋哑儿童不同的认识活动特点，对聋哑教育提出了自己的一些想法。首先是聋哑儿童的感知具有片面性，培养聋哑儿童观察力是教育教学的基本任务之一。其次是聋哑儿童的有意注意具有短暂性，因此在教学中必须采取多种多样的教学方法，尽可能使聋哑儿童的注意力集中在老师的要求上。再次是聋哑儿童的表象具有特殊性，他们不具有听觉表象，视觉表象虽比普通儿童发达，但他们视觉表象的清晰性、完整性和稳定性远不及普通儿童。聋哑儿童在肤觉表象和动觉表象中有其特别的地方。最后是聋哑儿童的思维具有形象性，他们没有掌握口头语言和书面语言，不能把自己的思维由形象提高到抽象的地步。老师的任务就是在发展聋哑儿童语言的基础上，逐步改变他们形象思维。

洪雪立认为研究聋哑儿童的个性特征，是实施教育教学的基本步骤，可以从聋哑儿童的一般情况、认识能力的发展状况、道德品质、意志品质这四个部分来研究他们的个性特征。在研究过程中可以使用的方法有观察法、个别谈话、家庭访问、研究学生作业、建立课堂日记等。[②]

3. 早期聋哑教育制度

新中国成立后，政府出台了一系列的政策文件来推进聋哑教育的改革，涉及聋哑学校的任务与培养目标，聋哑学校的学制与课程

---

① 洪雪立：《论聋和聋哑(节录)》，载《聋哑教育通讯》，1958(2)。

② 洪雪立：《聋哑儿童认识活动的特点》，载《聋哑教育通讯》，1958(3)。

设置，聋哑学校的教材、教学语言手段与各科课程教学。

(1)聋哑学校的任务与培养目标

1956年，政府开始进行聋哑学校教学改革工作。教育部在聋哑学校口语教学实验工作汇报会上，明确了口语教学是聋哑学校教学改革的中心任务。此外还有一些其他的改革措施，如规定职业劳动训练从第五学年开始；要求各地学校为重听儿童设立特别班级，使用助听器扩音机来进行教学；建立聋哑青年技术学校，举办师资班，为各地聋哑学校培养技术班师资等。①

1962年，教育部修订的《全日制聋哑学校教学计划(草案)》提出了具体培养目标：第一，具有爱祖国、爱人民、爱劳动、爱科学、爱护公共财物的品德，拥护共产党的领导，拥护社会主义，并且逐步培养他们的共产主义道德品质和工人阶级观点、群众观点、劳动观点、辩证唯物主义观点；第二，达到相当于普通小学的文化基础知识水平，掌握一定的看话、说话技能，并且具有一定的生产知识和技能；第三，身心得到正常的发展，具有健康的体质，养成良好的生活习惯。

(2)聋哑学校的学制与课程设置

新中国成立后，聋哑学校的学制不统一，教学计划都是参照小学教学计划执行的。1953年7月，教育部《关于聋哑学校方针、课程、学制、编制等问题给西安市文教局的复函》提出，聋哑学校在预备阶段可以用一年至两年来练习看口、发音、识字、手势、日常会话和生活知识等。聋哑学校的课程除没有音乐外，应包括普通小学全部科目，师资、设备条件许可时可以增加其他技术课程和聋哑学生的发音课程。

为提高聋哑教育水平，1956年6月，教育部颁发《关于聋哑学

---

① 洪雪立：《聋哑教育制度研究》，载《聋哑教育通讯》，1958(4)。

校使用手势教学的班级的学制和教学计划问题的指示》，指出聋哑学校的修业年限延长为10年，不设预备班；入学年龄应以8周岁至11周岁为限；手势教学班级不超过15人，口语教学班级不超过12人；课程设置有语文、算术、历史、地理、体育、图画、手工劳动等。

1957年4月22日，教育部颁布《聋哑学校口语教学班级教学计划(草案)》，规定在接受完10年学校教育后，聋哑学生所掌握的文化科学知识和技能，基本上和普通小学毕业生所掌握的相等，并掌握一定的劳动技能，毕业后能顺利参加劳动生产；入学年龄规定为7周岁至11周岁；超龄生的入学年龄规定为12周岁至16周岁；修业年限缩短为8年；课程设置增加了律动。

(3)聋哑学校的教材、教学语言手段与各科课程教学

新中国成立之初，聋哑学校各科教学的教材都采用普通小学课本。1954年8月，教育部召开“改编聋哑学校低年级语文教材座谈会”。会议明确了我国聋哑学校教学改革的方向是从手语法到口语法，并且北京市第一聋哑学校、北京市第二聋哑学校、哈尔滨市聋哑学校在本学年实验口语教学法。教育部盲聋哑教育处编写了供实验用的一、二年级语文教材。1957年，教育部盲聋哑教育处教材编辑组有计划地陆续编写了聋哑学校一至四年级识字课本，五年级阅读课本和一至四年级算术课本；1958年，又组织编写了六至十年级阅读课本。所有课本先后由人民教育出版社出版，供全国聋哑学校使用。①

新中国成立初期，绝大多数聋哑学校还都是通过手势语进行教学活动的。1954年8月，教育部召开座谈会，确定推行口语教学是聋哑教育的改革方向。1956年6月，教育部制定《聋哑学校手势教学

① 刘英杰：《中国教育大事典(1949—1990)》，782页，杭州，浙江教育出版社，1993。

班级教学计划表(暂行草案)》，提出对新招的一年级学生争取实行口语教学，同时还增加了看话课程。1959 年 2 月 24 日，内务部、教育部制定《关于试行聋人汉语手指字母方案的联合通知》，指出："汉语手指字母用指式代表字母，按照汉语拼音方案拼成普通话，作为手语的一种。"从此，聋哑学校教学语言为以口语为主，指语为辅。

从 20 世纪 50 年代开始，聋哑学校的各科教学也开始进行了改革。在语文教学中，《聋哑学校手势教学班级教学计划表(草案)》第一次对聋哑学校语文教学做了说明，把语文分成了阅读、看话、作文、语法和写字。1957 年 4 月，《聋哑学校口语教学班级教学计划(草案)》对语文教学目的、要求和内容做了进一步的具体说明，规定语文教学的基本任务是发展儿童语言，明确了聋哑学校的数学教学任务，设置自然、地理、历史课，对学生进行自然社会常识教学。律动课是为了弥补聋哑学生生理缺陷而设立的专门课程。《聋哑学校口语教学班级教学计划(草案)》也同样对律动课的教学任务做了详细的指示。

4. 聋哑儿童教学过程

聋哑儿童教学过程中有着不同于普通儿童教学的特殊性，其课堂组织也有所不同，其中以集体作业和个别辅导相结合这一点为最主要的课堂教学组织方式。

洪雪立在《聋哑儿童教学过程的特殊性》中指出，聋哑儿童教学过程实践中会出现很多实践教学的问题。在解决这些问题的过程中每个学校的处理方法又是不一样的。他认为最基本的原因就是对聋哑儿童教学过程的特殊性认识不一致。因此他说明了自己对聋哑儿童教学过程特殊性的几点认识。

基于认识活动的特殊性：聋哑儿童认识活动因为听觉分析器的失调产生了严重的障碍，主要表现在他们感觉知觉具有片面性，对周围事物的感知不充分、不准确，有意注意短暂，注意力不集中，容易分散，表象不稳定，抽象思维发展缓慢等方面。

基于语言发展的特殊性：聋哑儿童由于听觉分析器障碍造成耳聋，不能区分语音影响，不能依靠听觉来模仿大人的语言，因而暂时不会说话。因此教学不仅是改造他们认识活动的过程，也是改造他们语言发展的过程。

基于生产劳动的特殊性：培养聋哑儿童和培养健全儿童一样，使他们成为全面发展的人，克服由于生理缺陷造成的自卑心理。聋哑儿童生产劳动训练要在普通教育过程中进行。①

针对聋哑儿童教学过程中的特殊性来进行教学，洪雪立认为具体内容应包括感知教材、形成表象，巩固教材、复习和练习，学生知识的考查和评定这三个方面。

陈一知在《论聋哑学校课堂教学》中明确了聋哑学校课堂组织的特点、课堂教学结构和类型。

首先，关于聋哑学校课堂组织的特点。他主要是以班级编制为主进行了相关的论述：在班级编制方面，1956年教育部为了办好聋哑学校曾面向全国聋哑学校建议，班级人数以12人为宜，这样既可以保证学生互相看到面部表情，又可以保证适应看话的焦点距离。基于此，他也建议聋哑学校课椅排列应摆成半圆形。关于班级儿童的年龄方面，他建议最好同一班级内儿童年龄不要相差4岁以上，这样才能减少教学工作的困难。在编班的时候，他建议根据儿童听力状况加以适当安排，对于聋而掌握语言的儿童及重听儿童和聋哑儿童都必须分别编班以利于教育教学工作的进行。课堂组织同样离不开一些必需的设备。聋哑学校课堂设备除了有普通学校所具备的桌、椅、柜等之外，还要有一些特殊的设备，如活动黑板，卡片布袋和发音镜等。

---

① 洪雪立：《聋哑儿童教学过程的特殊性》，载《聋哑教育通讯》，1958(5)。

其次，课堂教学结构和类型方面。在聋哑学校中一堂课可以由下列几个部分构成：组织教学、检查复习、讲授新课、巩固新课和布置作业。课的结构具有充分的灵活性，不是刻板不变的。关于课的类型，适应聋哑学校的课堂教学类型包括混合课、讲授新教材的课、巩固学生知识的课和练习课。

陈一知还指出集体作业和个别辅导相结合是正确组织课堂教学的工作方式，在组织班集体作业时应该注意教材的选择、作业的布置方式、课堂问题的提问以及回答评价；对于个别辅导，就要深入研究个别学生的功课之所以落后的原因。他认为造成个别儿童学业成绩落后通常有两个原因：一是儿童患病缺课太多；二是逐渐积累，落后现象未被教师及时发现，没有及时得到个别辅导，日积月累被班内同学抛在后面去了。搞好集体作业才能更好地进行个别辅导，善于进行个别辅导才能完满地组织集体作业。只有将二者很好地结合起来才能提高课堂教学的效果。①

可是在实践中，组织聋哑学生的集体作业也会遇到一些困难。其实，把班集体组织起来是需要一定的工作经验的，而很多聋哑教师的经验是不够的。但在目前情况下组织校际和校内观摩教学是很必要的。胡朔在《怎样分析一堂课》中也讲到，通过经验证明组织观摩教学应该被列入学校工作计划之内；每学期要组织几次校内观摩教学，参加几次校际观摩教学，最好能够使每位教师都有机会做一次观摩教学；同时在每次评讲会上能够使一两位教师为中心发言人，并能逐步做到每位教师都能轮流做中心发言人。这样就能够逐步提高教师分析课的水平。②

5．聋哑儿童教学原则

聋哑儿童教学的实施需要遵循一定的教学原则。洪雪立在《聋哑

① 陈一知：《论聋哑学校课堂教学》，载《聋哑教育通讯》，1959(3)。

② 胡朔：《怎样分析一堂课》，载《聋哑教育通讯》，1959(3)。

儿童教学原则》中提出了10条聋哑儿童的教学原则。由于聋哑儿童在教学过程中存在一些特殊性，这10条教学原则除了包括必须遵守一般的教学原则之外，还有针对聋哑儿童的特殊教学原则。

其中，一般教学原则包含：教学结合生产劳动原则、教学联系实际原则、学生自觉性和积极性原则、直观性原则、系统性和通俗性原则、巩固性原则。聋哑儿童特殊的教学原则包括：各种语言形式区别对待原则、知识掌握过程和语言形成过程统一原则、集体授课和个别辅导相结合原则、在交际中发展语言能力的原则。

上述10条聋哑儿童教学原则的提出为聋哑儿童教学提供了指导思想。为了将其贯彻到具体的聋哑儿童教学工作中去，教师可以从教学、教学组织、教学方法这三个方面加以实践，如贯彻到教材编制、课前备课以及具体课堂教学中。[①]

6. 聋哑学校的共产主义道德教育

聋哑学校学生同样需要接受共产主义道德教育。洪雪立在《聋哑学校的共产主义道德教育》中提出了聋哑学校的共产主义道德教育基本内容大体包括共产主义思想政治教育、共产主义劳动教育、爱国主义和国际主义教育、自觉的纪律教育这四个部分。

(1)共产主义思想政治教育

阶级观点教育。第一要对学生进行阶级教育，引导他们树立工人阶级的阶级观点；第二要对学生进行共产主义政治方向教育，引导他们忠于社会主义制度和共产党领导；第三要对学生进行“兴无灭资”的思想教育。

群众观点教育。第一要对学生进行群众观点和群众路线教育；第二要对学生进行集体主义教育，使学生认识到工人阶级本身就是一个强大的集体；第三要使学生认识到个人主义的错误和危害性。

① 洪雪立：《聋哑儿童教学原则》，载《聋哑教育通讯》，1958(6)。

劳动观点教育。第一要教育学生认识劳动的伟大，劳动生产是人社会生存和发展的基础；第二要使学生认识到我国当前社会建设的总路线和总任务；第三要教育学生爱护公共财产。

辩证唯物主义观点教育。第一要对学生进行破除迷信和唯心邪说的教育，使他们反对偶像崇拜，反对迷信宗教和神鬼；第二要教育学生反对形而上学的思想；第三要教育学生树立辩证唯物主义世界观。

(2)共产主义劳动教育

对聋哑学生进行共产主义劳动教育，首先要根据学生的年龄特征和性别特点，因材施教；对于入学初期的聋哑儿童，尽可能组织他们参加力所能及的劳动，如自我服务和校内杂务劳动等；在正式参加职业劳动训练以后，要朝向培养多面手的方向发展，让他们掌握两种或多种生产劳动技能，使他们生活丰富多彩，成为对国家有用的人才。

(3)爱国主义和国际主义教育

培养学生具有高度的爱国主义和国际主义的道德品质，是聋哑学校重大任务之一。聋哑学校要有计划、有步骤地实施爱国主义和国际主义教育。

(4)自觉的纪律教育

聋哑学校和普通学校一样，应将培养学生自觉的纪律作为共产主义道德教育的基本内容之一。首先要使学生明确自觉遵守纪律是工人阶级的优良品质和光荣传统，教育他们学习这种优良的道德品质和光荣传统；其次要从集体生活和课堂教学中培养学生自觉遵守纪律。

洪雪立随后又提出了聋哑儿童的共产主义道德教育原则以及共产主义道德教育的方法。聋哑儿童共产主义道德教育原则分别为：共产主义目的性原则、学生自觉性原则、对学生的严格要求和尊重学生人格相结合的原则、注意学生年龄特征和聋哑特点原则。在聋哑学校中进行共产主义道德教育的方法有：通过学生社会活动来进行，通过学生劳动实践来进行，通过课堂教育来进行，通过周会或班会来进行，通过学生组织来进行，通过道德教育中的表扬与批评来进行。①

杭州吴山聋哑学校的陈铭钰在《我怎样对聋哑儿童进行品德教育》中通过平时的教学实践总结出了自己对聋哑儿童进行品德教育的方法。

首先，要在尊重儿童的基础上进行教育，在生活上要像父母一样照顾儿童；其次，平时也要注意自己礼貌对待儿童；再次，遇到困难要能够冷静思考，对儿童采取同情帮助的态度，这样事情往往会顺利地解决；最后，想方设法使儿童利用星期天，让儿童过愉快的生活，丰富他们的知识，使他们成为有爱的集体。这些都是值得参考借鉴的经验。②

7. 聋哑儿童语言教学

语言教学是聋哑儿童教学中较为重要的一环，包括口语教学、看话教学、发音说话及识字的教学。语言教学在聋哑儿童的低年级语文课教学中也同样有所涉及，下面将分开讲述。

(1)口语教学

在1954年8月24日至30日，教育部召开“改编聋哑学校低年级语文教材座谈会”。会议认为我国聋哑学校教学改革的方向应从手语法转到口语法，并实行逐步推行的方针。洪雪立在《聋哑学校语言教学商讨》这篇文章中深入探讨研究了口语教学的一般原则、口语教学法、发音符号以及教材等。

口语教学的一般原则共有6条：要在轻松的气氛中进行口语教

① 洪雪立：《聋哑学校的共产主义道德教育》，载《聋哑教育通讯》，1956(2)。

② 陈铭钰：《我怎样对聋哑儿童进行品德教育》，载《光明日报》，1954-03-27。

学；要营造良好的语言学习环境；视话应该成为聋哑儿童日常的必需品，要把视话贯穿到他们的一切活动中去；积极锻炼发音器官；要使儿童少用手势或不用手势，教师也绝不能用手势；对于聋哑儿童初期学习发音说话，不应仅做消极地矫正，而应积极地去指导练习。

口语教学的6种方法分别为：要运用儿童的语言发展规律来进行口语教学；视话要求联系反射和运用实物；视话应以整句为主，避免单音、单字；教师对儿童答话，或附和儿童的回答时，都要用语言来配合儿童的手指或身势表情；要多次重复同一个句子或同一个习题；视话时教师的动作最初应该稍慢，但要依据学生的接受能力，逐渐地加快，以训练学生的综合能力和分析能力，培养他们能够看懂普通人讲话的能力。

对于发音符号问题，虽然当时我国聋哑学校存在使用两种发音符号(贝尔视话符号和注音字母)的现象，但就当时的情况，发音教学还是使用注音字母较为合适。原因有三方面：第一，注音字母在我国已经广泛流行了，这是广大人民喜闻乐见的东西；第二，它不仅可作表音符号，还可作汉字表音；第三，我国已经有了整套的注音汉字字母，聋哑儿童学好注音字母便于他们阅读汉字。

洪雪立提出了低年级的课程设置，认为聋哑学校修业年限要长些，采用一贯制，不必用预备班的名义。在课程上，第一、二学年应设语言(包括视话、发音、说话、观察、写字)，发音游戏，律动，器官运动，美术和劳作；第三学年应设语言(包括视话、说话、观察与阅读、写字、写话)，声音游戏，律动，美术和劳作。①

① 洪雪立：《聋哑学校语言教学商讨》，载《人民日报》，1954-08-29。

(2)聋哑学校低年级语文教学

洪雪立在1956年8月聋哑学校口语教学实验工作汇报中提出了几点聋哑学校低年级语文的教学方法。

演示教学法：教师可以让儿童通过各种感觉形成对所学对象的知觉和观念，从而发展他们的观察力、理解力和思考力。

观察教学法：观察种类有实物观察、模型观察、画片观察、样本观察、通过仪器观察等。广泛地运用观察法，对于发展聋哑儿童观察力，纠正他们观察事物的偏向，是具有重大意义的。

参观教学法：教师必须围绕课堂教学的任务并密切结合课堂教学来进行；参观前教师必须做好准备工作，即确定目的和内容，研究参观场所，制订必要的计划等；教师还应对儿童做动员工作，告诉他们参观的目的；对于高年级的参观，教师可以对儿童提出具体要求，适当地分配给他们可以完成的任务。

讲解教学法：在讲解中教师语言必须明晰、正确、通俗，使学生容易理解；在讲解中，教师必须广泛地利用直观教具，利用演示、观察、参观等方法。只有这样才能避免枯燥无味，教师的生动语言才能起到积极作用。

谈话教学法：教师在聋哑儿童教学过程中要广泛使用谈话教学法，因为在各个学科学习时，他们也会学习语言，这样的谈话教学法被称为练习会话的最好方法。谈话可以在讲解新教材的过程中进行，可以在复习新教材时进行，也可以在检查学生知识的时候进行。

使用课本和教学材料的方法：使用课本和教学材料的方法培养儿童独立地领会教学材料，牢固地掌握知识和技能。具体内容简单来说有三种：分辨词类、实用词汇、表述能力的培养。

练习教学法：练习是帮助儿童和遗忘做斗争的主要方法。练习教学法的方式是多样的，大致来说分为口头练习、书面练习、黑板练习、图表作业、运用卡片、画片练习、演戏和表演。

选择教学方法的根据有如下三点：教材内容特点，学生已有的知识水平，当时的具体环境情况和条件。①

(3)看话教学

在1954年8月教育部召开"改编聋哑学校低年级语文教材座谈会"后，北京市第一聋哑学校在本学年入学的新生中实施口语教学法。1956年，教育部召开"聋哑学校口语教学实验工作汇报会"，汇报了关于聋哑儿童看话能力的经验，在汇报中指出了看话教学的任务、基本要求、内容和方法。

看话教学的任务就是要借助于有计划的教材进行集体教学，使聋哑儿童学会通过视觉感受说话对方口形的变动，从而了解对方所说的语言。

看话教学的基本要求如下：第一，要发展聋哑儿童的视觉感受性，因为聋人的视觉感受性如盲人的触觉一样，是有高度发展的可能性的；第二，讲解，要发展聋哑儿童对于声音外部形象(口形)的感知，使他们能从手势语的交际转变到口头语的交际；第三，要进一步发展聋哑儿童对语言的理解，使他们体会语言的意义，并理解别人所说的话。

看话教学的内容包括八岁至十二三岁的聋哑儿童生活的环境，有关学校、家庭、自然现象、卫生常识、道德品质等生活方面的知识。看话教学最初都是以学校和家庭的生活用话为主的。那么教材该如何使用呢？北京市第一聋哑学校从1955年起把看话和语文初步教学结合起来进行，在语文初步教学中进行看话教学。最后教师进行卡片造句练习，使儿童灵活掌握看话中所学的词汇。

首先看话教学通过观察、讲解(用一般视话)以及检查巩固三个阶段来进行教学。第一，观察，要通过各种感觉来认识事物，理解事物，教

---

① 洪雪立：《关于聋哑学校低年级语文教材和教学问题》，聋哑学校口语教学实验工作汇报会文件，1956年8月。

给儿童科学的知识；第二，讲解，专门训练识记口形并和识记书面语相联系；第三，巩固检查阶段，巩固检查的方法相当多，这里儿童从识记口形，指明实物，并指出书面语开始。总的来说，这三个步骤是比较符合教学上的直观原则、可接受性原则、系统性原则和巩固性原则的。

其次看话教学在使用教具时要考虑周到，什么先出现，什么后出现，在出现一种教具时怎样使儿童观察理解，在观察过程中怎样掌握儿童对这种教具的注意力。出现教具也要有一定的次序，一种用过暂时不再用的，一定要收起来，再出现第二种，这样就不会分散儿童的注意力，又能使儿童获得清晰的概念。教师一定要注意桌子上是干干净净的，这样不但在课堂教学中能够有步骤有系统地进行，收到好的教学效果，同时也给儿童起了一个整洁和做事有条理的示范作用。教师在准备教具时也会遇到一些困难，有些教具是很现实、具体、形象化的，有的教具就不是。[①]

(4)发音说话和识字教学

在1954年8月教育部召开“改编聋哑学校低年级语文教材座谈会”后，哈尔滨市聋哑学校在本学年入学新生中实验口语教学法，然后在1956年教育部召开的“聋哑学校口语教学实验工作汇报会”上汇报了关于聋哑儿童在发音说话和识字教学两门课上是通过语言呼吸练习、声音游戏、识字教学来培养学生掌握语言的。

语言呼吸练习与声音游戏：在准备阶段，进行发音说话教学，主要任务就是诱导儿童发声。但哈尔滨市聋哑学校在教学一开始就碰到了困难。儿童们都害羞不作声，不会发出语言所要求的声音。所以首先该校教师要从声音游戏中锻炼儿童的发音器官，训练他们的视觉感受能力，从而启发儿童学习语言的积极性。在教学中，他们起初指导儿童制作小风车等玩具；在课内或课外有组织地领导他

---

① 北京市第一聋哑学校：《培养聋哑儿童看话能力的几点经验》，聋哑学校口语教学实验工作汇报会文件，1956年8月。

们在桌上吹纸片，吹风车；教他们吹口笛，进行呼吸练习和发音器官运动。

识字教学：在学习一系列的拟声语，并且会正确地发出所学的拟声语的音节之后，就可以在识字教学中提出字母并使儿童识记字母。在懂得文字和语言之前，儿童必须掌握相当数量的词汇。哈尔滨市聋哑学校从以下三步来教导儿童掌握相当数量的词汇：第一步，教学名词；第二步，教学动词；第三步，教学形容词。在儿童已掌握了一定数量的词汇以后，教师再逐步地培养儿童自己运用词汇进行造句。①

(三)聋哑矫治与康复的初步尝试

除了聋哑儿童的教学方面，其矫治与康复也同样重要。教师首先应在了解聋哑儿童病症的基础上做出相关的防治工作，然后根据不同聋哑儿童的基本情况进行相应的矫治与康复工作。

1. 聋哑儿童的基本状况

就聋哑儿童智力发展状况来看，无数实验证明聋哑儿童生理缺陷不在于中枢神经系统遭受破坏，而在于听觉分析器发生故障或损坏，使他们不能感受声音的刺激，因而影响到他们认识活动的特殊性。

就聋哑儿童的体质状况来说，在苏联，聋哑教育家对聋哑学生体质进行调查研究，证明了聋哑症对于儿童身体发育并没有产生什么有害影响。②

2. 矫治的内容

第一，举止动作。由于耳聋引起了植物性神经系统的不稳定性，因此聋哑儿童有情绪紧张、步伐拖拉以及某些不正规的举止动作。

---

① 哈尔滨市聋哑学校：《我们怎样培养聋哑儿童掌握语言》，聋哑学校口语教学实验工作汇报会文件，1956年8月。

② 洪雪立：《论教育与矫治相结合》，载《聋哑教育通讯》，1960(1)。

从感受器、传导神经(传入神经)到大脑皮层这一系列的分析综合机构，除声音刺激受到障碍之外，其他刺激的分析综合机能是健全的。

第二，说话发音。实验研究聋哑儿童肺活量发展状况，按照年龄指标没有发现任何病理现象。但是由于他们长期不说话，语言呼吸运动不正确，发音时他们不能运用必要数量的空气来发某一个词的音；或者相反，他们说话时吸气过足，使肺部充满过多的空气。这就妨碍了呼吸运动和发音运动的共济关系。

此外，聋哑儿童多数保有残余听力。这种残余听力必须加以保护，进而谋取发展和运用的途径。①

3. 矫治的方法

针对聋哑儿童矫治方面，体育实践、机能训练、听觉训练等方面都有着不同的作用。最好的矫治方法无疑是预防，将病情遏制在发生之前。《耳聋和复聪》一书对如何防治聋哑进行了较为具体的描述。《聋哑病概述》一书在提到了聋哑病的发病情况和检查方法，通过讲述一些矫治方法来支持聋哑病的防治工作。以下对聋哑儿童不同的矫治方面进行了具体论述。

(1)体育实践的作用

体育实践对人体生理机能发育的作用。体育实践对身体的成长、发育、强壮具有很大的促进作用，机体的健康强壮又能促进神经系统的健强，神经系统的健强又促进认识活动的发展，从而促进儿童意志品质的提高。

体育实践对劳动和卫国的作用。当时我国的教育方针是使受教育者在德育、智育、体育几方面都得到发展，成为有社会主义觉悟的有文化的劳动者。体育是我国教育重要组成部分之一，是培养新一代成为新型劳动者的基本手段之一。新一代肩负着建设社会主义

---

① 洪雪立：《论教育与矫治相结合》，载《聋哑教育通讯》，1960(1)。

祖国和保卫社会主义祖国的责任。体育对于增强人民体质，发挥人民的劳动能力，促进社会生产力的发展，以及增强国防力量都具有重大意义。

体育实践对矫治的作用。聋哑儿童由于听觉机能损伤，引起植物性神经系统的不稳定性，影响了举止动作，必须借助体育来矫治，因为体育活动是促进聋哑儿童动作机能发展的主要措施。

(2)机能训练的内容和方法

通过律动教学进行矫治。律动的内容包括乐音的感受、舞蹈和语言的节律三个部分。乐音的感受的实践是通过演奏，与游戏、舞蹈、表情操互相配合，使这些作业在一节课中联系和穿插。舞蹈是一种韵律活动。人的器官都具有先天的韵律本能，如心脏和肺脏、手和脚、走路等都是带韵律的。但是这种先天本能需要后天训练才能被充分利用。语言的节律就是语言音韵节奏化，即歌唱或吟咏，包括语言呼吸练习、音素、音节韵律化、唱音、拟声语表情舞(声音表态)、声音游戏等。律动中的语言节律要求儿童在学习第三年学会念顺口溜、说快板或唱简易歌曲。

通过基本体操进行矫治。就基本体操来说，要注意队列练习、队形练习，使儿童学会正确姿势，掌握一些基本动令口形，如排队、集合、立正、稍息、向右看齐、齐步跑、解散等口语形象，掌握徒手操的基本动作。

通过游戏进行矫治。声音游戏和语言游戏在发展语言课中被广泛运用。此外教师还借助图片游戏来巩固在语文课中已掌握的词汇、句子等知识。游戏是一种集体协调活动，儿童在游戏活动中能把体操中各种基本动作的熟练技巧加以运用，因而游戏又巩固了体操的技能和技巧。

通过运动进行矫治。聋哑学校的运动是多样的，从跳跃、乒乓球、垒球等适合普通小学的运动项目，到排球、篮球、滑冰和射击等适用于普通中学的运动项目，各种运动作业都具有发展聋哑儿童的身体素质，发展他们的动作机能，培养他们的力量、机敏、灵巧和坚忍，矫正他们身体缺陷的作用，都能培养他们的集体主义精神和共产主义道德品质。教师应按照聋哑儿童的年龄特征，根据循序渐进的原则来组织运动。

通过口语教学进行矫治。为了使聋哑儿童从不会说话到会说话，教师需要进行一系列的发动启发工作。语言技能的培养和语言呼吸运动的锻炼是发展语言的基本步骤，也是教育结合矫治的重要内容和方法。

语言呼吸运动包括如下项目：声音游戏、语言呼吸练习、发音器官运动、拟声语练习、唱声练习、嗓音练习、语音练习和控制声音练习等。

(3)听觉训练的内容和原则

听觉训练可以使用各种乐器，如锣、鼓、钢琴、小提琴等，主要是使聋哑儿童感觉和辨别音乐的演奏，通过助听器感觉并辨别各种语音和语言来进行的。训练的原则如下：音响强度应适合儿童的听力，因此，教师必须充分了解每个儿童的听力状况；要使儿童感觉和辨别音响必须通过联系反射，即在呈现刺激物时，要演示发声物体或动作，使学生易于建立联系，易于收效；要按照循序渐进、先易后难的教学原则来进行训练；每次音响刺激只能连续15分钟，音响时间过长不利于儿童的听觉。①

(四)聋教育理论争鸣的焦点——手口之争

不论是聋哑的教育教学，还是聋哑儿童的语言教学，都始终存在着关于口语法和手语法的争论。1954年8月，教育部召开了“改编聋哑学校低年级语文教材座谈会”。会议认为我国聋哑学校的改革方

① 洪雪立：《论教育与矫治相结合》，载《聋哑教育通讯》，1960(1)。

向应当从手语法转到口语法，并实行逐步推行的方针。鉴于此，我国许多专家学者纷纷展开了对口语法和手语法差别的讨论。

发音法又称聋哑习音法，在我国有70多年的历史。几十年来，有些聋哑学校和教师曾经使用这种方法来教聋哑儿童说话，因而有人便把发音法和口语法等同了，甚至有人用发音法顶替了口语法，造成了若干混乱现象。

下文为了清晰地叙述手口之争这一特殊教育工作者展开理论探讨的焦点问题，将手口之争的历史史实分为四个板块来论述，分别是发音法与口语法的差别、手语法和手势语的概念与关系、手口之争的结论以及关于口语教学的理论思考。

1. 发音法与口语法的差别

洪雪立将发音法的特点归纳为文字发音，看口说话。它的发音是从汉字字音出发而非从汉语语言出发的。它在教学中从单音开始，以汉字结束。例如，教“爬”这个汉字从“p”的声音开始，然后教“a”的声音，然后归到“pa”，等于教“爬”这个字。它的特点是从分析声音到用单字来结合。

口语法也是从分析声音开始的方法。聋哑儿童通过一系列的分析过程看口学说短语。过去的口语法忽视了聋哑儿童由于生理缺陷造成的困难，教学过程既生硬又缺乏科学依据。

目前说的口语法，即综合口语教学法，是以口头语言为基础，以有图画和文字的卡片为辅助，配合实物观察和形象表演来进行教学的。它的特点有如下几点。

第一，通过发展聋哑儿童的视觉感受性，使他们能观察说话对方嘴巴的动作，来了解对方所说的言语。

第二，在上述视觉基础上，展开聋哑儿童造句会话活动。

第三，通过反射作用，引发聋哑儿童对教师发音器官运动——言语运动的感知和模仿。这样的课程被命名为“说话”。

第四，在聋哑儿童初步获得言语激情的基础上，把他们会发出的音节或会说的词用语音符号(字母)提示出来，从而进一步巩固发音说话，并开始让他们把口头语言和书面语结合起来。这样的课程被命名为“识字”和“写字”。

2. 手语法和手势语的概念与关系

当时，手势语的使用范围对于一般人来说只是跟在有声语言后面，扮演着配角的角色。因为它的语句既贫乏有限，又含糊不准确，所以它也只能作为辅助工具。

手势语在聋哑人中还是一种相互通情达意的工具，不可能采取强硬手段加以“废除”，更不可能被“消灭”。但是事物都是发展的，随着教学方法的改进，形象表演有可能演进成为更有规律的工具。

总而言之，手势语是人们说话时加强语意的辅助手段或是聋哑者用来配合表达的语言工具，手语法是组织化了的手势语和身势表情。历史说明，这一方法只是聋哑教育初步的产物，用这一方法来教学，作用不大。它只能使聋哑儿童获得某些感性认识，不能帮其上升到理性。这种手语法在我国有些地方叫作手势教学，名称不同，内容是一致的。

手语法无法担任传授知识的任务，因此教师在教学中要少用手语法。在教学之外，使用手势语应是绝对自由的，不应当受到任何干涉。①

3. 手口之争的结论

手语法和口语法各不相容，彻底清算手语法，是排除口语发展障碍的步骤之一。手语法的缺陷如下：

第一，手势语无法担负起传授知识的任务；

第二，手势语不能阐述语法结构，对于抽象思维是无能为力的，

---

① 洪雪立：《关于聋哑学校语言教学的几个问题》，载《人民教育》，1955(11)。

因而限制了聋哑儿童智慧的发展；

第三，手势语不可能传达有系统的思想；

第四，手语法把聋哑人从普通人中孤立出来了。

手势语是一种刺激物，作用于聋哑儿童的感觉器官，仅属于巴甫洛夫反射学说中的第一信号系统，表现的概念含糊不清；只能形容具体对象或形象的片面状态或外部状态；缺乏概括性和抽象性，对时间、空间、因果关系等相互关系都很难明确表达。因此，使用手语法教学的结果不是教过就忘，就是停留在朦胧的感知中。

语言是思维形成的工具，斯大林在回答关于聋哑者思维的提问时曾说道："既然聋哑的人不能讲话，他们的思想便是不能在语言材料的基础上产生的。"①从语言材料的基础上发展起来的思维，比单纯靠感觉经验产生出来的思维较为缜密和完善。因此，聋哑儿童掌握有声语言对他们思维的培养和智慧的发展有极其重大的意义。

虽然聋哑的成因较为复杂，但从聋的病理上看却只有两大类：其一是传导性耳聋，即声波不能从外界正常传送到耳内，中间发生了传导的障碍；其二是感音性耳聋，即声音能传到内耳，但内耳不能将声波吸收再转送至神经中枢。② 可见，聋哑儿童不能说话只是附带的缺陷，他们的发声器官和普通儿童一样能够接受发声。

学习书面语并通过书面语学习知识和技能，通过口语教学最为有效。

4. 关于口语教学的理论思考

从1954年秋季开始，北京、上海、哈尔滨三市的四所聋哑学校进行了口语教学的实验。③

---

① 斯大林：《马克思主义与语言学问题》，李立三等译，47页，北京，人民教育出版社，1957。

② 洪雪立：《聋哑学校语言教学商讨》，载《人民日报》，1954-08-29。

③ 《关于制定聋哑学校口语教学班级教学计划(草案)的说明》，聋哑学校口语教学实验工作汇报会文件，1956年8月。

1954 年，北京市第二聋哑学校展开了从手势教学过渡到口语教学的实践。该校进一步钻研了口语教学的精神和方法，从聋哑儿童大处着眼，小处着手。大处是指聋哑儿童的特点：没有听觉，专靠视觉，看口型，看手势。看手势容易，看口型难。因此学校要增加看的方面的条件，不仅在课堂上解决看口型的困难，其他方面也要协助聋哑儿童进行看话。小处是指在备课时就注意加强直观因素，综合使用多种方法，互相发展，善于在课堂上观察聋哑儿童的习惯和接受知识的神情，以便随时改进个人的方法，逐步适合本班的水平。①

旅大市聋哑学校于 1945 年 10 月也开始试行口语教学。该校为教师们讲解了手势语的缺点，并宣传聋哑儿童可以通过看话逐步掌握语言的道理，举出聋哑儿童学习语言的实例，鼓舞聋哑儿童学说话的信心。该校在改为口语教学的前两周，在聋哑儿童中普遍做了看话测试，初步摸清楚情况后，开始了教学。到 1956 年 8 月，该校师生之间已经能够做到完全用口语交谈，课堂教学也基本上用口语进行。虽然聋哑儿童学习口语的情况还不能十分令人满意，但是口语教学所收到的效果还是显著的，这也就证明了口语教学的优越性和科学性。②

1956 年 8 月，教育部召开“聋哑学校口语教学实验工作汇报会”。会议认为口语教学是聋哑学校教学改革的中心任务，只有使聋哑儿童掌握语言，才能更好地发展他们的思维能力，便于他们学习文化科学知识。会议讨论修改了《聋哑学校口语教学班级教学计划(草案)》。③

---

① 《北京市第二聋哑学校概况说明》，选自北京市第二聋哑学校资料，1958 年 9 月 17 日。

② 旅大市聋哑学校：《我校在中年级转为口语教学的初步经验》，聋哑学校口语教学实验工作汇报会文件，1956 年 8 月。

③ 朴永馨：《特殊教育法黄》第 2 版，211 页，北京，华夏出版社，2006。

《聋哑学校口语教学班级教学计划(草案)》是根据聋哑儿童的特点制定的，只适用于聋哑儿童的班级和学校，不适用于聋儿童和微聋儿童的班级和学校。聋儿童保有一定的语言能力；微聋儿童也保有语言能力，并具有一定的残余听力。他们接受语言的能力比聋哑儿童要强一些。因此课程设置应该有所差别，这样才能使他们的语言能力得到迅速发展。《聋哑学校口语教学班级教学计划(草案)》尚未按照不同类型儿童分别设校和分班，各个学校采用口语教学的班级均执行这次制订的教学计划，将来对于聋儿童和微聋儿童班级的教学计划将另做规定，以便分类施教。①

(五)手指字母和手势语的演变

在 1958 年 7 月 29 日，中国聋人手语改革委员会成立，中国聋哑人福利会副主任洪雪立为主任委员，周有光、顾朴为副主任委员。手语改革委员会在制定《汉语手指语字母方案》和《聋哑人通用手语》方面发挥了重要作用。

1. 初期探索

1959 年北京市第三聋人学校的冯良老师在《聋哑教育通讯》上发表了一篇关于聋人汉语手指语字母方案的文章。文中除了介绍几个手指指式的打法外，还提到了手指字母在口语手语教学中的运用。文章具体指出，手指字母是口语教学有力的辅助工具，用汉语拼音为汉字注音让聋哑儿童既能书写拼音及读音，又能用手指字母表示音节。反复练习，便能帮助聋哑儿童巩固拼音的概念。由于手势语不符合语法和句法的结构，许多聋哑人写出的句子往往主谓颠倒，词不达意。为了矫正这些缺点，教师应当采用“将手势和指语结合，手势打不出的词用指语替代”的方法。

① 《关于制定聋哑学校口语教学班级教学计划(草案)的说明》，聋哑学校口语教学实验工作汇报会文件，1956 年 8 月。

洪雪立、沈家英、胡裕生、毛梦云合著的《要有一套手指字母》是1963年定案公布的手指字母方案的最初方案草稿。1959年2月24日，教育部、内务部联合通知各地试行《聋人汉语手指字母方案》。该方案介绍了手指字母的定义、优势和使用意义。手指语于1887年自西方传入我国，但由于字母多，指式也多，难记，难学，难使用，在当时就没有传播开来。由于很多原因，五四运动后制定的几套手指字母方案都没有传播开来。该方案指出了当前制定手指字母的必要性和可能性。该方案中拟定的这套汉语拼音字母总结了我国汉语拼音运动的历史经验，体现了科学性、人民性。该方案规定了手指字母的制定原则分别为经济原则、形象原则、清晰原则和通俗原则，针对其基本内容有如下说明。

第一，手指字母表是按照汉语拼音字母表的顺序来排列的。

第二，zh、ch、sh、ng在汉语音节中使用率很高。为了便利起见，这四个字母是依次用z、c、s、n四个字母的指式，不过打的时候要在空中加一个动作，这样就使指式基本上保持26个式样。

第三，隔音符号ɑ、o、e开头的音节连接在其他音节后面时，如果音节的界限发生混淆，用隔音符号，即用左手食指一举，表示把音节隔开的意思。

第四，不在一个音节中的n、g，不能打成一个双字母的ng指式。①

1959年，聋人手语改革委员会编制了聋人手语草图。

1959年7月公布的规范化手语500个单词和第二批500个手语单词，不但给全国聋人提供了逐渐统一的交际工具，而且在语法方面使手势语言尽量接近了书面语言。而此时我国的手势语言有两个基本特点：第一，表现方法极端贫乏；第二，各地手势语互不相同。

① 文字改革出版社：《汉语手指字母论集》，1～8页，北京，文字改革出版社，1965。

这两个特点要求手势语言要具有稳定性和统一性。因此，手语改革的任务应为广泛组织聋人群众讨论学习规范化手语草图第一辑，在聋校推行规范化手语，组织手指字母教学的实验工作，继续收罗各地先行手势。①

2. 摸索前行

1960 年 10 月 19 日，内务部、教育部、中国文字改革委员会批转中国盲人聋哑人协会制定的《关于修订聋哑人通用手语工作方案的通知》，同意在全国试行。②

汉语拼音方案的定案促成了汉语手指字母的出现。汉语手指字母方案的制定是以 1958 年定案的汉语拼音方案为基础的。汉语手指字母是把字母图形转化为字母指式，由此提供一种用手指来称说字母和表达汉语拼音的方法。汉语手指字母是汉语拼音方案直接派生出来的一种特殊语言工具。

手指字母对手语规范化有显著作用。形象手势难以表达抽象语词。手指字母可以表达抽象语词，夹入形象手势中间，使手语精密化和丰富化。手指字母是手语的新元素，是改进和提高手语的工具。

现在，汉语拼音有了两种表达方法：既可用拼音字母拼写，又可用手指字母拼打。聋人不仅需要手写和眼看的字母图形，还需要手打和眼看的字母指式。两者相辅为用，然后相得益彰，效果更佳。

进行手势语的规范化工作，也就是针对手势语的缺点加以改进，主要为：改进内容贫乏的缺点，使手势语丰富化和精密化；改进词序颠倒的缺点，使手势语条理化；改进各地不统一的缺点，使手势语全国共同化。

手语规范化利用手指字母为辅助工具，手语和口语相互配合。

---

① 洪雪立：《手语改革的当前任务》，北京师范大学特殊教育研究中心资料。

② 何东昌：《中华人民共和国重要教育文献(1949—1975)》，1010 页，海口，海南出版社，1998。

口手并用，各得其所，各展所长，方能进一步发展我国聋哑教育。①

3. 理论研究的成果初现

1963年12月29日，《聋人汉语手指字母方案》正式公布施行。此方案在开展聋哑教育事业中起到了很大的促进作用。该方案的特点是简单、清楚、形象和通俗，是一套比较符合科学原理的手指字母。该方案指出，汉语拼音手指字母有下列显著特点。

第一，指式不多，只有30个，因而各个指式之间变化大，角度明显，较为清楚。

第二，有半数以上的指式和字母图形相似，对帮助学习发音和识记字母都有很大的作用。

第三，部分指式借用习惯手势和表示数目的指式，便于了解和记忆。

第四，指式大部分采用手背朝外，手心朝里或虎口朝里的方向，打的时候腕部活动自然省力。②

但是方案的制定不是工作的完结，而是工作的开始。如何使手指字母引导手势语走上规范化的道路？如何使手指字母发挥实际效用？这是当时手语改革的两个重要课题。规范化的手语是手势语和手指字母的结合，应当保持直观性和形象性，但不夸张。规范化的手语应有固定的基本词汇，也应有固定的短语。抽象的词语和特定的名词都要靠手指字母来表现。此外，手指字母既是手打眼看的，又是拼音字母的派生物。指式的设计与选择，就必须以简单、清楚、通俗、与字母相似为原则。否则，即使拼音方案再好，手指字母仍

---

① 文字改革出版社：《汉语手指字母论集》，50～65页，北京，文字改革出版社，1965。

② 文字改革出版社：《汉语手指字母论集》，88～95页，北京，文字改革出版社，1965。

然不能得到广泛传播。①

1974 年 7 月，北京第四聋人学校的沈家英和周有光合作在《聋人汉语手语字母方案》的基础上增加 20 个指式。使用时，右手打声母，左手打韵母，两手相互配合同时打出指式，一次即打成一个完整的音节。②

三、智障儿童教育理论研究成果

在 1949 年到 1978 年这一阶段，智障儿童在中国社会中尚未引起普遍注意。1958 年，北京市第二聋哑学校成立智障儿童班；1959 年，辽宁省旅大市为满足“大跃进”的需要和解决智障儿童的前途问题，试办培智学校。

北京市第二聋哑学校智障儿童班填补了我国特殊教育史上的一个空白，标志着我国在 20 世纪 50 年代就关注到智障儿童的教育问题。

智障班的课程设置与普通小学基本一致，包括语文、算术、手工、体育、图画、劳动等课，同时也增加了实物课(教学生一些概念、知识，认识一些生活中的常见物品)，发音矫正课(因大多数学生有语言缺陷)，辅导课(帮助学生，个别辅导)；在此基础上，还增加了课外活动指导，引导学生进行自我服务训练，认识自然环境等，加强集体生活习惯的培养。在教材的选用上，刚开始使用聋哑学校的教材，但因聋校识字课本难点集中，后改为使用根据普通小学教材、聋哑课本和低能儿童的实际情况自编的课本。

在智障儿童班的开办过程中，逐步地暴露出一些问题。例如，特殊教育师资力量的匮乏，没有针对智障儿童的教学计划及教学大

---

① 文字改革出版社：《汉语手指字母论集》，66～72 页，北京，文字改革出版社，1965。

② 《中国教育年鉴》编辑部：《中国教育年鉴·地方教育(1949—1984)》，21 页，长沙，湖南教育出版社，1986。

纲，也没有符合智障儿童学习特点的教材等。

因资金和国家政策原因，北京市第二聋哑学校的智障儿童班于1971年停办。

1959年，旅大市为满足“大跃进”的需要和解决智障儿童的前途问题，试办培智学校。相较于北京市第二聋哑学校创办的智障儿童班，旅大市智力培育学校的教育课程设置更为合理，更加契合智障儿童的学习特点。

精神发育不全的儿童的主要特征是在认识过程中感知能力差，注意力不集中，记忆力不强，思维简单，不易领会抽象的概念，反映第二信号系统发达程度的语言等能力很差，语言贫乏。学校根据这些特征及儿童智障的不同程度，将学生分为三种类型，为“痴愚”“愚鲁”和“单纯笨拙”。“痴愚”类型的儿童有简单、薄弱的记忆力和极低的学习能力。“愚鲁”类型的儿童具有一定的记忆能力，语言能力较好，一般也比较听话，容易接受一些形象教育和感性知识，不能(或难于)领会抽象的概念，缺乏判断和分辨能力。“单纯笨拙”类型的儿童的主要特点是脑力迟钝笨拙，一般可不归于精神发育不全范围。在办学过程中，学校逐渐总结出这三类儿童的学习能力特点，探索出一些行之有效的教学模式，并提出因材施教、区别对待是切合实际的教育方法。在教学内容上，学校强调结合生活实际教学。学校要求必须确定生活知识、手工劳动、文化和文体活动，在具体进行时，还要根据儿童的不同年龄和治理情况有所侧重。

旅大市智力培育学校的校长宋克家在《旅大市智力培育学校办学情况始末(节录)》中介绍了学校在办学中出现的问题及取得的成效。根据他的叙述，我们可以总结出今后在创办智力培育学校时应该注意的问题：第一，办学方针应该符合实际情况，以手工劳动教育为主，按照既是学校又是工厂(或农场)的精神办学；第二，对待不同类型的智障儿童要有不同的教学内容、教学分量和教学方法，对同一类型不同程度的智障儿童也应进行不同重点的教育；第三，学校的地址应该选择在僻静的环境；第四，在办学时要争取有关部门的配合和指导，如教育局、卫生局、手工业局、精神病医院、儿童医院等。

1963 年 8 月 10 日，旅大市智力培育学校因整体办学效果不够好，按照精兵简政精神，经上级决定停办。①

北京市第二聋哑学校的智障儿童班和旅大市智力培育学校在办学过程中总结出的教学模式、教学内容、教学原则等，以及在办学过程中发现的问题，为日后我国针对智障儿童的教育实践和理论研究提供了宝贵的经验。

四、其他障碍类型儿童教育理论研究成果

盲教育、聋哑教育、智障儿童教育是特殊教育中主要的三大类。除此之外，其他一些类型的特殊教育也存在。以下是在新中国成立至 1978 年一些其他类型儿童特殊教育。

（一）工读教育

工读教育是对因有违法和轻微犯罪行为而不适合在一般学校就读的青少年实施的一种特殊教育。其特点是半工半读，并带有一定的强制性。

1955 年，北京市长彭真提倡创办工读学校。同年 7 月 1 日，经教育部批准，中国第一所工读学校——北京市海淀工读学校在北京市海淀区温泉村创立。学校实行半工半读教育制度，课程设置和选用的教材大致与普通学校相同。学校设有铁工厂、木工厂、农田和饲料厂，学生每周劳动两天。从创办至 1968 年，学校逐步建立起一套完整的教育教学计划。

国家领导人渐渐开始关注工读教育。1957 年 9 月，中共中央副

① 宋克家：《旅大市智力培育学校办学情况始末(节录)》，载《特殊教育》，1998(4)。

主席刘少奇在关于劳动教养问题的讲话中指出："毛主席讲过，这些人，与其偷了吃、抢了吃、骗了吃、讨了吃，不如就给他吃好。这样，各地方就不如开几个工厂、农场，用一套办法把偷着吃、抢着吃、骗着吃、讨着吃的这些人集中起来耕田、工作。这种事是赔本的，资本家是不会办的，因为这不但要花钱，还要派人去管理，这只有国家才能办这个事情。对那些不好的孩子也用这个办法，要办学校，如工读学校。"

自北京市海淀工读学校创办之后，全国工读学校的数量逐步增加。到 1966 年 6 月，北京市共有工读学校 4 所(含一所儿童工读学校)。上海市在 1959 年到 1963 年共在 10 个区创办了工读学校。天津、沈阳、鞍山、重庆等地都先后设有工读学校。

在"文化大革命"中，工读教育遭到严重破坏。北京市革命委员会曾责令撤销北京市所有的工读学校。

"文化大革命"之后，国家和地方都逐步恢复了对工读教育的关注。1978 年 10 月，中共中央批转北京市委关于解决当前治安的文件中指出："为了把那些有违法犯罪行为，一般学校难以管理，但又不能够打击处理的学生，集中起来进行管理教育，建议市教育局恢复过去的三所工读学校，原来的教学、管理力量配备较强，办得很有成效。各区有条件的也可以办。"1978 年 8 月 17 日，中共中央转发的《关于提请全党重视解决青少年违法犯罪问题的报告》中明确指出："工读学校是一种教育挽救违法犯罪学生的学校，要认真办好。"①

(二)伤残儿童教育

伤残儿童教育是指针对四肢受伤或残缺，或因神经受伤后说话感到困难的儿童的教育。

在教育伤残儿童时，教师要做到有爱心，有耐心，了解儿童伤

① 刘英杰：《中国教育大事典(1949—1990)》，794 页，杭州，浙江教育出版社，1993。

残的情形、原因及其他背景，运用因材施教、循循善诱的教学原则。①

伤残儿童教育以职业教育为主，文化知识学习为辅。宋思明的《怎样教导伤残儿童学习技能》详细讲述了如何对伤残儿童进行职业教育。文中提及为伤残儿童开办了缝纫和制鞋两个训练班，三分之二的时间用来进行技术训练，还有三分之一的时间教伤残儿童读书，学习各种应用的功课。在进行技术训练时，教师要考虑到工作环境、组织、设备、身体状况、儿童心理等情况，这些情况都会影响训练的效果。以设备为例，伤残儿童所用的桌凳是不能一样的，长短高低要适合他们的身体及残缺情况。腿脚短的儿童，他们踩踏缝纫机不方便，就得给他们坐矮凳子，有的孩子的腿特别短小，只坐矮凳子也不够，因为这样他上面就够不到了，要在那脚踏板上安一个够高的木块，来补足脚的短小。有的骨节僵直不便某项活动，有的驼背弯腰须坐高座，有的一目，须练习视线准确，种种情形不一而足，皆应先与技师共同设计一下，把他应用的工具加以适当改造修整，总体在他的体力能胜任之下教以技能，并尽力用辅佐器给他工作上的便利才好。②

1949 年至 1978 年这一阶段，我国对伤残儿童教育的关注并不多，甚至可以说很少，但仍有学者对伤残儿童学校的构建提出了自己的想法与建议。陈咏声在《伤残儿童的教育》中提出伤残儿童学校应该附设一个医院，由一位或数位伤残专科医师负责。医院需要为伤残儿童进行详细体格检验，提供医疗设备、伤残用具、康复治疗等。同时，他认为推进伤残儿童教育需要全社会的努力，国家也需

---

① 陈咏声：《伤残儿童的教育》，载《中华教育界》，第 3 卷，第 10 期，1949。

② 宋思明：《怎样教导伤残儿童学习技能》，载《活教育》，第 6 卷，第 3 期，1948—1949、1950。

加大对伤残儿童教育经费的投入。①

（三）问题儿童教育

问题儿童也称犯错误的儿童，是指具有经常扰乱他人或阻碍自己身心健康发展的行为，不能遵守社会公认的儿童行为规范与道德标准，不能正常与人交往、参加学习与活动的儿童。问题儿童区别于有违法犯罪行为的儿童和情绪不正常儿童。经过教育，问题儿童的行为是可以发生转变的。

问题儿童的教育强调运用积极的教育方法，如说服等。陈鹤琴在《怎样矫正学生的过失》中提到“我们对于学生训育问题，不应当用消极的方法来取缔学生的行动，应当用积极的方法来鼓励他们教导他们”。徐特立在《对犯错误的学生怎样管理》一文中写道：“对于破坏纪律的学生，不是惩戒而是说服。说服的方法不是由教师片面地注入，而是双方的讨论和研究。不是压下学生的坚强意志，而是增加对问题进一步的了解，以正确的知识来克服无知的盲动。”

对于对问题儿童进行行为指导，王文江在《儿童行为指导工作做什么？怎样做?》中详细讲述了具体的做法：第一，必须从儿童本身心理方面研究出他成问题的原因；第二，研究儿童所有环境影响的因素；第三，测验儿童的智力；第四，对儿童的身体进行详细的检查。在文中他指出，所有行为指导，必须从各方面加以研究，先明了成问题的根本原因，才能做有效的指导。②

（四）情绪不正常儿童教育

情绪不正常儿童是指情绪常常或长期不安定的儿童，区别于我

① 陈咏声：《伤残儿童的教育》，载《中华教育界》，第3卷，第10期，1949。

② 王文江：《儿童行为指导工作做什么？怎样做?》，载《活教育》，第6卷，第3期，1948—1949、1950。

们现在所说的情绪障碍儿童(情绪障碍是指由于各种原因引起的以显著且持久的情感或心境改变为主要特征的一种疾病)。

教育情绪不正常儿童需采用个别化的教育方法，找出反常的根源和反常的程度，加以耐心地试探，采用个别的特殊的纠正手段。李瑞华在《怎样教育情绪不正常的儿童》中提及的一些个案实践，证实了从根源着手进行教育的重要性。①

第二节　特殊教育理论的研究载体

特殊教育理论的研究离不开研究载体的有力支撑与推进。特殊教育研究载体有很多。具体而言，1949—1978 年这一历史时期主要存在学术杂志、学术会议和学术团体这三方面。

一、学术杂志

1950 年 3 月，著名教育家陈鹤琴主编的《活教育》杂志第 6 卷第 3 期出版了《特殊教育研究专号》。该专号以特殊教育的理论探讨为要旨，刊载了 15 篇文章，论述了特殊教育的相关内容。

1957 年 10 月，《聋哑教育通讯》创刊，这是新中国成立后正式出版的第一份聋教育综合刊物。创刊当年出了两期，第一本为油印本。1958 年起每年出 6 期，20 世纪 60 年代初停刊。

二、学术会议

1949 年 8 月，陈鹤琴主持的中华职业教育社召开了“上海市特殊教育工作者座谈会”。同年 11 月 20 日“上海市特殊教育工作者协会成立大会”选出钱道赞、宋思明、陈咏声、刘德伟、王文江五人为执行委员，负责《活教育》专刊编写。

① 李瑞华：《怎样教育情绪不正常的儿童》，载《活教育》，第 6 卷，第 3 期，1948—1949、1950。

1951年6月，世界聋人联合会(WFD)成立，总部设在罗马，其宗旨和任务是造福于世界各国聋人，捍卫聋人的权利，帮助聋人康复。1957年，中国聋哑人福利会副会长兼总干事吴燕生率领中国聋哑人代表团参加在南斯拉夫举办的世界聋哑人大会。

1960年5月20日，第一届全国盲人聋哑人代表会议在北京西苑饭店召开。会议听取和讨论了中国盲人福利会和中国聋哑人福利会关于盲人聋哑人工作的报告，制定了中国盲人聋哑人协会章程，选举产生了第一届中国盲人聋哑人协会委员会。周恩来等党和国家领导人接见了全体代表，并合影留念。

1964年7月7日，全国第二届盲人聋哑人代表会议在北京前门饭店召开。会议听取协会代理主任黄乃关于思想政治教育工作的报告和副主任洪雪立关于修改中国盲人聋哑人协会章程的报告，讨论并通过了副主任孟静之关于修改中国盲人聋哑人协会章程的报告，选举产生了第二届中国盲人聋哑人协会委员会。

1965年8月，中国盲人聋哑人协会召开盲字研究座谈会，内务部部长曾山在会上讲话，要求盲文研究应逐步提高，同时考虑将来发展的需要。

三、学术团体

1949年11月，上海市专门组织成立了上海特殊教育工作者协会。

1953年7月，内务部成立中国盲人福利会，谢觉哉任主任，黄乃任副主任，张文秋任总干事。该会的宗旨是协助政府关心、辅助广大盲人群众，为盲人福利服务。

1956年2月，中国聋哑人福利会成立，主任委员为伍云甫，总干事为吴燕生。任务是根据中国共产党和政府的方针政策，协助政府有关部门，发展特殊教育，开展聋、哑的防治和文体等工作，关心残疾人疾苦并为之谋福利，维护其合法权益。在1958年11月，由中国聋哑人福利会举办的中国聋哑教育师资讲习所开学。到1959

年 9 月，中国聋哑教育师资讲习所先后举办三期培训班，一方面提高在职聋校教师教学能力，另一方面培训新的聋校师资，为随后几十年内的特殊教育培养了大量的聋教育师资人才。

1958 年 7 月 29 日，中国聋人手语改革委员会成立，中国聋哑人福利会副主任洪雪立为主任委员，周有光、顾朴为副主任委员。手语改革委员会在制定《汉语手指语字母方案》和《聋哑人通用手语》方面发挥了重要作用。1963 年手语字母方案正式公布施行后，手语改革委员会停止活动。

1960 年，经国务院批准，中国盲人福利会和中国聋哑人福利会合并成立中国盲人聋哑人协会。这一协会的宗旨如下：第一，团结教育盲人聋哑人参加社会之现代化建设，在两个文明建设中发挥积极作用；第二，为盲人聋哑人说话、办事，维护他们的合法权益，为他们谋取福利；第三，协助政府、有关部门安置盲人聋哑人就业，发展特殊教育，开展盲症聋症防治和文娱体育等工作；第四，募集福利基金，举办职业培训，业余教育，兴办经济实体、康复按摩医院、俱乐部等各项福利事业；第五，推广改进盲文和聋哑通用手语，编辑出版盲人、聋人书刊；第六，加强与国际盲人组织和民间的友好往来与相互合作，发展中国盲人聋哑人事业。可以说，该协会对当时的特殊教育事业的发展发挥了重要的推动作用。

中　篇　特殊教育学的学科初创期(1978—2005年)

第四章

特殊教育学学科初创期的时代背景

我国特殊教育学发展与国家命运紧密相连。总体来说，1978 年改革开放在改变中华民族的面貌、中国人民的面貌、中国共产党的面貌的同时，极大推进了特殊教育发展，开启了特殊教育学的创建。特殊教育学发展进入初步创建的新时期。

第一节　改革开放开启壮丽新时代

1978 年，党的十一届三中全会提出了把党和国家的工作中心转移到经济建设上来，做出了改革开放的重大历史性决策，开启了改革开放的伟大征程。改革开放极大释放了人们的思想活力，鼓舞了人们的精神和信心，在政治、经济、社会、文化方面取得了极大的成就。

一是在政治体制改革方面。党的十一届三中全会确定了在政治上发展民主，揭开了政治体制改革的序幕。1978 年至 2005 年，我国在推动马克思主义基本原理与中国改革开放实践相结合的探索中，形成了邓小平理论、“三个代表”重要思想。政治体制改革取得巨大成就，党的建设不断加强，民主制度和民主机制不断完善。行政体制改革取得重大突破，建立了适应市场经济发展的行政管理体制。二是在经济发展方面。1978 年至 2005 年，我国逐步实现了由计划经济向市场经济的转变，建立了中国特色的社会主义市场经济体制和运行机制。经济总量不断增长，经济结构持续优化，企业活力不断增强，国际竞争力大幅提高。三是在社会民生方面。1978年至2005年，人民利益一直被放在至高无上的地位。人民生活水平不断提高，生活质量显著改善，医疗服务体系和社会保障制度不断完善，脱贫攻坚创造了世界奇迹，教育事业得到优先发展，科教兴国成为基本国策，人们享受更好更公平的教育。四是在文化建设方面。改革开放以来，在党的领导下，我国始终高举马克思主义思想旗帜，以发展社会主义先进文化为核心，大力传承和弘扬中华民族优秀文化传统，持续释放文化发展内在动力，文化软实力显著增强。公共文化服务建设不断加强，公共文化事业蓬勃发展，文化产业持续繁荣壮大。五是在对外开放方面。改革开放促进了人们的思想解放，政治、经济、社会、文化事业发展的活力不断释放。创办经济特区、开放沿海港口城市、建立沿海经济开放区等措施，逐渐打开对外开放的窗口。加入世界贸易组织等使我国融入世界，加强与其他国家的经贸合作和文化交流。

政治、经济、社会、文化的进步为残疾人事业和特殊教育的发展奠定了坚实的物质基础，营造了良好的社会环境。残疾人事业和特殊教育取得巨大进展，极大促进了特殊教育学学科的创建。

第二节　残疾人与特殊教育事业发展

一、残疾人事业发展日益繁荣

改革开放后，残疾人事业也迎来了一个全新的阶段。1978—2005年，残疾人康复、就业保障、扶贫开发、文化、维权、组织建设等工作逐渐全面展开。到2005年，社会化康复体系不断完善，352.3万残疾人得到不同程度的康复；城镇新安排39万残疾人就业，农村残疾人累计就业1803万；扶持贫困残疾人194万人；残疾人参加23项国际赛事，群众性体育活动不断增多。①

第一，在组织机构建设方面。1978年，中国盲人聋哑人协会和各地盲人聋哑人协会组织相继恢复工作。1979年，《中国聋人》试刊，宣传残疾人事业。1980年，中国盲人聋哑人第三届全国代表大会在北京召开，选举程子华为中国盲人聋哑人协会名誉主席，吴绪为主席，黄乃、李石涵、李正为副主席，部署和推动全国残疾人事业发展。1981年，中国国家残疾人组织委员会成立，并在北京召开中国国际残废人大会，面向世界推动残疾人事业国际化接轨与发展。1984年3月，中国残疾人福利基金会成立，该基金会秉持"弘扬人道，奉献爱心，全心全意为残疾人服务"的宗旨，联合有关部门参与开展助残活动，为残疾人教育、康复事业提供了资金支持。1986年7月，联合国"残疾人十年"中国组织委员会成立。1988年3月，在中国盲人聋哑人协会和中国残疾人福利基金会的基础上，中国残疾人联合会成立。邓朴方任主席兼执行理事会理事长，王震任中国残疾人联合会名誉主席，并在北京召开首届全国代表大会。随后，各省、市、区(县)陆续建立了残疾人联合组织，形成了统一的残疾人组织体系。中国残疾人事业发展进入了全新阶段。1993年，国务院批准成立国务院残疾人工作协调委员会，主管全国残疾人工作，推动了残疾人事业的快速健康发展。

第二，在残疾人权益保障和制度建设方面。1982年，《中华人民共和国宪法》首次规定"国家和社会帮助安排盲、聋、哑和其他有残疾的公民的劳动、生活和教育"。1990年，《中华人民共和国残疾人保障法》颁布(1991年5月实施)，残疾人权益保障有了专门的法律规范，残疾人事业发展迈向了法治化的新轨道。1988年9月，国务院

① 引自中国残疾人联合会《2005中国残疾人事业发展公报》。

批准颁布实施《中国残疾人事业五年工作纲要(1988—1992)》。1996年,《中国残疾人事业“九五”计划纲要(1996年—2000年)》发布实施,我国残疾人事业的发展统一纳入国家的发展规划中。全社会关心残疾人的社会风尚逐渐形成,保障残疾人权益的法律体系不断完善。

第三,在残疾人高等教育就业体育文化和科研方面。1983年,集医学、教育、科研于一体的国家级康复机构中国聋儿康复研究中心在北京成立,推动了残疾人和特殊教育事业发展。从1984年开始,我国开始举办全国残疾人运动会,每四年举行一次。此后残疾体育活动不断增多。1984年,中国残疾人福利基金会主办的《三月风》杂志创刊,扩大宣传残疾人事业。1985年,教育部等部委联合制定发出《关于做好高等学校招收残疾人青年和毕业分配工作的通知》,为残疾人接受高等教育和就业打下良好基础。同年,山东滨州医学院开启了全国招收肢体残疾大学生的本科招生的先河。1987年,长春大学特殊教育学院成立,开始了视力和听力残疾学生的高等教育。残疾人高等教育逐渐繁荣发展。1986年,华夏出版社创建,《中国盲童文学》创刊,服务于残疾人精神文明建设。1989年,中国聋人协会编辑《中国手语》出版,极大服务了聋人学习生活和工作。

二、特殊教育发展日趋科学规范

随着全国残疾人事业的快速发展,特殊教育迎来了发展的黄金时期。三类残疾人教育工作全面展开,残疾人受教育权利得到进一步保障。到2005年,全国共建有特殊教育学校1662所,在校学生56万人。这直接推动了特殊教育学学科的创建与发展。

(一)特殊教育学者研究平台建设方面

1980年,朴永馨在北京师范大学教育系建立特殊教育研究室,这是我国最早的特殊教育研究机构。1982年,中国教育学会特殊教育分会在江西南昌成立,成为教育学会下的二级专业学会,为特殊教育学学科创建交流搭建了平台,并于1984年在南京召开了第一届学术年会，开始传播交流特殊教育学学科专业知识和思想。1988年，北京师范大学成立特殊教育研究中心，这是受原国家教育委员会和北京师范大学双重领导的国家级特殊教育研究机构。特殊教育科研平台和力量进一步提升。2005年，中国高等教育学会特殊教育研究分会成立，朴永馨任会长。高等特殊教育学者拥有了群众性学术团体组织，有力地推进了特殊教育学学科知识的创新和传播。

(二)特殊教育学学科知识教学实践载体建设方面

1981年，朴永馨开始为教育系77、78级学生开设特殊教育选修课。同年，我国第一个在普通师范学校设立的特殊教育师资培训机构——黑龙江肇东师范学校特师部成立，开始了特殊教育师范生的培养。1982年，联合国儿童基金会和教育部合作，建立了我国第一所独立设置的特殊教育师范学校——南京特殊教育师范学校，并于1985年开始面向全国招生，开设盲教育、聋哑教育、智障教育，开启了我国大规模成建制的特殊教育专业人才培养，为特殊教育专业发展、学科创建打下了坚实基础。1984年，北京师范大学比较教育专业开始招收特殊教育专业硕士研究生，特殊教育学学科创建开启了新空间。1986年，北京师范大学教育学系设立特殊教育专业，第一次招收特殊教育专业本科生。1987年，原国家教育委员会首次将特殊教育作为独立专业列入《普通高等师范院校本科专业目录》，开始了特殊教育专业规范化的建设。1988年，原国家教育委员会召开会议，讨论确立了全国高等院校特殊教育专业课程方案，对有关培养目标、课程设置、教学计划等做了研究，并于1989年颁发《高等师范院校特殊教育专业教学计划(草案)》，为规范和指导高等特殊教育师范课程教学打下了良好基础。1988年，华东师范大学心理学系增设特殊教育专业，招收本科生(1997年，华东师范大学成立学前与特殊教育学院)。特殊教育师范本科培养规模逐步扩大，特殊教育专业建设和学科发展踏上了在教学实践中建设成长的征程。1993年，

《中等特殊教育师范学校教学大纲》颁布，设置了特殊教育概论、聋童心理学等22个科目，进一步规范和指导了中等特殊教育师范人才培养，同时促进了特殊教育学校师资质量需求和知识发展创新。1993年，北京师范大学设立特殊教育学二级学科硕士点，招收特殊教育学硕士研究生。2001年，华东师范大学设立特殊教育学博士点，开始特殊教育学博士培养。特殊教育学学科建设和发展开始有了更高的载体。1988年，原国家教育委员会委托北京师范大学举办智障教育专业培训班，辽宁特殊教育师范学校举办聋教育专业培训班，青岛市盲校举办盲教育专业培训班。特殊教育师资培训在提升特殊教育师资素质的同时，传播特殊教育知识。1999年，全国高等教育自学考试委员会设立特殊教育专业(专科)自学考试134门科目，提升了特殊教育学校教师的学历和水平，同时也促进了特殊教育知识的传播和实践。

(三)特殊教育著作和学术交流方面

1981年，李牧子著的《盲童教育概论》由中国盲文出版社出版，这是新中国第一部盲教育专著。该书阐述了盲校教育的教学对象、内容、原则、方法。1990年，朴永馨主编的《学说话》，为聋儿童提供了语言训练教材。1991年，朴永馨著的《特殊教育概论》，为特殊教育学学科创建和发展奠定了基础。1992年，《现代特殊教育》创刊，北京师范大学《特殊教育研究》试刊。1994年，中央教科所主办《特殊儿童与师资研究》(1996年更名为《中国特殊教育》)。2003年，中国残疾人联合会主管、中国聋儿康复研究中心主办的《中国听力语言康复科学杂志》创刊，进一步凝聚了特殊教育研究和实践的群体，促进了特殊教育交流和特殊教育知识传播，搭建了特殊教育学学科发展的载体和平台。1993年，亚太地区特殊教育研讨会在哈尔滨召开，发表了《哈尔滨宣言》。

(四)特殊教育管理与制度建设方面

一是在基础特殊教育课程与教学管理方面。1984年，教育部颁发《全日制八年制聋哑学校教学计划(征求意见稿)》《全日制六年制聋哑学校教学计划(征求意见稿)》。1987 年，教育部颁布《全日制盲校小学教学计划(初稿)》(五年制和六年制)和《全日制弱智学校(班)教学计划》(征求意见稿)，为残疾儿童基础教育提供了重要规范和指导，促进了特殊教育事业发展。1990 年，原国家教育委员会出台全日制智障学校(班)的语文、数学、体育、常识、美工、音乐、劳动技能 7 门教学大纲的征求意见稿，进一步规范和指导了智障儿童教育。1993 年，原国家教育委员会颁布《全日制聋校课程计划(试行)》《全日制盲校课程计划(试行)》，从课程改革视角进一步规范和指导特殊教育学校的教学改革。

二是在特殊教育法规建设方面。1986 年，《中华人民共和国义务教育法》颁布实施，三类残疾儿童的义务教育普及走上了法治化的快车道，特殊教育事业开启了新篇章。1990 年，《中华人民共和国残疾人保障法》第三章详细规定了残疾教育的方针、原则、师资等各方面的基本要求。1994 年，《中华人民共和国残疾人教育条例》颁布实施，特殊教育发展有了专门法规的进一步规范和保障，开始进入法治化建设时期。1995 年，《中国人民共和国教育法》颁布，以教育法的形式提出"国家、社会、学校及其他教育机构应当根据残疾人身心特性和需要实施教育，并为其提供帮助和便利"的基本原则。

三是在特殊教育工作领导机制建设方面。1985 年，中共中央颁布《关于教育改革的决定》，提出发展三类残疾儿童九年义务教育。1988 年，全国第一次特殊教育工作会议召开，进一步确立了特殊教育发展的方针原则，促进了特殊教育事业发展。1990 年，第二次全国特殊教育工作会议召开，进一步确立特殊教育发展格局。2001 年，第三次全国特殊教育工作会议召开，研究部署"十五"期间特殊教育发展工作。特殊教育工作步入五年规划的制度化规范化发展轨道。1989 年，原国家教育委员会等七部委联合下发《关于发展特殊教育的若干意见》，对残疾儿童义务教育做了详细部署，极大规范和促进了残疾儿童义务教育普及，提升了特殊教育发展水平。1994年，原国家教育委员会《关于开展残疾儿童少年随班就读工作的试行办法》颁布，随班就读工作开始在全国展开，残疾儿童义务教育普及和特殊教育事业有进一步提高。1997年，上海市教育委员会颁布实施上海市特殊教育专业证书制度，开启特殊教育专业师资专业资格的规范化管理，在提升上海市教师队伍素质的同时，促进了特殊教育学学科知识的实践应用。1998年，教育部颁布《特殊教育学校暂行规程》，对特殊教育学校办学的培养目标、教育教学管理等工作做了具体规定，规范了特殊教育学校管理。

四是在特殊教育体系建设方面。1992年，南京市聋哑学校和青岛市盲校举办聋人和盲人高中，残疾人基础教育体系进一步完善。1994年，原国家教育委员会委托北京市教育局进行孤独症儿童教育训练实验，特殊教育对象进一步扩展。2003年，全国特殊教育学校信息技术教育工作经验交流会召开，信息技术参与支持特殊教育取得进展。

第五章

特殊教育学学科知识体系的初步建构

第一节　特殊教育学基础知识

一、特殊教育对象

1978 年十一届三中全会提出，党在新时期的历史任务是把我国建设成为社会主义现代化强国。改革开放大幕拉开，国家和社会面貌日新月异，特殊教育事业也开始步入发展的“快车道”。1978 年至 2015 年是我国特殊教育学学科的初创时期，研究的对象主要涉及视力残疾儿童教育和听力残疾儿童教育、智力残疾儿童教育、自闭症儿童教育、超常儿童教育。

(一)视力残疾儿童和听力残疾儿童

改革开放初期，我国特殊教育学学科的研究对象仍主要聚焦于视力残疾和听力残疾两类特殊儿童。朴永馨在《特殊教育初探》一文中指出：视力残疾儿童是指双眼中最好一只眼的视力不超过 0.02(在一米之内不可分辨手指数)的儿童；听力残疾儿童是指由先天或后天原因失去了听觉(一般损失 90 分贝以上)，在婴幼儿时期不能依靠听觉模仿语言而变成的既听不见又不会说话的儿童。有一些儿童的视力或听力没有完全丧失，但剩余的视力或听力经过矫治后也不能满足实际生活中交往和认识事物的需要，这些就是视弱或重听的儿童。

1987年第一次全国残疾人抽样调查对视力残疾、听力残疾的标准进行了明确的界定，其中视力残疾是指由于各种原因导致双眼视力障碍或视野缩小，很难从事一般人所能从事的工作、学习或其他活动；听力残疾是指由于各种原因导致双耳听力丧失或听觉障碍，听不到或听不清周围的声音，难能同一般人进行正常的语言交往活动(见表5.1)。①

表5.1　第一次全国残疾人抽样调查视力残疾、听力残疾标准

	类别	级别	界定标准
视力残疾	盲	一级	＜0.02～无光感，或视野半径＜5°
		二级	＜0.05～0.02，或视野半径＜10°
	低视力	一级	＜0.1～0.05
		二级	＜0.3～0.1
听力残疾	聋	一级	听力损失程度＞91dB
		二级	听力损失程度71～90dB
	重听	一级	听力损失程度56～70dB
		二级	听力损失程度41～55dB

改革开放以后，我国视力残疾儿童和听力残疾儿童教育事业发展迅速。相关统计数据显示，改革开放之初(1979年)，全国招收两类儿童的学校只有289所，在校学生2.9万人②；到2005年，盲校、聋校总数达到584所，特殊教育综合学校683所，在校视力残疾儿

① 引自中国残疾人联合会2005年年度数据。

② 中国教育学会特殊教育研究会：《特殊教育资料选编》，第3辑，180页，1983年。

童和听力残疾儿童 104374 人，普通学校还开设有 167 个盲生班、677 个聋生班，在读视力残疾儿童和听力残疾儿童 137937 人。按照当年学龄视力残疾儿童和听力残疾儿童总人数(317003 人)计算，在学率约为 76.4%。[①]

（二）智力残疾儿童

从新中国成立之际一直到 20 世纪 70 年代末期，我国特殊教育学校的种类主要是盲校和聋校。1982 年《中华人民共和国宪法》明确提出国家和社会帮助安排盲、聋、哑和其他有残疾的公民的劳动、生活和教育。从特殊教育学学科的研究对象上来看，智力残疾儿童也是在特殊教育学初创时期(1978—2005 年)开始受到广泛关注的，并与盲、聋儿童统称为特殊教育主要的“三类对象”。

1979 年，上海市第二聋哑学校在全国率先为智力残疾儿童开办辅读班，招收的主要对象是普通小学低年级留级生中的轻度智力残疾学生。1981 年，北京市西城区培智中心学校创办智力残疾儿童特殊教育班。上述学校为改革开放以后我国智力残疾儿童的教育积累了实践和研究经验。在此基础上，1983 年以后，智力残疾儿童的特殊教育在我国蓬勃发展起来。

根据 1987 年第一次全国残疾人抽样调查的残疾标准，智力残疾被界定为智力活动能力明显低于一般人的水平，并显示出适应行为的障碍，包括在智力发育期间(18 岁之前)，由于各种有害因素导致的精神发育不全或智力迟缓，智力发育成熟以后，由于各种有害因素导致的智力损害或老年期的智力明显衰退。为便于与国际资料相比较，我国参照世界卫生组织(WHO)和美国智能迟缓协会(AAMD)的智力残疾分级标准，按智力商数(IQ)及社会适应行为，将智力残疾划分为四个等级(见表 5.2)。

---

① 引自中国残疾人联合会 2005 年年度数据。

表5.2　第一次全国残疾人抽样调查智力残疾标准

级别	分度	与平均水平差距(－SD)	IQ值	适应能力
一级	极重度	＞5.01	20/25以下	极重适应缺陷
二级	重度	4.01～5	20～35或25～40	重度适应缺陷
三级	中度	3.01～4	35～50或40～55	中度适应缺陷
四级	轻度	2.01～3	50～70或55～75	轻度适应缺陷

截至2005年，我国共设有培智学校318所，特殊教育综合学校683所。普通学校附设培智班1879个。在校智力残疾学生319203人，占学龄智力残疾儿童少年总人数(386406)的82.6%。①

(三)自闭症儿童

自闭症又称孤独症，被认为是一种由大脑、神经以及基因的病变引起的发展性障碍，其主要特征可包括人际关系的隔离、语言的困难以及行为障碍等。由于我国儿童精神医学起步较晚，绝大多数儿科、儿童保健、精神科医生没有经过儿童精神医学的教育和训练，在一定历史时期内，许多自闭症儿童被误诊为智力残疾、儿童精神病、行为障碍等身心残疾。

1982年，南京儿童心理卫生指导中心陶国泰在《中华神经科杂志》发表论文《婴儿孤独症的诊断和归属问题》，报道了4例儿童被确诊为自闭症。他也因该文被誉为“中国自闭症研究第一人”。此后自闭症开始日益引起国内研究者的关注。20世纪90年代以后，许多城市开始探索自闭症儿童的随班就读，民办自闭症教育康复机构和相关组织团体也开始先后建立，全国各地亦开始进行了一些探索性的自闭症儿童教育训练实验。但是，1978年至2005年，国内关于自闭症教育及研究的成果尚不多见。

① 引自中国残疾人联合会2005年年度数据。

(四)超常儿童

超常儿童也被称作“天才儿童”“资优儿童”等。在这一时期我国学者的论著中，超常儿童主要是指“智能显著高于同龄常态儿童发展水平或具有某方面特殊才能的儿童”①。

我国开展超常儿童教育历史悠久，当代超常儿童教育始于 1978 年中国科学技术大学创办少年班的实践活动。中国科技大学少年班首期学员 21 名，于当年 3 月 8 日举行了开学典礼，拉开了培养以杰出人才为核心的超常儿童教育序幕。其后少年班经验在部分高校得到推广，先后有北京大学、西安交通大学等十几所院校招收少年大学生，继续推进超常儿童教育发展。与此同时，部分中小学也开始尝试集体招收超常儿童，进行超常教育实验。

在查子秀研究员等老一辈心理学家和教育家的组织领导下，中国科学院心理研究所于 1978 年成立超常儿童心理发展与促进研究课题组和中国超常儿童研究协作组，开始对超常儿童进行系统研究。1994 年，中国科学院心理研究所超常儿童研究中心正式成立。

二、特殊教育的概念和特殊教育思想

(一)特殊教育的概念分类

“特殊教育是根据特殊儿童的身心特点和教育需要，采用一般或特殊的教学方法和手段，最大限度地发挥教育者的潜能，使他们增长知识，获得技能，拥有良好品德，提高适应能力的一种教育。”②接受特殊教育的儿童是身心发展处于正常标准范围之外的、与普通儿童在各方面有显著差异的各类儿童。这些差异可表现在智力、感官、情绪、肢体、行为和言语等方面。

根据对象划分范围的差别，特殊教育有狭义和广义之分。狭义

---

① 刘玉华、朱源：《超常儿童心理发展与教育》，7 页，合肥，安徽教育出版社，1994。

② 方俊明：《特殊教育学》，3 页，北京，人民教育出版社，2005。

的特殊教育专指生理与心理有缺陷的儿童教育，如盲童教育、聋童教育、智障儿童教育。广义的特殊教育的对象既包括智力发展明显超过正常水平的超常儿童，也包括智力发展明显低于正常水平的智障儿童，视力残疾、听力残疾、肢体残疾、言语障碍、情绪和行为障碍、多重残疾等各种身心发展有缺陷的儿童，以及有轻微违法犯罪的儿童。①

以受教育对象的年龄阶段为依据，特殊教育还可分为：对7岁以前特殊儿童实施学前教育和康复训练的特殊幼儿教育，根据国家法律规定实施的特定年限普及教育特殊儿童义务教育，中等教育阶段以上层次的高等特殊教育，以及为各种残疾成年人提供的残疾成人教育。

（二）特殊儿童观

随着社会文明的进步，新的残疾人观日益受到人们的倡导。在特殊教育领域，与之对应的是新的特殊儿童观。该思想的出现既是特殊教育发展的结果，又为这一时期的特殊教育工作奠定了思想基础，进一步推动了特殊教育的发展。刘全礼将新的特殊儿童观归纳为特殊儿童的存在观、特殊儿童的发展观、特殊儿童的平等观和特殊儿童的分类观四个方面。②

特殊儿童的存在观认为，特殊儿童的存在是客观的、必然的，是不以人的意志为转移的。特殊儿童是人类存在的一种形式。遗传变异的普遍存在性决定了特殊儿童存在的遗传基础，环境因素的影响是特殊儿童存在的另一重要原因。

特殊儿童的发展观认为，残不一定废，特殊儿童虽然在某些方面有困难，但无疑具有发展的可能性，并且拥有无穷的发展潜力。

---

① 朴永馨：《特殊教育概论》，8～9页，北京，华夏出版社，1999。

② 刘全礼：《特殊教育导论》，4～20页，北京，教育科学出版社，2003。

这种可能性要在一定条件下才能变成现实。因此几乎所有特殊儿童只要具备适当的条件，就有机会获得相应的发展。系统地来说，决定特殊儿童发展的条件包括教育、家庭环境、医学手段及相应的科技水平、物质条件、社会环境等。

特殊儿童的平等观认为，特殊儿童首先是儿童，其次才是有些特点的儿童。特殊儿童和普通儿童拥有基本的共性，必须从人性的角度把他们当作平等的个体来看待，使特殊儿童享有与他人平等的权利。这种平等的权利既不能从可怜的角度过多地给予，也不能予以剥夺。法律保障、无障碍设计和教育等是实现特殊儿童平等权利的重要途径。

特殊儿童的分类观认为，对特殊儿童进行分类研究是必要的，分类时要选用具有完备性、纯粹性特征的标准。

(三)随班就读思想

随班就读是我国特殊教育的主要形式之一，是解决残疾儿童就学问题的一种教育政策，指残疾儿童在普通学校的普通班中与健全儿童一起接受教育。随班就读是基于社会平等观念而创立的一种教育模式，对特殊教育的发展起了积极作用，是植根于我国本土的特殊教育实践。

随班就读的做法一般是在实施义务教育的普通中小学的普通班里吸收1～2名残疾儿童少年和健全儿童同班学习。对随班就读的学生除了按普通教育的基本要求外，教师还要针对随读生的特殊需要，提供有针对性的特殊教育和服务，对他们进行必要的康复和补偿训练，在教学、评估等过程中须给予残疾学生个别化的支持和关照，使他们学有所得。此外，随班就读还有利于残疾儿童就近入学，有利于他们和普通儿童相互理解、相互帮助，促进特殊教育和普通教育有机结合、共同提高。随班就读是投资少、见效快，有利于普及残疾儿童义务教育的一种有效形式。①

由于我国80%以上的残疾儿童分布在经济落后、人口分散、交通不便的农村地区，随班就读成为普及特殊教育的核心途径。1983年，教育部《关于普及初等教育基本要求的暂行规定》明确了智障儿童目前多在普通小学就学，故除智力严重障碍和其他失去学习能力者外，在计算入学率时仍应包括这一部分儿童。1986年，原国家教育委员会、国家计划委员会、财政部、劳动人事部等部门颁发《关于实施〈义务教育法〉若干问题的意见》指出，“应该把那些虽有残疾，但不妨碍正常学习的儿童吸收到普通中小学上学”，这是对我国随班就读思想的早期阐述。1987年，原国家教育委员会《关于印发〈全日制弱智学校(班)教学计划〉(征求意见稿)的通知》进一步提出，“随班就读……有利于弱智儿童与正常儿童的交往，是那些尚未建立弱智学校(班)的地区特别是农村地区解决轻度弱智儿童入学问题的可行办法”，肯定了随班就读在普及义务教育中的重要价值。同年，我国在全国15个县、市有计划、有组织地开展了随班就读实验研究。

1988年11月，在北京举办的第一次全国特殊教育工作会议上，随班就读被确定为我国特殊教育的主体形式。以适合我国基本国情的、一定数量的特殊学校为骨干，以大量设置在普通学校的特殊教育班和能够跟班学习的残疾儿童随班就读为主体的残疾儿童少年教育的格局逐步发展起来。2005年的统计数据显示，全国在校盲、聋、智力残疾学生561541人，其中随班就读的403505人，占71.9%。②

(四)医教结合思想

特殊教育是一门多学科交叉的学科，教育学、心理学、医学、社会学等共同构成了特殊教育的学科基础。其中，医学曾在较早的

① 华国栋：《特殊需要儿童的随班就读》，7～8页，大连，辽宁师范大学出版社，2002。

② 引自中国残疾人联合会2005年年度数据。

历史阶段全面指导了特殊教育实践的开展，后来也不断地支持和影响着特殊教育工作。

医教结合最初意指医务工作者将医疗和临床教学结合起来的工作模式。改革开放前期，我国盲、聋教育实践中就已经广泛进行了医教结合的尝试。医教结合早期的称呼为医教合一。1990年，邳州市红十字会小儿麻痹症康复部在用医学手段帮助小儿麻痹症儿童的时候，把教育与康复结合起来，使医教结合的对象得到拓展。后来，有学者认为对其他残疾儿童的康复训练也可以采用医教结合的模式。①

在特殊教育中，所谓医教结合，是指医学与特殊教育学两个彼此相互独立的学科领域，在理论研究、技术探究和研究方法等不同层面的有机结合。其中“医”有两层含义：一是指利用先进的临床医疗技术对严重危害儿童身心健康的各种疾病实施专项检查、诊断、治疗；二是利用康复医学的手段消除和减轻功能障碍，弥补和重建缺失的功能，设法改善和提高人体各方面的功能。“教”是指根据特殊儿童身心发展的特点，通过教育、训练、医疗和康复综合的方法，在家庭和社会影响下对其进行的补偿与补救性教育。医教结合思想对21世纪初期我国特殊教育的发展产生了重要的影响。

三、关于特殊教育价值的认识

改革开放前相当长的一段时期内，特殊教育一直存在着工具价值和目的价值的区分，国家利益和民生福利隔离。特殊教育被政治、社会、文化等国家利益价值取向的偏重胁迫，工具本位、国家本位的特殊教育发展观受到过分强调。② 改革开放以后，以朴永馨、方俊明等为代表的特殊教育工作者开始重新思考特殊教育的价值，并

① 陆莎：《医教结合：历史的进步还是退步?》，载《中国特殊教育》，2013(3)。

② 王培峰：《特殊教育政策：正义及其局限》，237页，南京，南京大学出版社，2015。

从人道主义、政治和法律、社会和经济、教育事业和特殊儿童个人成长方面对其进行了系统的阐述。

第一是对人道主义的价值。我国历史上素有“仁者爱人”“天下为公”“有教无类”的人道主义传统。特殊教育的发展正是体现了对人道主义的价值追求，表达了对特殊儿童的同理和关怀。

第二是对政治和法律的价值。发展特殊教育，使特殊儿童接受教育，提高他们的文化水平，是《中华人民共和国宪法》《中华人民共和国残疾人保障法》对保障公民平等权利的必然要求，是社会主义国家给予每一个公民法定的平等权利的体现，是实现社会公平正义的必要途径。从某种程度上说，特殊教育也是社会文明进步的标志，是社会主义精神文明建设的推动力。在这一时期，特殊教育学校也常常作为社会发展的一个窗口，有助于彰显我国科技、教育、卫生、社会福利事业的发展情况和社会主义制度的优越性。

第三是对社会和经济的价值。很多未受教育的特殊儿童要依靠父母或者社会生存，几乎是单纯的物质财富消费者，为家庭和社会增添了极大的负担。有的特殊儿童虽然接受了有限的教育，但是仅能从事简单的手工劳动，创造出的社会财富很少。发展特殊教育，使特殊儿童接受文化教育和技能训练，实现全面发展，不但可以减轻家庭负担，还有助于将经济上的消费者转变为生产者，提高社会生产力水平，把影响社会发展的消极力量转变成推动社会前进的积极力量。

第四是对教育事业的价值。普及义务教育的程度必须将特殊儿童接受义务教育的情况统计在内，因此，特殊教育的发展和普及是衡量我国普及教育是否充分的一个重要方面，有助于提升儿童的整体入学率。接受教育的过程也为特殊儿童和普通儿童创造了交往的机会，有利于培养儿童之间互助友爱的精神。一部分特殊儿童刻苦学习的行为也为正常儿童树立了光辉的榜样，有利于提高教育的整体水平。从学科领域的角度来说，特殊教育能推动教育学、心理学、医学、语言学等相关学科的发展。在更大的地域范围中，由于我国是世界上人口最多的国家，也是特殊儿童最多的国家，因此我国特殊教育工作的方针、政策、途径、办法和取得的经验、教训对其他国家有参考价值，可以推动世界特殊教育的发展，具有深远的国际影响。

第五是对特殊儿童个人成长的价值。普通教育多采用统一教材、统一进度、统一要求的班级教学，很难照顾到学习基础和接受水平过低或过高的儿童，不能满足不同水平儿童的学习需要，不能使他们的个性、技能得到充分发展。特殊教育强调根据特殊儿童的身心状况和不同水平进行有针对性的个别化教学，可以更好地对特殊儿童因材施教，最大限度地发挥特殊儿童的潜能。接受一定的教育和职业训练后，他们就有可能成为自食其力的劳动者，甚至和正常人一样发挥自己的聪明才智，依靠自己的劳动为社会创造财富。他们也只有在为社会服务的时候，才会感到自己的社会价值和尊严。

第二节 特殊教育专业课程与教学

一、中等特殊教育师范专业课程与教学

新中国成立之初，我国并没有专门的特殊教育师资培养机构，对新补充的特殊教育师资，沿用师父带徒弟和办培训班的方式进行特殊教育专业培训。① 1977 年 10 月，时任教育部部长的蒋南翔同志在中国盲人聋哑人第三届全国代表会议上讲话，指出尽快地筹办一所全国性的特殊教育师范学校，为各地新建学校培养特殊教育师资。1981 年，黑龙江省在肇东师范学校创立四年制特殊教育师范班；1985 年秋，全国第一所中等特殊教育师范学校——南京特殊教育师

① 王雁、顾定倩、陈亚秋：《对高等师范特殊教育师资培养问题的探讨》，载《教师教育研究》，2004(4)。

范学校面向全国招生。

1989年，原国家教育委员会颁发了《中等特殊教育师范学校教学计划(试行)》，提出中等特殊教育师范学校的培养目标为“培养学生热爱社会主义祖国，热爱中国共产党，初步树立马克思主义基本观点，具有良好的社会公德和艰苦奋斗、求实创新精神，热爱并愿意从事特殊教育事业。理解和尊重残疾儿童，掌握从事初等特殊教育所必备的中等文化科学知识与专业技能，具有健康体魄，使他们成为合格的初等特殊学校教师”。

中等特殊教育师范学校以招收初中毕业生为主，兼收高中生或已在普通中等师范学校学习一定年限的师范生，设聋、盲、智力落后教育三个专业，有两种学制安排：三年制全学程156周，其中教学活动107周，教育实践10周，寒暑假36周左右，机动3周(用于社会活动、集体教育活动等)；四年制全学程208周，其中教学活动144周，教学实践不少于12周，寒暑假48周左右，机动4周。

中等特殊教育师范学校的课程由必修课和选修课构成。公共必修课开设思想政治、语文、数学、物理、化学、生物学、历史、地理、音乐、体育、美术、教育学基础、心理学基础、特殊教育概论、劳动技术教育等。对于专业必修课，三个专业根据不同类型残疾儿童教育的实际需要，对学生进行与实际密切结合的基本理论的教育，并突出实用性，注重各种形式的实践活动。聋教育专业开设耳聋儿童心理学、耳聋儿童教育学、手语基础、耳聋预防及康复、小学语文教学法、小学数学教学法、小学常识教学法，盲教育专业开设盲童心理学、盲童教育学、盲字基础、目盲预防及康复、小学语文教学法、小学数学教学法、小学常识教学法，智力落后教育专业开设智力落后儿童心理学、智力落后儿童教育学、儿童精神发育迟滞及测查、行为矫正基础、小学语文教学法、小学数学教学法、小学常识教学法。选修课一般应开设文化知识、艺术、体育、普通小学各科教材教法、其他特殊教育专业必修课以及适应当地特殊教育发展需要的职业技术教育等类课程。

中等特殊教育师范学校还关注教育实践，包括参观、见习、教育调查，协助特殊教育教师组织活动，做好学生工作、教育实习等。学生一般到普通小学见习，以便了解普通教育。

截至1999年《中共中央国务院关于深化教育改革全面推进素质教育的决定》提出"调整师范学校的层次和布局"，我国共建立了南京特殊教育师范学校、山东昌乐特殊教育师范学校、辽宁营口特殊教育师范学校、河南省特殊教育师范学校、河北邯郸特殊教育师范学校、福建泉州师范学校特师部、四川乐山师范特师部、湖南长沙湘江师范特师部、贵州安顺师范特师部、湖北襄樊师范特师部、江苏如皋师范特师部和第一师范特教师资培训中心、广西桂林民族师范学校特师部等35所中等特殊教育师范学校和特殊教育师资培训部(中心)。①

二、高等特殊教育专业课程与教学

为了适应特殊教育事业快速高质量发展的需要，在20世纪80年代中期至90年代初，我国特殊教育教师培养开始向高等教育领域拓展，特殊教育的学科体系进一步完善。

北京师范大学1980年成立特殊教育教研室，1986年设立特殊教育本科专业，发挥了示范和推动作用。随后，华东师范大学(1988)，华中师范大学(1990)，西南师范大学(1993，现西南大学)，陕西师范大学(1993)，重庆师范大学(1993)等高校相继建立了特殊教育学专业，为我国培养了一大批高学历的特殊教育专业教师和高层次的学术研究人才。

特殊教育本科层次旨在培养具备特殊教育与普通教育的知识与

① 丁勇：《当代特殊教育新论：走向学科建设的特殊教育研究》，214页，南京，南京师范大学出版社，2012。

技能，具有创新精神和实践能力，能在特殊教育机构以及与特殊教育相关的部门从事教学实践、研究、管理、康复与服务工作的高级专门人才，为硕士研究生教育提供优质生源；要求学生理解并贯彻与特殊教育需要相关的平等观念与人道主义精神，热爱教育事业；具备比较全面的理论素养和宽阔的学科视野，具有职业转换和持续发展的能力，能够适应教育改革和发展的需要；掌握特殊教育学学科的基本理论和知识、技能，具备从事特殊教育实际教学、管理、康复与服务工作的基本能力，能够顺利与特殊教育需要人群沟通并进行相应的社区、家庭服务；理解并执行我国特殊教育的方针、政策和法规，了解国内外特殊教育发展的趋势与理论动态，并初步掌握特殊教育研究的基本理论与方法。

特殊教育专业的本科课程一般涉及通识教育课程、学科基础课程、专科课程三个领域。学科基础课程主要包括人体解剖生理学、普通心理学、发展心理学、教育概论、课程与教学论、教育研究方法、教育史等，专科课程主要包括特殊教育概论、视力残疾儿童心理与教育、听力残疾儿童心理与教育、智力落后儿童心理与教育、学习障碍与自闭症儿童心理与教育、超常儿童心理与教育、特殊教育需要儿童病理学、特殊教育史、盲文、手语、全纳教育理论与实践、言语—语言听力学、特殊教育需要儿童诊断与评估、残疾儿童康复理论等。

在本科层次的基础上，这一时期我国也开始培养硕士和博士层次的特殊教育研究生人才。特殊教育学硕士点较早于1993年在北京师范大学建立。特殊教育专业硕士研究生主要学习的专业课程包括教育学原理、特殊教育基本理论、特殊教育研究方法、特殊儿童认知心理学等。学生根据不同的研究方向，还要进行不同专业知识的学习。

2000年，华东师范大学学前与特殊教育学院获批我国第一个特殊教育学博士学位点，培养能在特殊教育研究机构以及与特殊教育相关的部门、学校从事特殊教育研究、教学、康复与服务等方面的高级专门人才。同年起，我国还开设了特殊教育专业(专科)自学考试+高等教育自学考试特殊教育专业，主要培养已达到高等师范专科教育专业学历水平的特殊教育教师和其他从事残疾人工作的人员。至此，我国高校特殊教育专业已经形成了学士、硕士、博士多层次、较完善的培训体系。①

① 方俊明：《特殊教育学》，450～452页，北京，人民教育出版社，2005。

第六章

特殊教育学学科发展成果与载体的初步建构

第一节　特殊教育学者及其成果与特殊教育学研究方法

一、特殊教育学者及其成果

（一）特殊教育理论与基础领域研究成果

本领域主要是围绕特殊教育学学科建设的研究成果，涉及特殊教育理论基础、特殊教育基本理论、特殊教育学学科内容的构建及相关教材建设、特殊教育学学科体系的构建、特殊教育史、特殊教育研究方法等方面的研究成果。

1. 特殊教育学教材及相关著作

20 世纪 90 年代，基于各地师资培训班、中等特殊教育师范学校和师范大学特殊教育专业人才培养的需要，《特殊教育概论》《特殊教育学》等特殊教育学著作开始出版发行，这其中大多数是直接作为教材编撰的。特殊教育学教材作为特殊教育教师课程体系中的基础课程与核心课程，可以为学生全面地、整体地把握特殊教育学学科发展提供思路和线索，是特殊教育专业知识的鸟瞰图，是学人对特殊教育学学科知识体系建构的成果，为特殊教育学学科体系的构建奠定了基础。特殊教育学教材的建设是特殊教育学在初创时期从一门教学科目走向一门学科的必经之路。

在初创时期，特殊教育学学科知识体系建构核心著作总共 8 本(具体参见表 6.1)。其中朴永馨组织编写的《特殊教育概论》是中国大陆第一本公开出版的特殊教育学教材，于 1991 年 11 月由华夏出版社出版。从这 8 本教材内容演变来看，特殊教育学知识领域和核心内容趋于一致。其中特殊儿童心理与教育模块在 8 本教材中均有所涉及，所占比重也最大。8 本教材各具特色，代表了我国关于特殊教育学学科内容建设的成果。但限于篇幅，这里选择 3 本著作展开介绍。

朴永馨主编的《特殊教育学》于 1995 年由福建教育出版社出版。《特殊教育学》是特殊教育学学科发展的里程碑，是国内出版的第一本特殊教育学方面的著作。《特殊教育学》是叶立群主编的“教育学丛书”①中的一本。该书的内容分为特殊教育的一般问题、各级各类特殊教育、特殊教育的组织和管理三大部分，共计 21 章。以特殊儿童既有共性也有特性为代表的特殊儿童观和以特殊教育既有共性又有特性为代表的特殊教育观，以及由此引发的残疾儿童的三因素补偿论，是朴永馨的主要特殊教育理论观点②，这些观点在《特殊教育学》中都得以体现。此书先后获得过华东及北京哲学社会科学优秀成果奖，并分别于 2007 年、2014 年出版了《特殊教育学》的第 2 版、第 3 版。作为经典的特殊教育学著作，《特殊教育学》直到今天还是特殊教育研究中高频被引文献之一。③

---

① 本套丛书被列入“1991—1995 年国家重点图书选题出版计划”。这套丛书包括《高等教育学》《中学教育学》《小学教育学》《幼儿教育学》《成人教育学》《职业技术教育学》《师范教育学》《家庭教育学》《特殊教育学》《教育学原理》十个品种，是一套体系完整的各级各类教育学学术论著。

② 肖非、刘全礼、钱志亮：《本土化的特殊教育研究——朴永馨教授学术思想探微》，载《国家教育行政学院学报》，2007(5)。

③ 张艳琼、张伟锋：《我国特殊教育的知识图谱分析——基于 2000—2013 年〈中国特殊教育〉刊文》，载《西南民族大学学报(人文社会科学版)》，2014(12)。

由汤盛钦组织编写的《特殊教育概论——普通班级中有特殊教育需要的学生》，是供“九五”期间中小学、幼儿园干部和教师培训使用的公共必修课教材，由汤盛钦任主编，上海教育出版社1998年出版。本书主要内容包括特殊教育概论、特殊儿童少年的随班就读、教育法规与特殊教育的服务、有效的学校管理与教学、早期干预、学习困难学生、听觉障碍学生、视觉障碍学生、情绪和行为障碍学生、身体和健康障碍学生、超常学生。本书以联合国教科文组织《萨拉曼卡宣言》所倡导的全纳教育思想为指导，阐述了随班就读的对象、诊断与安置的流程、有关随班就读的文件法规，并针对每一种特殊儿童的特点给普通班教师提出了建议。

方俊明主编的《特殊教育学》于2005年由人民教育出版社出版。《特殊教育学》为普通高等教育“十五”国家级规划教材，是供大学本科和研究生使用的特殊教育专业课教材。该书论述了特殊教育的概念、发展历史、政策法规、体系与评估等特殊教育的基本问题，阐述了不同类型的特殊儿童的心理与教育问题以及特殊教育研究的理论和方法。该书全面且系统地反映出当代特殊教育的理念和主要内容，相邻学科的基础研究，不同类型特殊儿童的教育、教学模式，努力探索一条具有中国特色的特殊教育发展道路。

表6.1　中国大陆8本特殊教育学教材、专著概况

序号	书名	作者	出版单位及时间	教材适用对象
1	特殊教育概论	朴永馨	华夏出版社；1991年(第1版)，1999年(第2版)	三年制或四年制的中等特教师范院校各专业在校生
2	特殊教育学	朴永馨	福建教育出版社；1995年(第1版)，2007年(第2版)，2014年(第3版)	大、中专文化水平以上的各级各类教育特殊教育工作者

续表

序号	书名	作者	出版单位及时间	教材适用对象
3	特殊教育概论——普通班级中有特殊教学需要的学生	汤盛钦	上海教育出版社，1998年	中小学幼儿园教师
4	当代特殊教育导论	方俊明	陕西人民教育出版社，1998年	师范大学特殊教育专业学生，特殊教育师资培训，并可供广大教育学、心理学工作者以及有一定阅读能力的特殊儿童家长使用
5	特殊教育导论	顾定倩	辽宁师范大学出版社，2001年	特殊教育专业（专科）自考生
6	特殊教育导论	刘全礼	教育科学出版社，2003年	特殊教育专业本科生
7	中国特殊教育学基础	陈云英等	教育科学出版社，2004年	本科生和研究生
8	特殊教育学	方俊明	人民教育出版社，2005年	本科生和研究生

2．其他研究成果

除了教材外，在特殊教育学初创时期，还有很多学者对特殊教育的理论与基础进行了研究，并取得了研究成果。

在特殊教育学学科建设方面，雷江华撰写了《中国特殊教育学学科论初探》一文，指出“特殊教育学是研究特殊教育现象，揭示特殊教育规律的一门科学”；“它是教育学的一门分支学科，是应用性学科”；“它的学科体系包括作为一门学科的特殊教育学教材体系和著作体系和作为一个学科群的特殊教育学教材体系和著作体系”；“它所运用的研究方法包括哲学方法论、一般学科方法论、具体研究方法”；目前我国的特殊教育学仍处于发展中的“初级阶段”。[①]

在特殊教育学分支学科方面，陈东珍主编的著作《学前特殊教育》(2001)，丁勇的论文《关于建构高等特殊教育学的初步探讨》[②]，开拓了特殊教育学新的研究领域。

在特殊教育学学科基础方面，刘艳虹主编了《特殊教育医学基础》(2001)。该书内容包括人体解剖与生理，遗传学基础知识，病理知识，听力、视力、肢体、智力、精神残疾，残疾儿童的早期发现等内容，目的是使残疾教育工作者熟悉残疾的临床表现与致残特点、诊治手段及预防的基本知识。[③]

在特殊教育历史方面，张福娟等人主编了《特殊教育史》(2000)。全书分为西方特殊教育史、东欧与亚洲特殊教育史、特殊教育发展中的若干问题及趋势三篇。杨民主编的《世界特殊教育研究》(2004)介绍了中国、日本、丹麦、德国、法国、英国、美国、加拿大的特殊教育。[④]

在特殊教育研究方法方面，杜晓新撰写的《单一被试实验法在特殊教育研究中的应用》[⑤]系统介绍了单一被试实验法；盛永进发表了《关于特殊教育研究哲学化的思考》[⑥]的论文，对特殊教育中的理论研究做了深入思考。

以上这些研究深化了学界对特殊教育学学科的认识，丰富拓展了特殊教育学的研究内容，为建立特殊教育学学科体系奠定了基础。

---

① 雷江华：《中国特殊教育学学科论初探》，载《华中师范大学学报(人文社会科学版)》，2005(4)。

② 丁勇：《关于建构高等特殊教育学的初步探讨》，载《中国特殊教育》，2005(3)。

③ 刘艳虹：《特殊教育医学基础》，9页，大连，辽宁师范大学出版社，2001。

④ 杨民：《世界特殊教育研究》，11页，大连，辽宁师范大学出版社，2004。

⑤ 杜晓新：《单一被试实验法在特殊教育研究中的应用》，载《中国特殊教育》，2001(1)。

⑥ 盛永进：《关于特殊教育研究哲学化的思考》，载《中国特殊教育》，2005 (8)。

(二)各类特殊儿童教育及相关研究成果

1. 视力障碍儿童教育及相关研究成果

20 世纪 90 年代后，视力障碍儿童教育的研究成果开始丰富起来，主要涉及盲校教育学、视力障碍儿童的心理与教育、视力障碍儿童的随班就读、视力障碍儿童个别矫正与康复、视力障碍儿童心理健康与辅导、视力障碍儿童的各科教学、视力障碍儿童的家庭教育等内容。在特殊教育学初创时期，视力障碍儿童教育的相关研究成果具体参见表 6.2。其中徐白仑在国内外慈善资金的支持下，在开展视力障碍儿童随班就读的实践过程中出版了 9 本著作，丰富了视力障碍儿童的教育研究的成果。在教育学初创时期的著作中，这里选择 2 本著作展开介绍。

李牧子著的《盲童教育概论》于 1981 年由中国盲文出版社出版，是新中国第一本有关盲教育的专著。李牧子曾任上海市盲童学校校长。《盲童教育概论》对盲教育的对象、教学内容、教学原则、教学方法以及班主任、教养员工作做了比较全面的阐述。

沈家英、陈云英、彭霞光等编著的《视觉障碍儿童的心理与教育》于 1992 年由华夏出版社出版，是“特殊教育参考丛书”的一本。①全书主要包括我国盲教育的历史和现状、眼睛生理及视觉障碍的原因、视觉功能及其评估方法、视觉障碍与儿童的身心发展、视觉障

---

① “特殊教育参考丛书”：20 世纪 90 年代，随着各地师资培训班，中等特殊教育师范学校和师范大学特殊教育专业等培训机构的建立，缺乏教材和参考资料已成为突出的问题。为了帮助特殊教育解决这一难题，中央教育科学研究所特殊教育研究室编写了一套适合中国国情、能促进特殊教育事业的发展、有较高质量且较为完整的特殊教育参考丛书。这套丛书总共 8 本，包括《视觉障碍儿童的心理与教育》《听觉障碍儿童的心理与教育》《听力障碍与早期康复》《弱智儿童的心理与教育》《弱智儿童的早期干预》《儿童精神障碍及行为问题的矫正》《肢体残疾儿童的教育与训练》《特殊教育课程与教学法》，在 1992—1995 年先后出版。特殊教育参考丛书编委会名单如下：主编陈云英，副主编沈家英，编委(按姓氏笔画顺序排列)为丁言仁、汤盛钦、陈仲庚、余强基、杨晓玲、张宁生、麦进昭、茅于燕、银春铭。

碍儿童的感知觉发展与训练、学龄前视觉障碍儿童的身心发展与教育训练、视觉障碍儿童的学校教育、盲童学校的教学、低视力儿童的教育与教学、视觉障碍儿童的一体化教育、视觉障碍儿童定向行走能力等内容。该书广泛收集了国内外有关视觉障碍儿童心理与教育的研究资料和各地视觉障碍儿童的教育经验，在经验的基础上进行了视觉障碍儿童的心理与教育的理论探讨。该书也是教育科研人员与教学实践人员通力合作的成果。

表6.2 视力障碍儿童教育及相关著作

序号	著作信息
1	李牧子. 盲童教育概论[M]. 北京：北京盲文出版社，1981.
2	王明泽. 盲校教育学[M]. 长春：吉林教育出版社，1990.
3	沈家英，陈云英，彭霞光. 视觉障碍儿童的心理与教育[M]. 北京：华夏出版社，1992.
4	徐白仑. 视障儿童随班就读教学指导[M]. 北京：华夏出版社，1992.
5	[美]曼哥尔德. 盲教育教师指南[M]. 钟经华，等，译. 北京：华夏出版社，1992.
6	苏林. 盲童随班就读教育指南[M]. 哈尔滨：黑龙江教育出版社，1992.
7	苏林. 视力残疾儿童随班就读工作手册[M]. 北京：华夏出版社，1993.
8	徐白仑，贾全庆，李慧聆. 低视生随班就读初探[M]. 北京：华夏出版社，1996.
9	彭霞光. 视力残疾儿童的教育理论与实践[M]. 北京：华夏出版社，1997.
10	徐白仑. 国际视障教育学会中国分会第三届学术研讨会论文集[M]. 1997.

续表

序号	著作信息
11	梁全进．广西视障儿童随班就读的实践与探讨[M]．北京：华夏出版社，1999.
12	陈梁悦明．视障教育培训教程[M]．北京：中国盲文出版社，1999.
13	教育部师范教育司．盲童心理学[M]．北京：人民教育出版社，2000.
14	教育部师范教育司．盲童教育学[M]．北京：人民教育出版社，2000.
15	徐白仑．随班就读盲童教育师资培训教程[M]．北京：华夏出版社，2001.
16	徐白仑．视障学生随班就读教育教学基础评估手册 初期评估[M]．北京：华夏出版社，2001.
17	徐白仑．视障学生随班就读教育教学基础评估手册 二期评估[M]．北京：华夏出版社，2001.
18	徐白仑．视障学生随班就读教育教学基础评估手册 三期评估[M]．北京：华夏出版社，2002.
19	徐洪妹．视障教育——海盲校百年印证[M]．上海：上海教育出版社，2010.
20	路荣喜．视障学生社会适应能力的培养与评估[M]．北京：中国文史出版社，2004.
21	李季平．视障学生心理健康与辅导[M]．北京：中国盲文出版社，2005.
22	徐白仑．家长怎样对待视障孩子[M]．北京：中国盲文出版社，2005.
23	徐白仑．家长应如何参与教育学龄前视障儿童[M]．北京：中国盲文出版社，2005.
24	袁东．视障儿童个别矫正与康复[M]．北京：中国盲文出版社，2005.
25	曹正礼．视障儿童教育资源与应用[M]．北京：中国盲文出版社，2005.
26	黄银美．视障学生劳技与家政教育[M]．北京：中国盲文出版社，2005.
27	徐洪妹．视障儿童美工教学与制作[M]．北京：中国盲文出版社，2005.

2. 听力障碍儿童教育及相关研究成果

从现有资料看，从20世纪80年代中期开始，听力障碍儿童教育产生了一些研究成果。中国教育学会特殊教育分会、安徽省教育学会特殊教育研究会编写的《聋童教育概论》[①]的学科是目前查找到的最早的聋教育的著作。在特殊教育学的学科初创期，听力障碍教育方面研究成果丰富，研究内容涉及聋校教育学、聋童心理学、双语聋教育、聋校教学、聋儿听力语言训练、早期干预与康复、聋生的家庭教育、职业教育、随班就读等内容(具体参见表6.3)。在教育学初创时期的众多著作中，这里选择3本著作展开介绍。

张宁生主编的《听觉障碍儿童的心理与教育》于1995年由华夏出版社出版。内容主要涉及听力残疾儿童的认知与教育、想象与教育、思维与教育、交往与教育，听力残疾儿童的情绪、情感和意志与教育，听力残疾儿童的个性与教育，听力残疾儿童的品德心理，听力残疾儿童的教学心理学问题，听力残疾儿童的劳动技术教育和聋校的教育管理等方面。[②]《听觉障碍儿童的心理与教育》一方面充分吸收了国内外有关听觉障碍儿童心理与教育的研究成果，另一方面又融进了编者们自身的教育实践经验，及在基层工作的教师们的一些心得体会，是一本内容全面的听觉障碍儿童的心理与教育著作。

张宁生主编的《听力残疾儿童心理与教育》于2002年由辽宁师范大学出版社出版，是全国高等教育自学考试指定教材，相比《听觉障碍儿童的心理与教育》内容扩充很多，增加章节专门论述聋校的课程与教学、语言沟通法与语文教学法。[③]

---

① 中国教育学会特殊教育研究会、安徽省教育学会特殊教育研究会：《聋童教育概论》，合肥，安徽教育出版社，1985。

② 张宁生：《听觉障碍儿童的心理与教育》，1页，北京，华夏出版社，1995。

③ 张宁生：《听力残疾儿童心理与教育》，4页，大连，辽宁师范大学出版社，2002。

叶立言著的《聋校语言教学》是一本聋校教师表达对聋校语言教学理论思考的专著，于1990年由光明日报出版社出版。叶立言曾任北京市第二聋哑学校校长，是我国特殊教育界第一位特级教师。《聋校语言教学》主要涉及聋校语言教学概述、汉语手势语言和汉语手指语、聋校的语言环境、聋校学生学习汉语的特点、改进聋校语文教材的设想等方面内容。叶立言认为聋校学生要接受良好的教育，必须掌握好汉语这个工具，完全依赖于手势语是不行的。聋校客观上存在着汉语和手势语并存的双语环境。认识双语环境，从客观实际出发，研究聋学生学习汉语的特殊性和聋学生思维方式的特殊性，对推动聋校语言教学工作有重大作用。①

表 6.3　听力残疾教育及相关著作

序号	著作信息
1	中国教育学会特殊教育研究会，安徽省教育学会特殊教育研究会. 聋童教育概论[M]. 合肥：安徽教育出版社，1985.
2	赵鸣之. 聋儿听力 语言康复医学[M]. 天津：天津科学技术出版社，1987.
3	王效贤，王明泽. 聋校教育学[M]. 长春：吉林教育出版社，1988.
4	[英]罗杰·弗里曼，克利夫顿·卡宾，罗伯特·伯伊斯. 聋童教育指南[M]. 方廷钰，李新华，徐公理，译. 北京：华夏出版社，1990.
5	叶立言. 聋校语言教学[M]. 北京：光明日报出版社，1990.
6	赵锡安. 聋校实用语文词典[M]. 北京：团结出版社，1990.
7	朴永馨. 聋童教育概论[M]. 合肥：安徽教育出版社，1992.
8	李宏泰. 聋校律动教学参考资料[M]. 北京：华夏出版社，1992.
9	李宏泰. 聋校体育教学参考资料[M]. 北京：华夏出版社，1992.
10	程益基，赵锡安，雪湘明. 聋教育入门[M]. 北京：华夏出版社，1996.

① 叶立言：《聋校语言教学》，12页，北京，光明日报出版社，1990。

续表

序号	著作信息
11	中国聋儿康复研究中心．聋儿家庭康复教材[M]．北京：华夏出版社，1993.
12	李绍珠，周兢，郭熙．聋儿早期康复教育[M]．南京：南京大学出版社，1993.
13	周兢，李绍珠，郭熙，等．聋儿早期康复教育 整合教学活动设计[M]．南京：南京大学出版社，1993.
14	季佩玉，李宏泰．聋校语文教学200问[M]．北京：华夏出版社，1993.
15	中华人民共和国民政部．听力语言残疾人资料[M]．北京：中国社会出版社，1993.
16	李慧聆．听力残疾儿童随班就读工作手册[M]．北京：华夏出版社，1993.
17	陈淑云，卢雅洁，范念军．聋儿游戏百则[M]．北京：华夏出版社，1994.
18	银春铭．听力残疾儿童的语言教学[M]．上海：上海教育出版社，1995.
19	张茂聪．怎样教育帮助听力残疾孩子 教师家长必读[M]．济南：山东友谊出版社，1995.
20	中国聋儿康复研究中心．聋儿家长必读[M]．北京：华夏出版社，1995.
21	张宁生．听觉障碍儿童的心理与教育[M]．北京：华夏出版社，1995.
22	赵锡安．聋童系列教育家长必读[M]．北京：华夏出版社，1996.
23	全国特殊教育研究会．聋校教学文萃[M]．北京：人民教育出版社，1997.
24	刀维洁，梁巍，张欣．聋儿康复家庭课堂[M]．北京：华夏出版社，1997.
25	孙喜斌，黄鸿雁，尹栋一．聋儿康复社区指南[M]．北京：华夏出版社，1997.

续表

序号	著作信息
26	[日]金山千代子．从零岁开始的聋儿家庭指导[M]．汪建成，陈淑云，译．北京：华夏出版社，1999.
27	汤盛钦，曾凡林，刘春玲．教育听力学[M]．上海：华东师范大学出版社，2000.
28	季佩玉，等．聋教育教师培训教材[M]．北京：中国盲文出版社，2000.
29	梅次开．梅次开聋教育文集[M]．上海：学林出版社，2000.
30	武汉市教学研究室，武汉市特殊教育专业委员会．聋校数学手语辅助教材[M]．武汉：武汉出版社，2001.
31	张宁生．听力残疾儿童心理与教育[M]．大连：辽宁师范大学出版社，2002.
32	曲学利．听力语言康复专业教材 第 1 册 听障儿童康复教师职业道德修养[M]．北京：新华出版社，2004.
33	郝京华．听力语言康复专业教材 第 2 册 听力语言康复导论[M]．北京：新华出版社，2004.
34	陈振声．听力语言康复专业教材 第 3 册 听障儿童康复医学基础[M]．北京：新华出版社，2004.
35	孙喜斌．听力语言康复专业教材 第 4 册 听障儿童康复听力学[M]．北京：新华出版社，2004.
36	刁维洁．听力语言康复专业教材 第 5 册 听障儿童康复教学教法[M]．北京：新华出版社，2004.
37	樊亚平，孙华梅．听力语言康复专业教材 第 6 册 听障儿童康复教育评价[M]．北京：新华出版社，2004.
38	吴立平．听力语言康复专业教材 第 7 册 听障儿童语言训练[M]．北京：新华出版社，2004.
39	卢晓月．听力语言康复专业教材 第 8 册 听障儿童言语康复技能[M]．北京：新华出版社，2004.

续表

序号	著作信息
40	韩睿，马学军．听力语言康复专业教材 第9册 听觉康复技能[M]. 北京：新华出版社，2004.
41	梁巍．听力语言康复专业教材 第10册 听力语言康复专业学生实训与实习手册[M]. 北京：新华出版社，2004.
42	梁巍．听力语言康复专业教材 第11册 听力语言康复专业指导教师手册[M]. 北京：新华出版社，2004.
43	贺荟中．聋生与听力正常学生语篇理解过程的认知比较[M]. 上海：复旦大学出版社，2004.
44	北京联合大学特殊教育学院．听障儿童语言训练标准教程[M]. 北京：中国青年出版社，2005.
45	季佩玉，黄昭明．聋校新概念语文教学法[M]. 上海：华东师范大学出版社，2005.
46	中国残疾人联合会．聋儿的康复[M]. 北京：华夏出版社，2005.
47	沈玉林，吴安安，褚朝禹．双语聋教育的理论与实践[M]. 北京：华夏出版社，2005.
48	[丹]Wendy Lewis. 双语聋教育在丹麦[M]. 吴安安，刘润楠，译．北京：华夏出版社，2005.
49	李慧聆，周文彬．关注聋生心理健康[M]. 香港：银河出版社，2005.

3. 智障儿童教育及相关研究成果

20世纪90年代以前，我国智障儿童教育及相关研究成果很少，目前在书籍方面仅仅查到C. Я. 鲁宾施泰因著、朴永馨翻译的《智力落后学生心理学》。20世纪90年代以后，我国出版和发表的智障儿童教育及相关的研究成果逐渐丰富起来，内容主要涉及智障儿童的教育通论、智障儿童的心理学、智障儿童的诊断、智障儿童的康复与早期干预，智障儿童的课程与实践等方面的内容。在教育学初创时期，智力障碍儿童教育及相关著作见表6.4。这里选择3本著作展开介绍。

茅于燕著的《智力落后儿童的早期发现和早期干预》于1990年由科学普及出版社出版，是我国第一本有关智力落后儿童早期干预的专著。全书分5个部分：智力落后的概念、病因和防治，智力落后的早期发现，智力落后的早期干预，学龄中、轻度智力落后儿童的特殊教育，学龄中、重度智力落后儿童的行为训练原则和方法。该书在前言中指出早期发现儿童的智力落后，并给予早期干预，会使其偏离正常的发展得到适当的纠正。1986年，茅于燕在一些智障儿童家长和热心人士的帮助下创办了北京新运弱智儿童养育院，开展对智障儿童早期训练的工作，取得了较好的效果，为《智力落后儿童的早期发现和早期干预》这本书提供了实践基础。

肖非、王雁著的《智力落后教育通论》于2000年由华夏出版社出版，是我国智力落后教育学领域的重要著作。全书共11章，内容涉及智力落后的定义、分类、出现率、病因、预防，智力落后教育的历史演进，智力落后儿童鉴定的原则、内容、步骤和方法，智力落后教育的目的、任务、内容、原则、课程、教学过程、个别化教育问题、教育科学研究等。《智力落后教育通论》从我国智力落后教育发展的历史和现实出发，对智力落后教育的几个主要领域进行了较深入的总结和探索，把智力落后儿童教育教学过程中所遇到的一些主要问题提升到理论的层次来研究。

张文京著的《弱智儿童个别化教育与教学》于2005年由重庆出版社出版。该书是智障儿童个别化教育指导用书，共有8个章节，分别从智障儿童个别化教育概述、课程、教育诊断、测验与评量、教育诊断与个别化教育计划实作、教学活动、班级管理、智障儿童随班就读中的个别化教育与教学作了细致的阐述，内容涉及教育学、心理学及社会学等多学科理论，同时也吸纳融合了特殊教育的国际发展趋势，形成了智障儿童个别化教育与教学的理论体系。

表6.4 智障儿童教育及相关著作

序号	著作信息
1	[苏]C. Я. 鲁宾施泰因．智力落后学生心理学[M]．朴永馨，译．北京：人民教育出版社，1983.
2	徐云，施毓英．弱智儿童教育经验精选[M]．杭州：浙江教育出版社，1990.
3	许家成，张文京．弱智儿童教育[M]．贵阳：贵州教育出版社，1990.
4	茅于燕．智力落后儿童的早期发现和早期干预[M]．北京：科学普及出版社，1990.
5	刁迺萍．弱智儿童教育康复[M]．哈尔滨：黑龙江教育出版社，1990.
6	汪文鋘．弱智儿童的诊断和教育[M]．杭州：浙江少年儿童出版社，1990.
7	丑荣之，王清汀，梁斌言．怎样培养教育弱智儿童[M]．北京：华夏出版社，1991.
8	孟昭娘，田秋香．弱智儿童问答[M]．北京：人民卫生出版社，1990.
9	周静芳．弱智儿童的发现判别教育和治疗[M]．南京：南京出版社，1991.
10	周月霞．智力落后儿童的教育[M]．北京：北京教育出版社，1991.
11	[美]格里纳．开启弱智儿童智力的金钥匙 弱智儿童教育理论和教学方法[M]．仲锡，宜君，译．南宁：广西教育出版社，1991.
12	杭州杨绫子学校，杭州大学教育系联合研究组．弱智儿童教育研究[M]．杭州：杭州大学出版社，1992.
13	王真东，等．弱智儿童心理与教育[M]．成都：西南交通大学出版社，1992.
14	肖非，刘全礼．智力落后教育的理论与实践[M]．北京：华夏出版社，1992.

续表

序号	著作信息
15	刘云翔．弱智儿童教育学[M]. 沈阳：辽宁教育出版社，1993.
16	茅于燕．弱智儿童的希望 社区康复[M]. 北京：华夏出版社，1993.
17	银春铭．弱智儿童的心理与教育[M]. 北京：华夏出版社，1993.
18	茅于燕，吴今．弱智儿童家庭训练教程[M]. 北京：华夏出版社，1993.
19	茅于燕，王书荃．弱智儿童的早期干预[M]. 北京：华夏出版社，1994.
20	北京特殊教育师资中心．智力落后儿童心理及缺陷补偿第一分册[M]. 北京：中国统计出版社，1994.
21	中央教育科学研究所特殊教育研究室．儿童智能简易测查手册 供弱智儿童随班就读使用[M]. 北京：中央教育科学研究所特殊教育研究室，1994.
22	克理斯·J. 求勒丝．弱智儿童的特殊教育[M]. 南昌：江西教育出版社，1994.
23	汪文鋆．弱智儿童家庭教育咨询[M]. 杭州：浙江教育出版社，1994.
24	茅于燕．弱智幼儿的管理与教育[M]. 天津：新蕾出版社，1995.
25	陕西省残疾人康复工作办公室．弱智儿童的康复训练[M]. 西安：陕西省残疾人康复工作办公室，1995.
26	刘全礼，等．智力落后儿童教育学心理学[M]. 西宁：青海人民出版社，1995.
27	北京特殊教育师资中心．智力落后儿童病因与预防第四分册[M]. 北京：中国统计出版社，1995.
28	徐云，等．弱智儿童教学与训练方法[M]. 杭州：杭州大学出版社，1995.
29	吴重光，范子彦．弱智儿童教育的理论和实践[M]. 广州：广东教育出版社，1996.
30	翁佩玲．弱智儿童教育实践[M]. 北京：教育科学出版社，1996.

续表

序号	著作信息
31	北京玩具协会儿童生理心理教育研究委员会，国家教委教学仪器研究所．弱智儿童的预防与训练 玩具与游戏的魔力[M]. 北京：知识出版社，1996.
32	张茂聪．弱智儿童生活与教育[M]. 济南：山东教育出版社，1996.
33	刘凤珍，侯靖边．中国自然疗法 弱智儿童大脑功能康复[M]. 昆明：云南教育出版社，1996.
34	熊少严，庄佳骝．特殊的领域 关于弱智儿童的教育问题[M]. 广州：广东教育出版社，1997.
35	茅于燕．爱在“新运”北京新运弱智儿童养育院教学十年经验汇编[M]. 北京：北京新运弱智儿童养育院，1997.
36	教育部师范教育司．智力落后儿童心理学[M]. 北京：人民教育出版社，1999.
37	陈云英．智力落后儿童教育的研究[M]. 北京：华夏出版社，1999.
38	教育部师范教育司．智力落后儿童学校数学教学法[M]. 北京：人民教育出版社，1999.
39	教育部师范教育司．智力落后儿童学校语文教材教法[M]. 北京：人民教育出版社，1999.
40	教育部师范教育司．智力落后儿童学校常识教学法[M]. 北京：人民教育出版社，1999.
41	肖非，王雁．智力落后教育通论[M]. 北京：华夏出版社，2000.
42	靳瑞．弱智儿童的治疗及家庭教育护理[M]. 上海：上海科学技术文献出版社，2001.
43	张文京，许家成，等．弱智儿童适应性功能教育课程与实践[M]. 重庆：重庆出版社，2002.
44	肖非．智力落后儿童心理与教育[M]. 大连：辽宁师范大学出版社，2002.
45	银春铭．智力落后儿童交往能力及培养[M]. 长春：东北师范大学出版社，2002.
46	茅于燕．儿童智力全接触 智力、智力测验、智力障碍和早期干预[M]. 北京：中国社会科学出版社，2002.

续表

序号	著作信息
47	茅于燕．智力落后儿童早期教育手册[M]．北京：人民教育出版社，2003.
48	何金娣．中度弱智儿童生存教育的课程与教学[M]．上海：上海远东出版社，2003.
49	茅于燕．爸爸妈妈育儿难题100问[M]．北京：中国妇女出版社，2004.
50	张文京．弱智儿童个别化教育与教学[M]．重庆：重庆出版社，2005.

4．学习障碍儿童教育及相关研究成果

从20世纪90年代开始，我国开始了对学习障碍儿童的研究，主要涉及学习障碍儿童的心理、诊断、训练与教育。例如，周平与李君荣合著的《学习障碍儿童的教育指导》阐述了学习障碍的筛选测试与诊断方法，研究了学习障碍儿童的早期干预和教育指导，并列举了不同年龄阶段个别化教育指导的典型实例。在特殊教育学学科初创时期，学习障碍儿童教育及相关研究著作参见表6.5。

表6.5　学习障碍儿童教育及相关著作

序号	著作信息
1	刘翔平．紧急援助学习障碍儿童[M]．沈阳：辽宁少年儿童出版社，1998.
2	刘弘白．学习障碍100问[M]．厦门：鹭江出版社，1995.
3	[日]清野茂博，[日]田中道治．障碍儿童的发展与学习[M]．王昭月，等，译．新北：心理出版社，1999.
4	林薇．学习的烦恼 学习障碍儿童的心理与训练[M]．北京：北京出版社，2000.
5	赵公明．初中生数学学习障碍的诊断与矫治[M]．南京：南京出版社，2000.

续表

序号	著作信息
6	[美]马丁·V. 科温顿，[美]卡伦·M. 蒂尔．学习障碍的消除策略促进学生成功、高效地学习[M]. 伍新春，郑秋，李虹，等，译．北京：中国轻工业出版社，2002.
7	周平，李君荣．学习障碍儿的教育指导[M]. 北京：人民军医出版社，2003.
8	陈文德．感觉统合游戏室 儿童学习障碍与多动症的治疗与矫正[M]. 北京：九州出版社，2004.
9	郑信雄．如何帮助情绪困扰的孩子[M]. 北京：九州图书出版社，2004.
10	[美]凯·玛丽·波特菲尔德．同学，咱们聊一聊学习障碍[M]. 洪梅，译．北京：商务印书馆，2004.
11	刘翔平．让学习障碍儿童突破学习困难[M]. 北京：中国妇女出版社，2005.
12	金洪源．学习行为障碍的诊断与辅导[M]. 上海：上海教育出版社，2005.
13	金洪源，赵娟．学习困难生认知结构障碍的临床干预 来自心理学实验基地的研究报告[M]. 长春：吉林大学出版社，2005.

（三）随班就读及相关研究成果

随班就读及相关研究主要涉及全纳教育理念、各类残疾儿童的随班就读、区域随班就读经验、随班就读的教学与管理、随班就读质量评估、随班就读师资培训等方面的内容。在特殊教育学学科初创时期，随班就读及相关的著作具体情况参见表6.6。因为前面分类介绍障碍儿童教育及相关研究成果的时候涉及随班就读，所以表6.6去掉了已经在前面列出的著作。

有学者对2000—2013年《中国特殊教育》共14年刊载的论文做了引文分析，发现有关随班就读研究的高被引文献有《全纳教育的元型》《中国的随班就读：历史·现状·展望》《关于全纳教育思想的儿点理论回顾及其对我们的启示》。[①] 这里以这些高被引的随班就读文献为核心来介绍特殊教育学初创期在随班就读研究方面的成果，此外介绍陈云英研究员编的《中国一体化教育改革的理论与实践》和华国栋研究员的专著《差异教学论》。

1. 陈云英撰写的《全纳教育的元型》

陈云英撰写的《全纳教育的元型》一文，基于 8 所实验学校所取得的经验，分别以全纳教育体系的元型、全纳学校的元型、全纳性课堂的元型为要点讨论全纳教育、全纳学校、全纳课堂法教育改革的可行性以及值得进一步研究的问题。[②]

2. 肖非撰写的《中国的随班就读：历史·现状·展望》

肖非撰写的《中国的随班就读：历史·现状·展望》一文回顾了我国随班就读的历史，描述了随班就读工作的现实情况，并对随班就读的未来发展提出了自己的看法，指出普通教育对随班就读这一政策会越来越认同，关注点由解决入学问题转到教学质量，随班就读对象扩大、层次提高，随班就读会演变成为真正的融合教育。[③]

3. 邓猛、潘剑芳撰写的《关于全纳教育思想的几点理论回顾及其对我们的启示》

邓猛、潘剑芳撰写的《关于全纳教育思想的几点理论回顾及其对我们的启示》一文立足于对西方全纳教育思想的相关文献的分析，概要地回顾了全纳教育发展的历史，揭示了全纳教育思想的基本观点，阐明了回归主流、一体化、全纳教育概念之间的关系，总结了围绕完全全纳派的观点与部分全纳派的观点的不同争论，并结合我国随

---

① 张艳琼、张伟锋：《我国特殊教育的知识图谱分析——基于 2000—2013 年〈中国特殊教育〉刊文》，载《西南民族大学学报(人文社会科学版)》，2014(12)。

② 陈云英：《全纳教育的元型》，载《中国特殊教育》，2003(2)。

③ 肖非：《中国的随班就读：历史·现状·展望》，载《中国特殊教育》，2005(3)。

班就读的发展进行了有意义的讨论。①

4. 陈云英编的《中国一体化教育改革的理论与实践》

陈云英编的《中国一体化教育改革的理论与实践》于1997年由新华出版社出版。该书主要收录了1997年中央教育科学研究所特殊教育室与上海市教育科学院特殊教育中心合作在上海举办的中国一体化教育学术研讨会的专家发言和征文中的优秀文章。内容主要有一体化教育发展与管理、一体化教育课程与教学、一体化教育实施培训与协作、成功的一体化教育案例、摘要文章5部分。《中国一体化教育改革的理论与实践》总结、交流了一体化教育在我国的发展与成果，保留了我国随班就读发展过程中的宝贵资料。

5. 华国栋著的《差异教学论》

华国栋著的《差异教学论》于2001年由教育科学出版社出版。《差异教学论》是我国随班就读教学的理论基础之一。全书共11章，主要论述了学生的差异与差异教学、学生差异的测查、教育安置和资源、照顾差异的课堂教学、辅导训练及课外活动等问题。《差异教学论》不仅从理论上论述了差异教学的问题，而且提出了差异教学的目标、课程、计划、教学以及考试具体方案。

表6.6　随班就读及相关著作

序号	著作信息
1	陈云英．随班就读师资培养初步研究[M]．北京：教育科学出版社，1993.
2	苏林．视力残疾儿童随班就读工作手册[M]．北京：华夏出版社，1993.

① 邓猛、潘剑芳：《关于全纳教育思想的几点理论回顾及其对我们的启示》，载《中国特殊教育》，2003(4)。

续表

序号	著作信息
3	陈云英．随班就读的课堂教学[M]．北京：中国国际广播出版社，1996.
4	四川省残疾儿童随班就读问答编写组．视力、听力、智力残疾儿童随班就读问答[M]．成都：四川教育出版社，1996.
5	陈云英．中国一体化教育改革的理论与实践[M]．北京：新华出版社，1997.
6	陈云英，华国栋．特殊儿童的随班就读试验——农村的成功经验[M]．北京：教育科学出版社，1998.
7	周文彬．普通小学教育中的随班就读 课堂教学的策略与实践[M]．北京：气象出版社，1999.
8	景观宗．学前一体化教育 让有特殊教育需要儿童在融合中成长[M]．上海：上海教育出版社，1999.
9	金汉杰．幼儿一体化教育工作手册[M]．北京：教育科学出版社，2000.
10	华国栋．随班就读教学[M]．北京：华夏出版社，2000.
11	徐美莲，薛秋子．融合教育教学模式：以自闭症儿童融入普通班为例[M]．高雄：高雄复文图书出版社，2000.
12	华国栋．差异教学论[M]．北京：教育科学出版社，2001.
13	洪俪瑜．英国的融合教育[M]．台北：学富文化事业有限公司，2001.
14	华国栋．特殊需要儿童的随班就读[M]．大连：辽宁师范大学出版社，2002.
15	夏云飞．残疾儿童少年随班就读工作教师用书[M]．长沙：湖南人民出版社，2002.
16	黄志成，等．全纳教育——关注所有学生的学习和参与[M]．上海：上海教育出版社，2004.
17	联合国教科文组织．全纳教育共享手册[M]．陈云英，杨希洁，赫尔实，译．北京：华夏出版社，2004.
18	韩建丽．融入“全纳”北京市宣外大街小学“随班就读”课题文选[M]．北京：首都师范大学出版社，2004.
19	[美]利·哈米尔，[美]卡罗琳·埃弗林顿．中重度障碍学生的教学——在全纳性教育环境中的应用[M]．眢飞，译．上海：华东师范大学出版社，2005.

（四）资料类研究成果

在特殊教育学学科初创时期，特殊教育的资料类研究成果主要涉及国内外教育资料选编、汇编，中国特殊教育的文件选编，特殊教育辞典等方面的内容(具体参见表6.7)。这里对部分资料展开介绍。

1. 朴永馨编的《特殊教育辞典》

北京师范大学特殊教育研究中心组织编写的《特殊教育辞典》于1996年6月由华夏出版社出版，朴永馨任主编。该书坚持辩证唯物主义和历史唯物主义相结合，尽量吸取和反映国内外特殊教育方面的新成果、新动态，力求全面反映当代的特殊教育情况，熔古今中外于一炉。《特殊教育辞典》广泛参考了同类工具书，并结合我国特殊教育的实际，确定了1630条词目。内容涉及古今中外特殊教育基本概念、天才、智力残疾、听力残疾、视力残疾、言语和语言残疾、肢体残疾、多重残疾、学习障碍、情绪和行为障碍儿童教育10个方面的常见术语、事件、文件、人物、著作等，尽可能地条列说明我国特殊教育领域具有影响的事件。该书是在特殊教育界专家、学者的通力合作下历时三年完成的，较好地保证了该书释义的科学性、客观性、知识性、严谨性、可读性，并使该书在学术上具有较高的权威性。2006年8月《特殊教育辞典》(第2版)出版，在原版基础上修订，增加了620条词目，并对原书八分之一的条目进行了内容或文字上的补充或订正。2014年10月《特殊教育辞典》(第3版)出版，新版增加了近年来常用的一些术语，更正了以往容易引起歧义的译法，补充了特殊教育专业相关的检索工具。《特殊教育辞典》在学术上具有较高的权威性，是特殊教育专业人士必备的参考工具书。

2. 其他资料

原国家教育委员会初等教育司编的《特殊教育文件、经验选编》主要汇集了1988年11月全国特殊教育工作会议的主要文件、领导讲话和经验材料，以供各地教育、民政等部门，各类残疾儿童学校

(班)，特殊教育师资培训机构，残疾人职业教育机构，残疾儿童福利机构，特殊教育教学和科学研究机构学习和研究参考。

原国家教育委员会基础教育司编的《国外特殊教育资料选编》介绍了亚洲太平洋地区近几十年来特殊教育事业的历史、现状与发展趋势及发展特殊教育事业的各种做法、经验等。

表 6.7　特殊教育研究资料类成果

序号	著作信息
1	国家教育委员会初等教育司．特殊教育文件、经验选编[M]．北京：人民教育出版社，1989.
2	国家教育委员会基础教育司．国外特殊教育资料选编[M]．北京：华夏出版社，1992.
3	国家教育委员会基础教育司，中国残疾人联合会教育就业部．特殊教育文件选编：1990—1995[M]．北京：华夏出版社，1995.
4	朴永馨．特殊教育辞典[M]．北京：华夏出版社，1996.
5	中国残疾人联合会教育就业部，中华人民共和国教育部基础教育司．特殊教育文件选编：1996—2001[M]．北京：华夏出版社，2002.

二、特殊教育学研究方法

(一)唯物辩证法为特殊教育学的研究提供了方法论指导

唯物辩证法对特殊教育学研究的指导体现在 4 个基本观点中：普遍联系观、动态发展观、矛盾统一观、质量结合观。在特殊教育研究中，研究者综合运用唯物辩证法去分析特殊教育现象，把握特殊教育的规律。本书为了深入分析特殊教育学初创时期的方法论，对 4 个基本观点逐一进行介绍。其中举到的例子往往也是唯物辩证法综合运用的体现。

1. 普遍联系观

普遍联系观认为事物和现象之间是相互联系、相互作用的，这种内在的联系是普遍存在的、必然的。研究特殊教育问题，必须将其放在普遍联系的背景中加以考察。下面以朴永馨的三因素补偿理论为例介绍普遍联系观在特殊教育研究中的运用。

朴永馨在分析了原有补偿理论过分强调生物因素、外界条件对补偿起决定作用等观点的局限性的基础上，提出了三因素补偿理论。朴永馨指出，生物因素是补偿的物质基础，为补偿提供了可能性；社会因素为补偿提供了外部条件；意识(或心理)因素是使生物因素和社会因素充分发挥作用的后天产生的一个因素。以上三方面的因素在补偿过程中是统一的、相互作用和协调平衡的。在一个补偿过程中要全面地、统一地分析先天与后天、内因和外因诸因素的作用，以便在补偿缺陷中最大限度地发挥社会、机体本身生理和意识的功能。① 朴永馨在研究补偿现象时以普遍联系的观点分析与之相关的各种因素，准确把握了补偿现象的本质特征。

2. 动态发展观

事物的运动发展思想是唯物辩证法的重要观点。对于特殊教育现象，我们应当将其放在一定的历史过程中加以考察，才能准确地做出描述和解释。动态发展观认为，没有任何东西是静止不变的，一切都在运动、变化、产生和消失。特殊教育研究不仅要了解发展的现状，还要考察成因及其过程，并且对发展趋势做出预测。

3. 矛盾统一观

唯物辩证法认为，矛盾就是对立统一，就是指事物内部和事物之间既对立又统一的关系。特殊教育现象中充满各种各样的矛盾，如特殊儿童发展的内因和外因的矛盾，随班就读教育教学质量提升与随班就读办学水平的矛盾。因此，对于特殊教育现象的研究，我们要采取一分为二的观点，要全面考察特殊教育现象的多重性和多面性；既要看到矛盾的普遍性，又要观察矛盾的特殊性；既要全面，

---

① 朴永馨：《特殊教育学》，67～70页，福州，福建教育出版社，2014。

又要有所侧重。特殊教育研究要求善于发现特殊教育中的矛盾，关注特殊教育实践中的真问题，并据此展开研究。例如，普通学校随班就读教师对特殊性目标考虑得少，没有照顾到特殊儿童的差异性需求，普通班级的课堂教学任务与特殊儿童的差异性需求就形成了一对矛盾。

4. 质量结合观

唯物辩证法认为质量和数量是客观事物的基本规定，质与量是对立统一的，既没有离开质的量，也不存在没有量的质。特殊教育实践同样具有质和量两个方面，我们应同时重视定量分析和定性分析，并将二者整合起来。特殊教育研究中实证研究和理论研究相辅相成，共同推动特殊教育的发展。

（二）运用实证研究方法，形成了一些应用研究成果

实证研究方法是指通过系统、客观的观察、调查、实验等方法来收集资料，从中发现并证明事物的性质、特征和事物之间的关系。经验法是来自他人或自己的感官经验，其观点缺乏实证资料的支持，不能被称为科学研究的方法。

从整体上看，在特殊教育学初创时期，广大特殊教育工作者的研究以经验法为主。例如，1997 年召开的中国一体化教育学术研讨会共收到文章 118 篇，其中科研论文 38 篇，经验性论文 80 篇，经验性论文占到了 68％。

但是，我们也应该看到，在特殊教育学初创时期，还是有一些研究者运用了观察、调查、实验等实证研究方法进行特殊教育研究，并形成了一些高质量的研究成果。例如，在调查研究方面，刊载在《中国特殊教育》杂志被引次数达到 50 次及以上的调查研究论文有《关于普小教师与特教教师对有特殊教育需要学生随班就读态度的调查》(韦小满、袁文得，2000)，《聋哑学生心理健康状况的初步调查》(林于萍，2000)，《特殊教育教师心理健康状况的调查研究》(徐

美贞，2004)，《对我国随班就读发展现状评价的问卷调查报告》(钱丽霞，2004)，《聋生心理健康状况调查与研究》(冯年琴，2004)，《自闭症儿童母亲在养育儿童过程中的需求调查》(吕晓彤、高桥智，2005)。

(三)运用理论研究方法，形成了一些理论研究成果

理论研究法指的是在已有的事实材料或已有的理论基础上，进一步探索事物的本质与规律或构建新的理论体系的研究方法。与实证研究诉诸精确的调查、统计和实验不同，理论研究法诉诸理性思辨、推理演绎、抽象提升。实践是进行理论研究的基础，朴永馨强调理论研究中一定要尽可能多地掌握客观材料。他指出自己的研究就是努力用正确的观点来分析和认识事物，尽量多占有客观材料(事实)的。

整体上看，在特殊教育学的学科初创期，特殊教育理论研究还是比较薄弱的。有关研究表明，在1997年至2003年国内公开发行的两份刊物《中国特殊教育》和《现代特殊教育》上发表的998篇研究论文中，关于特殊教育基础理论研究的文章仅有59篇。[①]

但是，我们也应该看到，在特殊教育学初创时期，还是有一些研究者运用唯物辩证法、概念逻辑方法[②]等对特殊教育的基本理论进行了研究，形成了一批理论研究的成果。

第二节 特殊教育学的学科载体

一、特殊教育研究机构

1980年，朴永馨创立北京师范大学特殊教育研究室，这是我国

① 谈秀菁：《特殊教育的研究现状与科研选题》，载《南京特教学院学报》，2004(4)。

② 盛永进：《关于特殊教育研究哲学化的思考》，载《中国特殊教育》，2005(8)。文中指出所谓逻辑概念方法，就是符合逻辑的从概念到概念的方法，哲学家们称之为“概念运动”。

高校建立的第一个特殊教育的教学和研究机构。成立之初，北京师范大学特殊教育研究室组织进行了全国特殊教育学校的调查，以了解盲校和聋校的基本情况。特殊教育研究室也承担了一些课题研究工作，如 1984 年立项的“北京市盲、聋、智力落后学生生理、心理特点的研究”。这项研究弥补了我国残疾青少年身体素质调查的空白，也为特殊教育专业以后的研究和课程建设打下了基础。①

北京师范大学特殊教育研究室成立后，我国特殊教育研究机构的数量逐渐增多。到 2005 年，我国特殊教育研究机构主要有三类：第一类是依托高校特殊教育专业设立的特殊教育研究机构，如北京师范大学特殊教育研究中心、华东师范大学特殊教育研究所、陕西师范大学教育科学学院特殊教育研究室、辽宁师范大学特殊教育研究室、重庆师范学院儿童智能发展研究中心等，这些机构担负教学和科研的双重任务；第二类是依托各级教育科学研究机构设立的专门从事特殊教育研究的机构，如中央教育科学研究所心理与特殊教育研究中心、上海市教育科学院特殊教育研究中心、天津市教育科学院特殊教育研究室和各级教育研究所特殊教育研究室②；第三类是民办非政府组织设立的研究某一类儿童的特殊教育研究机构，这些研究机构往往把特殊儿童的教育实践和科学研究结合起来。对于第一类机构，这里以北京师范大学特殊教育研究中心为例进行介绍；对于第二类机构，这里以中央教育科学研究所心理与特殊教育研究中心为例介绍；对于第三类机构，这里以金钥匙视障教育研究中心为例介绍。

（一）北京师范大学特殊教育研究中心

北京师范大学特殊教育研究中心是最早成立的国家级特殊教育

---

① 朴永馨：《特殊教育和我：朴永馨口述史》，77 页，北京，北京师范大学出版社，2017。

② 蒋云尔：《特殊教育管理学》，33 页，南京，南京大学出版社，2007。

研究机构。1988年，为了发展我国的特殊教育事业和科学研究，原国家教育委员会依托北京师范大学特殊教育专业力量，批准建立北京师范大学特殊教育研究中心。该研究中心成立初期受国家教育委员会和北京师范大学的双重领导，后只受学校领导。中心工作人员由北京师范大学特殊教育专业教师兼任。[①] 该研究中心的宗旨是，以辩证唯物主义和教育方针为指导，遵循理论联系实际的原则，探索各类特殊教育的规律，为我国特殊教育的发展和改革服务。[②] 自成立以来，北京师范大学特殊教育研究中心开展的工作主要涉及特殊教育政策服务、特殊教育研究、特殊师范教育教材编写、特殊教育学校教学计划与课程材料的审定与编辑、特殊教育师资培训、特殊教育的国内外学术交流、学术刊物的编辑出版等工作。中心编辑出版的《特殊教育研究》(季刊)自1992年创刊，是我国最早的特殊教育杂志。作为特殊教育科研队伍的领军、国家特殊教育决策的智囊、特殊教育师资培训的先锋，北京师范大学特殊教育研究中心为我国特殊教育的发展做出了卓越贡献。[③]

(二)中央教育科学研究所心理与特殊教育研究中心

1988年中央教育科学研究所成立特殊教育研究室，陈云英任主任。2002年，心理与特殊教育研究中心合并，成立心理与特殊教育研究部；2011年，更名为现在的心理与特殊教育研究中心。中央教育科学研究所心理与特殊教育研究中心对有特殊需要的儿童(包括感觉障碍儿童、学习障碍儿童、孤独症儿童、超常儿童、处境不利儿童)开展理论与实践的研究与指导，为上级提供特殊教育政策调研

---

① 朴永馨：《特殊教育和我：朴永馨口述史》，121～122页，北京，北京师范大学出版社，2017。

② 顾定倩：《中国特殊教育的科研和师训基地——北京师范大学特殊教育研究中心简介》，载《现代特殊教育》，1994(3)。

③ 钱志亮、刘娲：《北京师范大学与中国特殊教育》，载《高等师范教育研究》，2002(4)。

和咨询，申报和承担国家级、国际级的重大课题和项目，编辑出版《中国特殊教育》杂志，积极发展与国内国际重大机构和组织的交流合作。中央教育科学研究所心理与特殊教育研究中心引领了我国特殊教育实践和理论研究工作，为我国特殊教育的发展做出了重要贡献。

1999 年，在联合国教科文组织和教育部的支持下，陈云英主持"运用互联网的优势，促进特殊儿童的基础教育"的课题研究，开发出了一个面向全体残疾人、以服务残疾人的教育为主的网站——中国特殊需要在线。2000 年，中国特殊需要在线开始运行。该网站有"主要机构、新闻中心、陈博士办公室、特殊需要人群、随班就读、资源中心、本月议题、会员天地、八方献爱、虚拟社区、世界之窗、好书推荐、请您帮忙、悦心苑、展览台"15 个栏目。①

陈云英在网上开设了一个虚拟的网络交流平台——"陈博士办公室"，网站还依托中央教育科学研究所心理与特殊教育研究中心的资源组织各个层次的特殊教育专家提供咨询活动。2001 年 5 月 18 日至 8 月 26 日，网站组织全国特殊教育领域的专家、学者和经验丰富的特殊教育教师开展网上远程咨询活动——"中国特殊需要在线百日百名专家助残咨询"，共接受咨询 4357 次，就社会关心的特殊教育问题进行交流和讨论②，产生了广泛的社会影响。后来，由于人力物力的限制，该网站停止运行。中国特殊需要在线网站利用互联网的优势，搭建了特殊教育专家、学校、教师、学生广泛交流的平台和资源共享的平台，为基层特殊教育学校和偏远地区的残疾人传送了有用的信息，促进了特殊儿童基础教育的发展。

(三)金钥匙视障教育研究中心

1988 年，徐白仑创立金钥匙盲童教育研究中心。1989 年，金钥

① 《"中国特殊需要在线"特色介绍及最新发展动态》，载《中国特殊教育》，2000(4)。

② 陈云英：《中国特殊需要在线远程咨询报告》，载《中国特殊教育》，2004(9)。

匙盲童教育研究中心更名为金钥匙视障教育研究中心。金钥匙视障教育研究中心是非营利性的非政府组织。该中心致力于发展我国视障人士的教育、康复和文化事业，以普及贫困地区视障儿童基础教育为重点。与地方政府合作开展视障儿童随班就读，探索具有中国特色的普及视障教育的道路是金钥匙视障教育研究中心的核心工作。金钥匙视障教育研究中心先后开展了金钥匙盲童教育计划、低视力儿童随班就读项目实施计划、广西金钥匙工程(1996—1998年)、内蒙古金钥匙工程(1997—2004年)、陕西金钥匙工程咸阳示范区项目(2004—2008年)、黑龙江金钥匙工程齐齐哈尔示范区项目(2005—2009年)等项目。在实践中，金钥匙视障教育研究中心积极总结视障儿童随班就读的经验，总结出了普及视障儿童教育的模式。金钥匙视障教育研究中心在视障儿童随班就读的实践和理论研究中发挥了重要作用。此外还有一些和特殊教育相关的研究机构，如1988年开始运作的中国康复研究中心，1989年投入使用的中国残疾儿童康复培训中心，1983年建立的中国聋儿康复研究中心。

二、学术团体

在我国影响最广泛、活动最频繁的特殊教育学术团体是成立于1982年的中国教育学会特殊教育分会以及各级分会。此外，本部分还以国际视障教育学会中国分会为例介绍国际特殊教育学术团体的中国分会，以中国残疾人康复协会听觉言语康复专业委员会为例介绍和特殊教育相关的学术团体。

(一)中国教育学会特殊教育分会

中国教育学会特殊教育分会是我国层次最高、代表性最广泛的特殊教育学术研究团体，成立于1982年10月，主要开展基础特殊教育领域的理论研究与交流活动。中国教育学会特殊教育分会设立常务理事会，每届任期5年，常务理事会下设专业部和学术委员会。以1997年中国教育学会特殊教育分会第四次全国代表大会选举产生的第四届常务理事会机构为例，设置了盲教育部、聋教育部、弱智教育部、行政管理部、师资培训部、职教部、科研部。[①] 之后，中国教育学会特殊教育分会在各省设立分会，负责开展本省基础特殊教育领域的研究与交流活动，如北京市教育学会特殊教育研究会、浙江省教育学会特殊教育分会等就是中国教育学会特殊教育分会在省级的分会。

中国教育学会特殊教育分会自创建以来，始终坚持以“为特殊教育改革和发展服务，为繁荣特殊教育科学服务，为第一线教师和教育工作者服务，当好教育行政部门的助手和参谋”为宗旨，充分发挥群众性学术团体的优势，积极开展学术研讨、教学研究与实验、师资培训、论文评比、对外交流等活动，受到有关方面及全国各地特殊教育工作者的赞誉和欢迎，为推动群众性教育科研的开展和提升特殊教育的质量做出了突出贡献。

（二）国际视障教育学会中国分会

国际视障教育学会是视障教育领域权威性的国际学术团体，是联合国教科文组织、联合国儿童基金会、世界卫生组织的首选咨询单位。1994 年，在当时的国际视障教育学会主席布鲁海尔的支持下，徐白仑倡导成立了国际视障教育学会中国分会。徐白仑当选为中国分会主席，并于 1994 年、1995 年、1996 年、1998 年举办了 4 次国际学术交流会。国际视障教育学会中国分会的成立对推动我国视障教育的学术交流起到了积极作用。

（三）中国残疾人康复协会听觉言语康复专业委员会

1992 年，中国残疾人康复协会听觉言语康复专业委员会成立。

---

① 《面向二十一世纪的中国特殊教育——中国教育学会特殊教育分会第四次全国代表大会暨内地、香港、澳门、台湾特殊教育学术交流会会议纪要》，载《中国特殊教育》，1997(4)。

该委员会是一个跨专业的、具有应用研究性质的学术团体。其宗旨是坚持全面康复原则，加强本专业学术研究、临床实践、教育训练和工作交流，提高听觉言语障碍康复水平，为听觉言语障碍者造福。中国残疾人康复协会听觉言语康复专业委员会设置主任、副主任委员。委员会秘书处设在中国聋儿康复研究中心。

三、期刊

随着国内高校特殊教育专业、中等特殊教育师范学校、特殊教育研究机构和团体的建立，特殊教育期刊的出版被提上了日程。北京师范大学特殊教育研究中心编辑出版的《特殊教育研究》于1992年5月创刊，之后其他单位也陆续创办了《中国特殊教育》《现代特殊教育》《特殊教育》《特教天地》等正式刊物或内部刊物。全国各地多个省市也逐渐创办了地方特殊教育刊物，如《浙江特教通讯》《山东特教》《上海特教》《北京特教》等。20世纪90年代是特殊教育期刊的繁荣时期。此后，因为各种原因，内部刊物逐渐停刊。当今，公开发行的特殊教育正式刊物仅有《中国特殊教育》《现代特殊教育》。内部刊物中，比较有代表性的是《特殊教育研究》。下面介绍4种特殊教育期刊。

（一）《特殊教育研究》

北京师范大学特殊教育研究中心编辑出版的《特殊教育研究》是国内最早的特殊教育学术期刊。该杂志于1992年5月创刊，2002年停刊。

《特殊教育研究》是季刊，一年出版4期。杂志的刊名由启功亲笔题写。朴永馨担任主编，特殊教育研究中心的教师轮流担任编辑。《特殊教育研究》一直没有从国家新闻出版总署申请到正式刊号，仅仅获得内部刊号，只能作为内部刊物出版，一期内部发行量只有2000册。[①]

---

① 朴永馨：《特殊教育和我：朴永馨口述史》，127～128页，北京，北京师范大学出版社，2017。

《特殊教育研究》作为特殊教育研究成果交流的学术平台，专门发表特殊教育理论与实践研究论文及报告，宣传中央的一些相关文件。《特殊教育研究》总共坚持出版了 11 年，出版了 44 期杂志，发表了 500 篇左右的特殊教育学术和经验性论文。《特殊教育研究》在国内外特殊教育学术界具有重要影响，推动了特殊教育研究的发展。

中华人民共和国国家教育委员会

图 6.1　国家教委同意《特殊教育研究》内部准印出版的批文

图 6.2　启功先生题写刊名的《特殊教育研究》杂志

《特殊教育研究》也为北京师范大学特殊教育专业创造国内一流的、国际有影响的研究成果提供了便利的条件。

（二）《中国特殊教育》

《中国特殊教育》杂志创刊于 1994 年，由中华人民共和国教育部主管，中国教育科学研究院主办。杂志社现设在中国教育科学研究院心理与特殊教育研究中心。《中国特殊教育》原名为《特殊儿童师资与培训》，1996 年更名为《中国特殊教育》。《中国特殊教育》与时俱进，不断增加杂志刊载论文的数量，丰富杂志的内容，提高杂志的质量。《中国特殊教育》1994 年到 2002 年为季刊，每年出版 4 期；2003 年和 2004 年为双月刊，一年出版 6 期；2005 年至今为月刊。

《中国特殊教育》是我国特殊教育领域的高品位学术性刊物，是国内教育类核心期刊。《中国特殊教育》自创刊之初就秉持大特殊教育的理念，刊载包括天才儿童在内的各类儿童心理与教育的优秀论文，积极关注随班就读、特殊师范教育、特殊职业教育、国外特殊教育等研究内容，对全国特殊儿童心理与教育研究的发展起到了导向和引领作用，同时也促进了我国特殊儿童心理与教育领域的学术争鸣。

（三）《现代特殊教育》

《现代特殊教育》创办于1992年8月，系原国家教育委员会、中国残疾人联合会委托原江苏省教育委员会主办的特殊教育专业期刊，现由江苏省教育厅主管，江苏教育报刊总社主办。《现代特殊教育》创刊的时候为双月刊，逢双月5日出版。《现代特殊教育》以特殊教育工作者为主要读者对象，兼顾师范院校、教育科研、残联组织、医疗康复等部门及残疾儿童家长，是首份面向全国公开发行的特殊教育专业刊物。《现代特殊教育》办刊宗旨是为特殊教育事业发展服务，为特殊儿童少年群体和特殊教育教师发展服务。刊物内容以义务教育阶段的特殊教育为主，涉及盲教育、聋教育、智障教育、教育康复等多个专业领域。刊物在形式上图文并茂，所载文章短小精悍，简明扼要。《现代特殊教育》在办刊的过程中坚持理论研究通俗化，经验介绍有推广价值，特殊教育重要事件报道有典型性信息。《现代特殊教育》是融思想性、专业性、知识性、资料性于一体，在特殊教育领域有广泛影响的特殊教育刊物。

（四）《南京特教学院学报》

南京特殊教育师范学校于1988年创办《南京特师学报》（季刊）。2002年学校升格为南京特殊教育职业技术学院后，学报改名为《南京特教学院学报》。《南京特教学院学报》没有正式刊号，属于内部刊物，2014年停刊。《南京特教学院学报》面向特殊教育教师培养机构的师生和特殊教育基层学校的教师，主要发表特殊教育理论研究和特殊教育实践研究的论文。期刊论文格式规范，是特殊教育研究者和特殊教育实践工作者重要的学术交流平台。

除了以上特殊教育期刊外，还有一些期刊与特殊教育相关，如创刊于1989年的《中国残疾人》，创刊于2003的《中国听力语言康复科学杂志》。此外还有一些普通教育期刊也会刊载一些特殊教育论文。

四、学术会议

特殊教育的学术会议主要是特殊教育机构、团体或者高校组织召开的对特殊教育教学、管理、师资培养等方面展开研讨的国内或者国际会议。因为收集新中国成立以来到2005年期间召开学术会议的资料主要依托一些重要的期刊，缺乏特殊教育会议的系统资料，所以本部分仅以具体的形式介绍重要的特殊教育全国会议。

（一）综合性会议

综合性会议往往涉及特殊教育多方面的内容。

1. 北京国际特殊教育会议

1988年6月27日至30日，北京成功举办了北京国际特殊教育会议，这是首次在中国召开的大型国际性特殊教育学术会议。这次会议由中国国际科技会议中心和美国环球交流公司发起，中国残疾人联合会、北京师范大学、美国特殊儿童委员会、美国特殊教育全国理事会协办。会议规模很大，有20多个国家和地区的600多名代表出席，其中中国代表100名。会议收到论文134篇。中外代表就特殊教育教学计划、聋教育、残疾儿童早期鉴定和干预计划、课程设置、特殊教育师资培训、残疾人职业训练和就业准备、服务设施和形式、科学研究、为残疾人服务的技术9个专题进行了学术交流。

2. 亚太地区特殊教育研讨会

1993年2月，亚太地区特殊教育研讨会在哈尔滨召开。中国、日本、韩国、越南等12个亚太地区和国家的130多位教育工作者和特殊教育专家相聚哈尔滨，研究探讨有特殊需要的儿童少年的教育政策、组织和规划问题。联合国教科文组织、世界银行、联合国儿童基金会、拯救儿童基金会(英国)、国际视障协会、国际聋教研究会6个国际组织派观察员参加会议。与会代表听取了几位专家做的关于国际和亚洲地区特殊教育趋势的报告和12个国家关于特殊教育情况的介绍，还就“未来发展的主要问题”“从政策到议程”“发展规划及前景”等问题进行研讨和评价，从而对亚太地区特殊教育共同关心的问题提出意向性意见。会上，中国代表做了题为“中国特殊教育的政策与展望”的专题报告。大会就实施全民教育目标、形成全纳性学习观念、分享随班就读成功的策略和方案、强化现有网络、增进相互了解、提高管理者和教师能力、加强与非政府组织合作、提高公共机构支持能力、提供教学材料、形成随班就读学校观念、增强地区间的合作、建立监测评估制度12个问题达成意向性共识。亚太地区特殊教育研讨会的召开对于加强与会国在特殊教育领域的交流与合作，进一步推进亚太地区特殊教育的发展有十分重要的意义。

3. 中国教育学会特殊教育分会的代表大会及年会

中国教育学会特殊教育分会成立后，一直在推动基层特殊教育研究活动的开展。截至2005年，中国教育学会特殊教育分会共召开5次全国代表大会，此外还召开了年会和各种专题会议。各省、市的分会也举办了很多地方会议。中国教育学会特殊教育分会代表大会主要涉及学会的换届选举、学术交流等内容。下面以1992年和1999年召开的会议为例做简要介绍。

1992年7月，中国教育学会特殊教育分会第三次代表大会在贵阳召开。来自27个省、市、自治区特殊教育研究会的代表参加了这次大会。会议选举产生了第三届常务理事会。为了加强特殊教育的学术研究和特殊教育师资培训，第三届常务理事会研究决定成立特殊教育学术委员会和特殊教育讲师团。学术委员会由朴永馨担任主任，主要任务是对送交给每届年会、研讨会交流的论文进行评选，以推动全国各地特殊教育研究的深入开展。会议期间举办了学术报告，交流了各地特殊教育研究会的工作经验。

1999年11月，中国教育学会特殊教育分会在广州白云宾馆召开年会，来自内地的各位代表和香港、澳门的特邀嘉宾出席了会议。这次会议以面向新世纪、促进特殊教育改革与发展、实现特殊教育的现代化为主题。来自北京、上海、天津、江苏、大连、广州等地的代表在大会上发言，交流各地特殊教育改革发展的经验。中央教育科学研究所特殊教育研究室主任陈云英、中国聋儿听力康复中心的高成华、广州市聋哑学校特级教师简栋梁做了学术报告。会议期间，代表们还参观了广州市聋哑学校、广州市盲人学校、越秀区培智学校、番禺市特殊教育学校。①

4. 海峡两岸特殊教育研讨会

2002年12月18日至21日，海峡两岸特殊教育研讨会在北京召开。此次研讨会由北京师范大学教育学院主办，中国人才研究会、超常人才专业委员会协办。参加研讨会的有来自各个地区的高等院校、科研机构、特殊教育学校的专家、学者约100人。这次研讨会就特殊教育的政策与发展趋势、特殊教育的课程改革、残疾人职业教育、特殊儿童早期干预与康复训练、超常儿童教育研究、手语研究等问题进行了广泛的讨论和交流。②

（二）专题会议

我国在此阶段召开了聋教育、盲教育、智障教育、职业教育等方面的专题研讨会，以及特殊教育经验交流会。这些由政府部门主持召开的工作交流会也往往有学者参加，也会有一些专题研讨，对推动特殊教育的发展有重要意义。本部分收录部分工作经验交流会。

---

① 李泽慧：《携手共进　迈向新世纪——中国教育学会特殊教育分会99年会在广州召开》，载《现代特殊教育》，2000(1)。

② 韩园：《因材施教培养特殊人才——海峡两岸特殊教育研讨会在京召开》，载《中国人才》，2003(1)。

1. 聋教育方面的会议

国家层面比较重要的聋教育方面的会议主要有：1992 年在天津召开的全国聋校分类教学研讨会，2000 年在南京召开的 21 世纪中国聋教育改革与发展研讨会，2005 年在贵阳召开的全国加强和改进聋校德育工作会议。

由原国家教育委员会特殊教育处和中国教育学会特殊教育分会主办的全国聋校分类教学研讨会，于 1992 年 6 月 10 日在天津召开。来自全国 14 个省、市，20 所聋校和中国聋儿康复研究中心等单位的代表参加了研讨会。聋校分类教学是根据聋生的听力状况，采取因材施教、分类指导的方法，通过缺陷补偿，让各类聋生接受满足其自身发展所需要的教育，从而实现聋校教育目标。会上，天津、北京、武汉等地的代表交流了分类教学的经验，探讨了有关理论和实践方面的问题。

2000 年 11 月 11 日至 14 日，21 世纪中国聋教育改革与发展研讨会在南京召开。这次大会是由中国教育学会特殊教育分会、香港英华渔人协会和江苏省教育厅联合主办，江苏省教育厅承办的。来自许多地区的 380 余名聋教育工作者代表参加了会议。会上，香港英华渔人协会鲍瑞美副主席做了《世界和香港聋教育的发展趋势》的报告，回顾了近 50 年来西方国家和我国香港地区聋童教育的演变过程，并揭示了其未来发展趋势。中国教育学会特殊教育分会李宏泰副理事长以《探索二十一世纪我国聋校的改革之路》为题，报告了“九五”期间开展的实验聋校项目①的工作。南京市聋哑学校、上海市闵

① 实验聋校项目是指经教育部基础教育司批准，由香港英华渔人协会与中国教育学会特殊教育分会合作实施的内地实验聋校项目，始于 1998 年 6 月，先后选定广州、上海、南京、北京和武汉等地的七所聋校为项目实验聋校，通过培训学校校长、教师和技术人员及完善聋校教学专用设备的方式，使学校领导和广大教师学习和初步掌握国际先进的听力障碍教育理论、经验和技术，以便切实根据听力障碍学生的特点开展教育教学活动，逐步形成一套符合国情且行之有效的办学体制和教学机制。2002 年召开的全国部分省市聋校校长研讨会也主要交流了实验聋校项目学校的经验。

行区启音学校、武汉市第二聋哑学校、广州市聋哑学校和北京市第一聋哑学校5所实验聋校均向大会报告了他们的教育改革实践和经验，集中展现了香港和内地在聋教育领域的合作。与会代表参观了江苏省六所聋校并观摩教学，分组研讨了“实验聋校教学示范及教学改革”“聋教育改革与发展方向”等专题。会议的召开对认真总结我国“九五”期间聋教育发展的成功经验，积极研讨和探索21世纪聋教育改革趋势和发展战略，具有重要意义和作用。①

2005年9月26日至30日，由中国教育学会特殊教育分会聋专业委员会主办的全国加强和改进聋校德育工作会议在贵阳召开，来自大陆及台湾地区的近百名代表参加了会议。教育部谢敬仁处长在开幕式上做了重要讲话，强调了本次会议的重要意义，希望加强聋校德育工作的基础性、整合性和校本化建设，全员、全程、全方位地推进德育工程。② 教育部原德育处孙学策处长对《中学生日常行为规范》的修改背景和出台做了详细的介绍。与会代表就聋校德育目标、心理健康教育、学校德育资源进行了深入交流。

2. 盲教育方面的重要会议

1989年10月，原国家教育委员会基础教育司在上海市盲童学校召开了盲校低视力儿童教学研讨会，推广了盲童和低视力儿童分类教学的经验。

1990年5月，原国家教育委员会在江苏省无锡市召开了第一次盲童随班就读经验现场交流会，与会代表100多人，原国家教育委员会基础教育司副司级巡视员李仲汉、特殊教育处副处长赵永平和中国残疾人联合会的干部出席了会议，各省、自治区、直辖市教育

---

① 展雷蕾：《21世纪中国聋教育改革与发展研讨会在宁隆重召开》，载《现代特殊教育》，2001(1)。

② 陈军：《由现实走向未来——全国加强和改进聋校德育工作会议综述》，载《现代特殊教育》，2005(11)。

委员会(教育局)和残疾人联合会均派人参加。此外中央教育科学研究所、北京师范大学、南京特殊教育师范学院和爱德基金会均派代表参加。中国教育报、中国残疾人杂志社还派记者参加。会议代表在听取各省、市的经验介绍的基础上，到宜兴市、无锡市几所盲童学校做了实地考察。第一次全国盲童随班就读经验现场交流会对金钥匙盲童教育计划形成的经验在全国范围做了推广。1991年6月，原国家教育委员会、中国残疾人联合会在石家庄召开第二次全国盲童随班就读经验现场交流会，对各地盲童随班就读的经验进行了交流，并到河北晋州的几所学校做了现场考察。这次现场会主要介绍了河北盲童随班就读的经验。1992年9月16日，原国家教育委员会和中国残疾人联合会在佳木斯市召开为期四天的第三次全国盲童随班就读经验现场交流会，推广了黑龙江等省开展盲童随班就读工作的经验。①

1993年3月16日至18日，由原国家教育委员会、中国残疾人联合会组织的全国低视力教学工作研讨会在天津召开。来自全国近20多所盲校的盲教育工作者，就低视生分类教学的意义、原则、形式、方法、教材、家庭教育、设备仪器、视觉功能训练及存在的问题，进行了广泛的交流和研究。

1996年8月，国际视障教育学会中国分会第三届学术研讨会在乌鲁木齐召开。出席会议的有海内外来宾会员、列席代表等共计44人。会议以《萨拉曼卡宣言》和教学改革为主题，共宣读论文39篇。会议期间，海内外学者还讨论了今后的学术交流与人才培养。

(三)培智教育方面的会议

1. 全国弱智教育经验交流会

1985年3月，教育部在上海召开了全国弱智教育经验交流会。

---

① 吕雯慧：《金钥匙视障儿童随班就读实践的历史考察(1987—2010)》，博士学位论文，华东师范大学，2012。

各省、市、自治区教育厅、局主管特殊教育的处级领导，部分培智学校领导，高等学校和科研机构的专家，共60余人参加了会议。会议交流了自1979年上海市开办培智教育以来，各地试办这类特殊教育的经验，研究讨论进一步发展特殊教育事业的指导思想和方针。

2．全国聋校、培智学校分类教学研讨会

1993年8月1日至4日，中国教育学会特殊教育分会在哈尔滨召开了全国聋校、培智学校分类教学研讨会。分类教学是残疾儿童少年学校教育改革的突破口。它对人们的教育观念、办学条件、检测手段和质量都提出了更高的要求。会议对分类教学工作进行了研讨，交流了经验，并评出一批优秀论文。这次研讨会的召开对推动各地残疾儿童少年学校开展分类教学工作，提高教学质量，使残疾儿童得到有效补偿和发展，具有十分重要的意义。

3．第三届全国弱智学校校长工作研讨会

第三届全国弱智学校校长工作研讨会于1996年10月11日至18日在北京西城培智中心学校召开。沿海地区16个省、市骨干学校校长及香港弱智人士协进会总干事黄佩韦，民政系统和教育系统代表，北京师范大学特殊教育研究中心主任朴永馨等社会知名人士近60人参加了会议。会议集中研讨了中度智障儿童的教育、教学、劳动训练、医疗康复、生活管理等问题，并对孤独症儿童的教育问题进行了初探。对在第二届研讨会上原国家教育委员会提出的在发展轻度智障儿童教育的基础上迅速带头向中度智障儿童教育转轨的做法做了总结。杭州、大连、深圳、上海、南京、沈阳、北京等地的校长做了大会发言。香港6名代表介绍了他们的经验，并提供了丰富的资料。①

① 张双：《全国弱智学校校长工作研讨会在京召开》，载《中国残疾人》，1996(12)。

(四)职业教育方面的会议

1. 全国特殊教育职业教育研讨会

1994年9月26日至29日，全国特殊教育职业教育研讨会在武汉召开，来自26个省、市、自治区的115名代表参加了由全国特殊教育研究会主办的这次会议。会议共收到114篇论文。这次会议反映了我国特殊教育在思想认识、办学形式和教学的内容及方法等方面已经发生了新的变化。

2. 中国教育学会特殊教育分会职业教育研讨会

2000年8月20日至23日，中国教育学会特殊教育分会职业教育研讨会(长春会议)在长春召开。来自全国26个省、市、自治区的聋人学校、聋人职业高中、残疾人中等职业技术教育学校和一些教育科研机构的84位代表会聚长春，共同交流、研讨我国现代化职业技术教育的现状和发展走势。“现代化教学技术与职业教育”是此次会议的重要议题。会议共收到围绕此专题的论文54篇，并精心编辑了《聋职教世纪采风》文集。长春市聋哑职业技术学校、吉林市聋哑学校、北京市第三聋人学校等学校的代表在大会上做了职业教育的交流和课件演示。此次会议为我国特殊教育的职业教育走向现代化、信息化的新世纪，实现特殊教育的可持续发展提供了思想准备和实践经验。①

(五)学校管理方面的会议

1995年9月23日至26日，全国特殊教育学校管理研讨会在西安召开。来自20多个省、市、自治区的150多名代表参加了会议。会议共收到126篇论文，进行了论文的评审和交流。会议指出我国特殊教育学校管理正向规范化、制度化迈进。

---

① 沈玉林:《利用现代信息技术 发展现代化职业教育——中国教育学会特教分会职业教育研讨会(长春会议)纪实》，载《现代特殊教育》，2000(9)。

五、国际学术交流

从 20 世纪 80 年代末开始，我国特殊教育的国际学术交流逐渐开展起来。交流的具体形式有国际会议的交流、参观访问、翻译国外特殊教育专著等。

就国际会议的交流而言，有在中国本土举办的国际会议，也有中国代表参加的国外举办的特殊教育国际会议。在中国举办的国际会议比较著名的有 1988 年 6 月在北京举办的北京国际特殊教育会议，1993 年 2 月在哈尔滨举办的亚太地区特殊教育研讨会等会议。中国特殊教育专业人士参加国外举办的特殊教育国际会议也是常见的国际学术交流的形式，各种资料中有很多记载。例如，中国儿童心理卫生研究中心陶国泰和李志奇同志受中国残疾人联合会派遣参加了 1991 年年底亚洲智残联盟在巴基斯坦卡拉奇召开的第十届讨论会；1992 年，徐白仑在泰国曼谷举办的第八届国际视障教育大会上宣读了《中国视障儿童一体化教育的现状与展望》的论文；2002 年 7 月，徐白仑在荷兰举行的第 11 届国际视障教育大会上宣读了与田永安合作撰写的论文《内蒙古高速普及视障教育面临的挑战和对策》。

参观访问既包括外国特殊教育专家到我国来进行学术交流，也包括我国特殊教育专业人员去国外进行学术交流。有一些知名的国外特殊教育专家到我国进行了学术交流，如 1993 年 6 月，国际特殊教育协会主席、联合国教科文组织项目专家、加拿大大不列颠哥伦比亚大学教育心理和特殊教育系玛格·萨波访问了辽宁师范大学。我国特殊教育专家走出国门的例子也很多。

翻译国外特殊教育专著也是一种国际学术交流的形式。20 世纪 50 年代，我国学者翻译了苏联有关特殊教育的一些书籍，如奥·伊·斯柯罗霍道娃的《我怎样理解和想象周围世界》，斯·阿·孜科夫、勃·德·科尔宋斯卡娅的《聋哑学校的课堂教学》等书籍。这些译著对我国的特殊教育发展起到了重要作用。

第三节　特殊教育专业及学位点建设

专业是学科发展的基础，为学科发展承担着培养人才的任务，为社会发展提供高素质的劳动者。特殊教育学学科发展离不开特殊教育专业发展。有一支数量足够、质量合格、相对稳定的特殊教育人才队伍，才能推动特殊教育学学科的进一步发展，才能发展和普及新中国的特殊教育事业。

一、特殊教育专业不断发展

长期以来，我国没有专门培训特殊教育人才的学校，也没有这方面的专业。据记载，20世纪初，烟台聋哑学校和其他一些盲聋哑学校办过师范班，但其教学很不完善。① 此后，一些热心于特殊教育的爱国人士虽然开办了一些师范班以培养师资，但多数盲聋哑学校的教师是用在校见习和实习、以师父带徒弟的方法培养的。师资总体水平偏低，且参差不齐。20世纪五六十年代，政府开始参与到特殊教育教师培训之中，但参与的力度着实有限。我国虽有零星的特殊教育师资培训的实践及少量的短期培训班，但中央与地方组织的零散的短期培训班又侧重于骨干教师培训，涉及人员较少，培训时间、培训课程相对来说缺乏统一规范与标准，没有形成系统规范的特殊师范教育制度。②

党的十一届三中全会后，我国从中央到地方采用了多种方式来培训特殊教育专门人才。例如，由某些省、市或几省联合举办特殊教育师资短训班；黑龙江、山东等省成立了特殊教育师资班；南京、

---

① 朴永馨：《中国特殊教育师资的培养》，载《北京师范大学学报(社会科学版)》，1988(6)。

② 李拉：《对新中国特殊师范教育制度建设的考察》，博士学位论文，南京师范大学，2015。

昌乐、营口等建立了特殊教育师范学校；北京师范大学、华东师范大学建立了特殊教育专业，派留学生和教师出国进修，等等。我国通过这些方式，一方面逐步建立了特殊教育师资的培养体系，另一方面也培养了特殊教育发展所需要的学科人才。我国在编制与培养特殊教育师资有关的教学计划、教材的同时，也在不断思考和构建特殊教育的学科知识体系，并形成了一些特殊教育学学科发展的早期成果，为后来学科的开创及快速发展奠定了基础。

（一）中等特殊教育专业的创立与发展

1978 年 10 月，教育部出台《教育部关于加强和发展师范教育的意见》之后，全国各地开始恢复以三级师范教育体系为基础的独立的师范教育制度。政府开始考虑将幼儿师范教育、民族师范教育、特殊师范教育等都纳入师范教育体系建设之中，从而使我国的师范教育成为为各类中等、初等学校及幼儿园输送合格师资的基地，以满足普及教育的需求。此时，中等特殊教育专业以及特殊师范教育机构应运而生。

1. 中等特殊教育专业的首次创立

1981 年，黑龙江省肇东师范学校创办四年制特殊教育师范班，设置中等特殊教育专业，以培养聋哑学校师资；实施隔年定向招生，第一年招生一个班，共 45 人，培训方向为聋哑教育。1985 年，该校开始隔年招生两个班，共 90 人。

1982 年 9 月，教育部和江苏省人民政府批转《关于筹建、代管南京特殊教育师范学校的会商纪要》的通知，对单独设立一所特殊师范学校的性质、任务、规模及筹建工作的具体事项进行了说明。学校定名为南京特殊教育师范学校，系中等师范性质，负责为全国培养特殊教育的小学师资。学校设盲童教育、聋哑教育、智力迟钝教育三个班级，学制四年，招收初中毕业生。南京特殊教育师范学校建成后，从 1985 年起开始正式面向全国(除西藏、台湾)招收了第一届学生。其中盲童教育 40 人，聋哑教育 80 人，智障教育 40 人，合计

160人。南京特殊教育师范学校是新中国成立后第一所独立设置的专门培养特殊教育人才的学校。南京特殊教育师范学校关于学校性质、任务、规模、招生、课程等方面的探索都具有划时代的创新意义，标志着我国独立形态的特殊师范教育制度的建立，也标志着我国特殊教育知识体系系统化探索与构建的开始。

2. 中等特殊教育专业的不断发展

南京特殊教育师范学校建立之后，山东、辽宁、吉林、河南、安徽、湖南、福建、河北和江西等地也陆续建起了特殊师范教育机构，专门培养社会急需的特殊教育专门人才。其中，1983年，山东省教育厅决定在泰安师范学校增设中等特殊教育专业，面向全省定向招生，当年招收首批学生45人。1985年5月，山东省政府决定将潍坊昌乐师范学校改为山东省昌乐特殊教育师范学校，并从1985年起在全省招生，为全省培养特殊教育专门人才。吉林省从1985年开始，先是在九台师范学校开设特殊教育师资班，而后开始筹备依托一所特殊教育学校兴办特殊师范教育。1987年7月，长春市聋哑学校设置师范教育处。1990年，学校正式以长春特殊教育师范学校的名义从全省独立招收第一批学生入学，学制四年，设聋童教育和弱智儿童教育两个专业。1986年，辽宁省政府在营口市筹建了辽宁省特殊教育师范学校，该校负责全省特殊教育学校新教师的培养和在职教师的轮训。该校建校不到三年时间，盲、聋、智障教育三个专业都办了起来，还承办了原国家教育委员会委办的全国聋教育专业师资班。1989年，江西省教育委员会在南昌幼儿师范学校开办特殊教育师范班，面向全省招生。1991年，贵州省安顺师范学校设特师部，面向全省招收三年制中专层次的特殊教育专业学生。

到1991年年底，全国各类承担特殊教育教师职前培养、设置特殊教育专业的中等特殊师范教育机构达到19所，其中特殊教育师范学校 8 所（独立设置的特殊教育师范学校有 3 所），分布于全国的 17 个省，负责全国或各省的特殊教育教师职前培养（具体参见表 6.8）。应该说，1981 年到 1991 年是我国中等特殊师范教育机构以及中等特殊教育专业的一个快速发展期。随后，随着中等师范教育的稳定，中等特殊师范教育机构的扩张态势逐渐趋于稳定，我国特殊教育专业人才培养进入了稳定发展时期。

表 6.8　我国设立中等特殊教育专业的学校（截至 1991 年年底）

名称	类型	设立时间（年）
南京特殊教育师范学校	独立设置	1982
山东省昌乐特殊教育师范学校	独立设置	1985
湖北省襄樊特殊教育师范学校	独立设置	1989
辽宁省特殊教育师范学校	与营口幼儿师范学校合办	1986
河北省邯郸特殊教育师范学校	与邯郸市幼儿师范学校合办	1989
山西省特殊教育师范学校	附设于平定师范学校	1989
河南省特殊教育师范学校	附设于郑州师范学校	1989
吉林省长春特殊教育师范学校	附设于长春聋哑学校	1989
黑龙江省肇东师范学校特师部	普通中师附设	1982
山东省泰安师范学校特师班	普通中师附设	1983
吉林省九台师范学校特师班	普通中师附设	1985
江苏省如皋师范学校特师部	普通中师附设	1988
福建省泉州师范学校特师部	普通中师附设	1988
湖南省湘江师范学校特师部	普通中师附设	1988
安徽省合肥师范学校特师班	普通中师附设	1989
江西省南昌幼儿师范学校特师班	普通幼儿中师附设	1989
四川省乐山师范学校特师部	普通中师附设	1990
浙江省温岭师范学校特师部	普通中师附设	1990
贵州省安顺师范学校特师部	普通中师附设	1991

3. 中等特殊教育专业的全面升级

进入21世纪之后，我国师范教育的办学层次由三级师范(中等师范、高师专科、高师本科)向二级师范(高师专科、高师本科)过渡。在我国中等师范教育布局调整与提升办学层次的政策的指引下，除了极少数学校之外，原有的许多中等特殊师范教育机构为了顺应特殊教育发展对高层次专业人才的需求，纷纷通过升格、合并、转型等各种方式实现了变革。通过对上述19所中等特殊师范教育机构变革的考察，我们可以清晰地看出我国中等特殊教育专业在21世纪的发展脉络。

1997年，南京特殊教育师范学校由教育部划归江苏省人民政府管理，同年开始尝试创办五年制专科班，培养初中起点五年制专科层次的师范生。2002年，该校升格为南京特殊教育职业技术学院，从而由中专层次跨入大专层次，成为专门培养特殊教育专业人才的高等职业院校。升格之后，该校仍然面向全国招生，为全国培养特殊教育专业人才。

2001年，山东省昌乐特殊教育师范学校与山东省潍坊华侨幼儿师范学校合并，更名为山东省潍坊幼教特教师范学校，2011年以后整体并入潍坊学院。2000年8月，湖北省襄樊特殊教育师范学校与襄樊市另外三所中专学校(襄樊农业学校、襄樊卫生学校、襄樊财税贸易学校)合并组成襄樊职业技术学院，开始招收专科层次的特殊教育师范生。2000年，辽宁省特殊教育师范学校与营口师范高等专科学校、营口市高等职业专科学校、辽宁广播电视大学营口分校等学校合并，组建成营口职业技术学院，开始招收初中起点、五年制专科层次的特殊教育师范生。2001年，河北省邯郸特殊教育师范学校合并到邯郸师范专科学校，2004年邯郸师范专科学校升格为邯郸学院，招收本科层次及初中起点、五年制专科层次的特殊教育师范生。河南省特殊教育师范学校附设在郑州师范学校，2002年随郑州师范学校并入郑州师范专科学校，开始招收三年制专科和五年制初中起点的专科特殊教育师范生。

普通中等师范学校附设特教部(班)是我国20世纪八九十年代中等特殊师范教育的重要组成部分。在20世纪90年代末到21世纪初的中等师范学校合并升格的浪潮中，有5所中等师范附设的特师部(班)跟随“母体”升格。其中，1998年，福建省泉州师范学校与泉州师范专科学校、泉州教育学院合并组建新的泉州师范专科学校；2000年，经教育部批准又升格为泉州师范学院。泉州师范学校附设的特师部成为泉州师范学院特殊教育专业，开始招收本科层次的特殊教育师范生。1994年，湖南省湘江师范学校特师部转到浏阳师范学校；2003年，浏阳师范学校升格为长沙职业技术学院，开始招收专科层次的特殊教育师范生；2004年，江西省南昌幼儿师范学校(含特师部)和南昌师范学校合并为南昌师范高等专科学校，开始招收专科层次的特殊教育师范生。吉林省长春特殊教育师范学校是我国唯一一所附设于特殊教育学校的特殊教育师范学校，2003年开始通过与长春师范学院(现为长春师范大学)合作办学的方式，培养专科层次的特殊教育师范生，招收初中起点、五年制特殊教育师范生。

进入21世纪之后，7所特殊教育师范学校中有6所通过与其他教育机构合并实现了升格，10所附设于普通中等师范学校的特教部(班)有半数伴随着所在中等师范学校的合并升格也开始实施专科或本科层次的高等特殊师范教育。

(二)高等特殊教育专业的创立与发展

1977年恢复高考之后，我国高等师范教育体系迅速恢复，形成了师范专科学校、师范学院、师范大学三类师范院校，承担着为我国基础教育培养中等教育师资的任务。然而，一直到20世纪80年代中期，作为师范类专业之一的特殊教育，并没有出现在我国高等师范院校中。20世纪80年代是我国中等特殊教育师范学校快速发展的时期。中等特殊教育专业的快速发展，随之带来了对师资的迫切需求，呼唤高等师范院校培养特殊教育师范学校发展和特殊教育学学科发展所需的专业人才。另外，特殊教育的快速发展也需要更高层次的具有特殊教育学学科素养，从事康复训练、科研、管理等方面的专业人才。

此时，以北京师范大学朴永馨为代表的特殊教育理论研究者率先开展了探索，对新中国特殊教育学的学科建设起到了奠基作用，为我国特殊教育改革与发展做出了突出贡献。朴永馨，1961 年毕业于国立莫斯科列宁师范大学特殊教育系，先后在北京市第二聋哑学校和北京市第四聋人学校从事耳聋和智障学生的教育教学工作，1979 年年底调入北京师范大学教育系。1980 年，朴永馨在北京师范大学建立了特殊教育研究室，这是新中国成立后我国最早的特殊教育研究机构。1982 年，朴永馨开始在教育系开设特殊教育的选修课，这是我国在高等师范院校最早设置的特殊教育课程。1986 年，北京师范大学教育系正式设立特殊教育专业，招收本科层次的特殊教育学生，学制四年，第一批招收 15 名学生。这是我国首次设立特殊教育本科专业，主要面向中等特殊教育师范学校培养高层次的特殊教育学学科专业人才。可以说，这是新中国特殊教育学学科初创期的重要标志，使我国特殊教育学学科发展具有了自己真正意义的学科载体。1988 年 9 月，华东师范大学心理学系设立特殊教育本科专业。1989 年，华中师范大学教育系设立特殊教育本科专业，1990 年正式开始招生。1993 年，西南师范大学设立特殊教育本科专业并招生。1993 年，陕西师范大学设立特殊教育专业，招收专科层次的特殊教育学生，这是我国特殊教育专科学历层次专业人才培养的开始。

除了上述教育部部属重点师范大学开办特殊教育专业培养专业人才以外，我国各省省属师范大学从 20 世纪 90 年代前期开始也逐渐开设了特殊教育专业，招收专科或本科层次的特殊教育学生。比如，1993年，重庆师范学院儿童智能发展研究中心设立了特殊教育专科专业，培养目标定位在培养特殊教育第一线专业人才；1995年，辽宁师范大学教育系设立了特殊教育本科专业。

20世纪90年代前期，我国研究生层次也已开始培养特殊教育专门人才。1993年，北京师范大学特殊教育研究中心开始招收特殊教育学硕士研究生，进一步提升了我国特殊教育学学科人才的培养层次。1997年，华东师范大学在原教育系学前教育专业、心理学系特殊教育专业等资源的基础上成立了学前教育与特殊教育学院、特殊教育学系和特殊教育研究所，继续招收特殊教育专业本科生，开始招收特殊教育学硕士研究生。华东师范大学成为我国第一个设立特殊教育学系的高等院校，开始了特殊教育学的学科建制建设，并于2001年设立特殊教育学博士学位点，成为上海市的重点建设学科。

由此可见，从20世纪80年代到21世纪初，我国特殊教育人才培养体系逐渐形成。20世纪80年代中期到90年代中后期是我国中等特殊教育机构以及中等特殊教育专业快速发展的时期。进入20世纪90年代后，我国高等特殊教育机构以及特殊教育专科和本科专业不断涌现。到21世纪初，我国通过师范学校、师范高等专科学校、师范大学(学院)设置特殊教育专业，已经初步建立起了以特殊教育专科人才培养(中专和大专)为主体，从专科到本科再到研究生的培养体系。此时，与中等特殊教育专业分设盲、聋哑、智障教育等专业方向有所不同的是，我国本科层次的特殊教育专业均为一个统一的专业，不分方向，其内容是综合的、通用的。

二、特殊教育课程体系不断完善

(一)中等特殊师范教育专业课程体系的不断完善

南京特殊教育师范学校是我国政府于20世纪80年代初期设立的、定位于为全国培养特殊教育师资的唯一一所教育部部属中等师范学校，由教育部投资兴办，教育部与江苏省政府共同管理。作为国内第一所独立设置的特殊教育师范学校，它的建立本身就意味着一种新的探索与尝试。从筹建之时起，南京特殊教育师范学校就充当了我国特殊师范教育制度建设、中等特殊教育专业课程体系探索与尝试的“排头兵”。在中等特殊教育专门人才的培养目标、学制、招生、教学计划、课程设置、教育实习以及师资建设等方面逐渐摸索，逐步积累经验，探索模式，形成了一套较为独立的体系。在中等特殊教育专业课程体系建设的探索历程中，南京特殊教育师范学校的实践和探索可作为我国中等特殊师范教育专业课程体系建设的缩影。

1. 在实践中不断检验、修正和补充培养目标

培养目标的制定是师范教育专业课程设置与教学改革的重要依据。早在1982年3月，教育部就委托江苏省教育厅筹建和代管南京特殊教育师范学校，对中等特殊师范教育专门人才的培养目标与规格的要求是为各省市培养盲聋哑教育和智障教育的师资，为全国特殊教育培养小学师资。这仅是关于中等特殊师范教育专门人才培养目标的笼统表述，没有明确反映出中等特殊师范教育专业要培养的是不同规格的或不同质量要求的特殊教育学校小学教师。

南京特殊教育师范学校在办学过程中，参照普通中等师范学校专门人才的培养目标，根据特殊教育教师工作的不同性质与对象，不断在实践中对培养目标进行检验、修正和补充，强调中等特殊教育专业要培养的是合格的特殊教育学校小学教师。他们必须具备一定的特殊教育的理论知识，必须具有从事特殊小学教育的实际能力。这些能力主要有：从事特殊教育的教学组织能力，语言表达能力（包括运用手语、盲文与学生进行思想交流的能力），设计最佳教案和制作简单的特教教具的能力，根据残疾儿童特点进行自然常识实验的能力，审美和辅导残疾儿童鉴赏美的能力，一定的特殊教育研究能力等。这一切都离不开对残疾儿童的热爱和对特殊教育事业的奉献

精神。可见，这一时期我国中等特殊教育专业的培养目标越来越明确化、规格化，已经确立了要根据专业方向不同有所调整的基本原则，指出了所培养师资应具备的知识与能力要求。从长远来看，“为特殊教育培养合格的小学教师”这一培养目标的初步确立，为其后的学制、教学计划和课程设置提供了基础，指明了方向。

2. 不断探索和完善教学计划，中等特殊师范教育专业办学逐渐走向规范

南京特殊教育师范学校建校初期所面临的重要任务之一，就是依据培养目标，探索中等特殊师范教育专业的教学计划。早在 1982 年 10 月，在南京特殊教育师范学校筹建座谈会上，教育部与江苏省政府的与会代表们已经开始论及中等特殊师范教育专业教学计划的问题。南京特殊教育师范学校拟定了一份《四年制特殊教育师范学校教学计划表》(初步设想)，供与会代表讨论。1985 年 5 月，南京特殊师范教育学校在经历了在职教师进修班、两年制民师班等一系列办学实践后，在即将招收首届初中起点特殊教育师范生之际，公布了《南京特殊教育师范学校四年制教学计划(试行草案)》，这是我国特殊教育人才培养史上第一份正式执行的中等特殊师范教育专业的教学计划。1985 年 3 月与 5 月，南京特殊教育师范学校分别在南京和北京召开教学计划座谈会。几经论证，这份教学计划最终确定下来。该教学计划在体系上已相对完整，包含中等特殊师范教育专业的培养目标、专业设置与修业年限、课程设置、教育实习与职业技术教育、时间分配等内容。其中，课程设置部分已经比 1982 年版本更加具体详细。

在这份教学计划中，中等特殊师范教育专业的课程体系分为文化课与专业课两大块，比例为 2∶1。文化课板块有政治、语文、数学、物理学、化学、生物学、生理卫生、历史、地理、外语、体育、音乐、美术；专业课板块有心理学及缺陷心理学、教育学及缺陷儿童教育学、盲文、通用手语、眼科学基础、精神发展迟滞、游戏、特殊学校教材

教法、现代化教学设备的原理和使用，以及选修课程和教育实习，还增加了劳动技术教育的内容。当时，国内特殊教育专业课教材几乎是一片空白。该教学计划出台后，南京特殊教育师范学校加紧了教材编写工作，由专业课教师根据教学计划编制教学大纲和讲义。

为了加强特殊教育专门人才的培养，山东省教育厅于1987年12月颁发了《山东省三年制特殊教育师范学校盲聋弱智专业教学计划（试行草案）》。此方案中除了学制与南京特殊教育师范学校不同外，课程设置等方面基本相同。随后，山东省教育委员会又颁发了《三年制中等特殊幼儿师范学校教学计划（试行草案）》，对培养面向特殊幼儿班或随班就读特殊幼儿的幼儿园教师的幼儿师范学校设定了办学规范、培养目标、课程设置，并编制了相应的教学计划表。受1989年6月原国家教育委员会（现教育部）颁发《三年制中等师范学校教学方案（试行）》的影响，南京特殊教育师范学校也对已实施的《南京特殊教育师范学校四年制教学计划（试行草案）》进行了调整修改，制订出新的教学计划。培养定位是为实施义务教育，面向特殊教育学校培养素质良好的专门人才。除了中等特殊教育专业四年制教学计划之外，1984年和1985年，南京特殊师范学校还分别制定了《在职教师进修班教学计划（试行稿）》与《两年制（民师班）教学计划（试行草案）》，明确规定了课程设置及教学计划表。通过这些开创性的举措，我国中等特殊师范教育专业逐渐形成了体现特殊师范教育特色、满足人才培养需求的培养目标、课程体系。

从总体来看，20世纪80年代，我国中等特殊师范教育专业建设更多处于“摸着石头过河”的探索状态。特别是大量附设特师班的普通中等师范学校的课程设置基本上是在原有的普通中等师范教育的框架内加一些特殊教育内容的模式。南京特殊教育师范学校、山东省教育委员会等少数学校或机构在20世纪80年代中后期的中等特殊师范教育专门人才培养探索，为我国规范特殊教育专业人才培养，建立不同层次特殊师范教育人才培养体系提供了实践经验。到了 20 世纪 80 年代末，原国家教育委员会开始酝酿制定中等特殊师范教育专业的国家标准，通过颁布教学计划、教学大纲，开展中等特殊师范教育教学改革等方式来促使中等特殊师范教育机构的办学走向规范。1989 年 11 月，原国家教育委员会颁发了《中等特殊教育师范学校教学计划(试行)》。这是国家层面颁布的第一份中等特殊教育师范学校教学计划。这份教学计划适用于培养盲、聋、智障儿童初等教育教师的三年制或四年制中等特殊教育师范学校(或班)，面向我国所有中等特殊教育专业。

3. 编制教学大纲，完善课程体系，中等特殊师范教育专业进一步发展

1993 年 8 月，原国家教育委员会根据 1989 年的《中等特殊教育师范学校教学计划(试行)》，颁布了 22 门特殊教育专业课程的教学大纲。该教学大纲包括下列课程：特殊教育概论、聋童心理学、聋童教育学、手语基础、耳聋预防及康复、聋校小学语文教学法、聋校小学数学教学法、聋校小学常识教学法、盲童心理学、盲童教育学、盲字基础、盲预防及康复、盲校小学语文教学法、盲校小学数学教学法、盲校小学常识教学法、智力落后儿童心理学、智力落后儿童教育学、精神发展迟滞及测查、行为矫正基础、智力落后儿童学校语文教学法、智力落后儿童学校数学教学法、智力落后儿童学校常识教学法。中等师范学校教学大纲是对中等师范学校特殊教育专门人才培养具有指导作用的文件，是设计中等特殊教育专业课程内容和编写教材的主要依据。22 门特殊教育专业课程教学大纲的制定，以及后续的教材编写和教学内容研究，有助于进一步促进中等特殊教育专业的建设，促进学科知识体系的构建与进一步发展。

1994 年 6 月，原国家教育委员会师范司在陕西省西安市召开了全国中等特殊师范教育改革研讨会。会议代表们汇报、交流了各地中等特殊教育师范学校(特殊教育师资培训中心)教育教学的基本情

况、成功经验与存在问题。会议重点围绕我国中等特殊教育专业人才培养深化改革、提高办学质量等问题进行了深入研讨。会议特别提到了教材建设是当前迫切需要解决的问题，希望国家教育委员会积极总结各地编写和使用教材的经验，依据《中等特殊教育师范学校专业课教学大纲(试行)》，尽快组织编写一套中等特殊教育专业的专业课教材。1995年1月，原国家教育委员会印发了《全国中等特殊师范教育改革研讨会纪要》的通知，要求各特殊师范教育机构参照执行，进行教育教学改革，提升中等特殊教育专业人才的培养质量。

20世纪80年代末到90年代中期，原国家教育委员会围绕中等特殊教育专业的教学计划、教学大纲进行了规范，并就整体的教育教学改革进行了探讨，这种规范和探讨使中等特殊教育专业的发展逐渐趋向制度化和规范化。

(二)高等特殊教育专业课程体系的不断完善

与中等特殊教育专业分设盲、聋哑、智障教育等专业方向不同，我国本科层次的特殊教育专业均是统一的专业，不分方向。其内容是综合的、通用的。随着中等特殊教育专业大多升格为大专层次的特殊教育专业，我国高等特殊教育专业逐渐分设不同专业方向，课程体系日趋成熟，专业课程类型多样。

各院校高等特殊教育专业的人才培养方案对课程学分、学时、内容、要求等方面的规定，基本体现了特殊教育学学科发展的特点。特殊教育专业课程设置方案常常将课程体系分为必修课程、限选课程与选修课程，或学位课程与非学位课程，或通识课程、学科基础课程、专业与实践课程等，能从多个维度来建构自身的课程体系。① 特殊教育专业本科阶段的课程因各个学校的侧重点不同而有所不同，

---

① 王雁、李欢、莫春梅等:《当前我国高等院校特殊教育专业人才培养现状分析及其启示》，载《教师教育研究》，2013(1)。

但一般包括三类课程：一是教育学类课程(如教育学、心理学、课程论等课程)，二是特殊教育的理论课程(如特殊教育概论、智力障碍儿童的心理与教育、听力障碍儿童的心理与教育、视力障碍儿童的心理与教育等)，三是特殊教育的方法课程(如教学教法、研究方法、手语、盲文等)。除了课程体系完整，其核心或主干课程基本能清晰地呈现所办特殊教育专业的人才培养目标。在学时上，特殊教育专业对课程学时均有明确的规定与要求，大多数高校特殊教育专业的理论性课程 1 学分需要 16～18 学时，每学时 45 分钟；实践性课程 1 学分需要32～36 学时，每学时 45 分钟。

在现有开设的高等特殊教育专业中，有的专业设置关注到了不同儿童的教育需要，兼顾几大主要类型障碍儿童的特殊教育，如听力障碍、视力障碍、智力障碍、自闭症儿童等；有的特殊教育专业或方向侧重某一类或几类特殊儿童教育，结合自身优势寻求突破性发展；有的特殊教育专业或方向的设置考虑到了学前特殊教育、初等教育等不同学段特色。总体而言，目前的特殊教育专业设置既有横向的考虑，也有纵向的考虑。各个高校的特殊教育专业定位不同，其培养目标有显著差异。总培养目标一定程度上与所在学校发展定位相似，如应用型高校特殊教育专业均以培养应用型人才为主。素质目标以及职业目标非常相似，一般都为掌握特殊教育基本理论与知识，具有进行特殊教育教学、科研、管理的基本能力，毕业生可在各级各类特殊教育机构从事特殊儿童教育、康复、管理及相关研究工作，基层指向性明确。①

三、特殊教育学学位点逐渐增多

自从北京师范大学 1986 年设立特殊教育专业，开始培养特殊教

① 李欢：《我国高、中等院校特殊教育专业建设现状分析》，载《当代教育科学》，2011(17)。

育本科专业人才，授予教育学学士学位，以及1993年设立特殊教育学硕士学位点以来，我国特殊教育学学位点不断增多。陆续开办特殊教育本科专业的华东师范大学、华中师范大学、西南师范大学、陕西师范大学、辽宁师范大学、重庆师范大学等高校都具有特殊教育本科专业的学士学位授予权，并先后设立了特殊教育学硕士学位点。一批高校开始招收并培养特殊教育学硕士研究生，这意味着我国特殊教育学学科人才的培养层次进一步提升。这些较早探索高等特殊教育专业人才培养的高等师范院校在积累特殊教育办学经验、做好本科培养工作的同时，开始逐渐重视培养特殊教育的硕、博士研究生。

进入21世纪之后，华东师范大学于2001年设立了我国第一个特殊教育学博士点，之后北京师范大学、华中师范大学设立了特殊教育学博士点，为我国特殊教育的发展培养高层次的研究人才。北京师范大学、华中师范大学、西南师范大学、辽宁师范大学、重庆师范大学等均设立了特殊教育系。由此可见，一方面，我国特殊教育的办学层次不断提升，为我国特殊教育学学科发展提供了研究人才；另一方面，越来越多的高校设立特殊教育学系，意味着我国特殊教育学学科地位正在不断提升，对特殊教育专业的重视程度明显加强，也为特殊教育专业的进一步分化提供了可能。

在这些高校中，特殊教育学学位点发展比较成熟的是北京师范大学、华东师范大学和华中师范大学。此时，这三所高校的特殊教育专业办学体系逐渐成熟，都已具备了特殊教育学的学士、硕士和博士学位点。学士学位层次主要培养特殊教育教师及应用型或复合型人才等，需具备特殊教育学、教育学、心理学、康复科学等专业知识和能力；硕士学位层次主要培养特殊教育专家、管理者及教师等，需具备特殊教育心理学、康复科学等方面的知识和特殊教育研究、教学、管理、创新等方面的能力；博士学位层次主要培养特殊教育专家、研究者及教师等，在专业素养方面更强调研究能力和创新能力。研究生课程更能体现一所高校的特殊教育学学科发展意识和水平。

由此可见，从 20 世纪 80 年代到 21 世纪初，我国特殊教育的办学层次正在从以中等特殊师范教育培养为主转向以高等特殊师范教育培养为主，已形成了学士、硕士和博士不同层次学科人才的培养体系。只是在这一阶段，特殊教育人才的培养层次仍以专科和本科为主，兼有少量的硕博士研究生教育。我国特殊教育学学科人才培养整体上存在着培养层次偏低的问题。

下　篇　特殊教育学的学科发展期(2005年至今)

第七章

特殊教育学学科发展期的时代背景

学科是一个动态、发展、变化的历史范畴，不同历史阶段、不同背景环境下学科所指的范畴不同。学科既是时代精神孕育的结果，又总是处于过渡和发展状态的。特殊教育学学科的发展因循历史发展规律不断演变。厘清特殊教育学学科发展的时代背景，有助于今后科学把握特殊教育学的学科建设方向，对于未来新中国特殊教育学学科建设具有重要的指导意义。

第一节　特殊教育学学科发展期的社会背景

一、“十一五”时期的社会发展背景

“十一五”时期(2006—2010 年)是我国全面建设小康社会的关键时期，具有承前启后的历史作用。

面对国内外环境的复杂变化和重大风险挑战，党中央、国务院审时度势，团结带领全国各族人民，坚持发展党执政兴国的第一要务，贯彻落实党的理论和路线方针政策，实施正确有力的宏观调控，充分发挥我国社会主义制度的政治优势和市场在资源配置中的基础性作用，使国家面貌发生新的历史性变化。我国有效应对国际金融

危机的巨大冲击，保持了经济平稳较快发展的良好态势，战胜了四川汶川地震、青海玉树地震、甘肃舟曲山洪泥石流等重大自然灾害，成功举办了北京奥运会、上海世博会和广州亚运会，顺利完成了“十一五”规划确定的主要目标和任务。综合国力大幅提升，2010年国内生产总值达到39.8万亿元，跃居世界第二位，国家财政收入达到8.3万亿元，载人航天、探月工程、超级计算机等尖端科技领域实现重大跨越。经济结构调整步伐加快，农业特别是粮食生产连年获得好收成，产业结构优化升级，节能减排和生态环境保护扎实推进，控制温室气体排放取得积极成效，各具特色的区域发展格局初步形成。人民生活明显改善，就业规模持续扩大，城乡居民收入迅速增长，各级各类教育快速发展，社会保障体系逐步健全。体制改革有序推进，农村综合改革、医药卫生、财税金融、文化体制等改革取得新突破，发展活力不断显现。对外开放迈上新台阶，进出口总额位居世界第二位，利用外资水平提升，境外投资明显加快，国际地位和影响力显著提高。社会主义经济建设、政治建设、文化建设、社会建设以及生态文明建设取得重大进展，书写了中国特色社会主义事业新篇章。五年取得的成绩来之不易，积累的经验弥足珍贵，创造的精神财富影响深远。

（一）特殊教育学与经济发展

“十一五”这五年是积极应对来自国内外的各种风险和挑战，经济保持平稳较快增长，综合国力大幅提升的五年。

“十一五”前期，我国经济快速增长。2008年，受国际金融危机的冲击和影响，经济增速回落。面对严峻的国内外形势，党中央、国务院果断决策，迅速出台并不断完善应对国际金融危机的“一揽子计划”。2006—2010年，我国国内生产总值年均实际增长11.2%，是改革开放以来最快的时期之一。经济总量不断迈上新台阶。2010年，我国国内生产总值达到397983亿元，经济总量所居世界位次稳步提升。2010年，我国国内生产总值按平均汇率折算达到58791亿美元，成为世界第二大经济体，为世界经济复苏做出了重大贡献。国家财政实力明显增强，为加大教育、医疗、社会保障等民生领域投入，增强政府调节收入分配能力等提供了有力的资金保障。

在“十一五”期间，我国教育领域全面实行真正免费的义务教育，教育公平迈出重大步伐，国民平均受教育年限增加到9年以上，职业教育快速发展。2010年，各类中等职业教育招生868.1万人，在校生2231.8万人，毕业生659.2万人。高等教育大众化程度进一步提高。2010年，全国普通高等教育本专科招生661.8万人，在校生2231.8万人，毕业生575.4万人。

2004年，全国特殊教育学校总计1560所，招生50771人，毕业生46727人。其中，特殊教育学校毕业生人数为11863人，小学附设特教班毕业人数为650人，小学随班就读毕业人数为21460人，普通(职业)初中附设特教毕业人数为35人，普通(职业)初中随班就读毕业人数为12729人。招生对象以聋人(聋人学校668所)、智障(智障学校369所)以及盲人(盲人学校33所)为主。2008年，国家启动的“中西部地区特殊教育学校建设工程”，计划新建、扩建1160所特殊教育学校，中央财政规划投资预算54.5亿元。

2006年以来，我国对特殊教育的经费投入持续增长，为特殊教育的发展提供了切实保障。2006年全国特殊教育经费投入总量为26.91亿元，到2010年已达到68.61亿元，增幅明显。在政策的推动下，我国特殊教育事业得到快速、持续性的发展。2009年，全国特殊教育学校建设投资116660万元。全国共有特殊教育学校1672所，教职工47466人，其中专任教师37945人；招收残疾儿童6.40万人，比上年增加0.16万人；在校残疾儿童42.81万人，比上年增加1.07万人。其中在盲人学校就读的学生4.84万人，在聋人学校就读的学生11.51万人，在智障学校及辅读班就读的学生26.46万人。在普通学校随班就读和在附设特教班就读的残疾儿童招生数和在校生数分别占特殊教育招生总数和在校生总数的65.23%和62.87%。残疾儿童毕业人数5.74万人，比上年增加0.54万人。特殊教育学校的毕业人数已经达到57423人，招生人数64018人，在校生人数428125人。2010年，全国特殊教育学校达到1706所，招收残疾人64869人，教职工49249人，其中专任教师39650人，研究生毕业405人，本科毕业17479人。截至2010年年底，全国适龄残疾儿童少年未入学的有14.5万人。其中，视力残疾1.7万人，听力残疾1.5万人，言语残疾1.1万人，智力残疾3.7万人，肢体残疾3.7万人，精神残疾0.8万人，多重残疾2.0万人。

总的来说，“十一五”期间，我国社会主义经济建设取得了重大进展。全面贯彻落实科学发展观，实施科教兴国战略和人才强国战略，推动了我国教育事业的发展，为特殊教育的发展提供了良好的契机。尽管特殊教育仍是基础教育的薄弱环节，存在各类残疾学生教育发展不平衡，部分残疾儿童入学困难，以及特殊教育教师队伍建设亟待加强等问题，但在这一时期，随着经济的复苏，社会的人才需求与日俱增，特殊教育的政策等相继出台，特殊教育学校和学生的数量显著增加，我国特殊教育事业步入了建立健全规章制度的快速发展阶段。

(二)特殊教育学与政治发展

2005年10月21日，中国高等教育学会特殊教育研究分会在河南郑州中州大学成立，旨在依据政治、经济、文化和社会的形势，探索我国残疾人高等特殊教育、职业教育和特殊教育专业教师教育的发展，开展人才培养、科学研究、学术交流、社会服务等方面的工作，提高我国高等特殊教育的学科水平和教育质量，深入研究我国高等特殊教育发展过程中遇到的理论与实践问题。

2006年全国第二次残疾人抽样调查统计显示：全国残疾人口中，

具有大学程度(指大专及以上)的残疾人为 94 万人，高中程度(含中专)的残疾人为 406 万人，初中程度的残疾人为 1248 万人，小学程度的残疾人为 2642 万人(以上各种受教育程度的人包括各类学校的毕业生、肄业生和在校生)。15 岁及以上残疾人文盲人口(不识字或识字很少的人)为 3591 万人，文盲率为 43.29％。6～14 岁学龄残疾儿童为 246 万人，占全部残疾人口的 2.96％。其中视力残疾儿童 13 万人，听力残疾儿童 11 万人，言语残疾儿童 17 万人，肢体残疾儿童 48 万人，智力残疾儿童 76 万人，精神残疾儿童 6 万人，多重残疾儿童 75 万人。学龄残疾儿童中，63.19％正在普通教育或特殊教育学校接受义务教育，各类别残疾儿童的相应比例为：视力残疾儿童 79.07％，听力残疾儿童 85.05％，言语残疾儿童 76.92％，肢体残疾儿童 80.36％，智力残疾儿童 64.86％，精神残疾儿童 69.42％，多重残疾儿童 40.99％。国务院残疾人工作协调委员会更名为国务院残疾人委员会，这是新形势下国家为更好地管理领导残疾人工作而成立的独立管理机构。

2008 年 3 月 28 日，中共中央、国务院发布《中共中央、国务院关于促进残疾人事业发展的意见》，明确了促进残疾人事业发展的总体要求。促进残疾人事业发展，必须高举中国特色社会主义伟大旗帜，以邓小平理论和“三个代表”重要思想为指导，深入贯彻落实科学发展观，紧紧围绕全面建设小康社会的奋斗目标，着眼于解决残疾人最关心、最直接、最现实的利益问题；坚持政府主导、社会参与，国家扶持、市场推动，统筹兼顾、分类指导，立足基层、面向群众；完善促进残疾人事业发展的法律法规和政策措施，健全残疾人社会保障制度，加强残疾人服务体系建设，营造残疾人平等参与的社会环境，缩小残疾人生活状况与社会平均水平的差距，实现残疾人事业与经济社会协调发展，努力使残疾人同全国人民一道向着更高水平的小康社会迈进。

2008年4月24日，第十一届全国人大常委会第二次会议修订通过《中华人民共和国残疾人保障法》，并决定于2008年7月1日施行。该法律特别提出残疾人教育实行普及与提高相结合、以普及为重点的方针，保障义务教育，着重发展职业教育，积极开展学前教育，逐步发展高级中等以上的教育。

2009年，国务院办公厅转发教育部等部门《关于进一步加快特殊教育事业发展的意见》，为当前和今后一个时期我国特殊教育事业发展指出了方向：全面提高残疾儿童少年义务教育普及水平，不断完善残疾人教育体系；完善特殊教育经费保障机制，提高特殊教育保障水平；加强特殊教育的针对性，提高残疾学生的综合素质；加强特殊教育师资队伍建设，提高教师专业化水平；强化政府职能，全社会共同推进特殊教育事业发展。《中国残疾人事业"十一五"发展纲要(2006年—2010年)》提出"十一五"期间残疾人事业发展在教育方面的要求与采取的措施，指出提高残疾人受教育水平是残疾人全面实现自身价值的基本条件。2010年，《国家中长期教育改革和发展规划纲要(2010—2020年)》首次将特殊教育作为独立篇章进行系统发展规划，强调发展特殊教育，关心和支持特殊教育，全面提高残疾儿童少年义务教育普及水平，加快发展残疾人高中阶段教育，大力推进残疾人职业教育，重视发展残疾人高等教育，因地制宜发展残疾儿童学前教育，健全特殊教育保障机制。

(三)特殊教育学与文化发展

"十一五"时期是我国文化建设的创新发展期。各地区各部门认真贯彻中央决策部署，解放思想，实事求是，与时俱进，改革创新，推动文化建设不断取得新成就，走出了中国特色社会主义文化发展道路。中国特色社会主义理论体系广泛普及，全党全国各族人民团结奋斗的共同思想基础不断巩固。社会主义核心价值体系建设扎实推进，全社会思想道德水平进一步提高。文化体制改革取得实质性进展，有利于文化科学发展体制机制初步形成。公共文化服务体系框架基本建立，服务能力和水平显著提高。文化产业蓬勃发展，整体规模和实力快速提升。文化产品创作生产十分活跃，精品不断涌现，市场日益繁荣。文化遗产保护力度不断加大，优秀民族传统文化进一步弘扬。文化走出去的步伐加快，中华文化的国际竞争力和影响力明显增强。

《国家"十一五"时期文化发展规划纲要》提出，要"切实维护低收入和特殊群体的基本文化权益。采取政府采购、补贴等措施，开辟服务渠道，丰富服务内容，保障和实现城市低收入居民、残疾人、老年人和农民工等群体的基本文化生活需求。国有博物馆、美术馆等公共文化设施免费或优惠向残疾人、老年人等群体开放"。

在"十一五"期间，为适应我国文化发展的需要，适应特殊教育事业发展的需要，2006 年 8 月，朴永馨主编的《特殊教育辞典》(第 2 版)由华夏出版社出版。该书吸取和反映了国内外特殊教育方面的新成果、新动向，较全、较新地反映了我国当代特殊教育的发展。

2010 年 7 月 18 日，由教育部、国家语言文字工作委员会、中国残疾人联合会共同组建的国家手语和盲文研究中心在北京师范大学成立。该研究中心以手语和盲文规范化工作为中心，推进国家通用手语和国家通用盲文的研制，以统筹规划手语和盲文的科学研究、应用推广、学科建设和人才培养为目标，以学校和公共服务领域为重点，全面推广使用国家通用手语和国家通用盲文，为听力残疾人和视力残疾人提供更加公平、平等和便利的参与社会生活的条件。

2010 年 9 月，《中国特殊教育史资料选》由北京师范大学出版社出版。该书分为上、中、下三册，每册将同一类文献按照时间顺序排列，所收入文献以反映 1966 年以前我国特殊教育史实为主，翔实地反映了我国特殊教育的时代风貌。

二、"十二五"时期的社会发展背景

"十二五"时期(2011—2015年)是深化改革开放、加快转变经济发展方式的攻坚时期。面对错综复杂的国际环境和艰巨繁重的国内改革发展稳定任务，党中央、国务院团结带领全国各族人民顽强拼搏，开拓创新，使经济社会发展取得显著成就。

党的十八大以来，以习近平同志为核心的党中央毫不动摇地坚持和发展中国特色社会主义，勇于实践，善于创新，深化对共产党执政规律、社会主义建设规律、人类社会发展规律的认识，形成一系列治国理政的新理念、新思想、新战略，为在新的历史条件下深化改革开放、加快推进社会主义现代化提供了科学理论指导和行动指南。

(一)特殊教育学与经济发展

"十二五"时期，支撑我国经济高速增长的要素条件与市场环境发生明显改变，潜在生产率趋于下行。与此同时，"三期叠加"的影响不断深化，经济面临较大的下行压力。面对困难和挑战，党中央、国务院把握规律，积极作为，向改革要动力，向结构调整要助力，向民生改善要潜力，激活力，补短板，强实体，控风险，确保了经济增长。

2014年年末，我国就业人员达到77253万人，比2010年年末增加1148万人；同时，在广覆盖、保基本、多层次、可持续方针的指导下，覆盖城乡居民的社会保障体系不断健全，社会保障水平稳步提高。

"十二五"时期，党中央、国务院以增进民生福祉为目的，不断加大社会事业投入。《国家中长期教育改革和发展规划纲要(2010—2020年)》明确提出，到2012年实现国家财政性教育经费支出占国内生产总值的比例达到4%的目标。

我国第一期特殊教育工程项目中，中央财政共拨发47亿元用于特殊教育学校设施建设。在此基础之上，2012 年我国启动第二期特殊教育提升工程，中央财政共拨发 16 亿元，重点用于特殊教育师资建设、特殊教育专业建设以及特殊教育中等职业院校建设，完善特殊教育体系，进一步提升特殊教育覆盖范围和办学条件。中央财政加大了对特殊教育补助经费，由 2013 年的 0.55 亿元增加到 2014 年的 7.5 亿元，主要用于完善特殊教育学校的康复仪器设备。2013 年特殊教育经费总收入(包括国家财政性教育经费、社会捐赠、民办学校负责人的经费投入、事业收入及其他教育经费）已达 96.10 亿元，大约是 2010 年 48.29 亿元的 2 倍。我国义务教育阶段特殊教育学校生均预算内公用经费标准也在不断提高。2012 年，我国特殊教育学校生均预算内公用经费标准是 2100 元，是普通学校的 3 倍左右。2014 年生均公用经费标准提高至 4000 元。《特殊教育提升计划（2014—2016 年）》规定特殊教育学校生均公用经费标准在三年内提升至 6000 元，是普通学校的 8 倍左右。

在此期间，我国特殊教育的规模进一步扩大。2011 年，我国共有特殊教育学校 1767 所，班级 17005 个，毕业生 44194 人，招生 64086 人。特殊教育学校教职工 51189 人，其中专任教师 41311 人。研究生毕业 482 人，本科毕业 20012 人。

截至 2015 年，我国共有特殊教育学校 2053 所，班级 20913 个，毕业生 52899 人，招生 83314 人。残疾学生高中阶段免费教育稳步推进，高一年级 3932 人，高二年级 3145 人，高三年级及以上 2990 人。特殊学校办学条件得到改善，校舍建筑面积总计 8755223.52 平方米。特殊教育学校教职工人数达到 59548 人，其中专任教师 50334 人。研究生毕业 957 人，本科毕业 30244 人，专科毕业 17414 人，高中阶段及以下毕业 1719 人。教师学历层次明显提升。

在国家经费和政策的大力支持下，我国残疾儿童少年义务教育的普及水平得到显著提升。2013 年，全国 6～14 岁残疾儿童少年的义务教育入学率仅为70%左右；到2015年年底，已经达90%左右。

（二）特殊教育学与政治发展

党的十八大报告进一步提出支持特殊教育，十八届三中全会进一步提出要推进特殊教育改革发展，十八届五中全会提出要办好特殊教育，这些政策支持使特殊教育取得了长足进展。

2014年，教育部、发展改革委、民政部、财政部、人力资源社会保障部、卫生计生委和中国残疾人联合会为贯彻落实党的十八大和十八届二中、三中全会精神，深入实施《国家中长期教育改革和发展规划纲要（2010—2020年）》，加快推进特殊教育发展，大力提升特殊教育水平，切实保障残疾人受教育权利，特制定《特殊教育提升计划（2014—2016年）》。我国已经基本形成布局合理、学段衔接、普特共融、教康结合的特殊教育体系。

2014年1月27日，国务院办公厅召开全国特殊教育工作电视电话会议，启动实施教育部等七部门联合制订的《特殊教育提升计划（2014—2016年）》，确定了到2016年，全国基本普及残疾儿童少年义务教育，视力残疾、听力残疾和智力残疾儿童少年义务教育入学率达到90%以上，其他残疾人受教育机会明显增加的总体目标；同时明确规定了完成上述目标的重点任务、主要措施和组织领导保障。中共中央政治局常委、国务院总理李克强专门做出重要批示，指出办好特殊教育对保障残疾人平等参与、增强残疾人家庭福祉、促进社会公平正义具有十分重要的意义，也是教育现代化的重要内容。各级政府要高度重视，带着深厚感情履行职责，特教特办，认真实施好特殊教育提升计划，让残疾孩子与其他所有人一样，同在蓝天下，共同接受良好的教育。

2014年8月教育部颁布《教育部关于实施卓越教师培养计划的意见》。2015年8月教育部研究制定印发《特殊教育教师专业标准（试行）》等政策文件，对我国特殊教育教师的培训目标、培训内容和培训形式做了明确要求。2001 年，我国参加专业培训的特殊教育教师共计 14309 人，到 2012 年增加到了 25509 人，增幅达 78.72%，年均增长率为 6.5%。我国特殊教育师资队伍规模不断壮大。2011 年，全国特殊教育学校专任教师共 4.1 万人，占教职工总数的 80.4%；到 2015 年，专任教师已达 5.1 万人，占教职工总数的 85%，年均增长率为 5.53%。

《国务院关于深化考试招生制度改革的实施意见》从有利于促进学生健康发展，科学选拔各类人才和维护社会公平出发，对现有考试招生制度做出重大改革，旨在形成分类考试、综合评价、多元录取的考试招生模式，健全促进公平、科学选才、监督有力的体制机制，构建衔接各级各类教育、认可多种学习成果的终身学习"立交桥"。其中，"改革招生录取机制"一章中明确了"拓宽社会成员终身学习通道。扩大社会成员接受多样化教育机会，中等职业学校可实行注册入学，成人高等学历教育实行弹性学制、宽进严出；为残疾人等特殊群体参加考试提供服务"。这一系列政策的出台和落实必将给广大残疾人学习文化技能，提高受教育水平带来帮助，也为修改完善现有考试招生政策，促进残疾人公平享有社会教育资源提供了依据。2015 年 4 月，教育部和中国残疾人联合会发布关于《残疾人参加普通高等学校招生全国统一考试管理规定(暂行)》的通知，进一步维护残疾人的合法权益，保障残疾人平等参加普通高等学校招生全国统一考试。

(三)特殊教育学与文化发展

"十二五"时期，我国文化建设取得显著成就，《国家"十二五"时期文化改革发展规划纲要》确定的各项任务顺利完成。特别是党的十八大以来，以习近平同志为核心的党中央团结带领全党全国各族人民，开辟了治国理政新境界，开创了中国特色社会主义事业新局面。社会主义文化建设进一步呈现出繁荣发展的生动景象。中国特色社会主义理论体系最新成果的学习宣传教育不断加强，中华民族伟大复兴的中国梦和社会主义核心价值观深入人心，主旋律更响亮，正能量更强劲。文化体制改革进一步深化，文化事业和文化产业持续健康发展，文艺创作日益繁荣，中华优秀传统文化广为弘扬，人民群众精神文化生活更加丰富多彩。文化走出去步伐加快，国际传播能力大幅提高，中华文化国际影响力进一步提升。

2011年3月，《残疾人研究》杂志正式出版，这是残疾人研究领域唯一的国家级学术期刊，由中国残疾人联合会主管，残疾人事业发展研究会主办。该杂志设有专题研究、理论研讨、实践探索、观察视界、统计调查、学术动态等栏目。2011年5月“21世纪特殊教育创新教材”系列丛书出版，分为理论基础系列、发展与教育系列、康复与训练系列，既着眼于当代特殊教育现实，又梳理了特殊教育的发展历史、实践中的关键性问题，具有较强的实务性。

2012年5月4日，南京金陵科技学院承办的中国高等教育信息网开通。网站设有新闻动态、学会资讯、院校介绍、人才培养、职业教育社会服务和资源共享等栏目，发布有关中国高等特殊教育，包括残疾人高等特殊教育、职业教育、高等特殊教育的教师教育和专业人员培养的相关政策、科研成果、人才培养、社会服务等方面的信息。

2012年11月，中国特殊教育博物馆（一期）在南京特殊教育师范学院建成开馆，这是中国第一所教育博物馆。2015年中国特殊教育博物馆（二期）建成，2018年中国特殊教育博物馆（三期）建成。

2015年，《特殊儿童教育与康复文库》由南京师范大学出版社出版，由丁勇研究员任文库总主编，是国家“十二五”重点图书出版规划项目暨国家出版基金项目。“特殊儿童教育”系列包括：《特殊儿童教育导论》《特殊儿童教育评估》《特殊儿童早期发展支持》《特殊儿童沟通与交往》《特殊儿童认知训练》《特殊儿童行为管理》《特殊儿童生活教育》《特殊儿童体育与运动》《特殊儿童生涯发展与转衔教育》。“特殊儿童康复”系列包括：《特殊儿童康复概论》《特殊儿童物理治疗》《特殊儿童作业治疗》《特殊儿童语言与言语治疗》《特殊儿童心理治疗》《特殊儿童艺术治疗》《特殊儿童舞动治疗》《特殊儿童功能性视力训练》《特殊儿童定向行走训练》《特殊儿童辅助技术》。

总体来说，自《国家中长期教育改革和发展规划纲要(2010—2020年)》和“十二五”规划实施以来，我国特殊教育改革发展呈现出从未有过的新局面，进入发展最快的时期，出现了六个“从未有过”：一是特殊教育被纳入国家教育改革发展顶层设计，定位之高从未有过；二是特殊教育被纳入国家第一个基本公共服务体系规划，制度性保障、均等化推进从未有过；三是五年内国务院出台两个促进特殊教育发展提升的文件，政策措施力度之大从未有过；四是五年持续投入数十亿支持特殊教育，投入之大从未有过；五是特殊教育师资培养首次被纳入国培计划，国家和地方培养特殊教育人才积极性之高从未有过；六是社会力量支持特殊教育力度之大从未有过。我国要通过评估认真总结取得的成效和可复制的经验做法，同时也要冷静分析影响特殊教育提升的困难和问题，为下一个五年国家教育改革发展和残疾人教育全面提升打好基础。

三、“十三五”时期的社会发展背景

“十三五”时期(2016—2020年)是全面建成小康社会的决胜阶段，是促进文化繁荣发展的关键时期。在新的历史起点上，夺取中国特色社会主义新胜利，赢得具有许多新的历史特点的伟大斗争，必须充分发挥文化引领风尚、教育人民、服务社会、推动发展的作用。全面建成小康社会，迫切需要补齐文化发展短板，实现文化小康，丰富人们精神文化生活，提高国民素质和社会文明程度。把握引领

经济发展新常态，推动改革全面深化，促进社会和谐稳定，迫切需要牢固树立和贯彻落实创新、协调、绿色、开放、共享的发展理念，营造良好氛围，激发全民族创造活力。高新技术发展日新月异，社会信息化持续推进，互联网影响广泛深刻，迫切需要拓展文化发展新领域，发展壮大网上主流舆论阵地，更好地运用先进技术发展和传播先进文化。世界多极化、经济全球化、文化多样化、社会信息化深入发展，综合国力竞争日趋激烈，迫切需要提高文化开放水平，广泛参与世界文明对话，增强国际话语权，展示中华文化独特魅力，增强国家文化软实力。面对新形势新要求，要进一步坚定文化自信，增强文化自觉，奋力开创中国特色社会主义文化建设新局面，为做好党和国家各项工作提供强大的价值引领力、文化凝聚力和精神推动力。

（一）特殊教育学与经济发展

2019年3月5日，第十三届全国人民代表大会第二次会议上政府工作报告指出，截至2018年，我国经济运行保持在合理区间，国内生产总量突破90万亿元，居民消费价格上涨2.1%，国际收支基本平衡，城镇新增就业1361万人，调查失业率稳定在5%左右。近14亿人口的发展中大国，就业比较充分，经济结构不断优化。服务业对经济增长贡献率接近60%，高技术产业、装备制造业增速明显快于一般工业，农业再获丰收。单位国内生产总值能耗下降3.1%，质量和效益继续提升。嫦娥四号等一批重大科技创新成果相继问世。新兴产业蓬勃发展，传统产业加快转型升级，大众创业万众创新深入推进，新动能正在深刻改变生产生活方式，塑造中国发展新优势。改革开放取得新突破，国务院及地方政府机构改革顺利实施。重点领域改革迈出新的步伐，市场准入负面清单制度全面实行，简政放权、放管结合、优化服务改革力度加大，营商环境国际排名大幅上升。对外开放全方位扩大，共建“一带一路”取得重要进展。首届中国国际进口博览会成功举办，海南自贸试验区启动建设。三大攻坚战开局良好，防范化解重大风险，宏观杠杆率趋于稳定，金融运行总体平稳。污染防治得到加强，细颗粒物(PM2.5)浓度继续下降，生态文明建设成效显著。人民生活持续改善，居民人均可支配收入实际增长6.5%。个人所得税起征点提高，设立6项专项附加扣除。基本养老、基本医疗等保障力度加大，资助各类学校家庭困难学生近1亿人次。棚户区住房改造620多万套，农村危房改造190万户，城乡居民生活水平又有新提高。

2017年，残疾人事业专项彩票公益金助学项目的实施，为全国家庭经济困难的1.4万余残疾儿童享受普惠性学前教育提供资助。各地也多渠道争取资金支持，对2607名残疾儿童给予学前教育资助。

经李克强总理签批，国务院印发《关于建立残疾儿童康复救助制度的建议》，决定自2018年10月1日起全面实施残疾儿童康复救助制度。《关于建立残疾儿童康复救助制度的建议》旨在全面贯彻落实党的十九大关于发展残疾人事业，加强残疾康复服务的重要部署，改善残疾儿童康复状况，促进残疾儿童全面发展，减轻残疾儿童家庭负担，完善社会保障体系，确保到2020年基本实现残疾儿童应救尽救。

2018年，1074.7万残疾儿童及持证残疾人得到基本康复服务，其中0～6岁儿童15.7万人。得到基本康复服务的持证残疾人中，有视力残疾人120.5万，听力残疾人66.1万，言语残疾人7.5万，肢体残疾人592.3万，智力残疾人83.8万，精神残疾人150.8万，多重残疾人48.2万。全年共为319.1万残疾人提供各类辅助器具适配服务。截至2018年年底，全国已有残疾人康复机构15358个，其中，1346个机构提供视力残疾康复服务，1549个提供听力言语残疾康复服务，3737个提供肢体残疾康复服务，3024个提供智力残疾康复服务，1962个提供精神残疾康复服务，1811个提供孤独症儿童康复服务，1929个提供辅助器具服务。康复机构在岗人员达25万人，其中，管理人员2.9万人，专业技术人员17.6万人，其他人员4.5万人。这为残疾人接受教育提供了良好的基础。

2018年，全国共有特殊教育普通高中班(部)102个，在校生7666人，其中聋生5554人，盲生2056人，其他56人。残疾人中等职业学校(班)133个，在校生19475人，毕业生4837人，毕业生中1199人获得职业资格证书。全国有11154名残疾人被普通高等院校录取，1873名残疾人进入高等特殊教育学院学习。残疾人高等教育得到稳步推进。

(二)特殊教育学与政治发展

国务院于2016年8月印发《"十三五"加快残疾人小康进程规划纲要》，进一步保障和改善残疾人生活，帮助残疾人和全国人民共建共享全面小康社会，为家庭经济困难的残疾儿童、青少年提供包括义务教育、高中阶段教育在内的12年免费教育，鼓励特殊教育学校实施学前教育，鼓励残疾儿童康复机构取得办园许可，为残疾儿童提供学前教育，鼓励普通幼儿园接收残疾儿童，进一步落实残疾儿童接受普惠性学前教育资助政策，继续采取"一人一案"方式解决好未入学适龄残疾儿童少年义务教育问题，规范为不能到校学习的重度残疾儿童送教上门服务，加快发展以职业教育为主的残疾人高中阶段教育。各地要加大残疾学生就学支持力度，对符合资助政策的残疾学生和残疾人子女优先予以资助，建立完善残疾学生特殊学习用品、教育训练、交通费等补助政策，大力推行融合教育，建立随班就读支持保障体系，在残疾学生较多的学校建立特殊教育资源教室，提高普通学校接收残疾学生的能力，不断扩大融合教育规模。中等职业学校、普通高校在招生录取、专业学习、就业等方面加强对残疾学生的支持保障服务，制订实施残疾青壮年文盲扫盲行动计划，全面开展残疾青壮年文盲扫盲工作，巩固特殊教育发展基础，落实好特殊教育提升计划，继续改善特殊教育学校办学条件，依托现有具备条件的特殊教育学校，加强对普通学校实施融合教育的指导和支持，加强残疾人中高等特殊教育职业院校建设。各省（区、市）要在现有编制总量内，落实特殊教育学校开展正常教学和管理工作所需编制，配足配齐教职工。改革特殊教育教师培养模式，培养一批复合型特殊教育教师。鼓励有条件的师范院校开设特殊教育必修课程，加强高等院校特殊教育专业建设，发挥南京特殊教育师范学院和北京师范大学、华东师范大学的特殊教育院系等骨干特殊教育师资培养作用。完善特殊教育教师收入分配激励机制。深化特殊教育课程改革，组织编写新课程标准教材，提高特殊教育教学质量和水平。提高特殊教育信息化水平，利用网络远程教育资源，为残疾人提供方便快捷的受教育机会。组织实施《国家手语和盲文规范化行动计划（2015—2020 年）》，推广国家通用手语和通用盲文，提高手语、盲文信息化水平，支持国家手语盲文研究中心和推广中心发挥作用。开展听力、视力残疾人普通话水平测试工作，加强手语主持研究和人才培养，建立手语翻译培训、认证、派遣服务制度。

2016 年 1 月，教育部办公厅印发关于《普通学校特殊教育资源教室建设指南》的通知，从功能作用、基本布局、场地环境、区域布置、配备目录、资源教师、管理规范方面规范了特殊教育资源教室的设置。同年 12 月，教育部正式发布了三类特殊教育学校课程标准，即 2016 年版“盲校义务教育课程标准”“聋校义务教育课程标准”“培智学校义务教育课程标准”。至此，自 2001 年新课程改革以来，义务教育阶段学校课程标准制定基本健全完善。

2017 年 1 月，国务院第 161 次常务会议修订通过《中华人民共和国残疾人教育条例》，其中第三条提出“残疾人教育是国家教育事业的组成部分。发展残疾人教育事业，实行普及与提高相结合、以普及为重点的方针，保障义务教育，着重发展职业教育，积极开展学前教育，逐步发展高级中等以上教育。残疾人教育应当提高教育质量，积极推进融合教育，根据残疾人的残疾类别和接受能力，采取普通教育方式或者特殊教育方式，优先采取普通教育方式”。

2017年6月，国务院正式批准将每年8月25日设立为“残疾预防日”。2017年8月25日是全国第一个“残疾预防日”。

2017年7月，教育部联合中国残疾人联合会等七部门颁布了《第二期特殊教育提升计划（2017—2020年）》，提出目标为：“到2020年，各级各类特殊教育普及水平全面提高，残疾儿童少年义务教育入学率达到95%以上，非义务教育阶段特殊教育规模显著扩大。特殊教育学校、普通学校随班就读和送教上门的运行保障能力全面增强。教育质量全面提升，建立一支数量充足、结构合理、素质优良、富有爱心的特教教师队伍，特殊教育学校国家课程教材体系基本建成，普通学校随班就读质量整体提高。”完成这一目标需要从提高残疾儿童少年义务教育普及水平，加快发展非义务教育阶段特殊教育，健全特殊教育经费投入机制，健全特殊教育专业支撑体系，加强专业化特殊教育教师队伍建设，大力推进特殊教育课程教学改革六个方面推进实施。

2017年10月党的十九大提出办好特殊教育。2018年7月19日，教育部等四部门通过《关于加快发展残疾人职业教育的若干意见》，提出：“大力发展残疾人中等职业教育，让完成义务教育且有意愿的残疾人都能接受适合的中等职业教育。职业院校要通过随班就读、专门编班等形式，逐步扩大招收残疾学生的规模，不得以任何理由拒绝接收符合规定录取标准的残疾学生入学。现有的残疾人职业院校要根据需求不断完善残疾人职业教育的专业设置，有针对性的开设适合残疾人学习的专业，积极探索设置面向智力残疾学生、多重残疾学生的专业或方向，扩大残疾人就读专业的选择机会，为残疾人提供适合的职业教育，同步促进残疾人的康复与职业技能提升。每个省(区、市)集中力量至少办好一所面向全省招生的残疾人中等职业学校。”

(三)特殊教育学与文化发展

2016年，中国残疾人联合会和教育部共同启动了职业院校残疾人康复人才培养改革试点工作。为保障试点工作顺利推进，中国残疾人联合会有关专家启动了试点系列教材编制工作，确定编写《康复医学概论》《运动治疗技术》《作业治疗技术》《康复护理》《物理因子治疗技术》5本教材。

2018年5月，中国残疾人联合会、教育部、国家语言文字工作委员会发布《国家通用手语常用词表》《国家通用盲文方案(试行)》，颁布《关于推广国家通用手语和国家通用盲文的通知》，在全国范围内逐步推广使用国家通用手语和国家通用盲文。

2018年，中国残疾人联合会以“全面建成小康社会，残疾人一个也不能少”为主题，组织第二十八次全国助残日活动，开展“平昌冬季残奥会”“残疾预防日”“2018年国际残疾人日”等系列宣传活动。全年组织记者采访500余人次，进行20次专题新闻发布，结合工作实际组织拍摄微视频4部。各大媒体大力宣传残疾人事业，新华社发表文章128篇，中央电视台播发新闻119条，《人民日报》发表文章71篇。“两微一端”关注、订阅人数近435万人，总阅览量约4896万人次。截至2018年年底，全国共有省级残疾人专题广播节目25个，电视手语栏目31个；地市级残疾人专题广播节目205个，电视手语栏目264个。

中国残疾人联合会积极为残疾人提供优秀文化产品和服务，组织开展了全国残疾人文化周等活动，推动创作话剧《但的故事》等反映改革开放40年来党和政府及社会各界对残疾人格外关心的文艺作品，对文化进残疾人家庭“五个一”、残疾人特殊艺术人才培养基地建设等项目进行专项扶持。截至2018年年底，全国省、市、县三级公共图书馆共设立盲文及盲文有声读物阅览室1124个，共开展残疾人文化周活动7931场次；全国省、市两级残疾人联合会共举办残疾人文化艺术类的比赛及展览663次，共有各类残疾人艺术团283个。

第二节　特殊教育学与教育事业发展

一、国际交流与合作背景下的特殊教育发展

(一)“十一五”时期国际交流与合作

2006年12月13日，第61届联合国大会审议并通过了《残疾人权利公约》。《残疾人权利公约》使国际人权法公约体系的主体构成由原来的六大公约发展成七大公约。《残疾人权利公约》内容由序言和包括宗旨、定义、一般原则等在内的50项条款组成。核心内容是确保残疾人享有与健全人相同的权利，并能以正式公民的身份生活，从而能在获得同等机会的情况下为社会做贡献。

2008年5月26日下午，由中华人民共和国人力资源和社会保障部、中国残疾人联合会、日本驻中国大使馆和日本政府厚生劳动省共同举办的首届“中日残疾人就业论坛”在中国康复研究中心报告厅拉开帷幕。本次论坛是中日两国政府举办的首次高级别官方残疾人就业专题研讨活动，旨在加强两国在残疾人就业领域的交流合作，凸显中日两国政府在关注残疾人群体、推动残疾人就业方面的共同愿望，同时也集中体现了我国政府以人为本、改善民生的治国理念，是对刚颁布的《中共中央、国务院关于促进残疾人事业发展的意见》文件精神的具体落实。论坛围绕中日两国政府促进残疾人就业的主要法律法规、政策措施和残疾人就业工作的发展状况，开展了专题发言、案例介绍和问题互动等多种形式的研讨活动。在专题发言中，

我国政府和有关组织的代表详细介绍了在我国党和政府的高度重视下，残疾人事业日益蓬勃发展，在近期相继出台的修订后的《中华人民共和国残疾人保障法》《残疾人就业条例》《中共中央、国务院关于促进残疾人事业发展的意见》等法律法规、中央文件及配套政策等的全面推动下，残疾人就业工作迈上了一个新的台阶，残疾人就业保护和就业促进的理念和方针得以确立和加强。此外，北京市基层残疾人就业服务机构的代表和残疾人创业代表，为残疾人提供贴心服务和带领残疾兄弟共同创业的感人事迹也为论坛增加了思考的空间。论坛在与会专家和各方代表热烈友好的交流互动中圆满结束。

2008 年 9 月 24 日，由中国高等教育学会特殊教育研究分会、国际聋人高等教育网络组、中国残疾人联合会职业教育研究会联合主办，长春大学特殊教育研究中心、长春大学特殊教育学院承办的“庆奥运——无声的彩色世界”全国首届聋人大中专学生美术展在长春理工大学光电信息学院美术馆隆重开展。来自全国十六所聋人大中专院校美术专业学生的 293 件作品参加了展览。专家评出金奖作品 13 件，银奖作品 20 件，铜奖作品 23 件。这些作品从一个侧面反映了改革开放以来我国聋人教育的成果，展示了聋人对艺术、生命、世界的理解，表现了残疾人自强不息的奋斗精神。

2009 年 6 月 12 日，中国残疾人联合会和挪威残疾人组织联合会合作伙伴协议书(2009—2011 年)在北京签署。双方就 2009—2011 年开展的活动达成以下意向：一是加强对偏远地区和农村地区残疾人工作者的培训工作，向基层残疾人工作者讲授国家关于基层残疾人组织的相关政策和先进理念，以切实提高基层残疾人工作者的意识，使其真正认识到在农村建立残疾人组织的重要性；二是开展中挪双方项目工作的互访；三是印刷出版教学材料。

2009 年 10 月 28 日下午，由中国康复研究中心主办、中国康复医学会等单位协办的第四届北京国际康复论坛开幕式暨中国中西部地区康复人才培养项目远程教育网络开通仪式，在中国康复研究中心报告厅举行。中国康复研究中心经过20余年的发展和壮大，目前已成为我国唯一一家以康复为特色的三级甲等综合康复医疗机构。中国康复研究中心以医疗康复为主导，融教育、社会、职业康复为一体，是国内规模最大的现代化残疾人康复医疗机构，承担着我国康复科学技术研究、康复人才培养、康复信息研究和提供各种社会服务的重任，是我国康复医学领域的技术资源中心和示范窗口。中国康复研究中心还与国内外许多知名康复机构和科研院所建立了长期的交流与合作关系，是我国康复医学领域对外交流的一个重要窗口。

(二)“十二五”时期国际交流与合作

“十二五”时期，我国对外开放教育积极稳妥推进：出国留学人数与学成归国人数共同增长，来华留学人数与攻读学位人数共同增长。我国正成为新兴留学目的地国，“引进来”与“走出去”共同发展，高质量中外合作办学资源持续增多。5年内，我国新设了4所中外合作大学，增加了643个本科及以上层次中外合作办学机构和项目。世界特殊教育发展的终极目标是实现全纳教育，即所有普通学校不得以残疾为由拒绝接收任何一个有特殊教育需要的儿童，必须使他们能够与普通儿童一起学习和生活，实现教育公平。我国“十二五”教育事业发展规划期间，国家和教育部门继续增加残疾儿童受教育机会，积极推动各级各类学校无障碍环境建设，扩大随班就读和普通学校特殊教育班级的规模。

2011年11月16日至17日，中国高等教育学会特殊教育研究分会换届大会暨2011年学术年会在北京举行。会议以“融合、质量、创新”为主题，先后听取了中国残疾人联合会教育就业部唐淑芬副主任作的专题报告，华东师范大学方俊明、美国加勒得特大学阿兰·赫尔维茨、中国台湾彰化师范大学林慧芬、英国罗汉普顿大学索罗切尼及北京联合大学特殊教育学院院长许家成所作的学术报告，引发了与会者对中国残疾人事业和中国特殊教育的发展现状、美国特殊教育的发展趋势、联合国《残疾人权利公约》对美国高等特殊教育的影响、英国残疾学生早期干预的发展趋势、中国台湾特殊教师教育的现状、神经科学与医教结合、历史视野下的中国特殊教育的发展特点和时代精神等问题的深层次思考与探索。会议收到学术论文61篇，来自国内外特殊教育院校的70位专家学者参加了学术年会。会议选举产生了中国高等教育学会特殊教育研究分会第二届理事会和常务理事，正、副理事长，正、副秘书长。朴永馨当选名誉理事长，方俊明当选理事长，邓猛、赵建军、黄伟、鲁毅光、童欣5人当选副理事长，滕祥东当选秘书长，代光英、田寅生、刘志敏、孟繁玲4人当选副秘书长，20个高校及单位的教师当选理事。

2013年7月7日至11日，由国际特殊教育协会主办的第十三届国际特殊教育学术(双)年会在加拿大温哥华召开。年会每两年举行一次，所以称“双年会”，通常由协会与某所大学合作联办。这次的合作伙伴是不列颠哥伦比亚大学的教育咨询心理学与特殊教育系。出席此次年会的中国代表有中州大学、滨州医学院、辽宁师范大学、绥化学院及来自广西、成都等地的代表。第十四届年会于2015年在波兰举行。

2013年12月28日上午，国际特殊教育专业委员会发起人大会在北京召开。来自中国教育国际交流协会、教科联(北京)信息技术研究院、北京师范大学特殊教育研究院、中国教育在线，以及北京、广东、江苏、河南、河北、湖南等多省特殊教育院校代表出席会议。本次会议针对特殊教育的发展、特殊教育与国际差异、国际特殊教育专业委员会工作方法等进行了讨论。国际特殊教育专业委员会是由全国特殊教育领域的相关单位自愿结成的、全国性的非营利社会团体，隶属于中国教育国际交流协会。国际特殊教育专业委员会的宗旨是为我国的特殊教育院校、研究机构搭建一个多层次、宽领域的国际合作发展平台。

2014年第三届中国(北京)国际服务贸易交易会(以下简称京交会)于5月28日至6月1日在北京国际会议中心举行。会议期间,京交会教育活动板块举行为期两天的以"当今世界自闭症及自闭症教育的现状、问题及发展策略"为主题的中国特殊教育国际发展大会暨学术研讨会。在京交会上,中外特殊教育专家各抒己见,就当前的国际国内特殊教育政策、纲领和举措展开热烈探讨和比较研究。

2014年8月3日至6日,第13届亚太地区超常儿童发展与教育国际学术研讨会在北京召开。来自美国、德国、英国、澳大利亚、新加坡、荷兰、泰国、韩国等15个国家和国内高校、科研院所的学者以及中小学教育专家参加了这一学术盛宴。本次会议的主题是"培养才能和创造力,铺就积极人生路"。中心议题包括超常儿童的评估、鉴别、充实和其他超常教育,创造力和创造力培养,自我调节和情绪发展,社会化和亲社会行为,家庭与社会环境,多种形式的超常教育项目,超常教育中的教师和教师培训,超常教育项目的评估,低学业成绩与低社会经济地位的超常儿童教育,超常儿童的认知和神经机制,超常儿童的大脑可塑性和早期教育,超常教育课程研发等。

2015年4月22日,2015年国际自闭症研讨会暨心盟十周年庆典在北京召开,来自全国各地的200多家特殊教育机构负责人参与本次盛会。本次会议邀请国际专家、政府代表、高校学者共同参与,从政策、科研等方面传达了行业内最新的研究成果。中国精神残疾人及亲友协会主席温洪女士就特殊教育行业开始进入规范化管理,从师资资格认证、机构合理规范运营、解决民办机构的种种困难(教师、生存、场地等困难问题)几个方面提出建议。北京师范大学特殊教育研究所所长肖非提出现代特殊教育的发展与变革要以数字为基准，推进特殊教育机构发展和整合。

(三)“十三五”时期国际交流与合作

2016 年 6 月 22 日至 24 日，国际教育信息化会议在山东青岛召开。本次会议的主题是“互联网时代的教育变革与教育 2030 年议程”。本次会议特设分主题“ICT 与特殊教育：残疾人教育的公平与机会均等”，对构建在互联网上的新特殊教育进行了深刻的讨论。

2016 年 10 月，全国特殊教育学学科发展三十周年研讨会在湖北十堰成功举行，为总结、反思我国特殊教育学学科建设提供了良好的契机。

2017 年 5 月 14 日下午，中国残疾人联合会主席、康复国际主席张海迪出席“一带一路”国际合作高峰论坛“增进民心相通”平行主题会议并发表演讲。为落实习近平主席在“一带一路”国际合作高峰论坛开幕式主旨演讲中提出的关于“加强民间组织往来，密切妇女、青年、残疾人等群体交流、促进包容发展”的倡议，张海迪就推动“一带一路”沿线国家和地区残疾人事务交流合作，发表了题为“努力推动残疾人融合、共享与发展”的英文演讲，并提出四点建议：一是筹备建立“一带一路”沿线国家康复服务协作网络，优选一批沿线国家的大学和医疗机构建立合作中心，共同开展康复服务项目，培养康复人才；二是加强“一带一路”沿线国家辅助器具的研发和生产，培训专门技术人才，建立辅助器具供给电子商务平台；三是为残疾人提供更多的教育和职业培训机会，消除一切形式的歧视与偏见，维护残疾人的合法权益；四是推动残疾人文化交流。中国残疾人艺术团将继续在“一带一路”巡演，播撒爱与友谊的种子。张海迪还向与会代表介绍了我国在推动国际残疾人事务发展方面所做出的积极努力和取得的成绩。

为贯彻落实《贫困残疾人脱贫攻坚行动计划(2016—2020 年)》和《“十三五”残疾青壮年文盲扫盲行动方案》，加快推进教育脱贫相关目标的实现，2017年8月，中国残疾人联合会、教育部、农业部、共青团中央、全国妇女联合会五部门办公厅共同印发通知，要求各地组织开展第51个国际扫盲日暨第一个残疾青壮年文盲扫盲宣传活动：一要深刻认识残疾青壮年扫盲对贫困残疾人脱贫攻坚的重要意义，认真学习领会《“十三五”加快残疾人小康进程规划纲要》《贫困残疾人脱贫攻坚行动计划(2016—2020年)》《第二期特殊教育提升计划(2017—2020年)》等要求和部署，统一思想，结合残疾人脱贫攻坚，认真开展工作；二要采取多种形式，营造残疾青壮年文盲扫盲氛围，动员和鼓励社会力量参与扫盲工作，让残疾人文盲及其亲属感受到扫盲和脱盲带来的变化，激发残疾人脱贫攻坚的内生动力，增强扫盲和脱盲的积极性；三要充分依靠现有的教育培训机构及服务平台，将扫盲与农村实用技术培训等相结合，切实提高残疾青壮年文盲扫盲的针对性和实效性；四要扎实做好未入学适龄残疾儿童少年调查登记和数据核实，以区县为单位，落实好“一人一案”，进一步提高适龄残疾学生义务教育普及水平，从源头遏制残疾人文盲的产生。

2017年9月23日，中国高等特殊教育30周年纪念大会暨2017高等特殊教育国际研讨会在长春举行。本次研讨会以“发展·创新·融合·共享”为主题，广邀来自世界各地特殊教育领域的专家学者，通过主旨发言和分会研讨等形式，围绕高等特殊教育、基础特殊教育、康复技术等方面和领域，从特殊教育立法、创新高等特殊教育发展模式、高等特殊教育投入与评估体系、残障大学生就业、特殊教育教师资格认证制度等方面展开广泛深入研讨。几十年来，我国高等特殊教育在人才培养、科学研究、社会服务、文化传承创新和国际交流合作等方面都取得了可喜的成果。此次研讨会从更高的层次、更广的视角观察和研究社会发展和变革中的高等特殊教育，促进各国和各地区在高等特殊教育工作中的交流和合作，进一步推动残疾人教育事业的新发展。

2017 年 12 月 1 日，由联合国亚洲及太平洋经济社会委员会和中国政府共同主办的 2013—2022 年亚太残疾人十年中期审查高级别政府间会议在京闭幕。会议通过了成果文件《北京宣言和行动计划》。习近平主席向 2013—2022 年亚太残疾人十年中期审查高级别政府间会议致贺信，指出：残疾人是人类大家庭的平等成员。在全球范围内推进可持续发展，实现“一个都不能少”的目标，对残疾人要格外关心、格外关注。随着联合国《残疾人权利公约》和《2030 年可持续发展议程》实施，保障残疾人平等权益、促进残疾人融合发展越来越成为国际社会和各国的普遍共识和共同行动。

为贯彻党的十九大报告关于“加强残疾康复服务”的要求，落实国家十三五规划“建设康复大学，加快康复高等教育发展和专业人才培养”的具体部署，2018 年 5 月 6 日至 13 日，中国残疾人联合会、教育部等部门的领导赴日本、我国香港地区调研高等康复教育发展和专业人才培养工作。调研组先后到日本国际医疗福祉大学、东京大学附属医院、国立残疾人康复中心、藤田卫生保健大学和香港理工大学、香港中文大学等著名高校和机构进行实地调研。调研发现，日本和我国香港地区的独立高等康复教育机构同样处于应对人口老龄化挑战、医疗健康服务供给改革和社会保障制度不断完善、产业结构加快调整及高等教育自身改革的现实要求和转型时期。同时，以医疗和健康学科为基础，以多学科高水平师资团队为依托，以研究集成和创新转化为动力，以服务临床关切和特殊人群实际需要为目标成为各学校建设与发展的共同路径。为适应数千万残疾人康复护理的需求，有效推进“健康中国战略”，加快培养造就数量和质量相匹配的康复专业人才，缩小我国高等康复教育及人才培养与国际先进水平的差距，我国必须加快建设康复大学。

2018 年 10 月 19 日至 20 日，第十九届中国国际教育交流年会在北京举办以“无障碍设施建设与融合教育发展”为主题的首届“无障·

爱”融合教育国际研讨会。中外融合教育专家、融合教育机构负责人、相关社会组织的代表、无障碍环境建设专家及关注融合教育的社会爱心人士120余人参加研讨会。中国国际教育交流协会会长刘利民、中国残疾人联合会副主席吕世明、福建自强助残助学基金会发起人郑声滔为研讨会开幕致辞并启动“自强中国”项目发布仪式。第十九届中国国际教育年会是中国教育规格最高、影响最广、参与国家最多、研讨洽谈最为热烈的国际教育盛会之一。本次盛会首次将融合教育列入终身教育之中，将其作为重要课题开展研讨。本次论坛由中国教育国际交流协会与福建省自强助残助学基金会成功举办，有效地搭建起国际化融合教育的研究探讨、交流推广平台，以国际视野、全球方位、联手推进、共享成果的理念与实践，积极推进国内外融合教育深度探索、资源共享和优势互补，有助于增强全社会的残健融合理念意识，让更多人关注并加入无障碍事业，引领推动我国无障碍融合教育的发展。

二、教育事业发展背景下的特殊教育发展

在2006年至2019年，我国特殊教育取得了长足发展，主要体现在特殊教育经费投入持续增长，特殊教育法治建设不断完善，中国特色的特殊教育学蓬勃发展等方面，逐步推进形成具有中国特色的特殊教育学学科。

(一)特殊教育经费投入持续增长

特殊教育是基础教育的重要组成部分，是推进教育公平、实现教育现代化的重要内容，是坚持以人为本理念、弘扬人道主义精神的重要举措，是保障和改善民生、构建社会主义和谐社会的重要任务。李克强总理批示指出，办好特殊教育，对于保障残疾人平等参与社会的权利、增进残疾人家庭福祉和促进社会公平正义具有十分重要的意义，也是教育现代化的重要内容。国家高度重视特殊教育工作，2014年下发了《特殊教育提升计划(2014—2016年)》等文件。

2017年，为全面贯彻党中央、国务院关于办好特殊教育的要求，落实《国家教育事业发展"十三五"规划》《"十三五"加快残疾人小康进程规划纲要》，进一步提升特殊教育水平，教育部等部门特制定《第二期特殊教育提升计划(2017—2020年)》，要求各地政府履职尽责，特教特办，认真实施好特殊教育提升计划，让残疾孩子与其他人一样共同接受良好的教育。随着《第二期特殊教育提升计划(2017—2020年)》的启动实施，特殊教育从关注规模向关注质量转变，从追求教育起点公平转向追求教育结果公平转变。中央和省级设立专项经费，突出特教特办，扩大残疾儿童特殊教育补助范围，增加补助项目，提高补助水平，加大对特殊教育学校扩建和新建的资金支持力度，改善特殊教育办学条件。按有关文件要求，30万以上人口的县市或区建立特殊教育学校，保障残疾儿童能够就近入学，提高入学率。

(二)特殊教育法治建设不断完善

虽然经过不断努力，我国特殊教育在残疾儿童入学率、特殊教育学校数量、特殊教育教师队伍建设等方面取得了长足的进步，但是面临的特殊教育核心法律缺失、特殊教育地区间发展不平衡、特殊教育教师专业化发展薄弱等问题依然不容忽视。

特殊教育法制研究主要包含两方面：一是整合、深化和完善现有法律，尤其要注重借鉴美国、日本等其他国家和地区的特殊教育相关立法；二是建立相关的配套实施细则，为特殊教育支持保障体系运行提供完善可行的法律体系和实践环境。《第二期特殊教育提升计划(2017—2020年)》启动实施，按照"一人一案"、精准施策要求，解决实名登记未入学适龄残疾儿童少年接受义务教育问题，扩大残疾学生接受学前教育、高中教育、高等教育的规模，落实盲、聋、培智三类特殊教育学校义务教育课程标准，推进新教材编写审查，形成了积极发展残疾儿童学前教育，大力发展以职业教育为主的残疾人高中阶段教育，积极推动特殊教育“两头延伸”的法制化发展格局。

(三)中国特色特殊教育学蓬勃发展

加强中国特色特殊教育学学科建设是提高其在教育科学体系中的地位，提高高校特殊教育人才培养质量和科学研究水平的重要环节。早在1998年，朴永馨就曾撰文呼吁“发展有中国特色的特殊教育学学科”，提出“把特教工作者从经验型提到科研型”“借他山之石与发展民族特色”“百花齐放与团结协作”的学科建设原则和路径。几十年来，特殊教育学学科建设不断激发着广大特殊教育工作者的热情和干劲，取得了明显进步。

1. 特殊教育对象和范围的全面化

我国残疾学生的三种教育方式为特殊学校、随班就读与特教班。从总体上看，我国的教育安置方式已基本形成以专门的特殊教育学校为骨干，以普通学校附设特教班和特殊儿童少年随班就读为主体的格局。随班就读是我国融合教育思潮并结合自身特色的产物。随着特殊教育的发展，随班就读教师的观念也有了变化，正常儿童家长对随班就读的支持度也有了变化。在社会发展进程中，我国特殊教育的服务范围不断扩大，体现为将残疾儿童的概念扩展成特殊需要儿童的概念，提倡为所有有特殊需求的儿童提供适宜的教育。特殊需要儿童不仅包括视觉、听觉、智力、肢体等类别的缺陷儿童，也包括超常儿童、自闭症儿童、脑瘫儿童、情绪和行为障碍儿童等。在未来发展中，随着特殊需要理念和终身教育理念的发展和传播，所有有特殊教育需要的人都应该成为特殊教育关注的对象。特殊教育支持保障体系在关注传统的残疾群体(盲、聋、智障)的同时，应给予自闭症、抑郁症患者，语言发展异常、超常儿童等其他特殊群体更多的关注和支持。

2. 制定特殊教育教师标准，提高教师专业化水平

基于专业标准来培养、聘任、考核、培训特殊教育教师是世界各国在特殊教育教师政策方面的基本经验。基于“人本特教”的理念，我国特殊教育的发展更加聚焦于特殊教育教师的心理健康，关注特殊教育教师职业倦怠、职业幸福感与心理压力间的关系，强调从事特殊教育事业的道德准则、知识技能和实践、核心学术能力、培养计划、资格许可、上岗就职和辅导、专业继续成长等方面的标准。相关研究从政府、学校、教师层面构建特殊教育教师社会支持体系，使特殊教育教师以积极健康的心态和饱满的热情投身到特殊教育建设中，发挥其在特殊教育支持保障体系中的重要作用。

《特殊教育提升计划(2014—2016 年)》提出，要“提高教师专业水平，研究建立特殊教育教师专业证书制度，逐步实行特殊教育教师持证上岗，制订特殊教育学校教师专业标准。推动地方确定随班就读教师、送教上门指导教师和康复训练人员等的岗位条件。将特殊教育相关内容纳入教师资格考试”。近年来，我国颁布了《教师教育标准》《教师教育课程标准(试行)》等系列政策，基本上走上了一条基于标准的教师教育和教师专业发展之路。但教育教师的特殊性并没有得到相应的凸显，包括在随班就读的安置方式中，教师也时常无法应对特殊情形。因此，我国应进一步研制不同安置方式下特殊教育教师的专业标准，并按标准设计特殊教育教师的培养培训课程体系，并强化实践环节，培养专业化的特殊教育教师。同时，正如《特殊教育提升计划(2014—2016 年)》所提到的，“全面落实国家规定的特殊教育津贴等特殊教育教师工资待遇倾斜政策”，以保障并吸引优秀人才前来从事特殊教育事业。

3. 特殊教育＋信息化纵深推进

随着信息技术的飞速发展，目前我国特殊教育正在进行医教结合、送教上门、随班就读等重点领域的改革与实验：根据国家提出

的医教结合理念，积极推进实施教育康复工程；根据送教上门工作要求，借助信息技术，提升特殊教育信息化水平；根据高质量随班就读的标准，推进普通学校资源教室建设。

随着中度残疾儿童随班就读人数的增多所导致的教学困境越来越多，加之特殊教育相关服务和社会支持系统的不健全，特殊儿童康复和教育需求突出，迫切需要广大学者开展特殊教育医教结合的探索与教育康复训练。医教结合在特殊教育支持保障体系研究领域中初露端倪，具有较大的发展空间。医教结合作为将医疗康复与特殊教育有机结合的新的康复模式，受到了特殊教育界和医学界的关注和探索。医教结合不仅有利于转变传统的特殊教育观念，完善特殊教育学校职能，还能帮助教师掌握新技术新方法，推动最佳实践模式的探索。

远程教育在提高残疾大学生入学率、提升其综合素质、促进其就业和改善其生活质量方面发挥着越来越重要的作用。大量研究从远程教育的课程设置、无障碍设计、学习支持服务以及相关技术在远程教育上的应用等方面展开研究，为残疾人高等教育和职业教育探索新的道路。

新中国成立70年是我国特殊教育不懈探索、不断攻坚克难的70年。70年来，我国逐步推进形成具有中国特色的特殊教育改革与发展道路。虽然由于各种因素，我国特殊教育的发展仍然面临着诸多问题与挑战，同时，“一带一路”建设对我国教育对外开放提出了更高要求，也创造了千载难逢的机遇。在这种情况下，特殊教育发展目标的确定必须建立在审慎考察产业结构、分析社会要求的基础上。面向未来，我国特殊教育的发展不仅是满足残疾儿童的学习需要，还要面向更多具有特殊需要的人群，继续保持与时俱进、理论联系实际的作风，确保国家特殊教育战略规划更具科学性、前瞻性与支撑力，以更高的质量服务于我国社会的转型与发展，凸显其在整个教育体系中的独特价值。

第三节　特殊教育学与残疾人事业发展

一、国际残障研究领域的新进展

(一)身心障碍观念的变迁

以下模式代表看待身心障碍者的观点，以及不同观点发展出的社会政策。

1. 慈善模式的观点

慈善模式认为身心障碍者是身体损伤的受害者，残等于废，身心障碍是一种缺陷。身心障碍者没有能力帮助自己自立生活，是完全被动的社会救助对象。对特殊儿童而言，该模式关注的焦点是：儿童有无特别的照料和服务；应设置特别的机构或学校安置儿童，并给儿童提供特别的照料和救助服务。

2. 医疗模式的观点

医疗模式认为身心障碍者有生理上的问题，需要接受治疗。身心障碍被视为异常，是个人的问题，而不是社会或环境的问题。身心障碍者被视为被动的病人。对特殊儿童而言，该模式关注的焦点是：儿童的身体有什么问题，如何治愈儿童，应通过治疗使其身心趋近健全人。

3. 社会模式的观点

社会模式认为障碍是社会造成的结果，社会制度、环境会影响身心障碍者的社会参与，身心障碍者实为社会建构的；社会制度、环境应尽最大的可能满足身体功能差异不同的人的需求，但无法治愈身心障碍者。对特殊儿童而言，该模式关注的焦点是：障碍情境是如何产生的，应该从环境因素与参与的条件去辨识障碍是如何发生的，并消除障碍。

4. 权利模式的观点

权利模式和社会模式类似，但其更注重人权的落实，如公平的机会和参与社会的权利。该模式认为身心障碍者作为一个人，应该拥有社会参与等多项权利。针对身体功能差异的人，应该给予什么样的支持，让他可以满足作为人的基本需求，这是社会政策与社会环境必须重视的问题。对特殊儿童而言，该模式关注的焦点是：儿童应有权利确定自己的需求，要打破社会藩篱，促使儿童尽可能融入社区，则还需要有全面的社会支持。

身心障碍观念的演变，不仅反映出在不同时期人们对身心障碍的看法及观点，而且影响到为身心障碍者提供多种服务的社会政策。例如，慈善模式对身心障碍者的歧视溢于言表，故而采取隔离的机构救助他们，其就学、就业是受限制的；医疗模式希望通过诊疗使身心障碍者的身心趋近健全人，如果无法治愈疾病，医疗模式就无法处理障碍，无法处理不同的个人在不同的社会情境中所面临的不同状况；社会模式和权利模式均不以一个人的生理心理损伤去标示一个人是否为障碍者，而是视障碍为社会建构问题或者充权不足。对比不同模式我们可以发现，单一模式虽有其强调的重点和独特的贡献，但唯有不同模式取长补短，方能形成对障碍的全面评估与思考。

(二)《残疾人权利公约》的影响

2006年，联合国大会通过的《残疾人权利公约》是联合国历史上第一个全面保护残疾人权利的国际法律文件，也是国际社会第一个综合性人权公约。公约的宗旨是促进、保护和确保所有残疾人充分和平等地享有一切人权和基本自由，并促进对残疾人固有尊严的尊重。公约标志着人们对待残疾人的态度和方法发生了示范性转变。公约由序言和包括宗旨、定义、一般原则等内容在内的50项条款组成，其中第七条提到“缔约国应当采取一切必要措施，确保残疾儿童在与其他儿童平等的基础上，充分享有一切人权和基本自由”。“在一切关于残疾儿童的行动中，应当以儿童的最佳利益为一项首要考虑。”第九条(无障碍)提到“确保残疾人在与其他人平等的基础上，无障碍地进出物质环境，使用交通工具，利用信息和通信”。第二十五条(健康)提到“残疾人有权享有可达到的最高健康标准，不受基于残疾的歧视。缔约国应当采取一切适当措施，确保残疾人获得考虑到性别因素的医疗卫生服务，包括与健康有关的康复服务”。第二十六条(适应训练和康复)提到“缔约国应当组织、加强和推广综合性适应训练和康复服务和方案”。

(三)《世界残疾报告》的影响

一部被学者誉为“划时代的经典文献”的《世界残疾报告》于2011年6月发布。这份报告收集了全球较可靠的残疾资料，建议各国政府及社会团体营造无障碍环境，建立发展康复机构，提供教育服务，使残疾人充分参与社会生活，促进《残疾人权利公约》的实施。该报告是国际社会有关残疾问题的又一重要文件，对全世界达成残疾问题的共识，制定相关政策以及改善残疾人状况均具有十分重要的指导意义。

《世界残疾报告》认为，残疾人所面临的许多障碍是可以避免的，与残疾相关的不利因素是可以克服的，各国政府应采取具体的行动、措施来改善残疾人的生活状况。这需要各方面的广泛参与和具体行动，其中，国家政府负有最重要的责任，社会组织、服务提供者、学术机构、社区、残疾人及其家庭等其他参与者也具有各自的价值。只有如此，才能建立一个融合的、使残疾人发挥作用的社会。

由于该报告倡导一种双轨制方法，一方面强调为残疾人消除一切障碍，提供各种服务和协助；另一方面是为残疾人赋权，采用权利为本的方法，开展能力建设，促进他们充分平等参与。因此，特殊儿童教育赋权增能的核心，一是通过教育增强特殊儿童自身的能力，特殊儿童从被动的弱者变成主动的强者，这样他们控制自己生活的能力会得到提高；二是通过提供支持性环境(如政策、制度与环境设计等)，保障特殊儿童教育权利。

特殊儿童教育是一个现实的社会问题，必然涉及特殊儿童的权利保障。因此，特殊儿童教育权利的保障有望通过以下方面的努力来实现：使残疾人进入所有的主流体系并获得服务，为残疾人投资具体的项目和服务，通过全国性的残疾政策和行动计划，扩大残疾人的社会参与，提升残疾人服务从业人员的能力，为残疾人提供充足且可持续的公共服务资助，促进公众对残疾的了解与认知并公平对待残疾，加强残疾数据的收集，加强和支持残疾研究。

二、我国残疾人事业发展背景下的特殊教育学

(一)“十一五”时期我国残疾人事业的发展

2006年，国务院批转的《中国残疾人事业“十一五”发展纲要(2006年—2010年)》明确提出“提高残疾人受教育水平是残疾人全面实现自身价值的基本条件”。

1. 关于残疾人教育的主要任务

> 第一，基本普及残疾儿童少年义务教育，适应接受普通教育的残疾儿童少年入学率达到与当地健全儿童少年同等水平，接受特殊教育的视力、听力、语言和智力残疾儿童少年义务教育入学率达到国家要求，大力发展残疾儿童学前教育。
>
> 第二，符合条件的残疾人普遍得到职业教育或培训。
>
> 第三，保障符合国家录取标准的残疾考生接受高级中等以上教育。
>
> 第四，加快高级中等特殊教育发展，积极发展高等特殊教育。

2. 关于残疾人教育的主要措施

第一，继续将残疾儿童少年教育全面纳入国家和各地区义务教育体系，统一规划，统筹安排，同步实施。

第二，继续完善以随班就读和特教班为主体、特殊教育学校为骨干的残疾儿童少年义务教育体系。全面推行随班就读和普通中、小学校设立特教班，30万人口以上且适龄残疾儿童少年较多的县(市)要建立1所九年义务教育特殊教育学校。

第三，将残疾儿童少年入学指标列入义务教育评估验收指标体系，统计义务教育对象必须包括适龄残疾儿童少年。

第四，统筹规划高中阶段特殊教育学校建设，市(地)级以上城市要建立特殊教育高中或设立特殊教育高中班；倡导、鼓励兴办残疾人高等教育，有计划地扶持有条件的普通高等学校开设特殊教育专业和创办特殊教育学院。继续办好长春大学特殊教育学院、天津理工大学聋人工学院、山东滨州医学院、北京联合大学特殊教育学院等特殊教育院校，适当扩大招生规模，增加专业设置，提高办学层次和质量。进一步完善普通高等院校招收残疾考生的政策和考试办法。继续完善学前教育、义务教育、高级中等教育、高等教育相互衔接的残疾人特殊教育体系。

第五，继续将残疾人教育纳入国民教育体系，建立健全助学金制度，将残疾儿童少年接受义务教育切实列入政府优惠政策范围，在同等条件下，接受高级中等以上教育的贫困残疾学生优先享受国家资助政策。

第六，以社会普通职业教育机构为主，充分发挥具有特殊教育手段的残疾人职业教育机构的作用，普遍开展适应劳动力市场需求的残疾人职业教育与培训；城镇与就业相结合，农村与生产和扶贫相结合，开展多层次的职业技能教育和中短期实用技术培训。

第七，加强特殊教育师资人才队伍建设。创造条件办好特殊教育师范院校，在普通师范院校开设特殊教育专业或课程，增加特殊教育师资人才队伍的数量，提高质量。依托有条件的高等院校建立国家级残疾人职业教育师资培训基地。继续办好北京听力语言康复技术学院。加强盲文、手语的研究、完善和推广工作，继续研制专业手语和盲文符号，组织开展盲文、手语特殊教育培训，规范教材的编审和出版工作，为盲人、聋人接受义务教育、高级中等教育和高等教育创造条件。

第八，采取多种形式，扫除残疾青壮年文盲；鼓励自学成才。

（二）“十二五”时期我国残疾人事业的发展

2011年，国务院批转的《中国残疾人事业“十二五”发展纲要》明确提出“健全残疾人社会保障体系和服务体系，使残疾人基本生活、医疗、康复、教育、就业、文化体育等基本需求得到制度性保障”。

1. 关于残疾人教育的主要任务

第一，完善残疾人教育体系，健全保障机制，提高残疾人受教育水平。

第二，适龄残疾儿童少年普遍接受义务教育，提高残疾儿童少年义务教育质量。

第三，发展残疾儿童学前康复教育；大力发展残疾人职业教育，加快发展残疾人高中阶段教育和高等教育。

第四，减少残疾人青壮年文盲。

2. 关于残疾人教育的主要措施

第一，贯彻落实《残疾人教育条例》《国家中长期教育改革和发展规划纲要(2010—2020年)》和《国务院办公厅转发教育部等部门关于进一步加快特殊教育事业发展意见的通知》(国办发〔2009〕41号)，建立完善从学前教育到高等教育的残疾人教育体系，健全特殊教育保障机制，将特殊教育纳入国家教育督导制度和政府教育评价体系，保障残疾人受教育的权利。

第二，将残疾人义务教育纳入基本公共服务体系，继续完善以特殊教育学校为骨干、以随班就读和特教班为主体的残疾儿童少年义务教育体系，加快普及并提高适龄残疾儿童少年义务教育水平。采取社区教育、送教上门、跨区域招生、建立专门学校等形式对适龄重度肢体残疾、重度智力残疾、孤独症、脑瘫和多重残疾儿童少年实施义务教育。动员和组织农牧区适龄残疾儿童少年接受义务教育，推进区域内残疾儿童少年义务教育均衡发展。建立完善残疾儿童少年随班就读支持保障体系，依托有条件的教育机构设立特殊教育资源中心，辐射带动特殊教育学校和普通学校，提高随班就读质量。支持儿童福利机构特教班建设。

第三，建立多部门联动的0～6岁残疾儿童筛查、报告、转衔、早期康复教育、家长培训和师资培养的工作机制，鼓励和支持幼儿园、特教学校、残疾儿童康复和福利机构等实施残疾儿童学前康复教育。实施“阳光助学计划”，资助残疾儿童接受普惠性学前康复教育。逐步提高残疾儿童学前康复教育普及程度。重视0～3岁残疾儿童康复教育。帮助0～6岁残疾儿童家长及保育人员接受科学的康复教育指导。鼓励、扶持和规范社会力量兴办残疾儿童学前康复教育机构。

第四，普通高中、中等职业学校要创造条件招收残疾学生。鼓励和扶持特教学校开设高中部(班)，支持特教高中、残疾人中等职业学校建设，改善办学条件。扩大残疾人中等职业学校招生规模，拓宽专业设置，改革培养模式，加快残疾人技能型人才培养。帮助农村残疾人和残疾人家庭子女接受职业教育。残疾人教育机构、职业培训机构、托养机构、残疾人扶贫基地等要承担扫除残疾人青壮年文盲的任务和职责，探索残疾人青壮年文盲扫盲工作机制和模式。

第五，普通高校要创造条件扩大招收残疾学生规模，为残疾学生学习、生活提供便利。要尊重少数民族的风俗习惯，为少数民族残疾学生创造良好学习生活环境。继续办好南京特殊教育职业技术学院、长春大学特殊教育学院、北京联合大学特殊教育学院、天津理工大学聋人工学院、滨州医学院特殊教育学院等高等特殊教育学院(专业)，适当扩大招生规模，拓宽专业设置，完善办学机制，提高办学层次和质量。通过自学考试、远程教育等方式帮助更多的残疾人接受高等教育。完善盲、聋、重度肢体残疾等特殊考生招生、考试办法。聋人参加各类外语考试免试听力。

第六，加大特殊教育教师培训力度，提升特殊教育师资能力，高等师范院校普遍开设特殊教育课程，鼓励和支持高等师范院校和综合性院校举办特殊教育专业，加快特殊教育教师培养。根据国家规定落实并逐步提高特教津贴。在优秀教师表彰中提高特殊教育教师比例。推进中西部地区特殊教育学校建设。国家制定特殊教育学校基本办学标准，地方政府制定学生人均公用经费标准和教职工编制标准。改善特殊教育学校办学条件。深化课程改革，完善教材建设，加强教学研究，不断提高特殊教育教学质量和水平，全面提高残疾学生思想道德、科学文化、身心健康素质和社会适应能力。

第七，全面实施残疾学生免费义务教育，对义务教育阶段残疾学生在“两免一补”基础上，针对残疾学生的特殊需要，进一步提高补助水平。逐步实施残疾学生高中阶段免费教育。普通高校全日制本专科在校生中家庭经济困难的残疾学生及残疾人家庭子女优先享受国家助学金。动员社会力量广泛开展各种形式的扶残助学活动。

第八，将手语、盲文研究与推广工作纳入国家语言文字工作规划，建立手语、盲文研究机构，规范、推广国家通用手语、通用盲文，提高手语、盲文的信息化水平。建立手语翻译员培训、认证、派遣服务制度。

（三）“十三五”时期我国残疾人事业的发展

1.《关于加快推进残疾人小康进程的意见》

2015 年 1 月，国务院颁发的《关于加快推进残疾人小康进程的意见》从提升残疾人基本公共服务水平的角度强调提高残疾人受教育水平。为此，特殊教育学校要普遍开展学前教育，对残疾儿童接受学前教育给予资助，切实解决未入学适龄残疾儿童少年义务教育问题，提高残疾人教育普及水平，提升特殊教育教学质量；推行全纳教育，建立随班就读支持保障体系。各地要加大残疾学生就学支持力度，积极推进高中阶段残疾人免费教育；对符合学生资助政策的残疾学生和残疾人子女优先予以资助；建立完善残疾学生特殊学习用品、教育训练、交通费等补助政策；制订实施国家手语、盲文规范化行动计划，推广国家通用手语和通用盲文，完善残疾考生考试辅助办法；加强特殊教育教师队伍建设，加大对特殊教育学校教师、承担残疾学生教学和管理工作的普通学校教师的培训力度；完善特殊教育教师收入分配激励机制，制定加快发展残疾人职业教育的政策措施，推动发展以职业教育为重点的残疾人高中阶段教育。

此外，就强化残疾人权益保障机制，《关于加快推进残疾人小康进程的意见》还提到要加快推进与残疾人权益保障、残疾人发展紧密相关的残疾人教育、残疾人康复等立法工作。

2.《“十三五”加快残疾人小康进程规划纲要》

2016年，国务院颁发的《“十三五”加快残疾人小康进程规划纲要》明确提出提高残疾人受教育水平和巩固特殊教育发展基础。

一是关于提高残疾人受教育水平。

> 贯彻实施《残疾人教育条例》，依法保障残疾人受教育权利。为家庭经济困难的残疾儿童、青少年提供包括义务教育、高中阶段教育在内的12年免费教育。鼓励特殊教育学校实施学前教育。鼓励残疾儿童康复机构取得办园许可，为残疾儿童提供学前教育。鼓励普通幼儿园接收残疾儿童。进一步落实残疾儿童接受普惠性学前教育资助政策。继续采取“一人一案”方式解决好未入学适龄残疾儿童少年义务教育问题。规范为不能到校学习的重度残疾儿童送教上门服务。加快发展以职业教育为主的残疾人高中阶段教育。各地要加大残疾学生就学支持力度，对符合资助政策的残疾学生和残疾人子女优先予以资助；建立完善残疾学生特殊学习用品、教育训练、交通费等补助政策。大力推行融合教育，建立随班就读支持保障体系，在残疾学生较多的学校建立特殊教育资源教室，提高普通学校接收残疾学生的能力，不断扩大融合教育规模。完善中高等融合教育政策措施，中等职业学校、普通高校在招生录取、专业学习、就业等方面加强对残疾学生的支持保障服务。制订实施残疾青壮年文盲扫盲行动计划，全面开展残疾青壮年文盲扫盲工作。

二是关于巩固特殊教育发展基础。

落实好特殊教育提升计划。继续改善特殊教育学校办学条件，依托现有具备条件的特殊教育学校，加强对普通学校实施融合教育的指导和支持。加强残疾人中高等特殊教育职业院校建设。各省(区、市)要在现有编制总量内，落实特殊教育学校开展正常教学和管理工作所需编制，配足配齐教职工。对适合社会力量提供的教学辅助和工勤等服务，鼓励探索采用政府购买服务等方式解决。改革特教教师培养模式，培养一批复合型特教教师。鼓励有条件的师范院校开设特殊教育必修课程，加强高等院校特殊教育专业建设，发挥南京特殊教育师范学院和北京师范大学、华东师范大学的特殊教育院系等骨干特教师资培养作用。完善特教教师收入分配激励机制。深化特殊教育课程改革，组织编写新课程标准教材，提高特殊教育教学质量和水平。提高特殊教育信息化水平，利用网络远程教育资源，为残疾人提供方便快捷的受教育机会。组织实施《国家手语和盲文规范化行动计划(2015—2020年)》，推广国家通用手语和通用盲文，提高手语、盲文信息化水平。支持国家手语盲文研究中心和推广中心发挥作用。开展听力、视力残疾人普通话水平测试工作，加强手语主持研究和人才培养。建立手语翻译培训、认证、派遣服务制度。

3.《残疾人教育条例(修订草案)》

我国于1994年颁布施行的《中华人民共和国残疾人教育条例》对保障残疾人受教育的权利、发展残疾人教育事业发挥了重要作用。随着经济社会的发展和教育改革的深入，教育现代化逐步推进，残疾人教育与其他教育相比还比较薄弱。教育部于2012年12月向国务院报送了《残疾人教育条例(修订草案)(送审稿)》。经广泛、公开征求意见，及对送审稿反复研究、修改，形成了《残疾人教育条例(修订草案)》。2017年2月，国务院正式公布《残疾人教育条例(修订草案)》(以下简称《条例》)，2017年5月1日起施行。

该《条例》的修订思路如下：一是总结实践经验，将近几年有关促进残疾人教育事业发展的文件中行之有效的政策、措施上升为法律制度；二是立足实际情况，推进融合教育，在统筹规划、合理配置特殊教育资源的基础上安排残疾人入学，规范教育教学活动，使残疾学生接受与其身心状况相适应的教育；三是明确政府责任，加强对残疾人教育的保障和支持。《条例》根据残疾人教育发展形势变化和实际需求，对残疾人教育事业发展目标和理念进行了调整、规定——发展残疾人教育事业应当保障义务教育，着重发展职业教育，积极开展学前教育，逐步发展高级中等以上教育；残疾人教育应当提高教育质量，积极推进融合教育，优先采取普通教育方式。

《条例》还对方便残疾人入学、规范残疾人教育教学、促进残疾人教育教师队伍建设、加强对残疾人教育的保障力度等提出了具体措施。《条例》还凸显出保障教育机会平等、积极推进融合教育、加强政策支持保障三大亮点，立足保障残疾人义务教育、扩大职业教育和防止各类教育入学歧视，增设了相关规定，强化了合理配置特殊教育资源、规范残疾人教学、提高特殊教育质量和教师待遇等要求。

发展残疾人教育事业，保障残疾人平等受教育权利，是促进公平正义的重要内容和社会文明进步的标志。《条例》的修订和实施，为残疾人教育事业提供了更加坚实有力的法制保障，必将推动残疾人教育取得更大发展，进一步促进教育公平。

第八章

特殊教育学学科知识体系与建构

学科是依据知识体系不同而划分出来的。在不同的层面和话语环境中，学科内涵和学科外延又有其特殊的规定性。学科内涵是学科知识体系中最本质的内容，是学科外延存在的前提；学科外延是学科内涵的拓展。两者是密切相关的。就特殊教育学而言，了解特殊教育学所反映的本质属性的各个方面(内涵)，才能确定特殊教育学内涵所包含的对象的范围(外延)。特殊教育学学科的内涵和外延也会随着学科的发展而不断演变。厘清处于发展阶段特殊教育学学科的内涵和外延的演变特征，有助于准确理解特殊教育学的学科建设内容，科学把握特殊教育学的学科建设方向。

第一节　特殊教育学学科内涵的丰富

一、特殊教育学的基础知识范畴

(一)特殊教育学的研究对象

特殊教育学是研究特定对象在教育场域的各种现象，并揭示特殊教育规律的学科，所以特殊教育学作为一门独立学科应有其特定的研究对象。一直以来我国特殊教育学的学科视角针对的是狭义的特殊教育对象，即残疾儿童。《中华人民共和国残疾人保障法》指出残疾人是指在心理、生理、人体结构上，某种组织、功能丧失或者不正常，全部或者部分丧失以正常方式从事某种活动的能力的人。残疾人包括视力残疾、听力残疾、言语残疾、肢体残疾、智力残疾、精神残疾、多重残疾和其他残疾的人。在特殊教育学校就读的主要包括听力障碍儿童、视力障碍儿童、智力障碍儿童，以及伴随有智力障碍的脑瘫儿童、自闭症儿童。还有一部分不存在感官缺陷，以及不伴随智力障碍的儿童在普通学校就读，但他们接受的教育与普通儿童无异。从严格意义来说，在我国狭义的特殊教育概念下，虽然他们是残疾儿童，但我国并未构建一套专门适合他们的特殊教育服务系统，他们也并未接受专门的特殊教育及相关服务，因而不应该被视为特殊教育对象。这实际上为我国隔离式特殊学校教育发展指定了对象范畴，直接决定我国特殊教育学学科发展长期以来一直是主要围绕着特殊学校这种形式的教育来完善其专业理论体系和知识体系的。

随着特殊教育的发展，特殊教育对象目前已经从传统的听力障碍儿童、视力障碍儿童、智力障碍儿童扩大到其他对象，如学习障碍儿童、情绪与行为障碍儿童。这些儿童在普通学校就读时，普通教师采用普通教育方法，缺乏教育成效。这种状况促使人们开始思考如何采用特殊教育方法来开展教育。在这种情境下，原本未接受特殊教育的残疾儿童的特殊性逐步得到重视，在普通学校中的适应障碍与所需支持受到关注。这样，在融合教育的发展下，特殊教育与普通教育的界限被打破，这使得特殊教育学学科的研究场域拓展到了普通学校。在普通教育体系和特殊教育体系中来研究特定的对象，会涉及更多普通教师、普通儿童及其家长的参与，从而推动特殊教育学学科的内涵和外延进一步完善和发展。

（二）特殊教育思想与特殊教育概念

随着特殊教育的发展，人们对特殊教育的认识也更加深入。自

1994年《萨拉曼卡宣言》发表后，传统的隔离式特殊教育受到冲击。虽然我国随班就读实践始于更早时期，但从特殊教育学学科发展来说，研究者对随班就读的思想梳理不够，导致用于指导特殊儿童在普通环境接受教育的理论缺乏。在这段时期，我国始终坚持隔离式特殊教育和融合教育同步并进，融合教育的发展对传统隔离式特殊教育产生了巨大影响。人们对特殊儿童的认识从缺陷，到残疾，再到特殊教育需要；从指向身体的器官结构缺陷，到指向自身能力的缺失，再到他们仅仅是存在特殊需要的群体。这是特殊教育学学科研究对象与范围扩大的过程，也是特殊教育基本理念与实践模式变化的过程。这种认识与国际上对健康和残疾的认识发生的变化有关。2006年，世界卫生组织在世界范围内推进"功能、残疾与健康国际分类(ICF)"，并指出残疾不再仅指身体或心理上的病理学障碍，而是人和环境相互作用后所存在的一种状态。这种状态可能存在于任何人身上，也可能发生在一个人的任何成长阶段。该观念在国际上得到了普遍认同。在这种观念下，每个人在某种环境下、某个人生阶段中都可能存在残疾状态。这也意味着残疾不再是残疾儿童独有的特点。在这种背景下，特殊教育学学科范围超越了残疾范畴，面向更加多样化的、由各种要素导致的有特殊教育需要的学生。这也促使特殊教育学学科理论发展不可避免地从更大视角来探讨研究对象问题，对进一步明确特殊教育学学科发展所需研究的对象提出了新的思路。特殊教育教师也不再仅指特殊学校教师，还包括在普通学校、普通幼儿园、康复中心甚至医院里对特殊需要儿童履行教育教学职责的人员。特殊教育学校不再仅仅为有特殊需要的儿童提供教学，还成为特殊教育中心，为普通学校特殊儿童及其教师提供指导与支持。

虽然在理念层面，研究者基本都认同隔离式特殊教育走向融合教育的发展趋势，也尝试在理论系统中构建具有中国特色的融合教育，但实践层面存在诸多阻力，这也源于特殊教育学学科发展过程中一直面临的教育对象模糊不清、方法体系不完善、学科地位不显等问题。直到2017年《条例》出台后，我国才确定优先采取普通教育方式的顶层设计。这是我国对残疾人平等权的基本主张在政策和实践领域的表现，具有划时代的意义。

(三)关于特殊教育价值的认识

特殊教育是我国展现教育的一个窗口，反映了社会文明程度。特殊教育的发展是社会主义核心价值观的体现。将特殊教育学作为一个独立的二级学科，充分反映了我国对特殊教育的重视。对特殊教育事业的重视，是人类文明发展到一定程度所必须具备的人文关怀，是对基本生命权利和生命差异的尊重。特殊教育的发展也体现了当代社会对残疾人的认识。每一名残疾学生都应被视为一个独特的生命个体，都是人类多样性的一种表现。残疾学生的平等权利理应得到尊重和保障，得到平等公正的对待。正确认识残疾学生，认识残疾现象，形成正确的残疾人观和特殊教育理念，是从事特殊教育教师职业的重要前提，是对特殊教育领域从教人员、管理人员以及研究人员的根本要求。从学科发展来说，正是对特殊教育价值的认识才为特殊教育学学科发展赋予了灵魂。

二、特殊教育专业知识范畴

特殊教育学学科发展需要立足于其特殊的专业知识系统，这是特殊教育区别于普通教育、成为教育学的独立二级学科的根本原因。我国2015年发布的《特殊教育教师专业标准(试行)》指出："特殊教育教师是指在特殊教育学校、普通中小学幼儿园及其他机构中专门对残疾学生履行教育教学职责的专业人员，要经过严格的培养与培训，具有良好的职业道德，掌握系统的专业知识和专业技能。"不论存在于何种组织机构形式内，只要是面向特殊儿童履行教育教学职责的，就必须以此标准为基本参照要求。该标准指出，特殊教育教师需具备四大领域的专业知识：学生发展知识、学科知识、教育教学知识以及通识性知识(具体参见表8.1)。特殊教育从教者需熟练掌握特殊教育教学知识，如特殊教育理论、特殊儿童心理、康复医学、特殊教育辅助技术等，并能综合运用，以满足残疾学生的特殊教育需要。具体包括：特殊儿童身心发展的特殊规律和一般性规律、特殊儿童的个别化教育、个别化课程与教学的策略和方法、特殊儿童教育评估、特殊儿童基本康复训练知识、特殊儿童问题行为干预的策略与方法、特殊教育学学科知识、特殊儿童社会生活实践等。除了通常的教育教学能力、教育组织管理能力、交际沟通能力、运用现代化教育教学手段的能力、开展教育科学研究和反思实践的能力外，《特殊教育教师专业标准(试行)》更加强调特殊教育教师要具有特殊教育需要的评估与鉴别、环境创设与利用、个别化教育教学设计、课程整合、灵活适宜的沟通以及辅助技术运用等能力。《特殊教育教师专业标准(试行)》的出台是国家对合格特殊教育教师的基本专业要求，是特殊教育教师实施教育教学行为的基本规范，是引领特殊教育教师专业发展的基本准则，是特殊教育教师培养、准入、培训、考核等工作的重要依据，是特殊教育学学科发展的必经之路，是在理论和实践领域体现特殊教育学学科独特性的一种途径。

表8.1　特殊教育教师专业标准(试行)

维度	领域	基本要求
专业理念与师德	职业理解与认识	1. 贯彻党和国家教育方针政策，遵守教育法律法规
		2. 理解特殊教育工作的意义，热爱特殊教育事业，具有职业理想和敬业精神
		3. 认同特殊教育教师职业的专业性、独特性和复杂性，注重自身专业发展
		4. 具有良好的职业道德修养和人道主义精神，为人师表
		5. 具有良好的团队合作精神，积极开展协作交流

续表

维度	领域	基本要求
专业理念与师德	对学生的态度与行为	6. 关爱学生，将保护学生生命安全放在首位，重视学生的身心健康发展
		7. 平等对待每一位学生，尊重学生人格尊严，维护学生合法权益。不歧视、讽刺、挖苦学生，不体罚或变相体罚学生
		8. 理解残疾是人类多样性的一种表现，尊重个体差异，主动了解和满足学生身心发展的特殊需要
		9. 引导学生正确认识和对待残疾，自尊自信、自强自立
		10. 对学生始终抱有积极的期望，坚信每一位学生都能成功，积极创造条件，促进学生健康快乐成长
	教育教学的态度与行为	11. 树立德育为先、育人为本、能力为重的理念，将学生的品德养成、知识学习与能力发展相结合，潜能开发与缺陷补偿相结合，提高学生的综合素质
		12. 尊重特殊教育规律和学生身心发展特点，为每一位学生提供合适的教育
		13. 激发并保护学生的好奇心和自信心，引导学生体验学习乐趣，培养学生的动手能力和探究精神
		14. 重视生活经验在学生成长中的作用，注重教育教学、康复训练与生活实践的整合
		15. 重视学校与家庭、社区的合作，综合利用各种资源
		16. 尊重和发挥好少先队、共青团组织的教育引导作用
	个人修养与行为	17. 富有爱心、责任心、耐心、细心和恒心
		18. 乐观向上、热情开朗、有亲和力
		19. 具有良好的耐挫力，善于自我调适，保持平和心态
		20. 勤于学习，积极实践，不断进取
		21. 衣着整洁得体，语言规范健康，举止文明礼貌

续表

维度	领域	基本要求
专业知识	学生发展知识	22. 了解关于学生生存、发展和保护的有关法律法规及政策
		23. 了解学生身心发展的特殊性与普遍性规律，掌握学生残疾类型、原因、程度、发展水平、发展速度等方面的个体差异及教育的策略和方法
		24. 了解对学生进行青春期教育的知识和方法
		25. 掌握针对学生可能出现的各种侵犯与伤害行为、意外事故和危险情况下的危机干预、安全防护与救助的基本知识与方法
		26. 了解学生安置和不同教育阶段衔接的知识，掌握帮助学生顺利过渡的方法
	学科知识	27. 掌握所教学科知识体系的基本内容、基本思想和方法
		28. 了解所教学科与其他学科及社会生活的联系
	教育教学知识	29. 掌握特殊教育教学基本理论，了解康复训练的基本知识与方法
		30. 掌握特殊教育评估的知识与方法
		31. 掌握学生品德心理和教学心理的基本原理和方法
		32. 掌握所教学科的课程标准以及基于标准的教学调整策略与方法
		33. 掌握在学科教学中整合情感态度、社会交往与生活技能的策略与方法
		34. 了解学生语言发展的特点，熟悉促进学生语言发展、沟通交流的策略与方法
	通识性知识	35. 具有相应的自然科学和人文社会科学知识
		36. 了解教育事业和残疾人事业发展的基本情况
		37. 具有相应的艺术欣赏与表现知识
		38. 具有适应教育内容、教学手段和方法现代化的信息技术知识

续表

维度	领域	基本要求
专业能力	环境创设与利用	39. 创设安全、平等、适宜、全纳的学习环境，支持和促进学生的学习和发展
		40. 建立良好的师生关系，帮助学生建立良好的同伴关系
		41. 有效运用班级和课堂教学管理策略，建立班级秩序与规则，创设良好的班级氛围
		42. 合理利用资源，为学生提供和制作适合的教具、辅具和学习材料，支持学生有效学习
		43. 运用积极行为支持等不同管理策略，妥善预防、干预学生的问题行为
	教育教学设计	44. 运用合适的评估工具和评估方法，综合评估学生的特殊教育需要
		45. 根据教育评估结果和课程内容，制订学生个别化教育计划
		46. 根据课程和学生身心特点，合理地调整教学目标和教学内容，编写个别化教学活动方案
		47. 合理设计主题鲜明、丰富多彩的班级、少先队和共青团等群团活动
	组织与实施	48. 根据学生已有的知识和经验，创设适宜的学习环境和氛围，激发学生学习的兴趣和积极性
		49. 根据学生的特殊需要，选择合适的教学策略与方法，有效实施教学
		50. 运用课程统整策略，整合多学科、多领域的知识与技能
		51. 合理安排每日活动，促进教育教学、康复训练与生活实践紧密结合
		52. 整合应用现代教育技术及辅助技术，支持学生的学习
		53. 协助相关专业人员，对学生进行必要的康复训练
		54. 积极为学生提供必要的生涯规划和职业指导教育，培养学生的职业技能和就业能力
		55. 正确使用普通话和国家推行的盲文、手语进行教学，规范书写钢笔字、粉笔字、毛笔字
		56. 妥善应对突发事件

续表

维度	领域	基本要求
专业能力	激励与评价	57. 对学生日常表现进行观察与判断，及时发现和赏识每一位学生的点滴进步
		58. 灵活运用多元评价方法和调整策略，多视角、全过程评价学生的发展情况
		59. 引导学生进行积极的自我评价
		60. 利用评价结果，及时调整和改进教育教学工作
	沟通与合作	61. 运用恰当的沟通策略和辅助技术进行有效沟通，促进学生参与、互动与合作
		62. 与家长进行有效沟通合作，开展教育咨询、送教上门等服务
		63. 与同事及其他专业人员合作交流，分享经验和资源，共同发展
		64. 与普通教育工作者合作，指导、实施随班就读工作
		65. 协助学校与社区建立良好的合作互助关系，促进学生的社区融合
	反思与发展	66. 主动收集分析特殊教育相关信息，不断进行反思，改进教育教学工作
		67. 针对特殊教育教学工作中的现实需要与问题，进行教育教学研究，积极开展教学改革
		68. 结合特殊教育事业发展需要，制定专业发展规划，积极参加专业培训，不断提高自身专业素质

在学科知识体系构建上，特殊教育专业知识在特殊儿童学前教育、义务教育、职业教育或高等教育等不同教育阶段中既有共性也有个性。学前教育阶段的特殊教育知识更关注特殊儿童早期发现、早期诊断与早期干预，尤其是认知、语言、情绪情感、社交、运动等功能的早期干预。义务教育阶段的特殊教育知识强调基于学科课程及课程调整的知识，在学科教学中整合语言、社交、情感、生活适应等策略与方法。职业教育阶段的特殊教育知识更关注特殊儿童

的社会适应、职业适应、社交能力等。特殊教育高等教育阶段的特殊教育知识更强调对特殊教育发展的趋势与动态的了解，对特殊教育研究的基本理论与方法的掌握，具备比较全面的理论素养和宽阔的学科视野，能够适应教育改革和发展的需要。

三、特殊教育相关支持的知识范畴

（一）特殊儿童心理与医学基础

特殊教育学学科发展只有与其他学科知识相互融合与促进，才能为特殊儿童提供满足他们需求的服务。其中，心理学、医学是两个主要的相关学科。特殊教育服务基于特殊儿童身心特点而开展。虽然特殊儿童具有各种生理残疾，但他们仍然遵循普通儿童的身心发展规律，如从低级向高级发展，具有各种能力发展的关键期等。这就意味着我们首先需要了解普通儿童的身心发展规律，再参照普通儿童身心发展规律来探讨特殊儿童的教育是否具有相应的身心发展基础条件。以现有的身心发展条件、现有的能力水平为依据来制订的教育计划才是符合实际、具有可行性的。

具体而言，特殊教育学学科需要融入的心理学知识有在视力、智力、听力等方面有障碍的儿童的心理发展现象及规律，包括语言、认知、社会适应、情绪与情感、行为、人格、气质等；特殊儿童与一般儿童心理发展现象与规律的差别；特殊儿童的个体身心发展差异与群体身心发展差异；特殊儿童的学习心理；特殊儿童心理测量方法；特殊儿童智力测验等。

特殊教育学学科需融入的医学基础知识包括特殊儿童的发病基础、流行病学特点、致残原因；视力、听力障碍儿童的解剖及生理，功能障碍与检查，残疾分级；智力障碍、自闭症等特殊儿童的脑科学、诊断与评估；体质与健康检查手段与方法；运动康复、作业治疗、职业治疗等康复知识等。

（二）特殊教育管理体制

在管理体制上，我国特殊教育主要由各级教育行政部门管理。但随着特殊教育机构与组织的多样化发展，不乏民政系统、残疾人联合会、卫生系统等下设特殊教育学校的情况出现，造成了各自为政、分工不明、职责不清的现状。管理者逐渐认识到这种局面造成的资源浪费、重复建设、效率不高等弊端。现在及未来的建设基本由教育、民政、残疾人联合会、卫生等部门通力合作，理顺机制，共同为特殊教育服务。例如，2014年发布的《特殊教育提升计划（2014—2016年）》就是教育部联合国家发展改革委、民政部、财政部、人力资源社会保障部、卫生计生委、中国残疾人联合会共同提出的，这有利于加强各部门间的协调合作。同时，特殊教育管理还加强高等学校、科研机构等的研究人员参与，重视医疗机构专业人员的加入，通过成立研究中心、资源中心、专业委员会等形式给予特殊教育指导与支持。

在现有的管理体制下，教育系统的特殊教育工作主要通过特殊教育学校、普通学校、送教上门等多种方式进行特殊儿童的安置。一是优先采用普通学校随班就读的方式，就近安排适龄残疾儿童少年接受义务教育。招收5名以上残疾学生的普通学校，建立资源（中心）教室，配备资源教师。二是采用特殊教育学校就读方式，对中重度残疾儿童实施义务教育。市（地）和30万人口以上、残疾儿童少年较多的县（市）一般都建有1所特殊教育学校。三是采用送教上门方式，对不能到校就读、需要专人护理的重度残疾儿童少年实施义务教育，对送教上门的学生纳入学籍管理，给予人财物保障。除此之外，加大力度发展残疾儿童学前教育，重点是支持普通幼儿园接收残疾儿童，在特殊教育学校和有条件的儿童福利机构、残疾儿童康复机构普遍增加学前部或附设幼儿园，在有条件的地区设置专门招收残疾幼儿的特殊幼儿园。发展以职业教育为主的残疾人高中阶段教育，重点是普通高中和中等职业学校通过随班就读、举办特教班等扩大招收残疾学生的规模，在各省(区、市)集中力量至少开办1所面向本地区招生的盲人高中(部)、聋人高中(部)和残疾人中等职业学校。特殊教育高中资源不足的地、市在特殊教育学校增设高中部，稳步发展残疾人高等教育。普通高等学校要积极招收符合录取标准的残疾考生，进行必要的无障碍环境改造，给予残疾学生学业、生活上的支持和帮助。统筹残疾人高等教育机构的布局，支持高校增设适合残疾人学习的相关专业，增加招生总量。目前，我国已形成了以特殊教育学校为骨干，以普通学校特教班和残疾儿童少年随班就读为主的特殊教育格局。目标是至2020年，形成以普通学校随班就读为主体、以特殊教育学校为骨干、以送教上门和远程教育为补充的格局，全面推进融合教育。

《第二期特殊教育提升计划(2017—2020年)》特别提出对特殊教育的管理要加强组织领导，把计划的实施列入政府工作议事日程和相关部门年度任务，确保各项目标任务落到实处；加强省级统筹，加大对贫困地区和特殊教育薄弱环节的支持力度；建立健全多部门协调联动的特殊教育推进机制，加强督导检查，建立督导检查和问责机制，将提升计划目标任务和政策措施落实情况纳入地方各级政府考核体系。这有力地保障了特殊教育事业的发展，也为特殊教育学学科发展提供了条件。

(三)特殊教育政策范畴

党中央、国务院高度重视特殊教育。除了颁布《中华人民共和国教育法》《中华人民共和国义务教育法》(2006年修订)外，还专门颁布了适用于特殊儿童及教育的《中华人民共和国残疾人保障法》(2008年修订)、《中华人民共和国残疾人教育条例》等一系列法律法规，这有力地保障了我国特殊教育学学科发展的合理性。中国共产党第十七次代表大会(2007年)、第十八次代表大会(2012年)、第十九次代表大会(2017 年)对特殊教育的重视程度逐年上升，依次提出“关心特殊教育”“支持特殊教育”和“办好特殊教育”的总指导方针。2008 年，中共中央、国务院发布《中共中央、国务院关于促进残疾人事业发展的意见》，2009 年国务院办公厅转发教育部等八部门发布的《关于进一步加快特殊教育事业发展的意见》，为特殊教育快速发展提供了助力。

2010 年，《国家中长期教育改革和发展规划纲要(2010—2020 年)》首次将特殊教育作为独立篇章进行系统发展规划，这使得特殊教育事业发展和学科发展都面临着一个新的发展机遇。在这一时期，《特殊教育提升计划(2014—2016 年)》《第二期特殊教育提升计划(2017—2020 年)》相继发布。在第一个三年的努力下，我国全面推进全纳教育，初步建立布局合理、学段衔接、普职融通、医教结合的特殊教育体系，进一步提高办学条件和教育质量，建立财政为主、社会支持、全面覆盖、通畅便利的特殊教育服务保障机制，基本形成政府主导、部门协同、各方参与的特殊教育工作格局，并提出积极发展非义务教育阶段特殊教育，加大特殊教育经费投入力度，加强特殊教育基础能力建设和特殊教育教师队伍建设，深化特殊教育课程教学改革。全国基本普及残疾儿童少年义务教育，残疾儿童少年义务教育入学率依次达到 90%以上(2016 年)和 95%以上(2020 年)。在第二个三年的努力下，目标是使得各级各类特殊教育普及水平全面提高，残疾儿童少年义务教育入学率达到 95%以上，非义务教育阶段特殊教育规模显著扩大；特殊教育学校、普通学校随班就读和送教上门的运行保障能力全面增强；教育质量全面提升，建立一支数量充足、结构合理、素质优良、富有爱心的特殊教育教师队伍，特殊教育学校国家课程教材体系基本建成，普通学校随班就读质量整体提高。完成这一目标需要提高残疾儿童少年义务教育普及水平，加快发展非义务教育阶段特殊教育，健全特殊教育经费投入机制和特殊教育专业支撑体系，加强专业化特殊教育教师队伍建设，大力推进特殊教育课程教学改革。

除此之外，2016年，教育部办公厅印发关于《普通学校特殊教育资源教室建设指南》的通知，从功能作用、基本布局、场地环境、区域布置、配备目录、资源教师、管理规范方面规范特殊教育资源教室的设置。2016年，教育部正式发布了三类特殊教育学校课程标准，即2016年版"盲校义务教育课程标准""聋校义务教育课程标准""培智学校义务教育课程标准"，这使得义务教育阶段特殊教育学校课程标准制定基本健全完善。2017年，国务院通过《中华人民共和国残疾人教育条例》，其中第三条提出"残疾人教育是国家教育事业的组成部分。发展残疾人教育事业，实行普及与提高相结合、以普及为重点的方针，保障义务教育，着重发展职业教育，积极开展学前教育，逐步发展高级中等以上教育。残疾人教育应当提高教育质量，积极推进融合教育，根据残疾人的残疾类别和接受能力，采取普通教育方式或者特殊教育方式，优先采取普通教育方式"。2017年，残疾人事业专项彩票公益金助学项目开展实施，为全国家庭经济困难的残疾儿童享受普惠性学前教育提供资助。各地也多渠道争取资金支持，对残疾儿童给予学前教育资助。

自2010年《国家中长期教育改革和发展规划纲要(2010—2020年)》首次将特殊教育作为独立篇章进行系统发展规划以来，我国特殊教育学术研究领域也迎来了研究热潮。研究者热情参与政府事务研讨，为特殊教育发展顶层设计献策献计，同时也促使特殊教育学术界对特殊教育学学科相关问题进一步进行思考，有力地促进了特殊教育学学科发展，特别是在特殊教育对象的扩大化、随班就读对象的明确、特殊教育专业知识、特殊教育学学科定位等方面的理论知识体系都得以进一步丰富和完善。

第二节　特殊教育学学科外延的拓展

随着我国经济社会的快速发展与繁荣，我国科技卫生、哲学社科、文化艺术等领域的发展也日新月异，各个领域的学科研究都取得了巨大进步，产生了丰硕成果。进入21世纪后，我国教育事业和残疾人事业的蓬勃发展，特殊教育领域的实践也不断深入。受其他支持和相关学科发展的积极影响，学科相互交叉渗透现象明显，新的技术和方法对特殊教育发展的影响增大。此时，特殊教育学学科的研究范围不断扩大，研究内容不断丰富，研究对象不断扩展，与其他学科关联融合增多，使特殊教育的概念不断扩大，特殊教育学学科知识不断拓展，特殊教育学学科的综合性明显增强。我们对特殊教育的认识也更加多元化。本书把这一时期根植实践、外延不断扩大的学科知识构建与发展特征归纳为如下五个方面。

一、吸收其他教育学学科知识，特殊教育学学科的层次结构更加完整

新中国特殊教育学作为一个有中国特色的人文社会科学知识理论体系，经过几十年的发展，已经显现出学科知识体系层次性、交叉性与发展性的基本特性。尤其是作为教育学的分支学科之一，特殊教育学在教育活动场域中，与其他分支学科不断交杂，在实践活动中吸收其他教育学分支学科的知识，不断转换形成自身层级结构中的对应分支知识，使自身学科知识体系得以不断拓展，学科内容范围不断扩大。比如，根据特殊教育实践的特殊性，吸收教育哲学和哲学的研究成果，进行了特殊教育哲学的系统研究；在实践中认识到特殊教育管理涉及比普通教育管理更宽泛的领域，吸收教育管理学的研究成果，初步探索了特殊教育管理学的知识体系。我国特殊教育实践不断发展，对残疾儿童学前教育、高等教育、职业教育的重视程度不断提高，吸收这些教育学相关分支学科的知识和研究

成果，出现了学前特殊教育、高等特殊教育、残疾人职业教育等学科研究成果。

（一）出现成果专著，标示特殊教育哲学的分支学科初显

在中国知网数据库中以“主题＝特殊教育”并含“主题＝哲学”进行检索，在获得的期刊论文中，手动删除会议征稿、书评、报纸等，最终获得有效学术论文23篇。国内最早从哲学角度对特殊教育进行思考的论文是葛新斌的《人的基本特征与特殊教育的开展——哲学人类学对特殊教育的启示》[①]一文。在1997—2004年，只有2篇涉及特殊教育哲学问题的论文。

在2005年以后，特殊教育哲学问题的研究逐渐受到重视，一些研究成果发展在《中国特殊教育》和《现代特殊教育》等重要学术期刊上。例如，盛永进的《关于特殊教育研究哲学化的思考》和钟经华的《从特殊教育术语反思对残疾的认识》都发表在2005年《中国特殊教育》杂志上。盛永进一文重点阐述了特殊教育研究需要一个对特殊教育本身进行反思的哲学化过程。哲学化的关键在于：关注价值论应然研究，使特殊教育研究根植于深厚的理论基础；重视概念逻辑方法，使特殊教育达到真正有深度的理论研究，进而对特殊教育做出本质的、逻辑的归纳和概括。钟文指出，特殊教育术语的使用，反映特殊教育专业人员对残疾人认识不断进步的过程，也反映了当时的教育理念和特殊教育的哲学思想。

此后，研究者们从《全纳教育的哲学基础：批判与反思》（邓猛、肖非，2008），《论“人本特教”及其人本主义哲学基础》（甘昭良、王梅，2010），《特殊教育何以可能——一个基于残疾儿童少年社会存在的本体论追问》（王培峰，2010），《全纳教育的实践困惑及其反思》

① 葛新斌：《人的基本特征与特殊教育的开展——哲学人类学对特殊教育的启示》，载《辽宁师范大学学报（社科版）》，1997(6)。

(杨明利、张宁生，2010)，《残疾人教育补偿的哲学思考》(王培峰，2011)，《缺陷、缺陷补偿与教育：一个哲学的审思》(王培峰，2011)，《略论文化哲学视野中的特殊教育》(盛永进，2012)，《特殊儿童生活与教育的哲学思考》(王培峰，2012)，《全纳教育理论的社会文化特性与本土化构建》(邓猛、刘慧丽，2013)，《从保障生活到促进发展：中国残疾人社会保障制度变迁与评价》(赵萌萌，2013)，《融合教育的哲学思考》(王振洲，2016)，《当代特殊教育知识：建构逻辑、特征与启示——基于建构主义的经验主义科学哲学审视》(王培峰，2017)，《视障学生社会适应的哲学思考》(梁纪恒、王培峰，2018)，《共生理论视域下我国融合教育发展的困境与反思》(赵斌、杨银，2018)等专题对特殊教育的相关哲学问题进行了专门探讨，为我国特殊教育学的研究提供了哲学基础，有助于我国特殊教育的基本理论研究和学科体系的本土化构建。

在这期间，对特殊教育哲学问题进行系统研究的标志性成果有两个。其一是由北京大学出版社 2011 年出版、华东师范大学方俊明编著的《特殊教育的哲学基础》，围绕特殊教育的本质、价值论、方法论、学科基础等特殊教育中的元理论问题，探讨了特殊教育哲学思想形成与发展的过程；从同一性与特殊性的比较中论述了特殊教育和德智体美劳教育，以及学前融合教育、职业教育与高等教育等问题的哲学基础；同时，借鉴西方的哲学思想，结合我国实际，指明了在多元文化背景下我国特殊教育的发展趋势，对我国特殊教育的发展具有重要的指导和借鉴作用。其二是由山东人民出版社 2012 年出版、南京特殊教育师范学院王培峰著的《特殊教育哲学：本体论与价值论的研究》，在内容编排上分为四篇八章。首先主要从本质主义和存在主义两大哲学思维的立场对特殊教育本体存在的根据、概念、内涵、知识进行自我前提性批判，厘定特殊教育的本体存在，提出了“特殊儿童关怀理念”和“特殊儿童意向性关怀意识”的特殊教育存在论，并运用马克思主义人学立场审视和建构特殊儿童的存在观；其次，在前面特殊教育本体论认识的基础上，批判分析了关于特殊教育的价值认识，并借鉴马克思主义实践观，提出了特殊儿童存在论和价值论；然后，主要从特殊儿童存在论和价值论的认识视野出发，对特殊教育之于特殊儿童生命尊严、自由和权利的价值，特殊儿童生活的价值，特殊儿童缺陷补偿的价值三个方面进行研究；最后，从做好特殊教育的希冀出发，基于全纳教育与隔离教育统一的可能，从文化哲学和生态哲学的视野审视全纳教育，并提出建构全纳教育的理想。

（二）出版同名教材，推动特殊教育管理学的分支学科发展

在中国知网数据库中以“篇名＝特殊教育”并含“篇名＝管理”进行检索，在获得的期刊论文中，手动删除会议征稿、书评、报纸等，最终获得有效学术论文81篇。在1998—2004年，国内只有9篇论文对特殊教育中的管理问题进行探讨。其中，有3篇文章都发表在1998年，有2篇是介绍英国特殊教育管理的，可见特殊教育管理的研究并未受到研究者们的很多关注。值得一提的是，《我国特殊教育管理模式：现状、成因及对策分析》（王玉琼、王玉娥，2003）是此后我国特殊教育管理研究领域中的高引论文，成为我国特殊教育管理研究的重要基础之一。

2005年《现代特殊教育》杂志编辑部开辟了“以管理促发展——特殊教育学校校长管理笔谈”专栏，组织多名特殊教育学校校长探讨特殊教育学校的管理与发展问题，拉开了我国特殊教育管理问题研究的序幕。2006年，全国加强特殊教育学校建设与管理工作经验交流会顺利召开，教育部主管特殊教育的副司长李天顺发表《坚持科学的发展观，进一步加强特殊教育学校建设和管理，促进特殊教育事业的新发展》，吹响了我国特殊教育管理问题研究的号角。此后，基本上每年都有3篇以上的关于特殊教育管理问题研究的学术论文发表。

尤其是2013年后，这一领域的研究受到了更多研究者的关注。其中，许巧仙(2008)、梁好(2009)、张彦云(2013)、高飞(2016)、张洁华等(2016)对特殊教育管理体系或行政管理进行了专门研究，刘岚(2007)、李俊强(2008)、张红馨和蔡慧敏(2009)、李彦群(2010)、牟玉杰(2011)、黄年春(2011)、胡美芬(2012)、童月(2012)、常建文(2013)、张萍(2013)、高春英(2013)、杨大明(2014)、管文娅(2014)、竭明(2015)、王新明和王称(2015)、费立新(2016)、杨运强(2016)、韩媛(2016)、闫洪涛(2016)、张彦春(2016)、何建芳(2016)、陈家梅(2017)、赵晓玲(2017)、王玥(2018)、熊紫媛(2018)、姜艳(2018)对特殊教育学校管理进行了专门研究，徐白仑和纪玉琴(2010)、莫伟军和邵立锋(2012)、陆振华(2014)、刘明清(2014)、王振洲和唐丹(2018)等人对随班就读管理进行了专门研究，初传学(2009)、邱淑女(2010)、郑维琼(2010)、周健儿(2015)、夏娟飞(2016)等人对特殊教育管理信息化进行了专门研究，鲁毅光(2011)、郭永(2013)、毛倩和袁玉萍(2013)、王婷婷(2013)、丁显洲(2014)、何先波等(2016)、何燕春(2017)、张玉红等(2018)、唐丽琴(2016)对高校特殊教育管理、继续教育管理等进行了专门研究。

2007年，蒋云尔主编、南京特殊教育职业技术学院学者集体编著的《特殊教育管理学》是我国特殊教育管理学的第一本教材，也是第一部对我国特殊教育管理问题进行系统研究的论著。该书借鉴教育管理学和管理学中的成果，将特殊教育管理学界定为研究特殊教育中的管理现象，揭示特殊教育管理规律的科学，规定其研究对象是发生在特殊儿童(如听觉障碍儿童、视觉障碍儿童、智障儿童、学习困难儿童、自闭症儿童等)教育场域中的各种管理现象。该书论述了特殊教育管理学产生的背景、特殊教育管理学的性质以及研究的对象和方法，研讨了特殊教育管理学的理论基础，从操作层面分别探讨了特殊教育行政管理、特殊教育学校管理和普通学校随班就读管理等方面的内容。该书承认特殊教育管理的维度比较广，教育、民政、劳动和社会保障、福利、医疗等机构都与特殊教育有关；特殊教育管理的难度也比较大，特殊教育管理的理论和实践方面还有许多问题需要人们去研究和探讨。该书指出我国特殊教育事业的发展呼唤特殊教育管理理论的诞生，特殊教育的实践迫切期望特殊教育管理理论的指导，这有助于对这一新兴的综合性应用学科有清晰、准确的认识。

通过制定特殊教育政策和法律法规加强对全国特殊教育事业的宏观指导，通过制定特殊教育计划层层推进落实特殊教育政策和法规的具体要求，通过特殊教育督导加强对特殊教育行政管理和特殊教育教学的检查、监督和指导，是我国特殊教育行政管理的一大特色。进入21世纪后，一大批专家学者围绕特殊教育政策、法律、规划(计划)、督导(评价)发表了多个有创见的重要成果。比如，《特殊教育管理者眼中的全纳教育：中国随班就读政策的执行研究》(邓猛，2004)，《改革开放30年中国特殊教育的发展及政策建议》(赵小红，2008)，《近25年中国残疾儿童教育安置形式变迁——兼论随班就读政策的发展》(赵小红，2013)，《中国全面推进随班就读工作面临的挑战和政策建议》(彭霞光，2011)等论文都是当前我国特殊教育政策研究的重要成果。由南京特殊教育师范学院王培峰著、南京大学出版社2015年出版的《特殊教育政策：正义及其局限》一书，是这一领域研究的第一本专著。该书按照特殊教育政策及其分析的基本理论—我国特殊教育政策分析—几个关键环节和领域的政策思考的逻辑与结构，分三篇六章，对我国特殊教育政策问题进行了系统研究。该书从世界特殊教育发展的视角，结合我国特殊教育发展的现实，立足残疾人基础教育阶段的宏观特殊教育政策进行分析，通过政治哲学审视和特殊教育政策内容分析、价值分析、伦理分析，系统地阐述了特殊教育政策的概念、哲学基础、结构要素、政策分析的标准，以及存在的主要问题、时代诉求和应该实现的政策回应。该书基本厘清了特殊教育政策的内涵，从政治哲学立场揭示了特殊教育政策的优势及其局限，借鉴公共政策领域和普通教育领域教育政策分析方法，建立了特殊教育政策内容分析、价值分析、伦理分析的理论框架，对我国特殊教育政策总体结构体系、结构要素进行了分析，指出了它们存在的主要问题与局限；同时，对几个关键环节和重点领域的特殊教育发展改革提出了政策建议，阐述了特殊教育政策正义是对残疾人成长发展最根本、最现实的关怀，是国家意志的制度正义的体现。

（三）吸收与实践并重，学前特殊教育分支学科不断发展

在中国知网数据库中以“主题＝学前特殊教育”进行检索，在获得的期刊论文中，手动删除会议征稿、书评、报纸等，最终获得有效学术论文 247 篇。国内最早对特殊儿童学前教育问题进行探讨的论文是《论学前教育机构中的特殊儿童教育》(周兢、程晓樵，1995)一文。这篇文章对学前教育机构中的特殊儿童教育从安置形态、课程结构和师资特点三个方面进行了探讨。在 1995—2004 年，已有 12 篇论文对学前特殊教育问题进行了探讨。除周兢和程晓樵一文之外，马庆发(1998)对瑞士学前特殊教育理论与实践发展趋势的介绍、张燕(2003)对北京市学前特殊教育的调查与思考、焦云红等人(2004)对河北省城市普通幼儿园学前特殊教育调查与分析等重要成果都是此后我国学前特殊教育发展的重要基础。2001 年由陈东珍主编、北京师范大学出版社出版的《学前特殊教育》作为“迈向 21 世纪的上海幼儿教育”系列丛书之一，2002 年由周兢主编、辽宁师范大学出版社出版的《学前特殊儿童教育》作为全国高等教育自学考试指定教材，也对此后我国学前特殊教育发展发挥了重要作用。

2005 年至今，尤其是 2008 年以后，我国学前特殊教育的理论与实践问题受到越来越多研究者的重视。从 2008 年开始，每年发表

“主题＝学前特殊教育”的论文都有十余篇。从2005年至今，一些关于学前特殊教育的重要研究成果发表在《中国特殊教育》等学术期刊上，如《学前融合教育：理想与现实——基于一名自闭症幼儿融合教育的个案研究》(叶增编、吴春玉、廖梅芳，2009)，《特殊儿童家长选择学前教育机构的调查研究》(谈秀菁，2007)，《上海市学前特殊教育教师专业化发展调查研究》(杨福义、张福娟、刘琳，2009)，《美国学前特殊教育的政策法规及启示》(黄永秀、赵斌，2008)，《学前特殊教育：创建和谐社会不应忽视的领域》(朱宗顺，2005)，《幼教工作者对特殊幼儿融合教育问题的态度和意见的调查研究》(孙玉梅，2007)，《美国学前阶段特殊教育全纳安置模式述评》(余强，2008)，《学前融合教育质量：相关概念解析与评价工具的理论构想》(胡碧颖、李克建，2012)，《近年来我国学前融合教育研究综述》(刘敏，2012)，《浙江省学前特殊教育的现状及对策》(朱宗顺，2008)，《0—6岁特殊儿童教育体系建构策略研究》(谈秀菁，2009)，《试论学前特殊儿童生态化支持保障体系的建构》(李欢、王苗苗、孟万金，2013)，《我国学前融合教育的现状与分析》(刘敏，2013)，《我国残疾儿童学前教育开展状况述评》(张磊，2011)。也有一些硕博论文以学前特殊教育为主题展开了系统研究，如《学前听障儿童个别化教学设计研究》(吕晓，2012)，《湖北省幼教工作者学前融合教育观念与态度的研究》(孙玉梅，2008)，《学前融合教育促进普通幼儿亲社会行为获得的实验研究》(王宇，2011)、《学前特殊儿童教育补偿研究》(万慧颖，2014)。

雷江华主编的由华中师范大学出版社2008年出版的《学前特殊儿童教育》作为教育科学系列教材之一，对学前特殊教育问题进行了系统论述。该书分五编，第一编(5章)主要介绍学前特殊教育的基本概念、理论基础、政策法规、体制与模式、教学与管理，概括为“总论”；第二编(4章)主要阐述生理发展障碍、智力发展异常、语言发展障碍、广泛性发育障碍特殊儿童教育，概括为“对象论”；第三编(6章)主要探讨特殊儿童生活保健、感统训练、行为矫正、语言矫治、游戏治疗、综合干预训练方法，概括为“方法论”；第四编(2章)主要明晰个别化教育计划的制订与实施过程以及评估，概括为“目标论”；第五编(1章)主要分析学前特殊教育的支持保障体系、教育人员培训以及研究策略，概括为“条件论”。苏珊·R. 桑德尔等著，王燕华等译，北京大学出版社2018年出版的《学前特殊需要儿童融合教育实用手册》(第二版)是美国学前融合教育和早期干预领域重要的著作之一。该书通过理论陈述、生动案例、实用表格的形式讲解融合幼儿园中如何建立教学辅助模式，为特殊需要儿童提供适宜的班级支持，包括评估幼儿园融合环境，如何针对特殊儿童的需要进行课程调整，如何将特殊儿童的发展目标融合到班级活动中来进行嵌入式教学，如何管理特殊需要儿童的挑战性行为等。内容具体翔实，理论深入浅出，方法易于操作，为幼儿园管理者和一线教师提供可借鉴、可操作的融合教育策略。《我国学前融合教育研究综述》(杨鹃，2015)一文从学前融合教育理念、相关人员对学前融合教育的态度、学前融合教育师资等方面总结了目前学前融合教育的研究现状。《近年来我国学前融合教育研究综述》(刘敏，2012)一文分别以学前融合教育、幼儿融合教育、儿童融合教育、学前全纳教育、幼儿全纳教育、幼儿园随班就读、学前随班就读为检索词，通过中国知网进行文献检索，获得1999—2010年相关研究文献103篇。分析发现，从2003年以后，学前融合教育的相关论文发表数量呈上升趋势，2008年最多。但是，大部分论文是介绍国外学前融合教育的模式、经验以及理论层面的研究分析的，实证研究，尤其是科学、定量的调查研究或效果研究较少，仅29篇。真正涉及特殊需要儿童在幼儿园接受教育的个案研究只有7篇。近几年我国学前融合教育的研究内容主要集中在以下三大方面：第一，实施学前融合教育的必要性；第二，学前融合教育的安置模式；第三，学前融合教育的教学策略。由此可见，关于我国学前融合教育开展情况的研究还十分缺乏。

（四）中高等职业教育贯通，残疾人职业教育研究已自成体系

《残疾人职业教育研究热点及发展趋势》(郭文斌、张梁，2018)一文借助知识图谱技术对残疾人职业教育研究领域的成果进行了关键词共词分析，并绘制了残疾人职业教育研究的知识图谱，直观呈现了残疾人职业教育的前沿领域和学科知识的信息交汇聚点，从不同层面展现了这一学科领域发展的概况，明确了其学科结构以及研究热点和重点等。研究者在中国知网总库中查找主题词为“残疾人”并含“职业教育”，以及从属残疾人大类下的各类残疾群体，如“盲人”“智障生”“聋生”等相关关键词并分别含“职业教育”的2018年5月以前的科研文献，去除会议纪实、会议评述、招聘启事、通知公告、学校简介等非规范性文献和重复文献后，最后确定有效文献为473篇。各年度详细数据如图8.1所示。

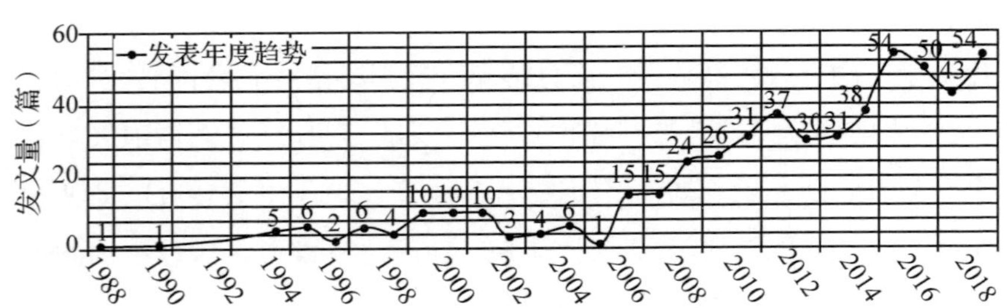

图8.1 残疾人职业教育研究相关文献统计

[引自《残疾人职业教育研究热点及发展趋势》(郭文斌、张梁，2018)]

从图8.1可以看到，残疾人职业教育研究的文献数量总体呈上升趋势，尤其在2013—2015年，文献刊发数量出现巨大增幅。由此可见，该领域越来越受到广大学者和专家的关注，具有良好的发展前景。

郭文斌和张梁(2018)的研究表明：第一，我国残疾人职业教育

研究正在逐渐从基于现状、宏观问题的描述分析，向残疾人职业教育中存在的具体问题，如课程、专业设置、教育模式、职业意识等中观层面转变；第二，相对残疾人中等职业教育研究而言，残疾人高等职业教育研究受到广大研究者的更多关注，今后的研究将更多关注残疾人中等职业教育和高等职业教育的贯通与协同发展；第三，以往残疾人职业教育研究多围绕视觉障碍、听觉障碍和智力障碍三类残疾学生展开，从最初以听觉障碍学生为主要对象的职业教育，逐渐向以智力障碍学生和视觉障碍学生为主要对象的职业教育扩展；第四，残疾人职业教育的内涵不断丰富，以往残疾人职业教育大多以就业为导向，以实现就业为目标，当前职业教育力图打破职业教育即就业教育的传统观念，使职业教育更具人文精神，将发展残疾学生基本生活能力、实现全面康复、提高生活质量作为残疾人职业教育的重要内容。

尤其值得一提的是，南京特殊教育师范学院何侃著、南京师范大学出版社 2018 年出版的《中国残疾人职业教育与就业服务》主要讨论我国残疾人的职业教育和就业服务，针对我国残疾人职业教育与就业服务的诸多发展性问题，提出消除体制、机制障碍的对策，形成包括制度设计和机制培育的政策建议，引领我国残疾人职业教育与就业服务科学有序发展。

综合可知，我国以往残疾人职业教育问题研究主要集中于中高等职业教育、残疾人职业教育现状与对策、残疾人职业教育课程与专业设置等领域。可视化图谱可以预见残疾人职业教育研究的趋势是残疾人职业教育研究从宏观向中观转变；中高等职业教育逐渐贯通，衔接问题得以重视；研究对象多集中于视觉障碍、听觉障碍和智力障碍三大类学生，尤其以视觉障碍学生为主；残疾人职业教育内涵不断丰富，逐渐打破职业教育即就业教育的观念。此外，研究中知识图谱反映出来的以下问题值得研究者深思和关注：第一，残疾人高等职业教育的法制保障亟待完善和强化；第二，凸显智力障碍者职业教育的人职匹配性；第三，加大对熟练掌握残疾人特殊教育技能的高等职业教育师资的培养力度。

二、特殊教育实践领域不断扩大，学科研究对象不断拓展

对特殊儿童的广义理解，是指与正常儿童有显著差异的各类儿童，既包括各种能力超常的儿童，也包括智力落后、视力残疾、听力残疾、肢体残疾、言语障碍、学习障碍、情绪行为障碍、多重残疾等儿童。进入21世纪，尤其是学科进入发展阶段以后，我国特殊教育学学科的研究对象和研究范围不断扩大，研究内容不断丰富。除了针对智力残疾、视力残疾和听力残疾等传统特殊教育对象的学校教育、诊断和干预的研究不断丰富以外，对孤独症、情绪行为障碍、学习障碍、多重障碍、超常儿童等特殊儿童的教育与干预研究也取得了长足的发展。

(一)孤独症儿童的教育及相关学科研究

孤独症是近年来学术界广泛关注的一个热点论题，研究成果涵盖多个学科。《近十年来国内孤独症研究成果分析》(赵谦，2018)一文以中国知网数据库为统计源，运用文献检索法，对近十年来公开发表的相关研究成果进行分析，得到了孤独症在医学、心理学、教育学等不同学科领域中的研究现状与热点视阈。该文章根据中国知网全文数据库，检索到2008年1月至2017年10月我国学者以孤独症为主题公开发表的期刊论文、国内外会议论文、硕博学位论文以及报纸文献共计4799篇，年均发文量为479.9篇。其中，期刊发文量为3532篇，国内外会议论文361篇，硕博学位论文355篇，报纸文摘551篇。研究论文的发文量年度分布(具体参见表8.2)表明，十年间，国内孤独症研究成果总体呈现出波动式上升的趋势。2009年为历年最低点，发文量为278篇，2015年为历年最高点，发文量为648篇。发表的论文中含国家自然科学基金项目产出论文248篇、国

家重点基础研究发展 973 计划项目成果 63 篇、国家社会科学基金项目产出论文 31 篇、全国教育科学规划课题产出论文 20 篇以及国家科技支撑计划项目成果产出 16 篇。该文章的研究结果表明，国内孤独症研究成果主要集中于医学领域，心理学、教育学等学科的相关研究相对较少。

表 8.2　十年来以“孤独症”为主题的学术论文年度发文量

年份	2008	2009	2010	2011	2012	2013	2014	2015	2016	2017
发文量/篇	340	278	424	464	502	559	590	648	602	388

［引自赵谦(2018)的《近十年来国内孤独症研究成果分析》］

《我国自闭症儿童干预研究的可视化知识图谱分析》(吴彦，2018)以中国知网为检索源，采用可视化知识图谱 CiteSpace，对中国知网数据库中该领域近 20 年(2000—2018 年)自闭症儿童干预的文献，进行了定量可视化分析与信息挖掘。该文章在中国知网数据库中以“主题＝自闭症(自闭症谱系障碍)干预”“主题＝孤独症(孤独症谱系障碍)干预”进行检索，把文献时间设定为 2000—2018 年，在获得的期刊论文中，手动删除会议征稿、书评、报纸等，最终获得有效学术论文 654 篇。各年度详细数据分布如图 8.2 所示。

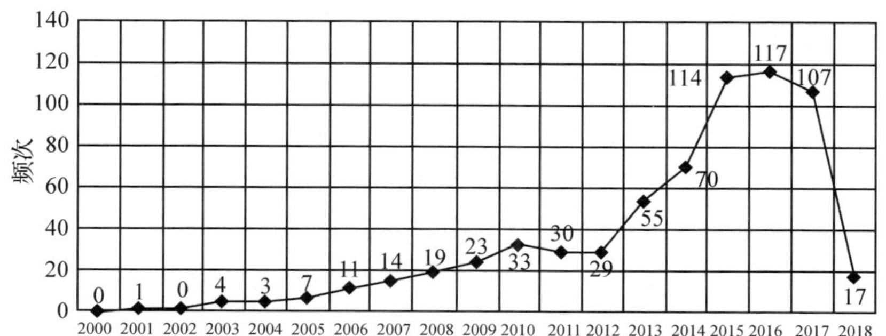

图 8.2　自闭症儿童干预研究发文量变化趋势

［引自《我国自闭症儿童干预研究的可视化知识图谱》(吴彦，2018)］

由图 8.2 可以直观地看到，在 2009 年之前，每年发文量均不足 20 篇。从 2009 年开始，自闭症儿童干预研究受到关注，论文数量基本逐年上升。

《近十年来国内孤独症研究成果分析》和《我国自闭症儿童干预研究的可视化知识图谱分析》梳理了孤独症研究领域(尤其是孤独症干预研究)的发展脉络，绘制了自闭症儿童研究的科学知识图谱，阐述了我国自闭症儿童研究的演变历程、主要研究者和研究机构、近年来研究的成果及重点、研究趋势等，同时指出了该领域研究中存在的问题。

1. 孤独症研究领域的主要研究者群体

《近十年来国内孤独症研究成果分析》的研究显示，在众多孤独症的研究者中发文 30 篇以上的有 5 人，分别是静进(40 篇)、邹小兵(38 篇)、武丽杰(34 篇)、杜亚松(31 篇)和孙彩虹(31 篇)。5 名学者的研究领域全都属于医学范畴，关注的焦点为儿童孤独症研究。起初，研究视角集中在孤独症儿童康复训练的有效方法、饮食习惯与营养状况、家庭和社会环境对于孤独心理产生的影响以及医学对于孤独症的认定等几个方面。近年来，研究视角开始转向儿童孤独症患者的谱系障碍、语言障碍和基因遗传等方面。此外，发表论文 20 篇以上的学者共 10 人，10 篇以上的共 29 人，其中绝大多数学者的论文成果也同样属于医学领域。当然，也有少数学者专注于特殊教育、心理学等方面的研究。例如，北京师范大学的胡晓毅主要关注国内外孤独症儿童的教育研究，共发表了 14 篇相关的研究论文。

《我国自闭症儿童干预研究的可视化知识图谱分析》的研究显示，2000—2018 年共有 16 位学者在自闭症儿童干预领域发表论文超过 5 篇。其中，北京师范大学胡晓毅发表论文 22 篇，华东师范大学杨广学发表论文 10 篇。发表论文 9 篇的有 1 位，6 篇的有 2 位。分析得出的合作图谱中大致包含 4 个合作网络，分别是以北京师范大学胡晓毅、重庆师范大学徐胜、华东师范大学杨广学、中南大学湘雅二医院心理中心周世杰为核心的合作网络。这些合作网络的成员大多数是师生关系，不同单位和学科领域的作者之间学术交流较少，这不利于自闭症儿童干预研究中资源共享与优势互补，不利于该领域的进一步发展。

2. 孤独症干预研究的热点问题透析

《我国自闭症儿童干预研究的可视化知识图谱分析》的研究结果表明，我国自闭症儿童干预研究的热点主要涉及以下五个领域。第一，自闭症儿童早期诊断与干预研究，涉及的关键词有早期干预、诊断。已有文献中，我国学者的研究方向主要集中在探讨自闭症儿童早期干预的重要性，以及早期干预方法的实践方面。第二，自闭症儿童的社会交往障碍及其干预研究，涉及的关键词有共同注意、心理理论、社交技能、需求表达、语言等。社会交往障碍是自闭症的核心症状，我国学者对这一领域展开了丰富的研究。第三，自闭症儿童问题行为干预研究。学者关注的自闭症儿童的问题行为主要有攻击性行为和自我刺激行为。学者采用实证研究，运用各类方法，对问题行为进行了干预。其中被广泛运用于问题行为干预的是应用行为分析和正向行为支持，这被美国国家标准项目(2015) 认定为自闭症干预方法中成熟有效的行为干预。第四，融合教育环境下自闭症儿童的干预研究。涉及的关键词有融合教育、随班就读等。在研究与政策形势的促进下，自闭症儿童和正常儿童一起接受教育的方式已成为特殊教育发展的趋势。学者在融合教育环境下运用综合方法、引导式教育对自闭症儿童进行干预。第五，以中医为代表的医学干预研究，以靳三针疗法为代表。自 2007 年起，中医将靳三针疗法用于自闭症儿童的治疗。袁青等用靳三针疗法对 35 例自闭症儿童进行干预后发现，靳三针疗法可以有效改善自闭症儿童的症状。但是这一干预疗法尚不成熟，需要进一步的实验论证。

总体而言,《近十年来国内孤独症研究成果分析》认为,我国孤独症研究存在着研究水平偏低、研究视阈局限、国外研究综述缺乏以及区域研究不均衡四大问题。《我国自闭症儿童干预研究的可视化知识图谱分析》发现,近年来自闭症儿童干预研究的相关文献数量逐年上升,说明该领域得到了国内学者的广泛关注,在我国有着很好的发展前景。此领域研究已具备一定规模的核心学者、核心研究机构;但学者间的联系较为松散,缺乏多学科合作。研究方法上介绍国外自闭症干预经验的理论类和综述类研究较多,实证类研究相对缺乏,且在实证类研究中对国外的干预方法模仿较多,缺乏本土化方法的探讨与研究。《我国自闭症儿童干预研究的可视化知识图谱分析》建议,未来研究中,一是应该加强自闭症儿童干预研究的核心作者和机构之间的合作关系,形成核心的研究领域,并且增强高等院校特殊教育系与特殊学校、普通学校之间的合作,共同探讨自闭症干预的措施,同时增强多学科之间的合作,如与脑科学、心理学、计算机等学科的合作,为自闭症儿童的干预研究提供进一步的发展。二是加强对自闭症干预的实证研究,在已有研究的基础上,发展本土化的自闭症干预方法,通过实证研究进行检验、评估,促进自闭症儿童干预研究的深入发展。同时高校学者应深入一线,与一线教师保持紧密联系,开展自闭症干预实证研究,深化理论研究。

(二)学习障碍儿童的教育及相关学科研究

在中国知网数据库中以“篇名=学习困难”或“篇名=学习障碍”进行检索,共获得的期刊论文达到三千多篇,发现学者在医学、心理学、教育学方面对学习困难的研究取得了很大成就。以“篇名=学习困难(或综述)”并含“篇名=综述(或进展)”继续检索,发现共有57篇综述类的期刊论文,这一结果进一步说明我国学者对学习障碍儿童的研究十分重视。但是,可能受到学习困难并非是我国特殊教育事业和残疾人事业的法定对象等客观因素的影响，我国特殊教育领域对学习障碍的研究并不多，并未把学习障碍作为特殊教育的主要研究对象。

由赵微编著，2011 年北京大学出版社出版的《学习困难儿童的发展与教育》一书，第一次真正展示了特殊教育领域对学习障碍儿童研究的系统成果。全书分三个部分，共九章。第一部分为学习困难发展与教育基础，包括三章内容：第一章为"学习困难的概述"，主要介绍学习困难的概念、历史发展、分类以及研究的观点取向；第二章为"学习困难的成因探讨"，借鉴现代科学研究成果，主要从神经心理学、认知心理学、教育学和社会学角度分析学习困难产生的原因；第三章为"学习困难的鉴别与评估"，主要介绍学习困难的特点、早期发现、评估的内容、过程与方法。第二部分为学习困难儿童的发展与教育，包括第四、五、六、七章内容，分类别介绍了四种常见类型的学习困难的内涵、特征、鉴别与教育策略，包括第四章"神经功能障碍性学习困难儿童的发展与教育"，第五章"认知加工过程障碍学习困难儿童的发展与教育"，第六章"学业性学习困难儿童的发展与教育"，第七章"社会性发展不良学习困难儿童的发展与教育"。第三部分为学习困难儿童的教学，包括第八章"创造支持性教育教学环境"和第九章"学习困难学生学业技能的教学"。《学习困难儿童的发展与教育》一书集中把近年来我国关于学习困难的研究成果展现了出来，引起了更多的教育者关注儿童学习困难问题的研究。

尽管如此，《学习障碍儿童干预方法的研究进展》(胡金萍、张倩，2018)一文指出，我国对学习障碍的研究还存在着很多的问题。比如，大多数研究集中于学龄期，对学龄前期的干预研究少且干预实证研究不足；学习障碍的定义也没有确定；医学、教育、心理没有科学有力的诊断评估量表，缺乏教师的有效教学研究；家长对学习障碍的定义与理论了解甚少，等等。该文章提出，为学习障碍儿童的鉴别提供有效的评定方法和评定量表，加强不同领域专家之间的合作并组建研究团队，同时改进干预技术，为更多的学习障碍儿童提供有效的教育方案，加强实证研究将是未来研究要关注的地方。该文章建议：第一，拓展研究领域，制定科学统一的学习障碍评估标准；第二，开展教学行动研究，着力提高教师教学的有效性；第三，开展学习障碍儿童的亲职教育，做好科普宣传工作；第四，建立资源教室，重视个别化教育服务。《学习困难儿童研究新进展及展望》(徐金英、孟勇，2015)一文指出，目前我国学习困难儿童的研究在定义方面日渐达成共识，在研究方法及影响因素的探讨上都有了很大的发展，取得了一定的成果。该文章还认为一些问题还很明显：第一，学习困难儿童的基础理论问题的探索不够深入，如学习困难儿童概念、认知理论等这些研究还很匮乏；第二，学习困难儿童的教育干预实践效果不佳，学习困难儿童的研究多集中在家庭影响因素、心理特征、记忆、语言等方面，而关于矫正的内容则很少。该文章提出，未来我国研究者需关注学习困难儿童有关概念和术语的统一，结合相关技术，完善教育干预矫治。《近十年我国阅读障碍研究进展》(王艳、雷江华，2017)一文指出，从七种核心期刊中检索到的2007年至2016年国内公开发表的阅读障碍研究文献总量为62篇。阅读障碍研究者学科背景涉及教育学、心理学、语言学以及部分交叉学科，以心理学为主，其次是交叉学科，教育学也占一定比例。其中特殊教育学专业背景仅有1篇，是《阅读与阅读困难认知过程实证研究与理论分析》(赵微、荆伟、方俊明，2010)。可见，阅读障碍研究者涉及的专业领域较为广泛，跨学科研究较多，但教育学尤其是特殊教育学相较心理学、交叉学科领域研究不足。

(三)情绪与行为障碍儿童的教育及相关学科研究

情绪与行为障碍是一种重要的障碍类别，目前已经在美国等国家得到高度重视，相关研究迅猛发展。我国在该领域的研究起步较晚，但研究数量正在逐年增加。《我国情绪与行为障碍的研究进展》(刘秀珍、许家成、徐胜，2013)一文采用文献研究法回顾了近年来国内有关情绪与行为障碍的研究文献，分别从情绪与行为障碍的界定、分类、诊断和教育等几个方面对国内情绪与行为障碍的研究进行了梳理。该文章认为，近年来我国关于情绪与行为障碍的研究逐渐增加，其内容涉及界定、分类、诊断和教育等方面。

第一，情绪与行为障碍的界定。虽然目前对情绪与行为障碍没有严格统一的定义，但我国的研究也经历了描述性界定、从行为的外在表现界定及从教育角度界定三个阶段。近些年我国对情绪与行为障碍的界定考虑到了情绪与行为两者之间的关系，且更倾向于从行为的外在表现来进行界定。例如，《特殊教育辞典》(朴永馨，2006)对行为障碍的界定就反映了这一特征。《情绪与行为障碍儿童的心理行为特征及诊断与评估》(王辉，2008)对情绪与行为障碍的定义表明人们越来越重视从教育的角度来认识、矫治有情绪与行为障碍的儿童，更强调其可教育性。

第二，情绪与行为障碍的分类。2001 年中华医学会精神科分会修订的《CCMD-3 中国精神障碍分类与诊断标准》将情绪与行为障碍分为多动障碍、品行障碍、情绪障碍三大类。《CCMD-3 中国精神障碍分类与诊断标准》的分类较多地参照和结合了《疾病和有关健康问题的国际统计分类》(第 10 次修订本)和《精神疾病诊断与统计手册》(第四版)的分类体系，体现了与国际接轨的原则，都强调了特发于儿童与青少年期的精神障碍。该分类是目前我国学术界较认可且在很多研究中都被应用的分类方法。

第三，情绪与行为障碍的诊断。我国的相关研究大多以《CCMD-3 中国精神障碍分类与诊断标准》《疾病和有关健康问题的国际统计分类》(第 10 次修订本)以及《精神疾病诊断与统计手册》(第四版)作为情绪与行为障碍的诊断标准。黄明生等用 CCMD-2-R 和《疾病和有关健康问题的国际统计分类》(第10次修订本)标准进行诊断，对综合医疗机构情绪障碍理论架构进行研究。张晋碚参照《CCMD-2中国精神障碍分类与诊断标准》的方法，对33例品行障碍者进行临床分析。有研究者认为部分分类诊断，如多动障碍诊断方面，《CCMD-3中国精神障碍分类与诊断标准》较《疾病和有关健康问题的国际统计分类》(第10次修订本)更适合在我国使用。还有研究者认为《疾病和有关健康问题的国际统计分类》(第10次修订本)和《精神疾病诊断与统计手册》(第四版)相比较，《精神疾病诊断与统计手册》(第四版)分类诊断系统中各种障碍有更加具体的诊断标准，在临床工作中更易被我国临床医师接受。由于情绪与行为障碍有许多不同的临床表现，因此它的鉴别和诊断标准一般来说也是随症状的不同而各有差异的。各种诊断手册的诊断标准不一，这里不做详细介绍。

第四，对情绪与行为障碍学生的教育。在教育安置方面，目前在我国的相关研究中，专门针对情绪与行为障碍群体进行教育安置的研究很少，部分研究专门探讨对品行障碍学生开展的工读教育。工读教育是我国为预防未成年人违法犯罪进行早期干预的一个重要环节。工读教育是一种只针对12周岁至17周岁，有违法和轻微犯罪行为、品行偏差的，不适宜留在普通学校学习，又不够刑事处罚或劳教的未成年学生实施有针对性教育、保护、矫治和挽救的半工半读的特殊教育模式。工读教育是普通教育的一种特殊形式，也是实施九年义务教育不可缺少的一个组成部分。可以说工读教育是我国对品行障碍学生进行的一种针对性教育安置，是对其的一种特殊保护，但也是一种极端的教育，因此获得的褒贬参半。近年来有研究者提出工读教育应从隔离走向融合，建立多元嵌套式的社会支持体系。

近几年我国也有少数研究者围绕情绪与行为障碍的学生的融合教育进行研究，石茂林认为在融合教育理念指导下，情绪障碍儿童应得到人性化的教育，享有公平教育的机会。因此他提出对情绪障碍儿童应建构支持性教育模式，注重早期干预，建立和谐的班级教育环境和家庭教育氛围，还要结合情绪障碍儿童的差异制订个别化教育计划。在干预策略和方法方面，近年来，我国有相当一部分的研究涉及情绪与行为障碍的干预策略和方法，归纳起来主要有环境改变、心理治疗及认知行为综合矫正等几种。研究者认为情绪与行为障碍的发生很多与家庭因素有关，因此家庭必须作为治疗的一种重要干预策略。例如，曾凡林以 1 例儿童癔症矫正的案例，讨论了父母参与矫正儿童情绪与行为障碍的影响，认为父母参与能起重要的作用。齐晓栋等对家庭疗法对情绪障碍儿童的治疗做了回顾，发现家庭干预在一些情况下十分有效，家庭认知行为疗法具有相对明显的优势。心理治疗是针对情绪与行为障碍儿童运用最多的干预方法，主要包括感官游戏训练、艺术治疗和认知行为矫正。有研究表明，情绪与行为障碍儿童都伴有感官功能协调障碍，因此感官训练也作为心理治疗的一种方法。姚梅玲采用数码听觉统合训练仪治疗儿童心理行为问题，其研究结果显示数码听觉统合训练对增强语言理解能力和交流能力，缓解情绪的效果较好。杨克敏认为感觉统合训练对儿童的认知功能、注意力、学习能力、人际交往能力均有明显的改善。艺术治疗又称艺术疗法，是近年来兴起的一种以提供艺术素材、活动经验等作为治疗的方法，被广泛应用于各种障碍类别的教育治疗中。冯冬梅等采用沙盘游戏治疗方法对 50 例有心理问题的儿童进行治疗，发现沙盘游戏治疗对于儿童的各种情绪、行为或适应等方面的问题有一定疗效。金野将可视音乐疗法应用于孤残儿童情绪障碍干预中，发现可视音乐对于情绪行为障碍、注意力缺陷、交流障碍、运动障碍、社会适应困难等都会有一定的辅助治疗作用，尤其是对情绪行为的影响最为突出，也最为直接。认知行为矫正是一种主要以理性行为为手段的心理治疗法，强调自我暗示和指导。

我国的研究者尝试将其运用于情绪与行为障碍儿童的干预，发现很具临床效果。例如，王东平等运用认知行为综合矫正对75例情绪障碍的儿童青少年患者进行了对照研究，结果显示认知行为综合矫正对儿童青少年情绪障碍有明显的治疗效果，在改善儿童青少年的退缩、焦虑、抑郁、注意问题、违纪问题因子方面明显优于单纯的药物治疗的疗效，在临床治疗工作中值得推广。刘秀珍等认为，在我国情绪与行为障碍的研究中，仍有较多亟待解决的问题，如定义界定的问题、安置及教育的问题、发展综合干预系统的问题、研究结果应用的问题等。这些问题的解决或许可以有效地推动相关研究的发展。他们经过梳理和总结，认为我国情绪与行为障碍的研究存在以下的趋势。第一，情绪与行为障碍的研究越来越受到重视。近年来国内研究文献的数量在逐年增加，研究的范围也在不断扩大，这显示出我国研究者对此领域的关注和重视。随着我国医学及特殊教育等相关专业的发展，情绪与行为障碍儿童及青少年的教育与治疗需要将越来越多地得到重视，其相关研究也会越来越广泛和深入。第二，研究逐步深入，思路逐渐拓宽。近年来，情绪与行为障碍的研究内容不断深入，从早期仅仅停留在症状及成因的研究逐步向治疗措施、教育安置、干预策略等方面深入；研究思路也从初期的只重治病不重发展的"生物—医学"模式，慢慢地向"生物—心理—社会—教育"的整合模式发展。第三，研究队伍的进一步扩大。与该领域的研究从治病向发展渐进同步，研究队伍也进一步扩大。早期研究者较多地将情绪与行为障碍看作病患去研究，研究队伍主要是医疗工作者。近年的研究既强调治，也强调教，另外强调家庭的重要作用。因此有相当多的教育专家、心理学专家及社会学家介入。研究队伍的扩大有利于研究视角的转换，进一步推动相关研究的发展。

（四）多重障碍儿童的教育及相关学科研究

在中国知网数据库中以"篇名＝多重障碍"进行检索，在获得的期刊论文中，手动删除会议征稿、书评、报纸、与特殊教育无关的论文等，最终获得有效学术论文29篇。国内最早从特殊教育及相关服务角度对多重障碍进行研究的论文是《“多重障碍·多重干预”综合康复体系的构建》(黄昭鸣、杜晓新、孙喜斌等，2007)一文。

此后，《多重障碍儿童成长发展小组案例分析——基于宁夏儿童福利院的特色小组案例》(王雪梅、曲正，2010)，《多重障碍儿童教育康复个案研究》(王桐娇，2012)，《多重障碍盲童课堂教学“空闲时间”的有效利用》(琚四化、陈惠华，2012)，《多重障碍聋生心理健康个案研究——以治疗取向的美术教育为切入点》(黄静文，2013)，《多重障碍盲生定向行走课程研究——基于广州市盲人学校的教学实践》(布文锋，2014)，《有形符号在多重障碍盲童沟通训练中的应用》(曲桂平，2014)，《多重障碍盲童教育中实物日程表的运用》(周海云，2015)，《感觉提示策略应用于多重障碍学生课堂问题行为干预个案研究》(王桐娇，2016)，《正向行为支持介入多重障碍儿童扰乱课堂秩序的个案研究》(孙雯、孙玉梅，2016)，《多重障碍学生课堂问题行为干预的个案研究》(王桐娇、胡雅梅、周桂英，2017)，《运用AAC提升多重障碍儿童沟通能力的个案研究》(周超，2017)，《多重障碍生教师的课堂教学行为研究》(陈雪梅，2017)，《多重障碍儿童的沟通与交往研究》(王艳、雷江华，2018)，《多重障碍儿童个别化教育的个案研究》(高文娜，2018)，《多重障碍聋生康复目标的跨学科实现路径》(严娜琴，2018)，《图片交换沟通系统对多重障碍儿童沟通表达成效的个案研究》(付忠莲、叶思思、胡金秀，2018)丰富了多重障碍儿童教育领域的研究。

从2017年开始，南京特殊教育师范学院盛永进团队关注多重障碍儿童的研究，发表了一系列成果。比如，《多重障碍：概念、内涵及其特征》(盛永进、秦奕、陈琳，2017)，《多重障碍教育国际新动向》(盛永进、王培峰、石晓辉，2017)，《多重障碍学生沟通技能的发展》(盛永进，2018)，《多重障碍学生沟通技能的评估》(盛永进，2018)，《多重障碍学生沟通形式的选择与运用》(盛永进，2018)，《多重障碍学生沟通技能的教学》(盛永进，2018)，《多重障碍学生沟通技能发展的支持策略》(盛永进，2019)。

(五)超常儿童的教育及相关学科研究

改革开放40年来，研究者围绕超常儿童的鉴别和评估、认知特点、智力和非智力因素、个性特征、教育及管理方法等问题展开了一定的探讨，引起了国际上同行专家的重视。《国内"超常儿童教育"发展现状及展望》(石梦良，2017)一文总结认为，近些年来，我国对超常儿童的研究又呈现出一些新的进展和趋势，具体表现为以下几个方面。第一，关于超常儿童的鉴定与评估。近年来，结合心理学研究方法对超常儿童进行鉴定与评估的研究逐渐出现，对超常儿童的鉴定和评估已经从单一的智力维度走向多元化智能维度。《学习障碍超长儿童的研究进展》(姜敏敏、张积家，2008)从鉴别方法、特征和干预等多个方面对国外超常儿童的研究进展进行了综述。《2—5岁超常儿童的集合比较及其策略研究》(徐浙宁，2009)通过筛查法与三因混合实验法对超常儿童的集合进行了比较，并提出了策略。《"围棋超常少年"的思维风格及其与人格特质的关系》(胡瑜，2009)选用思维风格量表和"矢田部—吉尔福德"性格测验对91名有段位的围棋超常少年进行测试。第二，对超常儿童的研究方法更为多元，研究内容更为系统和集中，研究对象更为广泛。首先，研究方法更为多元。例如，邹佩(2013)用实验干预研究对超常儿童进行结构式游戏治疗的效果。其次，研究内容更为系统和集中，越来越多地集中在超常儿童的认知过程和自我概念。例如，《数学学优生的认知特点及影响因素》(辛自强、张梅，2013)发现数学学优生的"优"体现出认知过程(如加工速度、工作记忆、问题表征、元认知)和知识结构两方面的优势。《不同教育方式对高智力儿童信息加工速度的影响》(程黎、周丹、施建农，2009）用信息加工的实验方法来研究不同教育方式对高智力儿童信息加工速度的影响。《韦氏儿童智力量表第四版的结构变化及其对儿童认知能力的评估》（李毓秋，2009）分析了超常儿童在韦氏儿童智力量表上的表现。《学业超常儿童自我概念特征及其影响因素的调查研究》（苏雪云、谈和平、方俊明，2010）发现智商对超常儿童自我概念的发展具有显著影响。《11—13岁超常儿童自我概念的发展》（罗如帆、肖文、苏彦捷，2008）对超常儿童和同龄普通儿童的自我概念进行测量。《家庭教养方式对10岁城市与流动超常儿童自我概念的影响》（程黎、王菲，2010）的研究发现城市超常儿童的非学业自我概念要显著高于流动超常儿童的非学业自我概念。最后，研究对象更为广泛。《注意力缺陷多动障碍超常儿童：特质、鉴别与干预》（刘文、邓晨曦，2012）从特质、鉴别以及干预等方面综述了国内外注意力缺陷多动障碍超常儿童的研究进展。《国外双重特殊儿童的鉴别模式、遮蔽效应及对我国的启示》（程黎、褚华丽，2016）提出近些年综合鉴别与过程性干预方法的结合将是一个双重特殊儿童鉴别模式的新趋势。

《我国超常儿童心理研究的进展与启示》（宫慧娜、雷江华，2015）一文结合以往研究，对2004—2014年超常儿童心理研究的情况进行了梳理和总结，从《心理科学》《心理学报》《心理科学进展》《心理发展与教育》和《中国特殊教育》这五个核心期刊检索到2004—2014年发表的关于超常儿童心理研究的文章共计18篇；通过对2004—2014年超常儿童心理研究现状、超常儿童心理理论发展的梳理，从研究数量、研究人员、研究方法、研究内容四方面对2004—2014年超常儿童的心理研究进展进行总结，并着重分析超常儿童心理研究在认知、人格及心理健康三方面的理论成果，在此基础上概括出近年来超常儿童心理研究的特点：超常儿童作为特殊教育新的研究对象之一，研究成果较少，其心理研究的重视程度有待加强；研究人员以高校人员为主，一线科研潜力尚待发掘；今后有必要加强高校与基础教育学校的合作，共同推进超常儿童的心理研究；研究方法单一化，多元化研究有待提高；在超常儿童心理研究中，应注重对个体差异的研究，适当采用个案研究等方法研究超常儿童的心理发展；研究领域狭窄，研究内容有待拓展；应继续加强对超常儿童认知研究的重视，加强对超常儿童人格领域的研究，加强对超常儿童的心理健康等其他方面的研究。

《超常儿童的发展与教育》(苏云雪、张旭，2011)一书立足我国国情，集中反映论述了我国超常儿童研究和教育实践的成果；综合国外最新研究进展，致力于拓展超常儿童发展与教育的新观念和新发现，是关于我国特殊教育学学科发展，尤其是关于超常儿童教育分支学科发展的一本重要图书。该书首先界定了超常儿童，在对如何进行超常儿童的标准化评估和诊断进行综合介绍的同时，特别结合最新的研究和实践介绍如何在婴幼儿时期对某些行为线索进行早期发现等。在此基础上，该书分析比较了超常儿童的身心发展与典型发展的儿童的异同，从一般的智力能力和特殊的智力能力两个维度探讨了对超常儿童存在很多误解的发展领域。最后该书重点介绍了如何根据超常儿童的身心发展特点实施全面发展的教育，如何选择适当的教育方法以促进超常儿童的超常发展。该书立足前沿，探讨超常儿童的发展与教育，具有很强的科学性、全面性、实践性。

三、特殊教育概念不断更新，学科研究内容不断延展

1987年12月，原国家教育委员会在“关于印发《全日制弱智学校(班)教学计划》(征求意见稿)的通知”中正式提出随班就读一词。自此，随班就读正式成为我国发展特殊教育的一项国家政策。《特殊教育提升计划(2014—2016年)》的总体目标是“全面推进全纳教育，使每一个残疾孩子都能接受合适的教育”。这反映出始于随班就读的融

合教育已成为我国特殊教育发展和改革中不可忽视的一部分。《国家中长期教育改革和发展规划纲要(2010—2020年)》提出完善特殊教育体系，加快发展残疾人高中阶段教育，重视职业教育，加快推进残疾人高等教育发展，因地制宜发展残疾儿童学前教育，大力开展面向成年残疾人的职业培训。这反映出在普及义务教育的基础上，向婴幼儿和成年人两头延伸也成为我国特殊教育发展的趋势。由上述内容可知，我国特殊教育实践在不断深入，特殊教育概念在不断扩大，学科研究内容也相应在不断延伸。

(一)始于随班就读，我国特色融合教育研究的成果丰硕

1994年6月，联合国教科文组织在西班牙萨拉曼卡召开的世界特殊教育大会首次明确提出了融合教育。融合教育的核心思想是让所有儿童都受到教育，让所有儿童都受到适合他的教育，让所有儿童都得到最佳成长机遇。融合教育的发展带来了特殊教育理论和实践的巨大改变。融合教育的推广要求特殊教育的功能发生转变，特殊教育学校要按照融合教育的思想进行改革，发挥资源优势，服务于融合性的普通学校、普通班级；要求普通教育在教材、教法、课程设置、管理、评价等方面进行改革，以适应有特殊需要儿童的需求。融合教育带来了整个特殊教育学学科知识体系的更新。

在中国知网数据库中以“篇名＝随班就读”或“篇名＝融合教育”或“篇名＝全纳教育”进行检索，时间设定为2005年1月至今，获得期刊论文两千余篇。可见我国特色融合教育研究在这一时期取得了丰硕的成果。《我国随班就读工作研究综述》(王振洲，2015)一文将随班就读相关研究归纳为随班就读工作横向运作研究和随班就读工作贯通生涯的纵向发展研究，对随班就读课程与教学，随班就读教师教育，随班就读支持保障体系建设，随班就读现状调查，随班就读支持保障体系，随班就读学生学前、小学、初中、高中、职业教育及高等教育的可持续生涯发展体系等方面的相关研究进行了概述。

国内学者以融合教育为主题，还出版了一大批专著和教材。例如，周念丽著、2008年华东师范大学出版社出版的《学前融合教育的比较与实证研究》由文献综述研究篇、理论探索研究篇和实证综合研究篇三个部分构成。该书在借鉴发达国家的经验的基础上，力图建构符合我国国情的学前融合教育的理论模式，探索一条可行有效的实践之路。

李泽慧主编、2013年南京师范大学出版社出版的《特殊儿童的优质教育：全纳教育培训手册》分为公共知识、专业知识上下两编，具体内容包括：认识残疾儿童、特殊教育的发展、特殊儿童的教育权益与保障、全纳教育与随班就读、随班就读管理、资源中心的建设与管理、随班就读儿童的筛查与评估等。

北京市教育委员会和北京市特殊教育中心组织编写、2013年知识产权出版社出版的《随班就读教师基础知识与技能》主要阐述了随班就读是特殊儿童在普通教育机构中和普通儿童一起接受教育的一种教育形式，他们与普通儿童少年同学习、同生活，要为其提供良好的沟通与融合的外部环境；对随班就读的学生除了按普通教育的基本要求教育外，还要针对随班就读学生的特殊需求提供有针对性的特殊教育和服务。该书从随班就读的基础知识、随班就读教师的核心专业能力两个角度入手，主要论述了随班就读的发展与意义，随班就读的基本观点和基础理论，随班就读的相关法律、法规及政策文件，随班就读学生的心理与教育，随班就读工作的保障机制，随班就读教师素养与职责，随班就读学生的个别化教育计划、课程调整、教学设计与实施，随班就读班级管理，随班就读教师与相关人员的合作及专业资源的利用。该书作为随班就读学校教师的培训教材，以大量的案例形式出现，力争对随班就读教师的实践起到指导作用，具有一定的社会价值。

陆振华主编、2014年南京大学出版社出版的《随班就读管理与特教班建设》主要内容包括普通学校教师需要建立大特教观、随班就读的概念及意义、特殊教育对象的鉴定与安置、特殊儿童的认知特点和需要、随班就读教学的计划、随班就读教学的原则、随班就读的管理系统建设。

华国栋主编、2014 年华夏出版社出版的《特殊儿童随班就读师资培训用书》力图体现促进教师发展的培训模式，以教师需要为本，强调针对性；以促进随班就读发展为导向，强调实用性；以提高教师从事随班就读的能力，开发创造力为主，强调操作性。

邓猛主编、2014 年北京大学出版社出版的《融合教育理论反思与本土化探索》主要对融合教育理论及我国随班就读实践进行了系统分析与思考，对融合教育的历史起源与发展、基本概念体系、核心要素、支持保障体系及实践规律进行了阐述，对融合教育的本质特点加以总结与概括；从我国特有的社会历史文化及教育背景出发，结合国际融合教育发展的经验与教训，对我国特殊教育实践进行深入思考，探索具有本土化特征的融合教育理论与实践方式。

余小红著、2016 年浙江大学出版社出版的《特殊需要儿童全纳教育研究》以特殊需要儿童为研究对象，围绕入学与质量问题，对特殊需要儿童的学校教育追根溯源，展开全面调查；同时以全纳教育为研究视角，并基于理论与实践结合，对某些类别特殊需要儿童做了具体研究，在此基础上探索构建特殊需要儿童教育的基本路径。该书既为教育理论研究者开展特殊需要儿童及其全纳教育研究提供了大量的相关资料，也为基础教育的实践工作者从事特殊需要儿童教育提供了有科学依据的教育方法。

昝飞著、2016 年华东师范大学出版社出版的《融合教育：理想与实践》着眼现实，从理想与当前现实所面临的困难两个角度介绍融合教育这一教育模式。该书涉及以下内容：融合教育的基本概念及发展历史（包括我国随班就读实施的历史背景）、融合教育实践中的关键性问题、特殊教育需要以及应对模式、个别化教育与差异化教学、特殊学生的教育评价、融合课堂中的学生行为管理以及融合教育中的转衔教育。

邓猛主编、2017 年北京大学出版社出版的《融合教育理论指南》，作为“21 世纪特殊教育创新教材・融合教育”系列之一，重点介绍了融合教育基本知识、概念、影响因素、关键指标、核心技术和相关的理论，对我国特殊教育的发展及特殊人才的培养有重要作用。该书可作为师范院校本科生的融合教育课程对应的教材。这两本书是作者及其团队经过多年的研究积累，将学术研究和国家重大实际需求紧密结合起来，是师范院校本科生、研究生、在职中小学教师和相关教育工作者的重要参考书。这两本书也得到了北京市融合学校支持策略研究与推广项目的支持。

邓猛著、2016 年南京师范大学出版社出版的《融合教育背景下中国特殊教育体系发展研究》从国际融合教育的发展出发，对我国特殊教育发展及其宏观的发展体系进行系统的分析与总结，对我国特殊教育发展的格局及其需要的资源与支持体系进行建构。《融合教育背景下中国特殊教育体系发展研究》始于宏观的融合教育思潮，落脚于我国实际的特殊教育需求与现状，对所需支持进行系统的研究并提出了对策。

雷江华编著、2017 年北京大学出版社出版的《融合教育导论》(第二版)，作为“21 世纪特殊教育创新教材・理论与基础”系列之一，充分评介了国际上融合教育的理论与实践，并结合我国的实际情况，提出了一系列教学改革方案。该书可作为特殊教育院校公共基础课程教材，可作为普通师范院校相关选修课程教材，也可作为特殊教育教师培训之用，还可供特殊教育研究与管理人员以及特殊需要儿童家长等阅读参考。

安・M. 格林伯格和瑞吉娜・米勒著，苏雪云和吴择效译，2018

年人民出版社出版的《儿童早期融合教育实用指导》一书，共分十章，即引言：日新月异的世界中的有效性，与发展和个别化相适应的实践，家庭、团队和沟通，评估，课程调整概述，游戏盒社交发展，课程调整：语言和读写能力，艺术、音乐和运动，在日常生活中解决问题：数学、科学及其他，专业化：成为终身学习者、整合终身学习者、整合社区资源。该书有利于人们改变对于残疾的观念，有利于普通教师理解和接纳融合教育，还有利于在师资培养和职后培训上进行反思和改变，特别是服务人员的专业化发展。

我国随班就读工作的相关研究是特殊教育研究的重要组成部分，丰富和发展了特殊教育的内涵，拓宽了特殊教育发展的模式，为随班就读工作的开展提供了现实可操作的理论，提高了各个阶段残疾学生的入学率和教育教学的质量。我国随班就读工作的相关研究，主要集中在义务教育阶段的随班就读，其次是学前教育和职业教育，最后是高等教育。残疾人高等教育的研究主要是对聋人高等教育的研究，高中教育的研究最少。学前融合教育的态度调查和个案研究较多。根据障碍的特征，学前融合教育的对象以自闭症及情绪与行为特殊的儿童为主。义务教育阶段的随班就读相关研究比较丰富，涉及教育教学的各个方面，面对的教育对象也是各种障碍类型的特殊儿童，该领域的研究体系十分庞大。残疾人高等教育多是对聋人高等教育的研究，相关文献研究比较单一且数量极其有限。邓猛认为，未来特殊教育的发展应基于我国悠久的历史背景，以理论理性与实践理性为基础，发展完善的特殊教育体系，使特殊学校实现综合发展与功能转型。

（二）关注残疾儿童生涯发展，残疾人终身教育研究发端

《特殊教育提升计划(2014—2016年)》提出，全面推进全纳教育，初步建立布局合理、学段衔接、普职融通、医教结合的特殊教育体系，积极发展非义务教育阶段特殊教育。方俊明将此解读为努力构

建残疾人终身教育体系。

在终身学习背景下，基于残障人士的需求，上海市长宁区开展了历时15年三个阶段的终身特殊教育行动研究。研究表明，终身特殊教育服务体系建设是基于多学科综合服务的系统工作，是一个向理想状态不断前进的过程，需要消除行政管理体制机制的障碍。各国终身特殊教育经验表明，要关注残疾婴幼儿早期教育，为所有年龄段的残障儿童提供转衔支持，提高他们的生活品质和社会竞争力。长宁区发挥实体性特殊教育指导中心的作用，初步构建了从出生至老年的终身特殊教育服务体系。在后续的实践中，长宁区还将不断丰富各阶段的终身特殊教育服务项目，以不断完善区域终身特殊教育服务体系。

2005年，福建省人民代表大会常务委员会颁布《福建省终身教育促进条例》。2008年经福建省民政厅批准，福建省全面终身教育促进会正式成立。它是一个民间性、学术性、联合性、公益性的社会团体组织，是省一级独立社会团体法人，致力于推进终身教育，服务学习型社会建设，促进人的自由、全面发展。该协会下设特殊教育专业委员会，致力于推动特殊儿童青少年的终身发展。

四、与其他学科交叉互涉，特殊教育学学科的综合性不断增强

我国特殊教育起步较晚，基础较薄弱。改革开放以后，我国才逐步开始对特殊教育的学科与概念体系进行探索，希望建立具有我国特色的特殊教育学学科。20世纪80年代，有特殊教育学者认为，特殊教育学没有自己专业的理论，指导特殊教育学的理论是从其他学科借来的，如医学、心理学、教育学、社会学等的学科理论是特殊教育学经常引用的。近代的脑科学研究和电子计算机学的研究也被特殊教育学充分引用。也有特殊教育学者认为，特殊教育学有自己的理论基础，主要由两个部分组成：一个是与普通教育相同的哲学世界观和方法论，这是人们认识特殊教育和进行特殊教育活动的

总的理论基础；另一个是与普通教育不全相同，在其哲学思想指导下的相关学科的具体理论，如有关心理学、医学、社会学等方面的理论以及特殊教育本身的理论。毋庸置疑的是，特殊教育学作为一门应用学科，如果没有自己的理论，那么不但难以长期生存下去，而且会导致实践的盲目。当前特殊教育学学科知识体系正处于建构和完善之中。特殊教育学作为一门独立学科，其体现的应用性与理论性将为学科的建设和发展带来广阔的发展空间。

进入 21 世纪后，教育学、心理学、医学、社会学、语言学、哲学、电子学、听力学等多学科在研究残疾儿童教育、心理和康复方面密切结合，使特殊教育学发展成为研究有特殊教育需要的人的发展规律的一门跨学科的、边缘的、新兴的学科。特殊教育学正在发展中，学科的系统性与完整性正在不断加强。该学科在多个相关学科的相互交叉、渗透过程中形成并发展了本学科独特的理论体系，正在初步构建自己的话语体系、专业标准与共有的学术规范。特殊教育学具有交叉学科的特点，来自医学、心理学、教育学、社会学等学科的理论奠定了特殊教育学学科的心理论基础，其外围的学科还有语言学、管理学、经济学、哲学、人类学等学科。可见特殊教育学正在成为一门多学科、多层次、相互交叉和渗透的综合性学科。当然，我国特殊教育学学科体系尚不够成熟，需要进一步注重学科知识的积累，确立核心概念、范畴的内涵以及其中的逻辑关系，建构公认的专门术语与话语体系以及坚实的学科基础，使特殊教育学真正成长为体系严谨的独立学科。

(一)与心理学共建共享，特殊儿童心理学分支学科知识不断充实

心理学与教育学关系密切，特殊儿童的心理发展与教育是儿童心理学和特殊教育学需要共同面对的课题。有人把特殊儿童心理学界定为一门主要以研究特殊儿童心理现象，揭示特殊儿童心理发展过程和内在规律为宗旨的新兴交叉学科。但是，它到底应归属于心

理学还是特殊教育学，学界并没有定论。

1. 研究成果和范式方法共享，共建特殊儿童心理学分支学科

从心理学角度来看，特殊儿童心理学是一门心理学分支学科，指运用心理学的原理和方法探讨不同类型特殊儿童的感知、注意、记忆、思维、想象、情感、人格等心理过程和特点，旨在通过对不同类型特殊儿童心理发展的共性与特殊性的探讨，揭示特殊儿童心理发展过程和内在规律，更好地为特殊儿童的教育和康复服务。

特殊儿童心理学与普通心理学、儿童心理学、认知心理学、神经心理学、人格心理学、发展心理学、教育心理学等学科交叉相连，关系密切。当前特殊儿童心理学沿袭了普通心理学的研究内容和方法，多采用实验的方法，从信息加工的角度来探讨不同类型特殊儿童的认知、情感和个性。《我国教育学与心理学关系的历史考察》(雷江华，2009)根据对《心理学报》《心理科学》《心理发展与教育》《心理科学进展》《中国特殊教育》5个核心期刊的统计得知，从1994年至2007年，特殊儿童心理研究的成果数量随着时间的推移总体呈上升趋势，特殊儿童的心理研究受到了前所未有的重视，尤其是特殊儿童认知研究文献数量明显增多。还有专门对特殊儿童心理学研究的特点与方法进行探讨的研究，如《试论特殊儿童心理学研究的特点与方法》(杜晓新，2002)等。

发展心理学的研究成果不但可以成为特殊儿童心理研究的理论依据，而且可以为制订特殊儿童个别化教育计划和采取科学的教育教学方法提供理论基础。特别是发展心理学有关遗传、成熟、环境与教育对人的心理发展的作用的探讨，为特殊儿童心理学奠定了坚实的基础。与此同时，特殊儿童心理学，尤其是有关特殊儿童发展障碍和补偿的研究也丰富了发展心理学的研究。例如，不同类型特殊儿童语言发展的研究，进一步说明了人类语言发展的过程和内在

机制。特殊儿童发展心理学更多聚焦于特殊儿童或有特殊需要的儿童发展研究，更注重探讨特殊儿童与正常儿童的差异。

不同类型的特殊儿童，由于客观存在的身心发展障碍，更容易产生自卑、胆怯、逆反、焦虑等心理问题，潜伏着更多的心理危机，因此，特别需要通过心理治疗、心理咨询、心理辅导等提供心理健康教育、心理治疗、咨询和指导等。一批专家学者在这方面做了大量工作。南京特殊教育师范学校何侃等著、江苏大学出版社 2008 年出版的《特殊儿童心理健康教育》，华东师范大学杨广学主编、北京大学出版社 2011 年出版的《特殊儿童的心理治疗》，以及南京特殊教育师范学校何侃主编、南京师范大学出版社 2015 年出版的《特殊儿童心理治疗》是代表性成果。方俊明、雷江华主编，北京大学出版社出版的《特殊儿童心理学》(第一版)及《特殊儿童心理学》(第二版)作为 21 世纪特殊教育创新教材·理论与基础系列丛书之一，系统介绍了特殊儿童心理学的一般问题和各类特殊儿童的心理特征，努力做到理论性与应用性相结合，让教师便于组织教学，让读者便于查找相关的研究资料，给特殊教育与心理学研究人员、教学人员以及特殊教育需要儿童的家长提供重要指导和参考。可以说，该书是特殊儿童心理学研究领域的代表作。

由上述内容可知，一方面，特殊儿童心理学是在心理学的基础上，采用现代心理学的研究方法来深入探讨特殊儿童心理发展的一般性与特殊性以及两者之间的关系的；另一方面，特殊儿童心理学的研究成果也将丰富普通心理学的知识体系，使心理学的理论在教育、咨询、康复等领域的实践更具有指导性和实用性。

2. 特殊儿童心理学是特殊教育学的基础学科

从特殊教育学角度来看，特殊儿童心理学是特殊教育的基础学科，其功能是为特殊教育对象的鉴别与鉴定提供理论基础，为制订和执行特殊儿童个别教育计划提供依据。

特殊儿童心理学与特殊教育中特殊儿童的教育教学等微观层面的问题关系密切。特殊教育工作者需要运用心理学的方法，对特殊儿童的身心发展有更加深入的了解，才能做出科学的评估和鉴定，制订适合其发展水平的个别教育计划，进行有效的干预、康复和教育教学。历史上有许多哲学家、教育家、心理学家都探讨过特殊儿童的心理与教育问题。例如，切诺夫和巴甫洛夫的反射学说、维果茨基的理论和鲁利亚的神经心理学说等为苏联特殊儿童心理学提供了生理学与心理学的理论基础。尤其是维果茨基发表了56篇涉及特殊儿童心理与教育的论文，为特殊儿童心理研究留下了丰富的研究成果。

我国特殊儿童心理研究是伴随着幼儿教育和特殊教育的发展而逐渐发展起来的，更多的是围绕特殊儿童教育问题的心理研究。最早撰文阐述特殊儿童心理发展问题的是我国著名教育家和儿童教育家陈鹤琴，他对耳聋儿童、口吃儿童等特殊儿童的心理进行了一些开创性的研究。改革开放以后，我国特殊儿童的心理研究才逐渐得到了较快的发展：一是陆续出版有关特殊儿童教育和心理研究的教材，如《特殊教育学》《特殊儿童心理与教育》《智力落后儿童心理学》《聋童心理学》《盲童心理学》；二是在心理学系设置了特殊教育专业，聚焦于特殊儿童的心理发展与教育的研究和不同层次专业人才的培养；三是相关学科人员开始从不同的角度，采用不同的科研方法和技术手段聚焦于特殊儿童的心理研究，取得越来越丰富的研究成果。

从历史上来看，首先在理论和实践两个层面上将特殊儿童心理学和特殊儿童的教育教学结合起来的是意大利的蒙台梭利。这位著名的儿童心理学、教育学家、医生着重探讨了智障儿童的早期教育、训练的原理与过程。她从肌肉训练、感官训练、知识训练和生活训练着手，通过长期的实验，总结出了一整套特殊儿童和正常儿童的教育教学的理论和方法。这套理论和方法至今仍有一定的指导意义。

作为特殊教育的基础学科，特殊儿童心理学应该为各类特殊儿童的教育教学提供扎实的理论基础。例如，盲童的“以手代目”的触摸文字教学，聋童的“视觉优先”手语、唇读相结合的语言教学，智障儿童的小步子重复教学，超常儿童的高难度创新教学，都渗透着特殊儿童心理学的原理。伴随科学技术的发展，教学与学习手段的改进，如计算机教学的开展和手机等通信工具的广泛使用，特殊儿童心理学与教学的结合将会更为密切。

当前，特殊儿童心理学的学科定位和发展充分反映了心理学理论与应用的密切结合，心理学各分支学科之间的相互渗透与相互促进的发展趋势也显示了特殊儿童心理学在特殊儿童康复和教育教学过程中的指导功能。对特殊儿童心理学的学科定位和发展趋势的探讨有利于这门新兴交叉学科发挥在心理学和特殊教育学中的作用。特殊儿童心理学目前不乏有一些研究成果，但是这些研究成果体现出如下的失衡：一是传统的视觉障碍、听觉障碍、智力障碍等三类特殊儿童心理的研究成果相对较多，新出现的自闭症儿童、情绪与行为障碍儿童、多重障碍儿童的研究成果相对较少；二是有关特殊儿童与正常儿童横向比较的研究成果相对较多，特殊儿童自身发展的纵向研究成果相对较少；三是有关特殊儿童的信息加工特点的研究较多，认知神经机制的研究较少；四是有关特殊儿童认知特点的研究较多，人格特点的研究较少。

(二)与康复医学互摄贯通，催生了教育康复学分支学科

就特殊教育学学科而言，它的发展、成熟离不开医学、心理学、社会学等基础学科和教育学母学科的影响和支撑。从历史来看，由于我国康复医学发展的起步晚，儿童康复医学与发达国家存在较大差距；同时，我国近代特殊教育实践的源起与医学并无直接关系，更多源自西方传教士的传播和近代有识之士的探索；而且我国中医有和西医完全不同的医理和诊治技术体系。新中国成立以来，我国

特殊教育迅速成为国民教育体系中的一部分。在较长一段时期内，我国特殊教育大多是按照普通教育模式进行的。这对我国当代特殊教育学的发展做出了巨大贡献，也产生了深远影响。可以说，我国特殊教育学没有像西方特殊教育学那样经历医学—心理、社会学、组织学等不同模式的转换与融合，也没有经历从所谓医学模式到教育学模式的发展转向，而是直接进入了教育学模式的实践阶段。有学者总结，我国特殊教育更多的成分脱胎于传统的普通教育模式；与西方特殊教育发展的历史和现状比，我国特殊教育缺乏康复医学的支持。

就当前而言，我国康复医学服务体系已逐步完善，康复医学事业正在快速发展。随着特殊儿童康复需求的日益凸显，我国将会有更多康复治疗技术运用到特殊教育领域中。早期干预、早期教育等理念的推行，也会使更多儿童康复医疗机构开办特殊教育部或早期干预中心。医学模式转变为生物—心理—社会医学模式后，康复医学是现代医学体系中最能体现生物—心理—社会医学模式的交叉学科。康复医学研究有关功能障碍的预防、评定和处理(治疗、训练)等问题，促进病、伤、残者康复，是一门具有多学科性、综合性的应用科学，涉及医学、物理、教育、工程、心理、社会等多个领域，是具有基础理论、评定方法及治疗技术的独特医学学科。在当前大力推广融合教育的背景下，我国特殊教育专家学者紧扣特殊教育的跨学科整合特征，解决我国特殊教育领域的现实问题，加强学科互鉴，推进了康复医学等相关学科与特殊教育学的交叉互摄，促进了特殊教育领域内的跨学科整合。

为响应残疾儿童迫切的教育和康复需要、社会对特殊教育康复人才的巨大需求及国家支持增设教育康复类专业的系列文件，2012年华东师范大学向教育部提出开设教育康复学本科专业的申请，2013年3月28日教育部决定在本科专业目录中教育学一级学科下设置教育康复学。自此，国内教育学类(师范类)本科专业目录中出现了教育康复和特殊教育两个与特殊教育人才培养关系密切的本科专业。如同特殊儿童心理学在心理学和特殊教育学的学科地位一样，有人把教育康复学作为特殊教育学学科的分支学科，也有人把它作为归属于教育学学科，与特殊教育学并列的二级学科。

在中国知网数据库中以"篇名＝教育康复"进行检索，在获得的期刊论文中，手动删除会议征稿、书评、报纸等，最终获得有效学术论文 150 篇。国内最早从特殊教育的立场探讨教育康复问题的是《教育康复中的一个基本观点》(朴永馨，2003)一文。这篇文章论述了在教育康复中要认识残疾人与普通人的共性和残疾人的特殊性，对共性和特殊性做了分析，并说明这是正确认识残疾人教育、康复等方面的基本观点，首次将教育康复学界定为教育学(特殊教育学)与康复学结合的产物，两门学科交叉的边缘学科，大康复学的组成部分。

2005 年以后对残疾儿童教育康复的需求调查、技术方法、个案等进行探讨的论文有 131 篇。其中，对教育康复学学科发展有重要贡献的、理论性较强的成果有如下几篇。《广东省特殊学校培智教育康复工作现状的调查研究》(郑虹、黄建行、邓鸿雁，2005)一文，对广东省 19 所特殊学校、210 名从事培智教育的教师进行问卷调查，分析了广东省特殊学校培智教育康复工作开展的情况，以及教师对智障学生康复的理解、困惑等问题，探讨了在现有条件下特殊学校应怎样满足智障学生的康复需求，总结指出了目前广东省特殊学校培智教育康复工作开展的现状不容乐观，还有非常艰巨的工作要做；在下一步的研究中要继续对各类特殊学校康复工作开展情况进行深入个案研究，对调查中的各种现象做深层次的访谈与分析等，以进一步探讨有针对性的对策。总体来说，特殊学校应充分发挥各种职能，寻求并建立广泛且相对稳定的社会支持体系，为智障儿童提供全面的特殊教育服务。特殊学校应该是学龄智障儿童康复的主要场所，教师或康复专业人员应该是智障学生教育与康复的主要力量，这是我国培智教育今后发展的趋势。《试论教育康复学专业建设》(杜晓新、刘巧云、黄昭鸣等，2013)一文，联系我国特殊教育发展的现状与趋势，参照教育部系列文件精神，依据现代康复医学的基本理论，从学科界定、专业培养目标、课程设置、培养形式与途径以及专业发展前景等方面阐述了教育康复学新专业的建设构想，对目前我国师范院校相关专业的建设提供了参考与借鉴。《教育康复学专业人才培养规格标准的探索与思考》(王辉、李镇译、王玉，2019)一文，对教育康复学专业的内涵定位、课程内容组合、人才培养规格标准等进行了探讨，比较了已开设有该专业的7所高校的人才培养目标、知识体系，从知识体系的组合和人才培养的规格标准两个方面进行探索，以期能在同行中展开探讨，最终促进教育康复学专业的健康发展。《“医教结合”：教育康复人才培养的创新路径与对策》(张玲，2016)一文，分析了残疾人康复事业迫切需要高品质教育康复人才、“医教结合”应成为教育康复人才培养的重要途径、“医教结合”框架下教育康复人才培养的策略，提出要加大教育康复人才的培养力度，培育多元的教育康复能力，组建均衡的教育康复人才队伍，建立教育康复人才专业成长的支撑平台。

尤其值得一提的是，杜晓新和黄昭鸣主编、2018年北京大学出版社出版的《教育康复学导论》，是国内第一本专门系统论述教育康复学的教材。该书对教育康复学的界定、学科基础、基本观点、专业建设构想等进行了论述，介绍了教育康复各个领域的内容，分十二章：第一章为“教育康复学概述”，第二章为“基于学校的康复训练模式”，第三章为“听觉功能的评估与训练”，第四章为“言语功能的评估与训练”，第五章为“语言能力的评估与训练”，第六章为“认知能力的评估与训练”，第七章为“学习策略的评估与训练”，第八章为

“情绪行为的评估与干预”，第九章为“运动功能的评估与训练”，第十章为“现代化仪器设备在教育康复中的应用”，第十一章为“教育康复人才培养”，第十二章为“单一被试实验在教育康复研究中的应用”。该书可作为特殊教育、教育康复专业的本科教材及研究生参考书，也可作为特殊教育在职教师的培训教材。

（三）多学科交叉渗透，促使特殊儿童诊断与评估成为综合性强的知识技术体系

目前，我国特殊教育的评估和诊断多由教师、教育行政管理人员、儿童家长、医务人员和教育心理测验专业人员组成的评估小组来执行。特殊教育的评估可以划分为医学诊断、心理测验、行为评估和学绩考察等不同的类型，是多学科知识交叉渗透、综合性强的知识技术体系。

近几年来，动态评估的理论也被介绍到国内。我国特殊教育的研究在编制、修订和完善评估量表及提高测量工具的信度和效度等方面做了大量的工作。例如，中央教育科学研究所特殊教育研究室编制的《学前儿童语言学习能力诊断量表》能有效地用于特殊儿童早期语言学习能力的诊断。此外，我国近些年来编制或修订的《盲童定向行走评定量表》《残疾儿童学习效果评定表》《视觉障碍儿童颜色视觉评定表》《盲童随班就读观察评分表》《儿童社会生活能力评分表》《2—4 岁儿童智力筛查量表》《盲校一年级语文基础知识评分表》《弱智儿童语言表达能力评分表》《各种听力损失标准的对照表》《AAMD 适应能力量表》《文兰社会成熟量表》《小儿智能发育筛查表 DDT》《儿童绘人测验评分表》《希一内学习能力测验》等各种量表在特殊教育的评估和诊断中发挥了重要的作用。怎样辨别和鉴定特殊儿童，如何给他们提供有效的教育、教学方法，这都需要进行综合评估。行为与心理评估是特殊儿童评估鉴定中的主要手段。换言之，要想对不同类型的特殊儿童进行科学的鉴别、评估和有效的干预、教育与康复，

必须研究特殊儿童的心理，了解各类特殊儿童的心理的发生、发展过程和变化规律，并开发有较高效度和信度的评估量表。例如，运用《缺陷儿童人格诊断量表》来鉴定与评估特殊儿童的人格特征，采用综合评估的方法来对自闭症儿童进行整体评估。

五、与现代科学及技术发展同步，特殊教育科学知识体系与时俱进

(一)信息化及智能技术广泛应用，特殊教育信息化研究更受重视

特殊教育信息化是教育信息化的重要组成部分。伴随着教育信息化的发展，特殊教育信息化也逐渐受到各行各业的关注。关于特殊教育信息化的概念，目前还没有统一的界定。有学者综合特殊教育与教育信息化的概念，认为特殊教育信息化就是针对具有特殊需求的学生，在教育的各方面应用信息技术，提高康复水平，加快融入主流社会的步伐，最终实现特殊教育现代化的过程。

为了能更加全面地了解我国特殊教育信息化发展的现状，《特殊教育信息化研究综述——基于2000—2015年CNKI数据的分析》(胡艳、俞树煜、黄慧芳等，2015)一文在收集特殊教育信息化文献的过程中，借助中国知网期刊全文数据库，除了用“关键词＝特殊教育”并含“关键词＝信息化(信息技术)”进行检索外，还将“信息化(信息技术)”并含“残疾人”“培智课堂”“全纳教育”“聋哑儿童”“视障儿童”“智障儿童”“孤独症儿童”“自闭症儿童”作为关键词进行了检索，共得到文献268篇。文献类别涉及学位论文、期刊论文、会议论文。剔除报纸评论等非研究性文献、重复文献、与特殊教育信息化相关性不大的硕士论文和信息技术与具体学科结合的部分文献，最终得到有效研究样本133篇。该研究采用内容分析的方法，从研究内容、研究方法、研究数量和作者等维度对特殊教育信息化的相关文献进行了梳理和归纳，最后从发展特殊教育的方针政策和管理、信息技术与特殊教育课程教学深度融合、特殊教育教师及特殊教育中心管理人员的培训、基础理论研究与实践应用研究均衡发展、国内各地

区的交流与合作、构建特殊教育资源公共服务及管理平台几个方面对特殊教育信息化的发展和研究做了深入的思考，并在此基础上提出了相应的对策及建议。

这篇文章研究发现，首先，从总体上看，对特殊教育信息化研究的论文数量呈现逐年增长的趋势，大致可以分为三个阶段：第一，2000—2003 年，我国特殊教育信息化的研究处于相对缓慢的发展阶段，研究的重点大都是基础理论、教师培训和基础设施建设，信息技术还没有真正与特殊教育教学有效地结合起来；第二，2004—2010 年，此阶段虽然研究文献发表数量较少，但增长趋势较为稳定，说明伴随着信息化的发展，研究主体逐渐重视信息技术在教育领域各个方面的应用，同时也意识到了信息技术在特殊教育领域发挥的巨大作用；第三，2010—2014 年，特殊教育信息化的研究文献增长趋势明显，截至 2015 年 5 月，发表文献累计达到 90 多篇。随着信息技术的快速发展，教育信息化的建设及其应用取得了巨大成效。其次，从研究的内容及比例来看，基础研究部分，尤其是关于特殊教育信息化的内涵特征、现状与发展、影响因素、相关理论等的研究有 31 篇，占整个研究样本的 23％，仅次于信息技术在特殊教育中的应用研究。然后，数字化教育资源建设是教育信息化的核心，我国对教育资源建设十分重视，推出了一系列重大举措。特殊教育信息化的发展离不开现代教学媒体及其信息化教学环境的建设。该研究将特殊教育信息化的环境分为信息化基础设施建设、网络环境、应用环境等方面。特殊教育信息化环境建设占样本文献的 17％。信息化教学资源也常被分为素材类教学资源、集成型教学资源、网络课程三大类。目前集成型资源的研究占样本文献的 19％，是信息化教学资源的主要组成部分。最后，从期刊载文数量统计来看，统计结果显示，自 2000 年起，我国学者对特殊教育信息化的研究力度处于逐年加大的趋势，尤其是作为特殊教育领域创刊时间较早、发行量较大的正式出版的核心刊物，《中国特殊教育》和《现代特殊教育》等杂志的载文量上升趋势明显。《中国电化教育》《电化教育研究》《现代教育技术》《中国教育信息化》等杂志为国家教育信息化权威刊物，能够及时反映教育信息化最新的理论和应用研究，对教育信息化的研究范围较广，因此也成为特殊教育信息化研究的主要阵地。

此外，教育资源公共服务平台和教育管理公共服务平台是教育信息化的两大支柱。全国特殊教育信息资源管理系统的开发和运用，对于加强对特殊教育的科学管理，提高特殊教育的质量等，具有重要的意义。目前关于特殊教育的网站有中国特殊教育资源网、中国特殊教育信息资源网、中国特殊教育网、中国特殊需要在线、全国特殊教育资讯网等。未来社会将利用人工智能加快建设开放灵活的教育体系，促进全民享有公平、高质量、适合每个人的终身学习的机会。如何利用新技术发展更加公平、更加优质的特殊教育以造福特殊儿童，如何防止出现新的技术鸿沟，如何避免本已存在的特殊教育差距和发展差距进一步扩大，特殊教育信息化学者对这些问题的深入探讨，将对信息化和人工智能这一新技术更好地服务特殊教育的可持续发展和人的全面发展产生积极影响。

(二)认知神经科学成果不断涌现，深化了关于特殊教育规律和生物基础的认识

近几十年来，随着功能磁共振成像、正电子发射断层扫描、事件相关电位、脑电图、脑磁图、单光子发射断层扫描、红外线光学成像等研究手段与技术方法的不断发展和革新，现代生物学、生理学、脑科学及认知神经科学的研究日新月异，人类在大脑运行规律与学生学习机制的研究领域有了突飞猛进的发展。这些重要的研究成果正不断地被应用和渗透到教育理论研究、教育政策制定和教育实践中。例如，教育神经科学的研究已经在世界范围内全方位地展

开。它将生物科学、认知科学、发展科学和教育科学等学科的知识与技能进行深度整合，重视整体人的研究与培养，是具有独特话语体系的一门新兴学科。再如，教育生物学从生物学、神经生理学、神经心理学、脑神经科学的角度研究人类教育现象及其一般规律，是生物科学与教育科学相融合的一门交叉学科。它的中心任务是研究人与人脑的教育发展规律，寻求最佳的教育方法和手段，加强多学科的合作，促进教育理念的更新及教育模式的转变。这些学科的诞生正在改变长期以来教育学缺乏科学实证依据的状况，为教育实践奠定了坚实的科学基础。诚然，这些新的关联学科成果也正在改变特殊教育发展的形态，带来新的挑战和要求。

随着目前教育生物学和教育神经科学的发展，越来越多的学者认同任何学习过程都伴随着神经元的电活动和神经网络之间的变化。从康复治疗和特殊教育对残疾儿童发展的作用来看，两者都只是促进残疾儿童发展的手段，残疾儿童的功能(能力)发展才是目的。由此可见，认知神经科学不断涌现的研究成果，人类在大脑运行规律与学习机制研究领域突飞猛进的发展，将不断丰富我们对特殊教育实践的了解，深化我们对特殊教育规律和生物基础的认识，完善特殊教育学学科知识体系。

(三)特殊教育研究方法的探索，提供了更多认识特殊教育规律的工具

特殊教育学的学科方法可以分为三个层次：一是哲学方法，二是一般学科方法，三是具体研究方法。哲学方法是从事实材料出发，根据逻辑规律、法则形成概念，做出判断和进行推理，包括比较、分析、综合、抽象、概括、演绎、归纳等。运用哲学的逻辑方法对已有的事实、命题、理论等进行考察可以得到新的更深刻、更全面的知识。一般学科方法主要包括质的研究方法和量的研究方法。质的研究方法是从大量的社会现象出发，大量占有材料，经过分析和

综合，找出其中规律的方法。特殊教育学应用质的研究方法从特殊教育的大量现象中，抽象出其本质的关系，概括出概念、范畴，进行推理和判断，形成理论，并在实践中加以检验和修正。量的研究方法是对事物和社会现象的存在、发展、变化以及构成事物和社会现象的成分、关系、空间排列等用数量表示其规定性的研究方法。特殊教育学应用量的研究方法可以分析特殊教育个体以及群体的诸多身心指标之间的相互关系、相互作用及其构成的数量变化和数量关系，以期寻找一定的规律。特殊教育学所运用的具体研究方法主要包括观察法、文献法、测验法、调查法、统计法、图表法、历史法、比较法、实验法、个案法、行动研究法、人种学研究法等。特殊教育学学科在发展和实践过程中虽然没有形成自身学科独特的方法论，但较好地遵循了实证科学研究的精神与经验研究的规范和传统。实证经验主义的方法、程序以及基于诊断、评估的干预与训练成为特殊教育学学科专业人员广泛接受、共同遵守的规范与传统。特殊教育学的研究方法除可以使用一般教育学的方法外，还可以采用正常儿童教育与特殊儿童教育比较研究方法。目前，针对心理学实验与统计方法因样本容量问题、样本同质性问题而难以应用于特殊教育领域，有学者提出在特殊教育研究中，单一被试实验是一种有效的研究方法。杜晓新和宋永宁编著、2011年由北京大学出版社出版的《特殊教育研究方法》是我国高等师范院校特殊教育专业以及相关专业必修课程的教材，包括理论与实际操作两部分，不仅介绍了各种研究方法的基本原理，而且更为详细地介绍了各种方法的操作流程与步骤。对于相关的数据处理，该书不仅提供了一般的计算方法与步骤，而且提供了利用spss统计软件进行数据处理的方法与步骤，并对软件输出结合做了较详尽的说明。该书内容包括六章。第一章为“特殊教育研究概述”，第二章为“实验研究在特殊教育研究中的应用，”第三章为“单一被试实验法在特殊教育研究中的应用”，

第四章为“质的研究在特殊教育研究中的应用”，第五章为“行动研究在特殊教育研究中的应用”，第六章为“研究的选题、开题与结题”。《特殊教育研究方法》（第一版）市场反响良好，得到业界认可，在高等院校得到广泛使用。《特殊教育研究方法》（第二版）在广泛听取专家建议下，增加了四种研究方法，充实了原有系列内容。该书可作为特殊教育院校公共基础课程教材，也适于作为普通师范院校相关选修课程教材，亦可作为特殊教育教师培训用书，还可供特殊教育研究与管理人员以及特殊需要儿童家长等阅读参考。未来，特殊教育研究方法的完善、特殊教育研究范式的分类，将进一步提升特殊教育规律认识的科学性。

《中国特殊教育研究发展现状与问题——基于CNKI学术期刊2007—2016年特殊教育主题文献的可视化解读》（侯洁、张茂聪，2017）通过对关键词共现图谱、前沿时区视图以及热点问题的文献分析，得出以下结论。第一，我国特殊教育研究领域已经形成了基础理论和研究体系的架构，作为研究基础的关键节点文献以及能够展现研究发展脉络的共引连线，形成了比较完整的特殊教育研究网络，为今后研究的开展指明了方向。第二，综合来看，我国特殊教育理论研究与热点问题研究是齐头并进的，今后，基础理论研究依旧会保持热度，同时也呈现出更加明显的热点问题研究导向。第三，今后，研究会在以下方面有所聚焦。一是特殊教育法律与政策研究，更多关注通过特殊教育专项立法为特殊教育发展提供支持和保障。二是融合教育的本土化研究。最新修订通过的《中华人民共和国残疾人教育条例》提出推广融合教育，保障残疾人进入普通幼儿园、学校接受教育。未来需要更多思考如何使外来的融合教育理论根植于我国的社会文化特性，会有更多研究关注特殊教育支持保障体系建设。三是对特殊教育教师队伍建设及专业化发展进行深入研究。四是关注特殊教育质量，加强特殊教育课堂教学研究。总体来看，近年来我国特殊教育研究取得了较大的发展，但研究仍然过于集中，前沿分支较少；现状研究、综述研究多，专题性研究少，且本土化理论的创新、生成和拓展性明显不足；有很多专业标识性不强的关键词出现，另有表意相同的概念还有待进一步统一和规范。后续研究应在加强基础理论的实证检验及实践应用的基础上，进一步拓展研究领域，综合运用多种研究方法，丰富特殊教育研究成果。

第三节　从特殊教育学到特殊教育科学

新中国成立70年来，特殊教育学学科已经实现了从无到有、从初创到成熟、从特殊教育学到特殊教育科学的历史跨越。但是，站在今天这个崭新的时代，社会观念的不断进步，科学技术的突飞猛进，“互联网＋”和人工智能引发的时代变革，个别化教育和以人为本理念的确立，特殊教育实践的不断推进，对特殊教育学学科建设提出了更多、更高的要求。推动特殊教育学学科建设迈上新台阶，达到新高度，需要我们对一些重要问题进行批判性反思。

一、构建特殊教育学学科的科学体系

(一)特殊教育学学科的内涵与定位

特殊教育学研究的是特殊教育领域的特有矛盾性，目的在于揭示特殊教育的本质和规律，这一点学术界是基本认同的。然而，从成人教育学学科研究历程来看，学者们对特殊教育学能否成为一门独立的学科不仅有质疑，而且质疑该学科存在的必要性。固然，作为一门独立学科，特殊教育学必须回答这样几个问题：学科研究对象，学科性质，有何独特的学科体系，有何方法论体系，学科发展演进历程。雷江华对此做出了如下分析。

学科对象论：特殊教育学的研究对象是特殊教育现象，目的是

揭示特殊教育规律。特殊教育现象是指发生在特殊儿童教育场域中的各种现象，足以构成特殊教育学的研究领域。全纳教育的兴起打破了特殊教育与普通教育的界限，进而拓宽了特殊教育学的研究领域。特殊教育现象已成为一种普遍的教育现象，并渗透到教育领域的各方面，推动着特殊教育与普通教育的改革。

学科性质论：特殊教育学作为教育学的分支学科，其应用性很强，其理论体系正处于建构和完善中；作为一门独立学科，其体现的应用性与理论性将为学科的建设和发展带来广阔的发展空间。其实，特殊教育学作为一门应用学科，如果没有自己的理论，那么不但难以长期生存下去，而且会导致实践的盲目，所以有必要建构与完善特殊教育理论，以形成独特的理论体系，提升特殊教育学的理论性。

学科体系论：特殊教育学作为一门独立的学科，应有自身的学科体系，包括教材体系和著作体系。教材体系和著作体系，既指作为一门学科的特殊教育学的教材体系和著作体系（见仁见智），也指作为一个学科群的特殊教育学的教材体系和著作体系。作为一门学科的特殊教育学的教材体系和著作体系，通常包括基础学科、专业基础学科和专业学科三个层次；作为一个学科群的特殊教育学的教材体系和著作体系，其被看成是由特殊教育技术理论、特殊教育科学理论、特殊教育价值理论、特殊教育规范理论四个不同层次的学科范畴所组成的。

学科方法论：特殊教育学的学科方法论可以分为哲学方法论、一般学科方法论、具体研究方法论三个层次。对于学科方法论，何侃曾提出四层次的观点，即哲学方法、复杂性系统科学方法、一般系统科学方法、具体科学方法与技术应用；并提出方法是指解决具体问题的手段，方法论是关于方法的原理。就特殊教育学研究方法的独特性问题，何侃和雷江华的看法较为一致——每门学科采用单一的研究方法已不足以充分把握研究对象，往往需要采用几种不同的研究方法，从不同视角、按不同研究规范对研究对象进行综合考察；同时，不同学科也可以把同样的现象作为研究对象。各种跨学科的研究领域脱颖而出，更显示出研究方法的通用性质。因此，无独特的研究方法并不影响特殊教育学作为一门独立的学科。

学科发展论：特殊教育学的产生离不开具体的特殊教育实践活动。作为一门学科，特殊教育学的产生必有其特有的标志，如特殊教育著作的问世、特殊教育专业的设立、特殊教育学术团体的建立、特殊教育杂志的创建等。

诚然，特殊教育学目前仍是教育学一级学科下的二级学科。但是，特殊教育学又是一个独特的领域——它拥有内涵丰富、相对独立的知识体系，涵盖残障人群的不同发展阶段。如果从特殊教育学近些年的发展来看，特殊教育学学科内涵日益丰富，其应用性特色与理论性不足将为特殊教育学学科的定位与发展带来广阔的空间。

(二)特殊教育学学科的边界与范围

从一定意义上来说，学科独立一方面意味着某一特定研究领域已走向成熟，另一方面表明该研究领域已达到较高的制度化水平。换言之，学科独立或形成在很大程度上表明其自身研究对象与研究领域的确立，由此该学科研究也就明确了自己的学术规范。学科边界的划定，既是特殊教育学学科研究和理论体系建构的根本性问题，也是关系特殊教育学学科未来高质量发展的关键所在。这里从三方面厘清特殊教育学的学科边界问题。

第一，进一步明确特殊教育学学科研究对象，保证特殊教育学学科的独立定位。一门学科只有在建立起自己的个性并真正独立于其他学科时，才能成为一门真正的学科。一门学科之所以能成为特别的学科，是因为它研究的现象是其他学科不研究的。由此可见，特殊教育学学科只有拥有自身独立的定位，厘清自己独特的研究领域，才能在此基础上不断实现可持续发展和学科繁荣。

第二，聚焦特殊儿童及其教育，充分彰显特殊教育学学科特色。从特殊教育学学科发展历程来看，虽然特殊教育学仍属于一门新兴学科，但其以特殊需要教育作为独特的研究对象和研究角度，特色十分鲜明。特殊需要教育较一般意义上的普通教育对象更多元，内容更丰富，现象更复杂。

第三，坚持学科交叉的研究取向，在交叉融合中促进特殊教育学学科深化。任何学科，只有当其尝试用自己的方式，并与其邻近学科一样有力地说明自己方向的时候，它们之间才能产生取长补短的交流。特殊教育学学科建设也如此，它并非孤立于其他学科之外。唯有与相关学科进行对话，取长补短，良性互动，才能真正走向成熟。

（三）特殊教育学学科的科学体系

在学科发展和完善的过程中，学科体系的构建往往发挥着基础和关键作用。学科体系基本架构是学科研究对象、范畴等的具体化展示，是学科“有机体”各部分相互连接、相互支撑的立体化组合，是学科体系理论建树、实践拓展的方向性指导。科学完善的学科体系既是特殊教育学学科建设的一项基础性工程，也是特殊教育学学科不断发展并趋于成熟的重要标志。特殊教育学与普通教育学既有相同之处，也有不同之处，不能将普通教育学学科的基本原理及其规律机械照搬到特殊教育学学科之中。因此，特殊教育学学科必须研究和构建具有自身话语体系和个性特色的理论体系。为此，南京特殊教育师范学院的许多学者已做出了许多有益探索，并产生了一些成果。例如，以特殊教育基本理论、残障群体教育公平和特殊教育哲学为特色的特殊教育基本原理，以特殊教育教师教育为特色的特殊教育教师教育学，以学前融合教育和残障儿童早期干预为特色的学前特殊教育学，以残疾人高等职业教育和残疾人高等融合教育为特色的高等特殊教育学，以不同学科的课程与教学论和不同残障类别的课程与教学论为特色的特殊教育课程与教学论等。这些成果或者用普通教育的原理来研究某一特殊教育领域的现象，或者是与其他学科交叉而产生的新兴学科，虽然尚未成熟，但扩展了特殊教育学学科研究的视阈，极大地丰富了特殊教育学学科体系。

特殊教育学学科体系的科学构建，是一项复杂的系统工程，学者尤应把握以下方面。

第一，坚定不移地凸显成人价值取向和学科特色。契合特殊需要人群的身心发展特点和实际需求，立足特殊教育实践的现实需要，充分考虑特殊教育与社会经济、政治、文化发展的关系，聚焦特殊教育学学科的独特性质和本质规律，精心设计特殊教育学学科架构，科学搭建特殊教育学学科体系。

第二，积极吸收其他相关学科的丰富营养。特殊教育学学科只有海纳百川，从医学、心理学、教育学、社会学、语言学、管理学、人类学、哲学等学科不断汲取养分，才能建构出符合时代特征和社会发展需要的学科体系。

第三，坚持系统整体的学科建设原则。特殊教育学学科体系结构复杂，分支众多，影响因素多样，应形成一个彼此依存、相互支撑的学科群。为此，一方面要契合时代变化和特殊教育改革与发展的需要，把已形成、完善的分支学科纳入特殊教育学学科体系；另一方面，应特别关注那些尚处于萌芽阶段的分支学科，积极创造条件促使其尽快成为能够丰富特殊教育学学科体系的新的分支学科。

二、创新特殊教育学学科的研究范式

学科建设和发展离不开科学有效的研究范式支撑，特殊教育学学科建设也离不开正确方法的支撑，只有精心设计和科学运用符合自身特点的独特的研究范式，才能推动特殊教育学学科逐渐走向成熟和完善。然而，传统的特殊教育学学科在研究范式方面存在诸多问题，制约或限制了其本应对特殊教育学学科建设发挥的积极作用。研究范式的革新与转变，不仅是关乎当下特殊教育学学科建设的关键问题，而且是关系特殊教育学学科未来发展的核心课题。因此，特殊教育学应整合医学、心理学、教育学和社会学的学科研究成果，进行深度的跨学科交叉研究。跨学科整合研究运用于特殊教育学，不可避免地会遇到如何综合分析和理性抉择的问题。解决问题的基本思路是依据研究范式的规范性、选择性、非排他性、综合性的特点，从特殊教育学学科的理论与实际出发，进行多元整合，以提升特殊教育学学科的理论创新性和实践行动力。

(一)注重多学科研究的规范性

面对众多学科的理论范式，特殊教育学学科应依据怎样的规范进行选择？选择的目的无非是解决特殊教育学的理论或实践问题。如何才能实现这一目的？如何评价和检验理论范式的选择是否正确？这就需要从检验特殊教育学学科成果出发。

首先，必须全面深刻地理解相关学科的研究范式，明确其发展史，分辨不同流派之间的差异与它们各自提出的背景，清楚其局限性，这样才能确保规范地使用。

其次，多学科研究范式的运用在于从其他学科的观点、方法、原理来思考和分析特殊儿童康复问题，故引入相关学科的理论范式要实现创造性转化，并为丰富特殊教育学学科领域的知识服务。

最后，引入相关学科的理论范式必须针对特殊教育学学科领域，选择最合适且有效的概念、范畴、命题、价值系统，并对它们进行重组、分割、分配、安排、划分层次，建立特殊教育学学科领域的知识体系，以实现特殊教育研究走向多元整合的目标。

(二)明确多学科研究的选择性和非排他性

一是从特殊教育的理论与实践出发，关注多学科研究的选择性。尽管相关学科的贡献很大，但特殊儿童康复的学科建构并非被动接受相关学科的理论与方法，而是有选择性的。某一学科研究范式能否被引入特殊儿童康复，还取决于理论是否相容，世界观、方法论和理论逻辑是否会产生冲突。

二是从提升特殊儿童康复的水平出发，明确多学科研究的非排他性。任何理论、概念、范畴、命题都有局限性，仅针对特定对象发挥一定的作用，具有非排他性。在特殊儿童康复中引入各门学科范式的根本目的是提升特殊儿童康复水平。不同学科的理论范式间并非绝对排斥，而是相互补充、合作、不断提升的。运用各门学科独有的范式解释其比较合适的问题，可以深化特殊儿童康复的研究，如心理治疗技术可以被有效运用于特殊儿童康复实践。

(三)加强跨学科研究范式的综合性

从特殊教育学学科特点来看，一方面学科内部继续分化，另一方面学科与学科之间交叉与综合日趋明显。综合学科是把人类生活实践作为研究对象，实践的复杂性决定了以实践为对象的综合学科的综合性。特殊教育理论与实践的特殊性、复杂性、动态性，也决定了它需要多个综合学科的研究方法。这种方法可以聚合多种学科观点研究特殊教育问题，从而做出较完整的解释。从方法论角度探讨，这种方法应包括以下环节。

一是寻找焦点，建立融合，即运用两种以上的方法与观点分析同一个特殊教育领域的问题，如自闭症儿童教育的策略问题。两种观点可以各自独立，相互补充与说明；可以将特殊教育问题与多学科之间的概念、命题、理论体系融会贯通，而不是简单拼贴和堆积。融合不仅指形式上的融合，更隐含着实质上的融合，以达到在特殊教育语境下探讨运用相关学科的概念和陈述方式的目的。

二是相互启示，挖掘共源。不同的事物与对象尽管有差异，但在学科大家庭中存在相互参照、相互引发和相互注释的关系。特殊教育学通过提问为相关学科开辟了新的研究领域——如特殊教育中的医教结合。相关学科同样把自己的问题提供给特殊教育学——医疗和教育如何在特殊儿童教育与康复中发挥作用。双方在提问中不断为对方提供新视角和方法论，在问答中不断成长。

三是扩大领域，灵活应用。以特殊教育领域的相关问题为核心，将不同的学科范式在特殊教育学学科领域内融合，使不同的学科知识领域连成一片，扩大学科的知识领域，增加知识资源，为学科间的整合提供更多的可能性。与此同时，相关学科理论范式的运用创造出特殊教育学学科特有的知识，既有助于解决特殊教育理论与实践的问题，也有助于促进特殊教育学学科领域知识的积累。

三、彰显中国特色的特殊教育学学科

新中国成立 70 年特别是改革开放 40 年来，本土化和中国特色一直是特殊教育学学科研究者关注的重要问题。2003 年，陈云英提出对于我国目前在实践中已经凸显的现象，应该用我国独特的社会和文化原理进行研究和解释。随后，我国许多学者相继提出了特殊教育学学科的中国特色问题。

朴永馨总结了新中国成立 70 年来特殊教育性质、体系、法律法规、行政管理、师资培养、发展道路、观念等方面发生的变化，提出要“形成有中国特色、适合中国国情的特殊教育发展道路”，“使特殊教育成为中国社会文明进步的重要标志之一，成为中国实现人权、社会主义人道主义、全民教育和教育公平、社会和谐体现的一个重要方面”。

肖非认为：衡量一门学科发展成熟与否的标准，除了确保学科活动顺利开展的外在制度外，还需要有规范的学科理论体系，它确立了诸如研究对象、学科性质、基本假设和原理、范式方法等学科发展的核心问题。他提出：既然已有理论体系难以支撑中国特殊教育学学科的独立地位，那么扎根于我国特殊教育本土实践，促进特色理论创新就应当成为今后特殊教育学学科建设的重点。为此，应

着眼于立足本土化特殊教育改革，加强中国特色的特殊教育理论建设，批判吸收国际特殊教育经验。

邓猛也认为我国特殊教育学学科体系尚不够成熟：我国特殊教育学科建设需要结合我国的文化背景，从本土实践中探寻与挖掘，而非一意照搬或挪用西方的理论与实践；我们需要形成扎根于中国特定文化背景与文化发展过程之中的、独特的话语体系和实践方式。为此，要丰富我国特殊教育学学科的传统文化及哲学基础，应构建中国特色的特殊教育话语体系。特定的学科需要特定的理论体系，包含基本理论假设和概念体系、公认的专门术语。

丁勇在多篇文章中提到这一问题，如随着经济全球化的发展进程，我国特殊教育将在扩大国际化的同时，更加坚守教育的民族性，更加坚定地走中国特色的发展道路；又如办好特殊教育就是基于改善残疾人民生而做出的重大战略抉择和重要措施，是新时代中国特色社会主义以人民为中心的本质要求和具体体现，其目的在于通过教育，促进残疾人全面发展，为他们追求幸福生活赋权增能，从而确保他们有能力和全国人民一道平等共享全面小康和现代化的美好生活；以及依据习近平新时代中国特色社会主义思想，对办好新时代特殊教育的历史阶段和社会环境进行分析，明确“办好特殊教育”的内涵和目标，分析“办好特殊教育”的重点任务，提出实施路径和基本策略。

因此，特殊教育学学科的本土化已成为多数学者的共识。立足于我国传统文化的丰厚土壤，提炼和形成我国特殊教育学学科的核心意涵和精神品格，展现出鲜明的具有我国特色的特殊教育学，要做到以下两点。

其一，要注意对我国传统文化进行重新审视和创造性转化，使特殊教育学学科建设具有文化之源与民族之根，从历史的维度深入挖掘和提炼特殊教育学学科思想——残疾人观、特殊教育观，创造使特殊教育学学科发展和完善的条件。

其二，大力倡导特殊教育学学科理论的变革与创新。理论创新是学科发展的不竭动力，研究者必须进一步解放思想，要将现代、未来和我国特色等作为特殊教育学学科理论创新的核心内容和根本追求，以前瞻性和发展性的眼光审视特殊教育理论与实践的进步，把握时代脉搏，体现当代精神，推动我国特殊教育学学科的发展和进步。

第九章

特殊教育学学科发展成果与载体

第一节　特殊教育学的学科发展

一、特殊教育专业的发展

（一）特殊教育专业的发展概况

特殊教育专业属于教育类专业，是一级学科教育学下设的二级学科。自1986年北京师范大学教育学系建立了我国第一个本科层次特殊教育专业以来，我国特殊教育学学科进入了专业化发展阶段，也带动了其他部属重点师范大学、地方师范院校、地方大学等陆续开设特殊教育专业。根据中国高等教育学生信息网数据显示，截至2017年，全国有60所普通高等院校开设特殊教育本科专业或方向，如北京师范大学、华东师范大学、华中师范大学、西南大学、陕西师范大学、辽宁师范大学、北京联合大学、重庆师范大学、长春大学、南京特殊教育师范学院、保定学院、邯郸学院、营口职业技术学院、襄阳职业技术学院、长沙职业技术学院、豫章师范学院、福建幼儿师范高等专科学校、山东特殊教育职业学院、云南特殊教育职业学院等。在这些院校中，一些院校的特殊教育专业发展较好，在学科发展、经费投入、师资队伍、生源质量等方面都获得了支持，在国内影响力较大，如北京师范大学和华东师范大学。它们也是能体现我国特殊教育学学科发展水平的主要代表。有些院校逐渐形成自己的特点，具有较大的区域影响力，如南京特殊教育师范学院和重庆师范大学等。

在现开设的特殊教育专业中，有的专业关注到不同特殊需要儿童的教育需要，兼顾几大主要类型障碍儿童的特殊教育，如听力障碍、视力障碍、智力障碍、自闭症儿童等；有的专业侧重某一类或某几类特殊儿童教育，结合自身优势寻求突破性发展；有的专业考虑学前特殊教育、初等特殊教育、中等特殊教育、残疾人职业与高等教育等不同学段的特色。总体而言，目前的特殊教育专业设置既有横向的考虑，也有纵向的考虑。各个高校的特殊教育专业定位不同，其培养目标有显著差异，总培养目标在一定程度上与所在学校发展定位相似，如应用型高校特殊教育专业均以培养应用型人才为主。素质目标以及职业目标非常相似，一般都为掌握特殊教育基本理论与知识，具有进行特殊教育教学、科研、管理的基本能力，毕业生可在各级各类特殊教育机构从事特殊儿童教育、康复、管理及相关研究工作，基层指向性明确。

总体而言，目前特殊教育专业发展仍然存在一些不足，如高校特殊教育专业人才培养定位大多是为特殊教育学校和特殊教育相关机构培养师资及管理人员，主要针对视力、听力、智力三类基本障碍儿童的学校教育，对自闭症、情绪与行为障碍、多动症、学习障碍等特殊儿童教育不够重视。传统的通识化教育模式导致特殊教育人才培养专业化程度不足，对特殊教育的多学科交叉、应用性较强等学科特性关注不足。

(二)特殊教育专业的人才培养

北京师范大学1986年设立特殊教育专业，1993年设立特殊教育学硕士学位点，以及华东师范大学2000年设立特殊教育学博士学位点，我国基本形成了以本科层次为主，专科层次为补充，研究生层次逐步扩大的人才培养格局。特殊教育专业人才培养已逐步走向专业化与多样化的道路，具备了一定规模的办学特色。培养方式和学制主要有四年一贯制和“2＋2”分段模式。前者是目前国内大多数高校特殊教育专业所采取的培养方式，即入学前已经划分了专业，四年都是按照特殊教育专业人才进行培养的。后者在部分院校中实行。全校以一级学科教育学统一招生，前两年不分专业，进行基础教育，学习通识课程和学科基础课；后两年根据学生的成绩排名或个人意愿选择专业，进行专业教育和实践能力培养。除此之外，学士学位培养还有“3＋1”“1.5＋2.5”模式，硕士学位培养还有“4＋2”“4＋3”模式，这有助于多样化方法体系的建构和复合型特殊教育教师的培养。另外，特殊教育专业人才培养分为定向和非定向培养。在本科阶段，部属师范大学基本上定向培养免费特殊教育师范生，在硕士阶段多为非定向培养，在博士阶段定向和非定向均有。

我国高校特殊教育专业注重不同层次人才培养。学士学位层次主要培养特殊教育教师、应用型或复合型人才等，需具备特殊教育学、教育学、心理学、康复科学等专业知识和能力；硕士学位层次主要培养特殊教育专家、管理者及教师等，需具备特殊教育心理学、康复科学等方面的知识和特殊教育研究、教学、管理、创新等方面的能力；博士学位层次主要培养特殊教育专家、研究者及教师等，在专业素养方面更强调研究能力和创新能力。研究生课程更能体现一所高校的特殊教育学学科发展水平。以北京师范大学为例，其在教育学一级学科基础上，对特殊教育学二级学科进一步提出要求。硕士层次培养能广泛服务于各级各类学校、社会教育机构与其他公共服务领域的研究型教育实践者及高端教育学术后备人才，培养有理想信念、道德情操、扎实学识和仁爱之心的四有好教师。具体目标包括：热爱教育事业，富有奉献精神和良好的专业品格；系统掌握教育理论和学科发展脉络；掌握教育研究的基本范式与方法，具有专业写作和学术交流能力；掌握教育实践的专业技能；具有国际视野和跨文化沟通能力；具有良好的信息素养、批判精神和创新能力。博士层次培养能够进行教育学术研究，致力于教育创新的高端教育人才，培养有理想信念、道德情操、扎实学识和仁爱之心的四有好教师。具体目标包括：热爱教育事业，富有奉献精神和良好的专业品格；具有深厚的教育理论素养，敏锐的教育问题意识，扎实的教育研究能力，开放的国际专业视野；能够洞察教育实践的需求，对教育实践进行批判性和创造性思考，能与教育实践者进行开放性对话的能力。

我国高校特殊教育专业培养注重毕业生职业选择的多样性，为他们成为特殊教育教师、管理者、研究者以及在特殊教育学校、康复机构、普通学校、残疾人联合会、民政局等部门从事特殊教育及相关工作提供了多种可能与选择；强调在职业道德、专业情感、社会责任感等方面养成积极的专业态度，强调应用型、复合型人才的培养，强调具备特殊教育学、教育学、心理学、康复科学等方面的专业知识和特殊教育教学、研究、康复等方面的能力。例如，北京师范大学特殊教育本科专业目标在于培养具有广博的人文与社会科学修养，综合素质优良，专业基础厚实，富有创新精神，适教乐教，具有先进教育理念、较强教育教学实践能力和一定研究潜能的，可以在各级各类特殊教育机构从事特殊儿童教育、训练、康复服务及相关研究工作的优秀特殊教育教师。

我国高校特殊教育专业注重理论与实践、课堂教学与课外活动的有机结合，采用了多媒体教学、课堂讲授、案例教学、讨论、演示、作业、实习、社会实践等方法，教师主导与学生自主学习结合，注重开展学术讲座、境内外交流等活动，注重校外实习、教育实践、研究实践等实践教学。特殊教育专业评价体系也日益完善。课程考试形式日趋多样，包含笔试、面试、作品发表、实验、论文、作业、出勤、课题参与、实践活动等多种形式，逐步重视对学生研究素养、创新能力的评价，如对申报学生创新创业项目、毕业论文质量、公开发表论文等有所要求。有的学校特殊教育专业对论文发表的数量及期刊级别有明确要求。

(三)特殊教育专业的课程设置

我国高校特殊教育专业课程体系日趋成熟，专业课程类型多样，人才培养方案在课程学分、学时、内容、要求等方面基本体现了特殊教育学学科发展的特点。特殊教育专业课程设置方案常常将课程体系分为必修课程、限选课程和选修课程，或学位课程和非学位课程，或通识课程、学科基础课程和专业与实践课程，能从多个维度来建构自身的课程体系。具体课程内容涉及特殊教育、教育与心理、人文与自然科学等不同学科领域，包括能反映特殊教育学学科发展水平的特殊教育及相关领域的课程，如特殊教育概论、特殊儿童康复概论、特殊教育医学基础、特殊儿童病理学、特殊教育史等；也包括一些体现特殊教育特色或重视特殊教育实践能力的专业课程，如特殊儿童评估与诊断、手语、盲文、特殊儿童早期干预等。

特殊教育专业本科阶段的课程因各个学校发展的侧重点不同而有所不同，一般包括三类课程：一是教育学类课程(如教育学、心理学、课程论等课程)，二是特殊教育的理论课程(如特殊教育概论、智力障碍儿童的心理与教育、听力障碍儿童的心理与教育、视力障碍儿童的心理与教育等)，三是特殊教育的方法课程(如教学教法、研究方法、手语、盲文等)。除了课程体系完整，其核心或主干课程基本能清晰地呈现所办特殊教育专业的人才培养目标。在学时上，特殊教育专业对课程学时均有明确的规定与要求。大多数高校特殊教育专业的理论性课程 1 学分需要 16～18 学时，每学时 45 分钟；实践性课程 1 学分需要 32～36 学时，每学时 45 分钟。

有研究者对部分代表性院校特殊教育学学科专业课程进行了调查，其特殊教育专业课程设置见表 9.1。

表 9.1　特殊教育专业课程设置情况

课程类型		学分	占总学分比例
学科基础课程	相关学科基础课： 教育的生理基础、教育统计学 学科基础课程： 普通心理学、教育心理学、教育学原理、中外教育史、课程理论 教师教育课程： 教育技术学、教育见习、教育实习、教育科研方法、毕业论文、社会实践	13～80	10%～50%
主要专业课程	专业基础课程： 特殊教育导论、特殊教育医学基础、特殊儿童心理评估、特殊儿童行为管理、特殊教育史、特殊儿童早期干预 方向课程： 智力障碍教育方向：智力障碍儿童心理与教育 视觉障碍教育方向：盲文、视觉障碍儿童心理与教育 听觉障碍教育方向：手语、听障儿童心理与教育 其他： 自闭症儿童心理与教育 脑瘫儿童心理与教育 学习障碍儿童心理与教育	22～74	12%～45%

以北京师范大学为例，其特殊教育专业本科主要课程有：教育心理学、教育学原理、发展心理学、课程理论、教学理论、特殊教育学原理、特殊教育医学基础、融合教育理论与实践、特殊教育研究方法、特殊儿童测量与评估、特殊儿童行为干预、早期干预原

理、康复学、特殊教育课程与教学、特殊儿童健康教育、遗传与优生等。该校作为我国特殊教育学学科发展历史最长的高校，其本科层次人才培养具有特殊教育学学科的典型特色，即注重培养学生的特殊教育基础知识和理论体系，使学生较全面地掌握特殊教育学学科知识。

另外，南京特殊教育师范学院是我国极少数特殊教育专业课程分类较细致的学校，其本科专业课程除了学科基础外，还有专业核心课程，包括特殊儿童病理学、特殊教育概论、特殊教育史、行为改变技术、特殊儿童教育诊断与评估、个别化教育的理论与实践、基础手语、基础盲文等。另外，该校还开设了智力、听力、视力三类障碍儿童的方向课程，学分各21分。其中，智力障碍儿童教育方向课程包括智障儿童心理与教育、智障儿童认知训练、培智学校课程开发、智障儿童生活技能训练、智障儿童言语与沟通训练、培智学校生活语文课程与教学、培智学校生活数学课程与教学等，听力障碍儿童教育方向课程包括听障儿童心理与教育、教育听力学、听障儿童听觉与言语训练、听障儿童沟通与交往训练、专业手语、聋人文化、聋校语文课程与教学、聋校数学课程与教学等，视力障碍儿童教育方向课程包括视障儿童心理与教育、定向行走、视觉康复训练、盲用信息技术、专业盲文、盲校语文课程与教学、盲校数学课程与教学等。另外，该校还通过限选课程来扩充学生的知识广度，设立6个学分的儿童康复必选模块课程，设立视障教育、听障教育、智障教育、融合教育、学障教育、自闭症教育等不同障碍类型儿童的可选择模块课程。为了增加学生普通学科知识，该校还设置了文科模块和理科模块。总体而言，该校特殊教育专业办学历史相对较久，学校发展定位于应用型，学生培养规模较大，各学科各方向师资较全，在特殊教育专业课程设置上体现了纵深优势，为特殊教育学科的纵深发展提供了支撑。

我国高校虽然十分注重特殊教育专业课程体系的设计，课程类型、课程结构日趋合理，但仍有许多有待完善之处。例如，特殊教育理论课程多于实践课程，特殊教育缺乏与教育学、心理学、体育学、医学的有效整合；缺乏开放性，不能与时俱进；不同高校特殊教育专业的课程总学分差异较大，有的高校特殊教育专业课程体系未能及时体现专业发展趋势。

二、特殊教育相关专业的发展

（一）特殊教育相关专业的发展概况

随着残疾人事业的发展，国家对特殊儿童教育的重视，与特殊教育相关的学科与专业也获得发展，如教育康复学、康复治疗学、听力与言语康复学、运动康复、应用心理学、社会工作等，这为丰富特殊教育学学科内涵，扩展特殊教育学学科外延提供了条件。根据中国高等教育学生信息网数据显示，截至 2017 年，全国有 144 所高校开设了康复治疗学专业或相关方向，56 所高校开设了运动康复专业或相关方向，10 所高校开设了听力与言语康复学专业或相关方向。教育康复学是 2012 年新设的专业，体现了特殊教育领域对复合型人才培养的迫切需求。另外，全国还有些高校的应用心理学、社会学等专业是以培养为特殊儿童服务的专业人才为目的的，涉及特殊教育学学科知识，为特殊教育学学科外延发展提供了视角。相关专业中，尤其是教育康复学、康复治疗学、听力与言语康复学等专业的学科属性定位中明显体现出越来越重视以残疾儿童为服务对象，与特殊教育专业的相关性也更高。

教育康复学是在一级学科教育学下设置的二级学科。该专业由华东师范大学于 2012 年向教育部提出申请，于 2013 年批准。目前，陆续有 8 所院校的教育康复学专业获批。教育康复学是顺应社会发展需求而产生的一门新兴学科，是在医教结合、综合康复理念的指导下，整合教育与康复的手段和方法，为兼具教育与康复两种需求的人提供服务的一门综合科学。它涵盖教育学(包括特殊教育学)、康复治疗学以及心理学等学科的相关内容。教育康复学是特殊教育与康复融合之后的结果，其学科视域下涉及的研究对象包括特殊教育的所有对象，其专业知识涉及听力障碍、言语语言障碍、脑瘫、自闭症等特殊儿童的言语、听觉、认知、运动、社交等障碍的评定、康复、教育等工作。

康复治疗学专业主要以疾病、损伤患者等所需的相关专业服务为基础进行专业人员的培养。随着对残疾人平等权的重视，以及对健康与残疾内涵的认识变化，该专业越来越关注残疾人康复。目前，我国已有几所高校设立以培养儿童康复和残疾儿童康复人才为主的专业，如佳木斯大学、南京特殊教育师范学院。总体而言，以儿童康复为特色的康复治疗学专业主要培养学生具有较强的康复医学基础理论、康复治疗技术、临床思维能力、创新精神、康复技能、人际交流能力和职业道德，注重物理治疗、作业治疗、言语治疗、心理治疗、传统康复治疗等方面的专业知识培养，使学生毕业后能在各级医疗、教育、残疾人联合会、民政局等系统从事儿童康复工作或康复教育工作。

听力与言语康复学培养具备听力诊断与听力康复、言语康复学基础理论与基本技能等专业知识，从事听觉康复治疗等技术工作的专业人才。以华东师范大学为例，其听力与言语康复学专业主要培养能在聋校、培智学校、综合性特殊教育学校、康复机构、资源教室、医院的相关科室从事具有言语障碍、听觉障碍、语言障碍和嗓音问题的人群的康复、教育及研究工作的专业工作者。从特殊教育学学科而言，听力与言语康复学专业人员是特殊教育学学科团队工作的关键成员，是特殊教育学学科建设不可忽视的相关专业力量。

（二）特殊教育相关专业的人才培养

特殊教育相关专业基本以应用型人才培养为特色，这是随着特殊教育事业发展追求质的提升的必然结果。相关专业为特殊教育事业发展所迫切需要的专业服务团队提供了必要的人力资源，促使特殊教育学学科立足于教育学一级学科，和其他学科交叉发展的属性越来越获得实践支撑。借助相关学科的辅助与融合发展，有利于进一步完善特殊教育的学科内涵，构建丰富、扎实的学科知识体系。

以华东师范大学教育康复学专业本科人才培养为例，该专业旨在培养德、智、体全面发展的，能够在特殊教育学校、康复机构、福利院、普通学校资源教室工作，以服务学前教育阶段特殊儿童和义务教育阶段低年级特殊儿童为主，能承担各类康复训练，熟悉或能承担特殊教育集体教学任务的双师型人才。该专业突出应用型特色，采用贯通式实践课程模式。“见习＋实习”环节一直贯穿其中，让学生将课堂上学到的理论知识与临床实践紧密结合，以达到学以致用的目的。学生一般从一、二年级就开始通过见习观摩了解学科知识及其应用，在四年级进行三四个月的实习，以便较全面地了解各类障碍儿童、不同学段特殊儿童的临床表现，以及不同功能领域的评估与训练等。由于教育康复学是师范专业，因此其人才培养计划从培养目标、课程设置、实践教学等方面都融入了儿童康复的特点和需求，在人才培养上与特殊教育专业有一些相似之处，如重视教育学、特殊教育学的理论基础，所培养的学生需具备特殊教育教师的基本素养。不同之处在于教育康复学专业是为了补充特殊教育领域为特殊儿童开展康复课程的专业人员，所以在人才培养定位上偏向于补充传统特殊教育教师所缺乏的康复素养。

在其他相关非师范专业上，其人才培养对特殊教育领域的价值在于促进特殊儿童专业服务团队的构建及运作，如运动康复、言语治疗、心理咨询、社会工作等专业人员；或者为不同学段的残疾儿童提供专门的服务，如职业教育。这些专业人才培养模式一般都比较重视产学研一体化，重视和医院、企业或其他社会机构合作培养，强化实践技能和职业技能的培养，在课时上重视增加实践课时的比重，注重所培养的人才符合行业资质和要求。

以南京特殊教育师范学院康复治疗学专业为例，该校为求突破，利用自身开办儿童康复专科专业的优势来开设本科课程，以培养从事儿童康复治疗工作的，一专多能的复合型、应用型人才为目标。在实践教学上，该校着重凸显儿童特色。任课教师在基础课程和专业课程授课过程中着重以儿童相关教学案例为主，组织学生到具有儿童康复特色的康复医院见习和实习，鼓励学生选择儿童作为康复对象来开展科研或实践活动。由于在儿童康复领域，除了脑瘫儿童、特定患病或损伤儿童对运动康复有大量需求外，听力障碍、孤独症等儿童不存在或存在较少的运动康复需求，而对语言与言语治疗有较多需求，如进行统一化培养，不利于学生充分掌握主要治疗技术，影响培养质量，因此，该校康复治疗学专业采用分专业方向培养的思路，专门设置物理治疗、作业治疗和言语治疗三个方向，以便更有针对性地培养儿童康复领域的专业人才。这三个方向在课程设置上除了专业方向课程各具特色外(两个专业方向总学分均为30学分)，其他课程设置总体保持一致。

另外，残疾人职业教育也是特殊教育学学科发展不可忽视的一个范畴。由于我国大力发展职业教育，部分残疾人的职业教育实际上是在特殊教育学校中进行的。2016年，中国残疾人联合会和教育部共同启动了职业院校残疾人康复人才培养改革试点工作，北京市残疾人康复服务指导中心等59个残疾人康复机构和北京卫生职业学院等59所职业院校为残疾人康复人才培养改革试点单位。试点工作周期为三年。为保障试点工作顺利推进，中国残疾人联合会有关专家启动了试点系列教材编制工作，确定将编写《康复医学概论》《运动治疗技术》《作业治疗技术》《康复护理》《物理因子治疗技术》5 本教材。

（三）特殊教育相关专业的课程设置

特殊教育相关专业在课程设置上基本都从基础理论知识和应用技能两方面进行。有些学校为了突出特色，或以某一类障碍儿童康复为主，或以随班就读学校师资培养为主，或以儿童康复为主，或以地域及提供地域服务为主。课程设置也体现出这类特点。

例如，华东师范大学教育康复学专业在课程设置上重视听力与语言障碍，以此为特色和亮点，已经积累了丰富的理论基础和实践经验。其课程设置包括通识教育课程、学科基础课程、专业教育课程三类。

华东师范大学言语听觉专业课程设置主要包括言语科学基础、听力学基础、人体解剖生理学、言语障碍评估与矫治、嗓音障碍测量与矫治、康复听力学、口部运动治疗学、临床语音学、特殊儿童语言障碍的康复训练、实验心理学等。除此之外，该校还将特殊教育学、特殊儿童评估、特殊教育研究方法、特殊儿童早期干预、学习困难儿童的教育、自闭症儿童的教育、重度与多重障碍儿童教育、注意缺陷儿童的评估与训练作为扩充课程，加强与特殊教育学学科的联系，方便毕业生从事特殊教育相关专业的工作。

南京特殊教育师范学院康复治疗学专业在课程设置上，除了设置专门以儿童为对象的课程，如儿科学、特殊儿童康复学、引导式教育、儿童心理学等，还在一些专业方向课程、专业任选课程的教学内容中增加了儿童的相关内容，以此凸显儿童康复特色（具体参见表 9.2）。

表 9.2 康复治疗学专业课程设置举例

课程类型	儿童特色课程	教学内容中增加儿童相关内容
学科基础课程	儿童心理	
专业核心课程	儿科学、人体发育学、特殊儿童康复学	
专业方向课程	引导式教育	运动治疗、作业治疗、言语治疗、心理治疗、临床康复治疗、嗓音障碍评估与治疗、构音障碍评估与治疗、语言障碍评估与治疗
限选课程	脑瘫儿童诊断与评估、脑瘫儿童康复训练、听障儿童诊断与评估、听障儿童康复训练、孤独症儿童诊断与评估、孤独症儿童康复训练、应用行为分析、感觉统合训练、沟通技巧	
任选课程	儿童歌曲弹唱、儿童舞蹈创编、玩教具制作、儿童保健学、儿童简笔画、蒙台梭利教学法、听觉功能评估与治疗	游戏治疗、音乐治疗、绘画治疗、营养学、社区康复

三、特殊教育学学位点的建设

（一）特殊教育学学位点的发展概况

截至 2019 年，具有特殊教育学硕士学位点的高校接近 20 所，如北京师范大学、华东师范大学、华中师范大学、华南师范大学、西南大学、陕西师范大学、北京体育大学、西藏大学、浙江师范大学、辽宁师范大学、重庆师范大学、湖北师范大学、四川师范大学、安庆师范大学、淮北师范大学、沈阳师范大学、西北师范大学等。在这些院校中，特殊教育学学位点发展较成熟的是北京师范大学、华东师范大学和华中师范大学。北京师范大学作为我国最早开设特殊教育专业的高校，其专业办学体系成熟，设有硕士点、博士点。华东师范大学特殊教育专业于2000年设立了我国第一个特殊教育学博士点。

（二）特殊教育学学位点的人才培养

以北京师范大学研究生课程为例，该校开设了特殊教育学学科前沿发展课程，还注重培养博士生的开放思维方式，如开设了跨一级学科课程（具体参见表9.3）。特殊教育学硕士研究生学习年限为3年，修读学分不低于35分。特殊教育学博士研究生学习年限一般为3年，硕博连读生、本科直博生学习年限一般为5年，不超过6年。

表9.3　北京师范大学特殊教育学学术型研究生课程结构

课程类别		科目	最低学分要求
硕士学位	公共必修课	政治、外语	7学分
		方法课	2学分
	学位基础课	方法课	2学分
		其他学位基础课程	4学分
		跨一级学科课程	2学分
	学位专业课	学位专业课	6学分
		专业方向课	2学分
	必修环节	实践（实证、实验）活动	2学分
		中期考核	2学分
	补充课程	适合本专业特点的课程（导师指导下选择）	6学分
	总计		35学分

续表

<table>
<tr><th colspan="2">课程类别</th><th colspan="2">科目</th><th>最低学分要求</th></tr>
<tr><td rowspan="11">博士学位</td><td rowspan="2">公共必修课</td><td colspan="2">政治、外语</td><td>6 学分</td></tr>
<tr><td colspan="2">方法课</td><td>2 学分</td></tr>
<tr><td rowspan="2">学位基础课</td><td colspan="2">论文研究设计高级研讨课、学术发表研讨课(至少二选一)</td><td rowspan="2">2 学分</td></tr>
<tr><td colspan="2">教育学科前沿发展(选修)</td></tr>
<tr><td rowspan="2">专业课</td><td colspan="2">特殊教育学学科前沿发展(必修)</td><td>2 学分</td></tr>
<tr><td colspan="2">专业方向课(选修)</td><td>0 学分</td></tr>
<tr><td rowspan="4">必修环节</td><td rowspan="2">科研与教学实践活动</td><td>学术/社会实践活动</td><td rowspan="2">2 学分</td></tr>
<tr><td>教学实践活动</td></tr>
<tr><td>国际化经历</td><td></td><td>2 学分</td></tr>
<tr><td>中期考核</td><td></td><td>2 学分</td></tr>
<tr><td>总计</td><td colspan="2"></td><td>18 学分</td></tr>
</table>

(三)特殊教育学学位点的研究方向

因师资力量、研究资源等因素，设立特殊教育学硕士、博士学位点的高校各自的专业研究方向各有侧重。北京师范大学特殊教育专业研究方向包括特殊教育基本理论、发展障碍儿童教育、感官障碍(听力残疾和视力残疾)儿童教育、早期教育、融合教育、超常教育、特殊儿童健康教育等方向，研究方向相对全面。华东师范大学特殊教育专业硕士研究方向包括特殊儿童发展与教育、特殊儿童临床研究、特殊教育基本理论与政策法规等。华南师范大学特殊教育专业研究方向包括特殊教育基本理论研究、智力障碍儿童教育研究、特殊儿童音乐治疗研究、情绪与行为障碍儿童研究等。陕西师范大学特殊教育专业研究方向包括特殊儿童诊断与评估、特殊儿童认识与学习、残疾人职业教育等。西南大学特殊教育专业包括特殊教育基本原理、特殊青少年心理与教育、特殊儿童教育与康复等。还有的高校不分研究方向招收硕士生，由导师或学生根据情况确定具体研究方向。

在博士学位点上，北京师范大学特殊教育专业研究方向主要包括特殊教育理论、特殊儿童生理心理研究、融合教育等，华东师范大学特殊教育专业研究方向主要包括特殊儿童发展与教育、特殊儿童认知与社会性发展、特殊儿童心理与教育等。华中师范大学在教育学一级学科下设立特殊教育学方向。特殊教育学博士点的研究方向一般为当时具有招生资格的博士生导师的研究方向。随着博士生导师人员的增补或退休，研究方向也会发生相应的变化。

第二节　特殊教育学的学科成果

一、特殊教育学编著类研究成果

自 2006 年以来，我国特殊教育领域编著类的学科成果丰富。2007 年，“全国特殊师范教育专业课规划教材”(共 23 册)由天津教育出版社陆续出版，为我国特殊教育学学科发展做出了重要贡献。2011 年，由华东师范大学等 4 所大学，联合全国 10 所大学的专业资深教师和学者编写而成的“21 世纪特殊教育创新教材”由北京大学出版社出版。丛书分为特殊教育的理论与基础、特殊儿童的发展与教育、特殊儿童的康复与训练三个系列，共 22 本，已出版 16 本。2015 年，丁勇任总主编的《特殊儿童教育与康复文库》由南京师范大学出版社出版。文库分为“特殊儿童教育”系列和“特殊儿童康复”系列，共 20 本。2013 开始，“特殊学校教育・康复・职业训练丛书”由北京大学出版社陆续出版，包括《特殊教育学校办学模式》《信息技术在特殊教育中的应用》《特殊教育学校特奥运动项目建设》《特殊教育学校学生康复与训练》《特殊教育学校校本课程开发》《智障学生职业教育模式》等。这些编著类书籍，特别是系列教材或丛书的出版，产生了较大影响力，有力地推动了特殊教育学学科的发展。

（一）特殊教育理论研究领域

由方俊明主编、北京大学出版社出版的“21世纪特殊教育创新教材”是国内首次推出的系统且完整的特殊教育教材和专业参考资料，是特殊教育学学科发展的一个重要支撑。其理论与基础系列包括《特殊教育的哲学基础》《特殊教育的医学基础》《融合教育导论》《特殊教育学》《特殊儿童心理学》《特殊教育史》《特殊教育研究方法》《特殊教育发展模式》。

1995年，雷江华和方俊明编写的《特殊教育学》由福建教育出版社出版。该书为我国特殊教育学学科发展研究提供了重要参考，探讨了我国特殊教育的学科性质与任务，以及特殊教育学与医学、心理学、教育学、教学论等相邻学科之间的关系，共分为五个部分。

第一部分为特殊教育学学科，重点论述特殊教育学的研究对象、学科性质、学科体系、研究方法和历史发展，并阐述生物学、发展生态学、心理学、教育学等学科的基本观点及其在特殊教育中的应用。第二部分为特殊教育要素论，论述特殊教育教师、学生家长、行政人员、康复人员、社会工作者、心理学家、营养师、特殊教育科研人员等在特殊教育中的作用，学生的生理发展异常、智力发展异常、语言发展异常、广泛性发育障碍等问题，特殊教育课程体系、课程内容、课程实施、课程评价等内容，特殊教育要素的单向受动关系、双向互动关系和矛盾运动关系。第三部分为特殊教育组织论，论述我国特殊教育学校体制和特殊教育管理体制的沿革，特殊教育学校的历史、宗旨、面临的质疑和挑战，并探讨融合学校存在的问题，在我国发展融合学校的措施等问题。第四部分为特殊教育方法论，论述特殊教育的教学方法，如工作分析法、直接教学法、概念教学法、学习策略教学法等，以及特殊教育的评估方法，如标准化测验评估、动态评估、课程本位评估、功能性评估、生态评价等，并阐述特殊教育的行政管理方法。第五部分为特殊教育目标论，论述特殊教育的目标体系、一般目标和特殊目标，并阐述个别化教育计划、个别化家庭服务计划、个别化转衔服务计划等。该书认为特殊教育学是一门综合性和实践性比较强的学科，在多学科交叉和渗透的过程中形成了独特的理论体系。该书通过五个部分的内容构建了特殊教育的理论体系，对中国特色特殊教育发展道路进行了理论总结和探索。

2011 年，盛永进著的《特殊教育学基础》由教育科学出版社出版。该书反思、借鉴和吸收已有的特殊教育学学科体系建设的成果，摒弃了其他学者以各类障碍儿童身心特点、诊断与教育为结构线索的方法，努力尝试构建具有本土特色的新框架体系。其创新点在于能够从更加宏观的教育学框架下来思索特殊教育学自身的体系建设问题。因为特殊教育学本身就是教育学的二级学科，与教育学相比，它的特殊性主要体现在教育对象与教育手段上。作为对教育活动的认识与反映，特殊教育学与教育学在学科体系构建上更多地存在着相通之处。它们的学科体系都必须要考虑反映教育活动自身的共性，包括教育的本体与功能、教育目的与体制、教师与学生、课程与教学等要素。这些才是教育学体系建设中的核心部分。特殊教育学的体系构建也必须从它的母体中来寻找共性和支撑，否则，它很难被称为教育之学。作者在整体框架上论述了特殊教育的存在、教育目的与功能、教育体制、教师与学生、课程与教学等问题。这无疑是特殊教育学体系建设正确的选择路径。该书不仅考虑到了特殊教育学与普通教育学在学科体系上的共性，更突出了特殊教育学作为教育学分支学科中的特殊性或个性，表现为能够从特殊教育活动出发，始终围绕特殊需要这一特殊教育的核心概念来思考特殊教育本身的价值、功能与意义，展开对特殊教育学自身概念、命题与逻辑规范的探讨。

2006 年，朴永馨主编的《特殊教育辞典》(第二版)由华夏出版社出版。2014年,《特殊教育辞典》(第三版)出版。该书根据特殊教育学专业涉及的不同领域,按照一般基本概念和不同类别残疾教育及超常教育,将特殊教育分为10类,汇集各类别相关术语两千三百余个,是特殊教育专业人士必备的参考工具书,体现了国内特殊教育专业发展的新趋势,充分反映了特殊教育学学科的发展与进步。

2010年9月,顾定倩、朴永馨、刘艳虹主编的《中国特殊教育史资料选》(上、中、下)由北京师范大学出版社出版。该书收录自1840年至1966年各时期有关特殊教育的法规文件、理论文章、特殊教育学校变迁、课程设置、新闻报道、国外情况介绍等方面的史料,为研究我国特殊教育发展提供了可靠依据。

(二)特殊儿童教育研究领域

由丁勇任总主编、南京师范大学出版社出版的《特殊儿童教育与康复文库》(20本)是"国家'十二五'重点图书出版规划项目暨国家出版基金项目"。"特殊儿童教育"系列包括10本书:《特殊儿童教育导论》《特殊儿童教育评估》《特殊儿童早期发展支持》《特殊儿童沟通与交往》《特殊儿童认知训练》《特殊儿童行为管理》《特殊儿童生活教育》《特殊儿童体育与运动》《特殊儿童生涯发展与转衔教育》《残疾儿童权利与保障》。例如,盛永进的《特殊儿童教育导论》以特殊儿童为核心概念,以特殊教育需要为逻辑结构线索,较为系统地阐述了特殊儿童教育的基本问题,介绍和评析了特殊儿童教育的一些理论、思想和方法,在理论介绍基础上建立起正确的特殊儿童教育观和方法论。王辉的《特殊儿童教育评估》采用模块化的方式,按照先理论后方法的顺序来重点介绍特殊儿童教育评估的理论和方法,包括教育评估基本的概念、内容、步骤、评估范围等,以及心理计量取向评估方法、生态与行为取向评估方法、质性取向评估方法等,具有较高的理论与实践指导价值。

2016年，华东师范大学出版社出版了“教师教育精品教材、特殊教育专业系列”的教材，包括《特殊教育教学设计》《融合教育：理想与实践》《培智学校语文课程与教学》《培智学校数学课程与教学》《特殊儿童家庭教育》《特殊儿童教学设计》《婴幼儿早期干预》《手语基础教程》《特殊教育的医学基础》等。例如，于素红的《特殊教育教学设计》介绍了特殊教育课程与教学的基本理论、个别化教育计划的制订与实施、单元计划的制订、课时计划的制订、特殊教育的教学原则与教学组织、教学策略、教学方法等。马红英、徐银秀的《培智学校语文课程与教学》对常用的培智学校语文教材进行了深入分析，并提出了培智学校语文教材编写的理念、原则、流程及选用教材的注意事项等，还分析了培智学校学生学习语文的身心特点及他们学习汉语拼音、识字写字、阅读、写作、听话说话等模块的特点和困难，并据此提出了教学建议和教学方法。

“21世纪特殊教育创新教材”丛书发展与教育系列包括《视觉障碍儿童的发展与教育》《听觉障碍儿童的发展与教育》《智力障碍儿童的发展与教育》《学习困难儿童的发展与教育》《自闭症谱系障碍儿童的发展与教育》《情绪与行为障碍儿童的发展与教育》《超常儿童的发展与教育》。天津教育出版社出版的“全国特殊师范教育专业课规划教材”(共23册)包括《残障儿童的早期干预概论》《听力障碍儿童的心理与教育》《听觉障碍学生教学法》《手语概要与翻译实践》《视力残疾儿童的心理与教育》《视觉障碍学生教学法》《盲文》《行为改变技术》《特殊儿童康复概论》《孤独症儿童的教育康复》《特殊儿童的教育鉴别与评估》等。这些丛书内容全面，有利于学者全面把握特殊儿童教育领域的知识体系。

(三)特殊教育相关专业服务研究领域

南京师范大学出版社出版的“特殊儿童康复”系列包括《特殊儿童康复概论》《特殊儿童物理治疗》《特殊儿童作业治疗》《特殊儿童语言

与言语治疗》《特殊儿童心理治疗》《特殊儿童艺术治疗》《特殊儿童舞动治疗》《特殊儿童功能性视力训练》《特殊儿童定向行走训练》《特殊儿童辅助技术》。

北京大学出版社出版的"21世纪特殊教育创新教材"丛书康复与训练系列包括《特殊儿童应用行为分析》《特殊儿童的游戏治疗》《特殊儿童的美术治疗》《特殊儿童的音乐治疗》《特殊儿童的心理治疗》《特殊儿童的辅具与康复》《特殊儿童的感觉统合训练》等。这些丛书全面地从康复与训练领域构建了特殊教育的专业服务内容体系，为拓宽特殊教育学学科研究视角，完善特殊教育学学科发展提供了助力。例如，何侃的《特殊儿童康复概论》阐述了特殊儿童康复的概念、理论和体系建构，探讨了特殊儿童康复的理念变迁、权利保障，剖析了专业化的康复实践服务，介绍了特殊儿童康复服务的四大治疗技术——物理治疗技术、作业治疗技术、言语与语言治疗技术以及心理治疗技术，并分别论述了听觉、视觉、智力、脑性瘫痪、自闭症谱系、注意缺陷多动障碍等各类障碍儿童的功能评估与功能康复。该书从复杂系统理念来探讨特殊儿童的康复与教育，有利于促进特殊教育学学科视角的反思与完善。

2015年，中国残疾人联合会启动"0—6岁智力残疾和孤独症儿童康复教育教材体系建设项目"。该项目共4类，78种图书，如《智障儿童康复教育活动示范指导》《智障儿童社交技能训练》等。2016年，中国残疾人联合会和教育部共同启动了"职业院校残疾人康复人才培养改革试点工作"。为保障试点工作顺利推进，中国残疾人联合会组织有关专家启动了试点系列教材编制工作，确定将编写《康复医学概论》《运动治疗技术》《作业治疗技术》《康复护理》《物理因子治疗技术》5本教材。这也是特殊教育学学科发展至今的成果之一。

二、特殊教育论文类研究成果

(一)特殊教育学学科的独立性

特殊教育学是不是一门独立学科？自 2005 年来，我国有代表性的特殊教育理论研究者雷江华、邓猛和肖非等人都对此公开发表文章表达了看法。

2005 年，雷江华首次直接以特殊教育学学科为题公开发文。他认为特殊教育学是一门独立学科，是研究特殊教育现象、揭示特殊教育规律的一门科学，是教育学的一门分支学科，是应用型学科。特殊教育学主要探讨特殊教育学的研究对象、学科性质、学科体系、研究方法、学科发展历程等，包括教材体系和著作体系。在我国，特殊教育学学科发展仍处于初级阶段。

2009 年，邓猛和肖非专门对特殊教育学学科体系进行深度探析。他们强调特殊教育学是一门具有较强实践性的多学科、多层次、相互交叉和渗透的综合性学科，逐步发展出自身的独特理论体系，初步构建了自己的话语体系、专业标准与共有的学术规范。其研究对象是多样化的、由各种不同要素导致的特殊教育需要儿童。特殊教育基本理念假设与实践模式也随之变化，残疾儿童被接纳，特殊教育与普通教育趋于融合。特殊教育学学科的发展虽然没有形成自己特有的研究方法，但较好地遵循了实证科学研究的精神与经验研究的规范与传统。实证经验主义的方法、程序以及基于诊断、评估的干预与训练成为特殊教育学学科专业人员广泛接受、共同遵守的方法体系。

2016 年，全国特殊教育学学科发展三十周年研讨会召开，肖非、邓猛等人都撰文对特殊教育学学科发展做了进一步阐述。肖非和冯超认为几十年来我国特殊教育学学科发展经历了从无到有的质的飞跃，学科建制也日益完善，形成了稳固的组织机构、研究群体和学术协会等。但是，特殊教育学学科发展需要有规范的学科理论体系，在研究对象、学科性质、基本假设和原理、范式方法等学科发展的核心问题上需获得突破，这是一门学科能否获得独立学科尊严的“魂灵”所在。他们认为我国特殊教育几十年的发展历程，除去在学科建制上有较大进步外，理论建设方面基本没有重大突破。因此，立足我国特殊教育本土实践与改革，加强具有我国特色的特殊教育理论建设，批判地吸收国际特殊教育经验，促进特色理论创新应当成为今后特殊教育学学科建设的重点。邓猛重读朴永馨的文章《努力发展有中国特色的特殊教育学科》并撰文，强调要丰富我国特殊教育学学科的传统文化及哲学基础，构建具有我国特色的特殊教育话语体系，探索我国特殊教育的实践方式。

（二）多学科视角下特殊教育学学科发展争论

盛永进认为，学科立场是学科构建与发展的前提基础。当前的特殊教育研究中，学科立场模糊或缺失问题比较严重，尤其表现在医教结合的争论中。他认为如果从学科立场来审视，医教结合的提出是基于医学的学科立场，而非特殊教育学的学科立场的。特殊教育工作者在认同医教结合的积极意义的同时，往往模糊了特殊教育的多学科综合属性与特殊教育学学科立场的关系，忽视了医教结合背后隐藏的医学学科立场，丢失了自身的教育学立场。这从一个侧面反映了特殊教育学学科建设所面临的深层次问题。作为教育学的二级学科，特殊教育学的学科属性决定了特殊教育研究必须坚持教育学的学科立场，这是特殊教育学作为学科存在的前提，也是特殊教育研究者应有的自觉。对于特殊教育研究，教育学的立场既是特殊教育研究学术共同体应有的学科自觉，也是一种规约。它规定特殊教育研究必须站在教育学的立场上，对其他学科的知识进行必要的过滤、筛选、整合和转化，使之为教育所用。因此，特殊教育研究必须恪守教育学的立场，重视学术研究的规约作用，以提升学术研究水平，促进学科建设。

张伟锋认为，医学与特殊教育具有学科关联性，医学是特殊教育的核心理论基础之一，康复医学与特殊教育具有多个相通之处，专业高度综合化是学科领域的发展趋势。依据现代学科的发展趋势，应把特殊教育学视为具有现代意义的综合学科，运用多学科理论和方法来研究特殊教育问题，医教结合正是这一观点和趋势的体现。有学者强调特殊教育是一种特别设计的教学，甚至认为对象特殊并不是特殊教育的本质属性，特殊教育的特殊性主要体现在教学方式上。这样界定的特殊教育只是一个教育学概念，不是一个有综合学科内涵的概念。从特殊教育的核心学科基础来看，它反映了特殊教育专业涉及多门学科知识的特点。若仅从教育学单一学科视角来界定特殊教育学学科，仅视其为教育学的子学科，那么医教结合的专业建设探索可能并不会被此学科的建设者认同。但若从综合性交叉学科的视角来认识特殊教育学学科，或从高校专业的内涵特征出发，那么医教结合理念下的特殊教育专业建设是符合此学科的多学科交叉融合特征的，也是符合社会职业(行业）人才需求的一种有价值的改革尝试。

邓猛和卢茜认为，西方特殊教育的发展是从医学单一学科范式的治疗与干预发展到以医学为主加入其他学科成分，进而逐步走向以教育为主融合其他学科成分的过程。特殊教育是一门多学科相互交叉、渗透的综合性学科，是教育模式下对医学以及其他相关学科的有机包容。因此，研究者要把医教结合的说法真正放入多学科交叉、融合的框架进行具体分析。现今，65%以上的残疾儿童在普通学校里接受教育以及特殊教育学校数目不断扩大的事实意味着特殊学校与普通学校必须通过自身的变革与资源重组，满足学生多样的、个性化的学习与发展需求，促进教育公平与质量目标的实现。这一过程需要来自各学科、社会各方面的支持与服务，从而确保高质量的特殊教育在普通学校或者特殊教育学校得到实施。健全特殊教育保障机制，不能用单一的医教结合剥夺特殊教育多学科交叉的特性，更不能因为多学科交叉的特性冲淡了其教育的本质而本末倒置。

总体而言，目前关于特殊教育学学科的定位主要集中在对医教结合的争论上，研究者虽然持有不同意见，但基本上认为特殊教育学具有多学科属性，不仅仅需要医教结合，还要结合心理学、社会学等学科，且应以教育学学科为核心。

（三）特殊教育学学科建设经验

在特殊教育学学科建设经验方面，有一些研究者基于地方特色和工作经验谈了看法。《毕节学院特殊教育事业发展回顾及学科建设思考》(母进炎，2010)一文结合毕节学院特殊教育专业发展经验，探讨了特殊教育学学科建设。该文认为需要凝练办学理念，确定学科方向，为学科建设做好理论准备。在理论和实践的积累都还不丰厚的时候，要善于借鉴国内外的先进教育理念。在学科发展方向上，要有2～3个立足于区域性、地方性、特色性的方向，常抓不懈，不断提高本学科在省内或国内同类学科中的学术地位与影响力。加强特殊教育学学科队伍建设，为学科建设提供人才保障。加强学科梯队建设，形成年龄结构、学历结构、职称结构、学缘结构等结构合理的梯队。加强教学科研基地建设，创造有利于学科发展的支撑条件。在充分调研的基础上，通过建立基础实验室、康复实验室、特殊教育咨询和康复中心等为学科建设提供科学研究平台。

《对黑龙江省特殊教育学学科建设的思考》(周全，2014)一文认为学科建设至少需要从学科方向凝练、学术梯队组建、原创性科学研究、高层次人才培养、学术交流、实验室等几大板块进行。在学科建设的起步阶段，学科方向如果本身不科学、不切实际，就会导致整体学科建设工作要么无意义，要么长期得不到结果。对特殊教育学学科建设，在方向选择和把握上，要进行充分的论证。依据全纳教育、医教结合、服务地方原则，绥化学院从感官障碍儿童康复与教育、特殊儿童少年个别化教育、特殊儿童学前教育、特殊教育从业人员伦理教育四个方面确定了研究方向，沿此学科方向，紧密结合社会需求，在特殊教育高层次人才培养、基础教育随班就读、师资培训和科学研究以及社会服务等领域，学科建设成效已初步显现。该校以省级重点建设学科特殊教育学为基础，集聚全省特殊教育资源，组建以地方高校为主的协同创新体，培育和打造黑龙江省特殊教育、残疾人高等教育高层次人才培养、特色与优势学科、高水平科学研究和特殊教育资源服务中心。

三、特殊教育资料类研究成果

（一）特殊教育法律法规和政策领域

自 2006 年以来，特殊教育领域陆续发布的众多指导特殊教育事业发展的相关法律法规、政策文件等，为特殊教育学学科发展提供了法律和政策依据，为进一步澄清特殊教育学的研究对象和学科性质、完善特殊教育学学科体系等打下了基础。这些法律政策文件的出台，也是特殊教育学学科获得良性发展的有力证明，是无数研究者和实践工作者共同努力的结果。

在法律法规方面，2006 年 6 月 29 日，第十届全国人民代表大会常务委员会第二十二次会议修订、2006 年 9 月 1 日施行的《中华人民共和国义务教育法》第十九条规定："县级以上地方人民政府根据需要设置相应的实施特殊教育的学校（班），对视力残疾、听力语言残疾、智力残疾的适龄儿童、少年实施义务教育。特殊教育学校（班）应当具备适应残疾儿童、少年学习、康复、生活特点的场所和设施。普通学校应当接收具有接受普通教育能力的残疾适龄儿童、少年随班就读，并为其学习、康复提供帮助。"2008 年 4 月 24 日，第十一届全国人大常委会第二次会议修订通过、2008 年 7 月 1 日施行的《中华人民共和国残疾人保障法》特别提出"残疾人教育，实行普及与提高相结合、以普及为重点的方针，保障义务教育，着重发展职业教育，积极开展学前教育，逐步发展高级中等以上教育”。这两个法律文件对残疾儿童特殊学校教育发展、随班就读发展、特殊教育体系的完善发展提供了法律支持。

2017年1月11日，国务院第161次常务会议修订通过《中华人民共和国残疾人教育条例》。它从残疾人教育的发展目标和理念、入学安排、教学规范、教师队伍建设以及保障和支持等方面修改、完善了相关制度。调整了残疾人教育事业发展的目标和理念。规定发展残疾人教育事业应当保障义务教育，着重发展职业教育，积极开展学前教育，逐步发展高级中等以上教育。提出残疾人教育应当提高教育质量，积极推进融合教育，优先采取普通教育方式。完善了残疾人入学安排。规定统筹安排特殊教育资源，残疾儿童少年按照其接受教育的能力就近进入普通学校、特殊教育学校接受义务教育；对于不能到学校就读的，通过提供送教上门或者远程教育等方式实施义务教育。强调扩大职业教育、学前教育招生规模，为残疾人接受非义务教育提供更多机会。强化了对教育教学的规范，规定在义务教育阶段，招收残疾学生的普通学校应当将残疾学生合理编入班级，安排专门从事残疾人教育的教师或者经验丰富的教师承担教育教学工作。指出残疾人职业教育以提高就业能力为主，培养技术技能人才，并加强对残疾学生的就业指导。加强了教师队伍建设方面的内容。规定了特殊教育教师任职的特殊要求，并要求合理配置教师，提高特殊教育教师和其他从事特殊教育的相关专业人员待遇。要求政府加强对残疾人教育的保障和支持，按照有关规定安排残疾人教育经费，并将所需经费纳入本级政府预算，残疾人就业保障金可以按规定用于特殊教育学校开展职业教育。强调学校按照国家有关规定对经济困难的残疾学生减免学费和其他费用，并优先给予补助。其中，最值得关注的是第三条：“残疾人教育是国家教育事业的组成部分。发展残疾人教育事业，实行普及与提高相结合、以普及为重点的方针，保障义务教育，着重发展职业教育，积极开展学前教育，逐步发展高级中等以上教育。残疾人教育应当提高教育质量，积极推进融合教育，根据残疾人的残疾类别和接受能力，采取普通教育方式或者特殊教育方式，优先采取普通教育方式。”积极推进融合教育是从顶层设计上对完善我国特殊教育体系的有力支持。研究者在探讨特殊教育学学科发展的时候需要从更广义的特殊教育对象范畴来确立特殊教育理念，关注特殊教育和普通教育的关系，为确立特殊教育的独特性和包容性提供方向。

在政策方面，我国政府在“十一五”“十二五”“十三五”期间均针对残疾人教育提出指导性要求，支持大力发展残疾人事业，这为特殊教育学学科发展提供了动力。国家领导人在多种场合对特殊教育发展提出了发展建议。2007 年 10 月 15 日，中国共产党第十七次代表大会在北京召开，胡锦涛做了《高举中国特色社会主义伟大旗帜，为夺取全面建设小康社会新胜利而奋斗》的报告。报告把“优先发展教育，建设人力资源强国”作为以改善民生为重点的社会建设的重要内容和任务，强调教育公平是社会公平的重要基础，并提出要关心特殊教育。2008 年 3 月 28 日，中共中央、国务院发布了《中共中央、国务院关于促进残疾人事业发展的意见》，再次重申关心残疾人是社会文明进步的重要标志，残疾人事业是中国特色社会主义事业的重要组成部分。文件的第四部分“促进残疾人全面发展中”专门提出发展残疾人教育，鼓励从事特殊教育，加强师资队伍建设，提高特殊教育质量；完善残疾学生的助学政策，保障残疾学生和残疾人家庭子女免费接受义务教育；发展残疾儿童学前康复教育，加快发展高中阶段特殊教育，鼓励和支持普通高等学校开办特殊教育专业；逐步解决重度肢体残疾、重度智力残疾、失明、失聪、脑瘫、孤独症等残疾儿童少年的教育问题，采取多种措施扫除残疾青壮年文盲；积极开展残疾人职业教育培训，有条件的地方实行对残疾人就读中等职业学校给予学费减免等优惠政策；支持师范院校培养特殊教育师资；实施中西部地区特殊教育学校建设工程，落实特殊教育学校教师特殊岗位津贴政策；各级各类学校在招生、入学等方面不得歧视残疾学生。2009年5月11日，第四次全国特殊教育工作会议在北京召开。国务院办公厅转发的教育部等八部门《关于进一步加快特殊教育事业发展的意见》，明确了当前和今后一个时期我国特殊教育事业发展的总体目标和主要任务，即以残疾儿童少年义务教育和残疾人职业教育为重点，不断完善残疾人教育体系；全面提高残疾儿童少年义务教育普及水平，加快发展以职业教育为主的残疾人高中阶段教育，加快推进残疾人高等教育发展，因地制宜发展残疾儿童学前教育，大力开展面向成年残疾人的职业教育培训，采取各种措施，扫除残疾青壮年文盲；全面提高残疾儿童少年义务教育普及水平，不断完善残疾人教育体系；完善特殊教育经费保障机制，提高特殊教育保障水平；加强特殊教育的针对性，提高残疾学生的综合素质；加强特殊教育师资队伍建设，提高教师专业化水平；强化政府职能，全社会共同推进特殊教育事业发展。2016年2月19日，教育部办公厅印发《普通学校特殊教育资源教室建设指南》，从功能作用、基本布局、场地环境、区域布置、配备目录、资源教师、管理规范方面规范特殊教育资源教室的设置。2018年7月19日，教育部等四部门通过《关于加快发展残疾人职业教育的若干意见》，提出大力发展残疾人中等职业教育，让完成义务教育且有意愿的残疾人都能接受合适的中等职业教育。职业院校要通过随班就读、专门编班等形式，逐步扩大招收残疾学生的规模，不得以任何理由拒绝接收符合规定录取标准的残疾学生入学。现有的残疾人职业院校要根据需求不断完善残疾人职业教育的专业设置，有针对性地开设适合残疾人学习的专业，加快发展残疾人高等职业教育。鼓励职业院校与现有独立设置的特殊教育机构合作办学，联合招生，学分互认，课程互选，共同培养残疾学生。

2010年,《国家中长期教育改革和发展规划纲要(2010—2020年)》首次将特殊教育作为独立篇章进行系统发展规划。2014年,教育部、发展改革委、民政部、财政部、人力资源社会保障部、卫生计生委和中国残疾人联合会为贯彻落实党的十八大和十八届二中、三中全会精神,深入实施《国家中长期教育改革和发展规划纲要(2010—2020年)》,加快推进特殊教育发展,大力提升特殊教育水平,切实保障残疾人受教育权利,特制定《特殊教育提升计划(2014—2016年)》。总目标为全面推进全纳教育,经过三年努力,初步建立布局合理、学段衔接、普职融通、医教结合的特殊教育体系,办学条件和教育质量进一步提升。该文件提出,到2016年,视力、听力、智力残疾儿童少年义务教育入学率达到90%以上,其他残疾人受教育机会明显增加的目标。2014年,国务院办公厅召开全国特殊教育工作电视电话会议,启动实施教育部等七部门联合制定的《特殊教育提升计划(2014—2016年)》。中共中央政治局常委、国务院总理李克强专门做出重要批示,指出办好特殊教育对保障残疾人平等参与、增加残疾人家庭福祉、促进社会公平正义具有十分重要的意义,也是教育现代化的重要内容。各级政府要高度重视,带着深厚感情,履行职责,特教特办,认真实施好特殊教育提升计划,让残疾儿童与其他所有人一样,同在蓝天下,共同接受良好的教育。2017年7月,教育部联合中国残疾人联合会等七部门颁布了《第二期特殊教育提升计划(2017—2020年)》,提出目标为到2020年,各级各类特殊教育普及水平全面提高,残疾儿童少年义务教育入学率达到95%以上,非义务教育阶段特殊教育规模显著扩大,特殊教育学校、普通学校随班就读和送教上门的运行保障能力全面增强,教育质量全面提升,建立一支数量充足、结构合理、素质优良、富有爱心的特殊教育教师队伍,特殊教育学校国家课程教材体系基本建成,普通学校随班就读质量整体提高。完成这一目标需从提高残疾儿童少年义务教育普及水平，加快发展非义务教育阶段特殊教育，健全特殊教育经费投入机制，健全特殊教育专业支撑体系，加强特殊教育教师专业化队伍建设，大力推进特殊教育课程教学改革六个方面推进实施。《国家中长期教育改革和发展规划纲要(2010—2020年)》《特殊教育提升计划(2014—2016年)》和《第二期特殊教育提升计划(2017—2020年)》是深化我国特殊教育发展的重要文件，极大地活跃了特殊教育研究领域，激发了学者在特殊教育专业发展、特殊教育课程、随班就读、医教结合等热点领域的热烈讨论，丰富了特殊教育学学科发展理论。

(二)特殊教育行业标准领域

近年来，特殊教育快速发展。《特殊教育教师专业标准(试行)》和《特殊学校义务教育课程标准》的颁布，为特殊教育学学科发展提供有力支撑。

2007年，教育部颁布了《盲校义务教育课程设置实验方案》《聋校义务教育课程设置实验方案》《培智学校义务教育课程设置实验方案》。《盲校义务教育课程设置实验方案》指出，在课程设置时，低、中年级阶段以综合课程为主；高年级阶段设置分科与综合相结合的课程，开设思想品德(低年级开设品德与生活，中年级开设品德与社会，高年级开设思想品德)，语文，数学，外语(三年级开始)，体育与健康，艺术(或分科选择音乐、美工)，科学(高年级或分科选择生物、物理、化学)，历史与社会(或分科选择历史、地理)，康复(低年级开设综合康复；低、中年级开设定向行走；中、高年级开设社会适应)、信息技术应用、综合实践活动等课程。《聋校义务教育课程设置实验方案》指出，课程设置坚持均衡性与特殊性相结合的原则，按照聋生身心发展规律，积极开发潜能，补偿缺陷，增设具有聋教育特点的课程，注重发展聋生的语言和交往能力；坚持综合课程和分科课程相结合，各门课程都应重视学科知识、社会生活和聋生自身经验的整合，加强学科渗透。小学阶段(1～6 年级)以综合课程为主，初中阶段(7～9 年级)设置分科与综合相结合的课程。一至三年级设置品德与生活，四至六年级设置品德与社会，旨在适应聋生生活范围逐步扩大、经验不断丰富、社会融合能力逐步发展的需要；四至九年级设置科学课，旨在使聋生从生活经验出发，体验探究过程，学习科学方法；一至三年级设置生活指导课，四至六年级设置劳动技术课，七至九年级设置职业技术课，旨在通过生活实践、劳动实践和职业技术训练，帮助聋生逐步形成生活自理能力、劳动能力和就业能力。增设沟通与交往和综合实践活动课程，其内容主要包括感觉训练、口语训练、手语训练、书面语训练及其他沟通方式和沟通技巧的学习与训练，旨在帮助聋生掌握多元的沟通交往技能与方式，促进聋生语言和交往能力的发展。《培智学校义务教育课程设置实验方案》指出，课程设置的原则是一般性与选择性相结合，分科课程与综合课程相结合，生活适应与潜能开发相结合，教育与康复相结合，传承借鉴与发展创新相结合，规定性与自主性相结合。一般性课程为必修课，设置七类科目：生活语文、生活数学、生活适应、劳动技能、唱游与律动、绘画与手工、运动与保健。选择性课程是学校根据当地的区域环境、学校特点、学生的潜能开发需要而设计的可供学生选择的课程，有五类科目，课时可弹性安排，包括信息技术、康复训练、第二语言、艺术休闲、校本课程等。这三个特殊学校义务教育课程设置实验方案的发布，是特殊学科逐步走向深度发展的必经过程。

2015 年，教育部印发《特殊教育教师专业标准(试行)》，首次独立对特殊教育教师提出专业要求。该标准指出特殊教育教师是指在特殊教育学校、普通中小学幼儿园及其他机构中专门对残疾学生履行教育教学职责的专业人员，要经过严格的培养与培训，具有良好的职业道德，掌握系统的专业知识和专业技能。该标准包括师德为先、学生为本、能力为重、终身学习四项基本理念，专业理念与师德、专业知识、专业能力三大基本内容。该标准要求特殊教育教师要关爱学生，将保护学生生命安全放在首位，重视学生的身心健康发展；平等对待每一位学生，尊重学生人格尊严，维护学生合法权益；理解残疾是人类多样性的一种表现，尊重个体差异，主动了解和满足学生身心发展的特殊需要；引导学生正确认识和对待残疾，自尊自信，自强自立；了解学生身心发展的特殊性与普遍性规律，掌握学生残疾的类型、原因、程度和学生的发展水平、发展速度等方面的个体差异及教育的策略和方法等。该标准是国家对合格特殊教育教师的基本专业要求，是特殊教育教师实施教育教学行为的基本规范，是引领特殊教育教师专业发展的基本准则，是特殊教育教师培养、准入、培训、考核等工作的重要依据。

2016 年，教育部正式发布了三类特殊教育学校课程标准，《盲校义务教育课程标准(2016 年版)》《聋校义务教育课程标准(2016 年版)》《培智学校义务教育课程标准(2016 年版)》。这是我国首次专门为残疾学生制定的一整套系统的学习标准。三类特殊教育学校课程标准共涉及 42 门学科，其中盲校 18 门，聋校 14 门，培智学校 10 门，包括课程性质、基本理念、课程目标、教学内容和实施建议等。三类特殊教育学校义务教育课程标准的制定主要坚持三个基本原则：一是坚持全面贯彻党的教育方针，落实立德树人根本要求，有机融入社会主义核心价值观，着力促进残疾学生全面发展；二是坚持一般性和特殊性相结合，妥善处理好特殊教育课程标准与普通学校课程标准的关系，既与普通学校课程标准相衔接，又充分体现特殊教育特点和独立性；三是坚持遵循残疾学生的身心特点和学习发展规律，充分考虑不同类型残疾学生的多重需要，突出残疾学生的潜能开发和功能补偿，着力促进残疾学生更好地融入社会。三类特殊教育学校课程标准是对我国多年来特殊教育发展和教育教学改革经验的集中总结，是对我国特殊教育学学科完善发展的进一步探索。自2001 年新课程改革以来，义务教育阶段特殊教育学校课程标准制定基本健全完善。这套课程标准作为当前及今后一个时期特殊教育教学改革的顶层设计，对进一步提升特殊教育质量、办好特殊教育、促进教育公平具有特殊的重要意义。

2018 年，中国残疾人联合会召开新闻发布会发布《国家通用手语常用词表》和《国家通用盲文方案》。两个文件作为语言文字规范，于 2018 年 7 月 1 日起实施。《国家通用手语常用词表》和《国家通用盲文方案》分别规定了通用手语常用词汇的规范动作和用盲文书写国家通用语言的规则，是国家通用语言的丰富和补充，是对听力残疾人和视力残疾人使用手语和盲文的语言权利的保障。

第三节　特殊教育学的学科载体

一门社会科学的学科建立需要什么样的条件？包括哪些要素？伊曼纽·华勒斯坦通过总结历史上社会科学的发展，提出学科的训练制度化与研究制度化是一系列学科得以成立及由它们构成的社会科学成为知识领域的重要步骤。由此可见，制度化是一门社会科学学科成立的基本过程与重要标志。学科制度化包括建立与发展大学中的学科组织、学科人才的培养体系、学科研究成果的发表平台和学科组织的学术共同体机构。我国特殊教育学学科的发展是建立在改革开放以来快速发展的特殊教育实践基础之上的。2005 年以后，我国特殊教育学学科的成长首先体现在学科制度化的建设上，发展了大学中的学科组织，构建了学科人才培养体系，扩大了学科研究成果发表平台，组建了更多学科学术共同体机构，这些都是特殊教育学学科发展的载体。大学中的特殊教育学学科组织和特殊教育学学科人才培养体系已在本章第一节进行介绍，本节主要介绍其他内容。

一、特殊教育学学科研究成果的发表平台越来越广

学科发展要求在各大学的学科研究组织之间有经常性、制度化的研究成果交流，学术期刊正是学科思想、理论、观点及研究成果交流的重要平台。特殊教育学学科的学术期刊是伴随着学科组织的出现、学科人才培养体系的构建而逐步发展的。2005年以来，随着我国特殊教育学术研究的不断深入和对学科制度化建设的重视，特殊教育学学科的学术期刊和相关期刊数量不断增多，产生了一批有代表性的、圈内公认的学术刊物。

在中国知网期刊数据库中以“主题＝特殊教育”并含“时间＝2005年以后”进行检索，获得《中国特殊教育》《现代特殊教育》《绥化学院学报》《教育研究》《华东师范大学学报(教育科学版)》《全球教育展望》《教育学报》《教育研究与实验》《华中师范大学学报(人文社会科学版)》《教育科学研究》《教师教育研究》等学术期刊中有关特殊教育的学术论文10487篇；进一步在中国知网期刊数据库中以“主题＝特殊教育”并含“时间＝2005年以后”进行检索，获得与特殊教育有关的学术论文8989篇。这是特殊教育学学科学术研究活动活跃的重要写照。

在中国知网期刊数据库中以“主题＝特殊教育”或含“主题＝特殊儿童心理”或含“主题＝孤独症(或自闭症)”进行检索，发现国内发表特殊教育有关学术研究成果的主要期刊包括《中国特殊教育》《现代特殊教育》等专门学术期刊，也包括《中国康复理论与实践》《残疾人研究》《中国残疾人》《中国听力语言康复杂志》《心理科学》《心理与行为研究》《中国健康心理学杂志》等有关学术刊物。除此之外，还有一批如《特殊教育》《现代特殊教育研究》《湖南特殊教育》等连续内部发行的特殊教育学术刊物，对推动我国特殊教育学学科的发展也发挥了重要作用。

（一）关于特殊教育研究的专门学术期刊

1.《中国特殊教育》

《中国特殊教育》创刊于1994年，由教育部主管，中央教育科学研究所主办。前身是《特殊儿童与师资研究》，1996年更名为《中国特殊教育》。该杂志是我国特殊教育领域唯一的高层次学术性刊物。它的创办填补了我国特殊儿童心理与教育领域无学术性刊物的空白，并且很快成为国内教育类核心期刊。对全国特殊儿童心理与教育研究的发展起到了导向和引领作用，同时也促进了与国际特殊儿童心理与教育领域的学术交流。经过多年的发展，该期刊现已是我国特殊教育界公开发行的全国哲学社会科学类核心刊物和全国中文类核心刊物，已经成为我国特殊教育领域公认的权威性期刊。其刊载的论文能够客观反映我国特殊教育的状况和学术研究的发展。

《中国特殊教育研究发展现状与问题——基于CNKI学术期刊2007－2016年特殊教育主题文献的可视化解读》(侯洁、张茂聪，2017)一文，利用中国学术期刊网络出版总库，使用中国知网高级检索功能，输入主题词——特殊教育，来源时间——2007—2016年，期刊来源类别——核心期刊、CSSCI，检索条件选择精确，共获得1280条文献记录，剔除其中包含的杂志征稿、会议预告、新闻、通知等非学术论文后，最终确定有效文献804篇。经过统计，这804篇文献数据来自中国知网收录的《中国特殊教育》《外国教育研究》《教育探索》等145种中文核心期刊和CSSCI来源期刊。其中，《中国特殊教育》刊文357篇，占本研究文献总数的44％。《中国特殊教育》也是目前我国特殊教育领域唯一的核心学术期刊。

《我国特殊教育发展现状的文献计量学分析——基于2003—2012年〈中国特殊教育〉载文》(蒋强、孙时进、李成彦，2013)一文根据文献计量学原理，以2003—2012年刊发的全部论文为对象，研究它们的时间分布、作者状况、内容变化以及被引用情况，梳理10年以来我国特殊教育事业发展的脉络，期望能有助于我国特殊教育事业的进一步发展。他们的研究发现，从地域分布情况看，特殊教育领域的研究成果分布情况如下：在华北地区，北京师范大学有271篇，中国教育科学研究院有108篇，北京联合大学有93篇；在华东地区，华东师范大学有223篇，南京特殊教育职业技术学院有115篇；在西北地区，陕西师范大学有50篇；在西南地区，西南大学有69篇，重庆师范大学有55篇；在华中地区，华中师范大学有49篇；在华南地区，华南师范大学有46篇。这些院校已经成为我国特殊教育研究的重要力量，其主要原因在于这些院校开设有特殊教育专业或心理学和教育学专业，科研机构中有专职研究人员。另外，北京市宣武培智中心学校、深圳市元平特殊教育学校、浙江省衢州市聋哑学校这三所特殊教育学校发表论文的数量都在10篇以上，它们以自己的实践研究证明了自身在我国特殊教育研究中占据一席之地。2003—2012年，特殊教育研究在保持内容相对稳定的同时，也不断拓展一些新的研究领域。与2003—2005年比较，2010—2012年，除了智障方面的论文数量有下降以外，视障、听障、学习障碍、自闭症、教育和教师等方面的文献数量保持基本稳定，心理健康方面的文献数量大幅增加。在研究方法方面，研究者进行理论探讨的同时，也进行了大量实证研究和行为干预实验。与2003—2005年比较，2010—2012年，理论论文数量下降了，采用实验法和问卷调查法的论文数量增加了。研究者们越来越多地开展实证研究，顺应当今教育学和心理学的发展趋势。该研究还得出，《中国特殊教育》的高被引用次数，是其他特殊教育期刊无法相比的。从这些统计结果可以看出，《中国特殊教育》是我国特殊教育拥有读者最多和影响最大的一种期刊，在相当大的程度上影响和代表着我国特殊教育发展情况及今后发展趋势。

《我国特殊教育的知识图谱分析——基于2000－2013年〈中国特

殊教育〉刊文》(张艳琼、张伟锋，2014)一文，利用科学知识图谱分析工具 CiteSpace 软件对 2000－2013 年《中国特殊教育》的来源文献及引文进行可视化分析。该文章验证了蒋强、孙时进和李成彦文中的研究成果地域和机构分布，还在近 14 年我国特殊教育高水平研究领域的研究主体、研究热点、研究前沿和知识基础等方面得出了一些客观的研究结论：第一，通过绘制相关研究主体知识图谱，得出近 14 年我国特殊教育学高水平研究领域的高发文作者、高被引作者及主要研究机构；第二，从高频关键词和关键词共现聚类两个角度分析得出我国特殊教育主要的研究热点，如特殊教育体系与模式、特殊教育课程与教学、特殊人群心理健康等；第三，基于突变探测分析得出我国特殊教育的重要研究前沿之一是积极心理健康教育；第四，通过高被引文献分析得出我国特殊教育领域的知识基础，主要是汤盛钦、朴永馨、陈云英、方俊明、张福娟、张宁生等编著的图书，以及孟万金、韦小满、肖非等人发表的论文，这些是我国特殊教育的研究基石和重要支柱。

《我国特殊教育学学科被引半衰期分析——基于文献计量学视角》(张艳琼，2016)一文，以中国知网知识资源总库为数据来源库，以特殊教育学为研究对象，全面系统地分析了特殊教育学学科的被引半衰期以及与其他学科的引用情况，探究我国特殊教育学学科文献的增长、老化规律以及文献的影响力，以期研究我国特殊教育学学科的内在规律。她的研究发现，《中国特殊教育》被引频次不仅逐年增长，而且占整个特殊教育学学科总频次的近 50％。这一比例足以证明《中国特殊教育》上的论文被广大特殊教育学者专家高度关注、高度利用，在我国特殊教育研究领域有重要地位。从研究结果来看，2008—2012 年《中国特殊教育》被引半衰期逐年增长，而且比整个特殊教育学学科的被引半衰期要长。在考察2008—2012 年的情况变化后，我们发现，两者的差距逐年加大，其中，相差最少的是 2008

年，仅高出0.2年；相差最大是2012年，高出1.09年。这些数据表明以下几点。第一，近年来，《中国特殊教育》刊载的特殊教育学学科的文献质量逐步提高，文献老化的速度越来越慢。第二，《中国特殊教育》刊载的学科文献要比整个学科的生命周期长，文献老化的速度更慢。第三，特殊教育学学科整体每年的发文量出现较大的增幅，但整体文献质量有待提高。原因可能在于虽然广大特殊教育工作者的科研意识有所增强，撰写的论文数量逐渐增多，但论文质量良莠不齐，特别是发表在非专业期刊上的论文很少得到同行的引用与关注。

《中国特殊教育》作为特殊教育领域的核心期刊，具有自己独特的风格，所收录的科研成果具有继承性和连续性较强、学科交叉渗透较全面、能较充分利用国外相关领域研究成果等特点，但是其某些指标(如平均引文率、时间自引率等)与国外水平还有一定差距。《中国特殊教育》应倡导研究者努力培养个人的情报意识和前沿意识，提高对信息的获取与利用能力，以取得更多、更辉煌的研究成果，从而更好地发挥《中国特殊教育》期刊这个平台的作用。

2.《现代特殊教育》

《现代特殊教育》是一本面向残疾青少年教育的综合性学术期刊，创办于1992年，由原国家教育委员会、中国残疾人联合会委托原江苏省教育委员会主办，现为江苏省教育厅主管，江苏教育报刊总社主办，是目前为数极少的全国性特殊教育专业期刊之一。《现代特殊教育》自创办以来，坚守公益性质，坚持面向特殊教育这一小众群体，始终全心全意为全国各级各类特殊教育学校服务，为残疾人康复机构的教师和管理人员服务，为大、中专院校特殊教育专业的教师和学生服务，走出了一条可持续发展的道路。

这些年来，《现代特殊教育》一直坚持贴近全国特殊教育基层单位实际，充分发挥主流舆论在促进特殊教育科学发展方面的引领作用，致力于传播科学理念，为基层特殊教育工作者了解和学习先进的特殊教育思想、观念、理论和方法提供了大量的信息和有力的帮助。《现代特殊教育》切实开展对全国各级各类特殊教育学校的服务，对加强城市学校与农村学校之间、发达地区学校与经济相对薄弱地区学校之间、管理者与管理者之间、教师与教师之间的交流与合作发挥了重要的作用。由于多年来在及时提供国家特殊教育方面的方针政策、推动特殊教育教学研究、促进科研兴教等方面发挥了重要作用，《现代特殊教育》已经成为基层特殊教育学校和随班就读普通学校教师业务学习的必备资料，成为深受广大特殊教育工作者欢迎的良师益友。

党的十八大以来，在新形势下，《现代特殊教育》针对特殊教育的特点，调整办刊思路，拓展服务范围，丰富办刊途径，不断积极作为：第一，拓展稿源，提升办刊质量；第二，拓展服务途径，争取多方支持；第三，瞄准特殊教育事业发展前沿，提升刊物竞争力。在“特殊”二字上下功夫、做文章，使《现代特殊教育》获得了源源不断的内动力，生命力明显增强，影响力不断提升：发行量近年来稳步上升，目前期发行量已达6000多份，在全国公开发行的特殊教育类专业期刊中位居第一；经济效益明显增长，首次打破多年亏损的局面，开始盈利；社会效益也显著增强，被中国学术期刊（光盘版）数据库群、中国核心期刊（遴选）数据库、中文科技期刊数据库全文收录，在维普、中国知网、万方数据等期刊电子版主站上的点击率逐年上升；主编、副主编以及责任编辑多次应邀参加国内外特殊教育工作会议和交流研讨等活动。《现代特殊教育》在特殊教育领域具有越来越大的影响力和美誉度，成为特殊教育界公认的主流权威媒体。

（二）关于特殊教育研究的相关学术期刊

《中国特殊教育研究现状调查——基于CSSCI来源期刊论文的分

析》(谢娟、张婷，2014)一文，在2013年7月以中国学术期刊网络出版总库为数据来源，使用该数据库的期刊检索功能，在中文社会科学引文索引的全部学科领域内，以特殊教育为主题，精确检索了我国1949—2013年所有CSSCI来源期刊中的文献情况，共搜索到1276篇学术论文。该研究得出，刊发特殊教育论文的期刊多达20余种。除了《中国特殊教育》的740篇以外，下列期刊的载文较多，分别是《外国中小学教育》《外国教育研究》《上海教育科研》《比较教育研究》《全球教育展望》等。《中国教育学刊》《教育评论》等国内教育权威期刊对特殊教育也有关照。还有《比较教育研究》《教师教育研究》等部分教育综合类杂志收录了一些特殊教育方面的论文，但整体来看，数量并不多。另外，在特殊教育相关论文中尚未发现有发表于《社会科学研究》等综合类期刊的文章。四大心理学领域期刊中，也发表了不少特殊儿童心理研究的高质量论文，《心理科学进展》文献量较多，《心理学报》文献量较少。

除了教育类相关学术期刊以外，还有与特殊教育研究有关的高校学报，以及中国残疾人联合会系统的学术团体所办的学术刊物值得被重点介绍。

《绥化学院学报》是经国家新闻出版总署批准出版发行，由绥化学院主办，面向国内外公开发行的综合性学术期刊。该期刊被评为全国优秀学报，黑龙江省优秀期刊，中国首届《CAJ-CD规范》执行优秀期刊；被中国学术期刊(光盘版)、中国核心期刊(遴选)数据库、万方数据网络系统数字化期刊群、中文科技期刊数据库等多家数据库和检索刊物收录。该期刊为月刊，设有中国社会与经济发展研究、依法治国研究、马克思主义中国化、东北老工业基地研究、三农问题研究、文学研究、领域语言研究、民俗历史与文化艺术、新闻传播学研究、绥化经济与文化研究、应用型高校发展建设研究、图书情报与信息技术、自然科学与工程技术等常规栏目。该期刊突出地方大学学报学术性、地方性的特点，紧密结合学校学科专业发展和学术研究，着力打造中国经济社会与发展研究、绥化经济与文化研究等特色栏目，积极为社会经济发展建设和文化教育服务。2008开设的特殊教育研究专栏，是以特殊教育研究为主旨的专业学术栏目，专门刊发特殊教育实践与理论研究的学术文章。专栏开设以来，已得到特殊教育研究者的广泛关注，并在国内特殊教育界产生较大影响。目前，该期刊1、4、7、10期为特殊教育专刊，设有共同关注、全纳教育研究、听力障碍研究、智力障碍研究、自闭症研究、视力障碍研究、学习障碍研究、情绪与行为障碍研究、治疗与康复、观察与探讨等栏目。特殊教育专刊是东北三省及内蒙古地区唯一的特殊教育学术专刊，在特殊教育界影响较大。

《北京联合大学学报》创刊于1987年，1987—1992年为内部刊物，1993年经科技部和国家新闻出版总署批准后在国内外公开发行，为北京市教育委员会主管、北京联合大学主办的综合性学术理论刊物。2003年6月，《北京联合大学学报》分刊为人文社会科学版和自然科学版，分别是由北京联合大学主办的人文社会科学和自然科学综合类学术期刊。学报贯彻理论联系实际、为社会主义建设服务的原则，提倡和鼓励综合学科、交叉学科的研究，特别是应用理论学科的研究，主要刊登学校有关学科领域中有较高学术水平或应用价值、有所创新的学术论文、科研报告，国内外学术领域中新动向、新技术、新理论的综述、评介，学校科研成果、学术活动的报道等。学报追踪学术前沿、热点问题，现主要开设的栏目有北京学研究、政治文明建设、文·史·哲、经济·法制·社会、应用型大学研究、台湾研究、编辑出版研究、奥林匹克文化研究、民族与宗教问题研究、特殊教育研究、专题论坛。

《岭南师范学院学报》创刊于1980年，原名为《湛江师范学院学报》，后于2014年随湛江师范学院更名为岭南师范学院而采用现刊名。学报面向国内外公开发行，为综合版双月刊。《岭南师范学院学报》已加入中国学术期刊(光盘版)、中国期刊网、维普科技期刊网、万方数据等，为中国人文社会科学引文数据库来源期刊、《中国期刊全文数据库》全文收录期刊、中国学术期刊综合评价数据库统计源期刊、中文科技期刊数据库收录期刊。《岭南师范学院学报》致力于特色栏目建设。为积极促进我国特殊教育事业的改革与发展，支持学校在特殊教育领域的教学与研究，学报编辑部与教育科学学院联合决定，自2017年起在《岭南师范学院学报》开设特殊教育研究栏目，组织海内外有志于特殊教育事业者就特殊教育研究中的热点、难点、重点问题进行探讨，并刊发富于理论创新或实践价值的研究成果。

《中国康复理论与实践》是由中国残疾人康复协会、中国医师协会和中国康复研究中心主办的学术期刊，是《中文核心期刊要目总览》入编期刊、中国科学引文数据库来源期刊、中国学术期刊综合评价数据库统计源期刊、万方数据资源系统数字化期刊群和中国学术期刊(光盘版)全文收录期刊，主要报道康复领域的新理论、新技术、新方法，面向从事康复科研、临床、教学的工作者及与此密切相关的临床各科医师、大专院校师生等。办刊方针为理论与实践相结合，提高与普及相结合，积极倡导百花齐放、百家争鸣，以宣传全面康复为宗旨，反映康复医学等方面的重大进展，促进学术交流。主要栏目有专题、基础研究、综述、临床研究、临床观察、康复评定、康复工程、辅助技术、社区康复、社会康复、心理康复、康复护理、康复管理、康复教育、职业康复、言语康复、文体康复、康复技术、传统医学康复、经验交复内容。截至目前，该期刊已累计报道了以特殊教育、特殊儿童心理等为主题的学术论文数百篇。

《残疾人研究》于2011年经国家新闻出版总署批准正式创刊，由中国残疾人联合会主管，包括理论研究、实践探讨、专题研究、政策解读、调查统计等。该期刊为残疾人研究领域唯一的国家级社科类学术期刊，已被CSSCI扩展版收录，成为我国残疾人事业理论与实践研究的重要平台。《残疾人研究》坚持关注民生、关心困者、关爱残障的办刊原则，追求思想性、学术性、原创性的学术品格；除关注残疾人事业的理论基础、学术前沿和实践探索等相关研究外，还着重分享各地残疾人联合会在残疾人相关工作领域中的宝贵经验。该期刊及时发布国内外知名专家学者的最新研究成果和一线工作者的心得体会，得到了业界人士的广泛认同。

《中国听力语言康复科学杂志》是由中国残疾人联合会主管、中国听力语言康复研究中心主办的双月刊，是我国听力语言康复领域中唯一的国家级学术期刊。该期刊以传播听力语言康复科学的新理念、新技术、新方法为宗旨，为行业提供全面的科技动态，为听力语言康复事业搭建良好的信息平台。该期刊内容涵盖听力语言康复科学的多个领域，设有专家笔谈、基础研究、临床研究、康复教育、综述、新技术与新进展、个案研究等栏目。同时，该期刊结合行业发展新形势，聚焦同行关注热点，约请行业内知名专家担任执行主编，策划不同重点号专题，受到业内专家、学者的一致好评。《中国听力语言康复科学杂志》先后成为中国核心期刊（遴选）数据库期刊、中国学术期刊综合评价数据库统计源期刊、中国期刊全文数据库全文收录期刊、中文生物医学期刊文献数据库收录期刊、中国科技论文统计源期刊收录期刊。

《中国残疾人》是中国残疾人联合会会刊。该期刊是以弘扬人道主义、为残疾人和残疾人事业服务、国内外公开发行的综合性月刊。该期刊的主要内容包括透视有关残疾人的社会问题，介绍国家和政府部门有关法规和政策；记录残疾人事业发展历程，指导基层残疾人联合会工作，介绍海外残疾人事业和残疾人生活，为残疾人提供康复、教育、就业、生活等方面的信息服务，维护残疾人的合法权益，并为残疾人文学创作提供园地。主要栏目有事业纵览、专题、要闻、各地、记者行动、圆桌纪事、今昔、文苑。

此外，在中国知网收录的数千种期刊中，《中国儿童保健杂志》《中国实用儿科杂志》《中国心理卫生杂志》《中国临床心理学杂志》《现代预防医学》等核心期刊也刊登了不少关于孤独症研究、特殊儿童康复、情绪行为等方面的研究论文。

（三）关于特殊教育研究的内部学术刊物

各地特殊教育有关机构根据当地特殊教育的发展情况创办一些内部学术刊物，并且连续内部发行至今。这些刊物在指导当地特殊教育发展的过程中都发挥了很大的作用，也对我国特殊教育的学术研究起到了重要推动作用。例如，南京特殊教育师范学校的《南京特教学院学报》、营口职业技术学院的《特殊教育》、厦门市特殊教育康复研究中心的《现代特教研究》、湖南长沙职业技术学院的《湖南特殊教育》等。

南京特殊教育师范学校（现为南京特殊教育师范学院）于 1988 年创办了《南京特教学院学报》（曾用刊名：《南京特师学报》《南京特教师范学报》）。为搭建学术平台，促进学术研究，更好地为特殊教育和残疾人事业服务，2014 年 6 月 30 日，南京特殊教育师范学院与江苏省教育报刊社签订协议，合作主办《现代特殊教育》，分设综合和高教两个版。南京特殊教育师范学院负责主办《现代特殊教育》（高教版）。双方各自成立编辑部，负责各自的编辑、出版与发行等工作。《现代特殊教育》（高教版）包括特殊教育理论研究、教师教育研究、特殊儿童发展研究、教育与康复、课程与教学、高等特殊教育研究、融合教育、特殊教育比较研究、特稿、学术争鸣、专题研究等栏目，现已成为中国高等教育学会特殊教育研究会会刊。

《特殊教育》始创于 1988 年，是由辽宁省教育厅主管、辽宁省特殊教育师范学校（现为营口职业技术学院）承办的国内创刊最早的特殊教育刊物。《特殊教育》的办刊宗旨是宣传党和国家关于特殊教育的方针政策，交流特殊教育工作经验，介绍国内外特殊教育理论与信息，开展对特殊教育理论与实践的探讨和普及特殊教育基础知识，为特殊教育的改革与发展服务，为建立中国特色的特殊教育、教学体系服务。《特殊教育》具有其独特的特点。一是观点鲜明，反映特殊教育改革精神，指导帮助特殊教育工作者进一步明确掌握特殊教育改革方向，深入了解领悟特殊教育改革要求，帮助他们更好地开展特殊教育改革，做好特殊教育工作，促进特殊教育发展，提高特殊教育质量。二是内容丰富，可读性、实用性较强。该期刊以基层学校领导和教师的文章为主体，是他们实际工作的反映和亲身感受体验。文章通俗易懂，材料实实在在，做法或经验实际实用，内容涉及教学与管理的方方面面。三是文章简短，拥有较大的信息量。该期刊在栏目设置上一改以往的固定化模式，切实体现为投稿人服务的理念，根据所需灵活设置，每期设有 14～16 个专栏。

《现代特教研究》于 2005 年由中国教育学会特殊教育分会聋教育专业委员会创办，由陈军任主编；2009—2015 年为中国教育学会特殊教育分会会刊，继续由陈军任主编；2016 年起改为由厦门市特殊教育康复研究中心和厦门市心欣幼儿园主办，仍然由陈军主编。该期刊以刊登一线教师文章为主，侧重于经验总结、教学随笔、案例研究。

《湖南特殊教育》自 2013 年复刊以来，在长沙职业技术学院的领导下，坚持正确的办刊方向，严把意识形态和舆论导向，弘扬特殊教育理念，传播特殊教育先进经验，成为全国广大特殊教育工作者交流教学经验、探讨特殊教育理论、反映教改动态的学术平台，是中南五省唯一的特殊教育内部学术刊物，受到全国特殊教育界专家和学者的高度赞扬和好评，对促进特殊教育事业的发展发挥了积极作用，得到了全国特殊教育学校和特殊教育专家的高度好评。

此外，还有《上海特教》《山东特教》《浙江特教通讯》《特教天地》

《苏州特教研究》等特殊教育内刊，在推动特殊教育学术研究方面发挥了积极作用。

二、特殊教育学学科学术共同体机构的发展

作为进行学术交流的学术共同体组织机构，学会同样是学科研究制度化不可或缺的。2005年以来，在我国特殊教育有关领域积极开展学术交流、对特殊教育学学科发展起积极推动作用的学术组织机构主要有中国高等教育学会特殊教育研究分会、中国教育学会特殊教育分会，以及中国残疾人康复协会、中国心理卫生协会残疾人心理卫生分会、中国教育技术协会教育康复专业委员会等其他与特殊教育有关的学术组织机构。

（一）中国高等教育学会特殊教育研究分会

中国高等教育学会特殊教育研究分会是中国高等特殊教育领域专门的群众性学术团体，成员包括残疾人高等教育工作者和为残疾人事业培养专业人员的各类高等教育工作者。该研究分会于2001年开始筹建，于2001年在北京联合大学特殊教育学院、2002年在华东师范大学学前教育与特殊教育学院、2003年在长春大学特殊教育学院、2003年在南京特殊教育职业技术学院、2004年在天津理工大学聋人工学院召开筹建会议，讨论推进中国高等教育学会特殊教育研究分会的筹备建设情况，并举办不同主题的学术研讨会，如残疾人高等职业教育（2003年，长春），特殊教育高等师范（2003年，南京），残疾人高等特殊教育和高等特殊教育专业的教师培养问题（2004年，天津）。

2005年以后，中国高等教育学会特殊教育研究分会的发展历程主要如下。2005年7月29日，经中华人民共和国民政部（民社登〔2005〕第392号）批准，正式成立中国高等教育学会特殊教育研究分会。2005年10月，在河南郑州中州大学（现郑州工程技术学院）召开中国高等教育学会特殊教育研究分会成立大会暨2005年学术年会，

选举产生了中国高等教育学会特殊教育研究分会第一届理事会和常务理事，正、副理事长，正、副秘书长。理事长由朴永馨担任；秘书长由曲学利担任，后由滕祥东接任。

学术年会内容涉及讨论建立高等特殊教育的有关理论与实践问题，研讨如何提高高等特殊教育办学层次(包括残疾人教育)、残疾人高等教育中教育技术的应用问题、中国特殊教育师资培养的历史研究及其他内容。

2006 年 8 月，中国高等教育学会特殊教育研究分会和中国教育学会特殊教育分会在北京师范大学联合召开年会。本次会议是中国特殊教育历史上第一次基础特殊教育与高等特殊教育联合召开的年会，具有特殊意义。2007 年 9 月，中国高等教育学会特殊教育研究分会在长春大学特殊教育学院召开年会，主题是“中国高等特殊教育二十年回顾与展望”。2008 年 11 月，中国高等教育学会特殊教育研究分会在山东烟台滨州医学院召开年会，主题内容有：残疾人高等教育中的融合教育与社会和谐发展、特殊教育师范专业人才培养模式、教师教育。2010 年 11 月，中国高等教育学会特殊教育研究分会在重庆师范大学召开年会，主题是“专业、支持、和谐”。2011 年 11 月，中国高等教育学会特殊教育研究分会在北京联合大学特殊教育学院召开换届大会暨 2011 年学术年会，主题是“融合、质量、创新”。会议选举产生了中国高等教育学会特殊教育研究分会第二届理事会和常务理事，正、副理事长，正、副秘书长；决定由朴永馨担任名誉理事长，方俊明接任理事长，滕祥东继任秘书长。2012 年 9 月，中国高等教育学会特殊教育研究分会在陕西师范大学教育学院召开年会，主题内容有：特殊教育师资的培养问题，省级特殊教育培训基地建设的研究，残疾人高等教育问题研究，普通高等学校残疾人融合教育问题研究。2013 年 11 月，中国高等教育学会特殊教育研究分会在华中师范大学教育学院召开年会，主题内容有：特殊教育学科与课程建设，特殊教育师资的培养问题，高等特殊教育的国际比较及我国残疾人高等教育发展。2014年11月，中国高等教育学会特殊教育研究分会在泉州师范学院召开年会，主题是“公平 融合 改革 提升”。2015年11月，中国高等教育学会特殊教育研究分会在南京特殊教育师范学院召开年会，主题是“支持保障 改革创新 提升质量”。2016年11月，中国高等教育学会特殊教育研究分会在天津体育学院召开年会，主题是“形成学界共识 深化特教改革 促进内涵发展”。2017年11月，中国高等教育学会特殊教育研究分会在浙江特殊教育职业学院召开年会，主题是“深化改革，融合创新”。

年会的召开紧紧围绕着社会发展的需求，明确特殊教育学学科建设和残疾人高等教育服务社会的方针，规范特殊教育学的学科建设，推进了学科概念逻辑体系、学科性质、学科构建等方面内容的进一步研究与学术交流。特殊教育学学科建设任重而道远，也是历年学术年会的重要话题。在这个时期，我国特殊教育学作为一门新兴的学科逐渐走向成熟。作为一个较新的学科，虽然特殊教育的发展面临着各种问题和困境，但是特殊教育工作者要为实现特殊教育的中国梦而共同努力。正如朴永馨所言，特殊教育的发展要博采众长，勇于创新。在当前改革开放鲜明的特色下，中国特殊教育发展要具有中国特色，要正确认识特殊教育的任务和目标，正确认识发挥潜能和补偿的辩证关系，确定发展的途径和事业学科发展的方向。

（二）中国教育学会特殊教育分会

创建于1982年10月的中国教育学会特殊教育分会是研究特殊教育的全国性、群众性学术团体，主要开展基础特殊教育领域的理论研究与交流活动。中国教育学会特殊教育分会现分设视障教育学术委员会、听障教育学术委员会、智力与发展性障碍教育学术委员会、信息技术与职业教育学术委员会、教师培训与课程改革学术委员会、艺术与体育教育学术委员会。秘书处设在北京联合大学特殊教育学院。自创建以来，尤其自2005年以来，中国教育学会特殊教育分会始终坚持以为特殊教育改革和发展服务，为繁荣特殊教育科学服务，为第一线教师和教育工作者服务，当好教育行政部门的助手和参谋为宗旨；充分发挥群众性学术团体的优势，积极开展学术研讨、教学研究与实验、师资培训、论文评比、对外交流等活动。该组织为推动群众性教育科研的开展、促进我国特殊教育事业的发展做出了一定的贡献，2004年、2009年两次被评选为“中国教育学会先进集体”。

（三）与特殊教育有关的其他学术组织机构

1. 中国残疾人康复协会

中国残疾人康复协会由中国残疾人联合会直接领导，并接受民政部社团登记管理机关的业务指导和监督管理。协会是由与残疾人全面康复（包括医疗康复、教育康复、职业康复、社会康复和康复工程）有关的各学科、各专业的专家和专业人员自愿参加的全国性学术团体，为非营利性社会组织，是中国残疾人联合会联系广大专家和专业技术人员的桥梁和纽带，是发展我国残疾人康复事业的重要技术力量。协会坚持学术研究与康复实践紧密结合的方向，坚持协会工作与残疾人康复工作互动的运作机制，坚持全面康复的理念，推动康复学术研究，促进康复事业发展，探索具有中国特色的残疾人康复道路，全心全意为残疾人服务。

协会的工作对象为视力残疾、听力残疾、言语残疾、肢体残疾、智力残疾、精神残疾、多重残疾和其他残疾的人。研究范围为残疾预防、残疾治疗和康复。康复包括医疗康复、教育康复、职业康复和社会康复。其任务为：第一，团结社会各方面的专家和专业人员，开展康复学术活动和康复技术研究，进行各类康复专业人才的培训，为残疾人服务，配合有关部门推动残疾人康复任务的完成；第二，为残疾人康复事业的发展提供技术咨询服务，协助有关部门制定相关工作标准；第三，组织编写有关康复论著、专业培训教材和科普读物；第四，推广残疾人康复新理论和新技术，积极开展国内外学术交流；第五，广泛宣传残疾人康复工作的社会意义，普及康复知识和技术。

中国残疾人康复协会下设17个专业委员会，分别是视力残疾康复专业委员会、听力语言康复专业委员会、肢体残疾康复专业委员会、智力残疾康复专业委员会、精神残疾康复专业委员会、脊髓损伤康复专业委员会、小儿脑瘫康复专业委员会、无喉者康复专业委员会、神经伤残康复专业委员会、中医康复专业委员会、康复技术专业委员会、康复护理专业委员会、康复工程专业委员会、社区康复专业委员会、心理康复专业委员会、应用行为分析专业委员会、康复教育专业委员会；并主办《中国康复》《中国矫形外科》《中国康复理论与实践》三种学术期刊。

2. 中国心理卫生协会残疾人心理卫生分会

中国心理卫生协会残疾人心理卫生分会是在中国心理卫生协会领导下的广泛团结与残疾人心理卫生(包括从事视力残疾人、听力语言残疾人、肢体残疾人、智力残疾人、精神残疾人等残疾人的心理、医疗、康复、教育、职业训练、福利和各种防残助残工作)有关的各学科、各专业和各组织的群众性学术团体。该分会根据中国心理卫生协会章程精神，团结与广大残疾人心理有关的各学科工作者，坚持全面康复的观点，推动学术研究，探索具有中国特色的缺陷心理学，促进残疾人回归社会，全心全意为残疾人服务。

中国心理卫生协会残疾人心理卫生分会的任务如下：第一，积极推动研究与残疾人心理卫生有关的各种课题，将心理学的理论和技术引入残疾人的有关事业，发展我国的缺陷心理学；第二，总结推广国内外缺陷心理学的工作经验，开展与国内外有关残疾人心理康复组织有联系的学术交流；第三，大力推动残疾人心理卫生事业、残疾人智力水平和人格状态的研究，促进残疾人独立生活和参与社会的能力；第四，广泛宣传残疾人心理卫生发展的社会意义，普及心理健康和心理康复、缺陷心理学等知识；第五，采用多种形式培养残疾人心理发展和心理健康的专业人员；第六，开展残疾人心理发展活动、康复与心理咨询活动。残疾人心理卫生分会自 1996 年成立以来，走过了多年的历程，在促进残疾人心理健康的专业领域做出了突出的贡献。

中国心理卫生协会残疾人心理卫生分会下设的特殊教育专业委员会每年都开展特殊教育的专门学术活动。特殊教育专业委员会成立于 2009 年 6 月。成立之初，主要任务是以残疾儿童的相关工作为重点，后来调整为以特殊教育尤其是学校特殊教育面临的一系列重大问题为工作对象。自成立起，特殊教育专业委员会每年均选择特殊教育的相关重要问题作为研究对象。2009 年的重要内容是特殊教育学校教师的继续教育问题；2000 年、2011 年连续两年的重要内容是如何有效提升特殊教育课堂教学的质量；2012 年的重要内容是在延续提升特殊教育质量的同时，关注特殊教育多学科协作。2013 年，特殊教育专业委员会在理事会外设置了顾问委员会。顾问委员会分为包括学术组、艺术干预组、盲教育组、师资培训组在内的 10 个小组。2014 年，特殊教育专业委员会根据 2013 年年会的安排，主要举办了特殊教育导论高级研修班、聋教育高级研修班、孤独症教育高级研修班等，为我国特殊教育师资培训做出了贡献。2015 年，特殊教育专业委员会首开网络直播。场外观看直播的人员达到 1000 人左右。特殊教育专业委员会把会议主题发言做成课堂实录，放于腾讯课堂，起到了非常好的宣传作用。中国心理卫生协会残疾人心理卫生分会理事会还就在特殊教育专业委员会框架下如何建立一个康复医学、特殊教育融合的机制进行了广泛的交流讨论，希望在今后的工作中医学与特殊教育能够在残疾人心理这个专业领域互相渗透、互相借鉴、互相学习，在残疾人心理卫生方面的专业领域做出更大的贡献。

3. 中国教育技术协会教育康复专业委员会

中国教育技术协会是由全国各级各类学校、相关管理和社会组织机构、企业和教育工作者自愿结成的全国性教育技术的行业性、学术性、非营利性的社会团体，接受教育部、民政部的业务指导和监督管理。其中的教育康复专业委员会是2016年11月1日经中国教育技术协会审批成立的一个集学术性、技术性和科学性于一体的民间性社会团体，是中国教育技术协会的分支机构。教育康复作为我国高等学校第一个将教育与康复结合在一起的交叉学科，对我国特殊教育的科学发展，医教结合新模式的推广，复合型特教师资的培养，残疾人教育、医疗、康复的质量及水平的提高具有重要的意义。教育康复专业委员会主要致力于推动教育康复行业发展，推动领域内相关技术发展和人才培养；致力于改善提高我国教育康复需求人群的生存质量，组织和引领社会各界、各有关部门、各个特殊教育学校和更多高校对复合型特殊教育师资培养工作进行研究与探索。

教育康复专业委员会有计划地承办了政府有关部门委托的相关计划、工程和项目论证等，协助政府部门组织制定、推进修改本行业的国家标准、专业标准和执行标准，并推进标准的贯彻实施，收集、分析、发布国内国际行业信息，组织编辑出版刊物，促进信息交流；设立了相关研究课题和研究项目，推动教育康复的理论研究与实践探索；组织开展了本行业新产品、新技术、服务方案、康复教学成果等的认定、评比、推广和展示；开展了与本行业相关的专题论坛和研讨会，以及各级各类教育康复专业培训。

4. 残疾人事业发展研究会

残疾人事业发展研究会是经国务院批准，于2008年12月1日在北京成立的第一个全国性残疾人事业发展研究社团，主管单位为中国残疾人联合会。研究会理事会组成充分考虑学科、地域、理论与实践等各方面的情况，主要由高等院校、科研院所和国家有关部委的专家、教授，以及残疾人专业工作者组成。日常工作由秘书处承担，秘书处设在中国残疾人联合会研究室。

三、特殊教育学术会议与国际交流

（一）中国高等教育学会特殊教育研究分会主（参）办的学术会议

中国高等教育学会特殊教育研究分会2013年学术年会于2013年11月16日至17日召开，由中国高等教育学会特殊教育研究分会主办，华中师范大学教育学院承办。来自北京师范大学、华东师范大学等高等特殊教育师范院校与长春大学、天津理工大学等残疾人高等教育院校的专家学者共200余人参加了会议。学者们围绕“高等特殊教育的国际比较及我国残疾人高等教育发展”“特殊教育师资培养问题”“特殊教育学科与课程建设”等专题展开了深入研讨。与会者探讨了新形势下我国特殊教育发展的趋势与挑战：第一，我国特殊教育政策：从“关心”到“支持”，政策环境逐渐改善；第二，我国特殊教育事业发展：成绩与挑战并存，事业发展迎来“春天”；第三，残疾人高等教育发展的现状、特殊教育师资培养与培训的现状、特殊教育专业与课程建设等。

中国高等教育学会特殊教育研究分会2015年学术年会于2015年11月12日至14日在南京召开，由南京特殊教育师范学院承办。本届年会以“支持保障、改革创新、提升质量”为主题进行了研讨和交流。来自全国各地60多个高等学校及其他特殊教育机构、康复机构的223名代表出席了会议。会议的召开正值我国三年特殊教育提升计划落实和“十三五”发展规划制订的关键节点。为此，本届年会确定的“支持保障、改革创新、提升质量”主题，对于推动高等特殊教育的发展具有重要的意义。会议探讨的内容包括：第一，回顾与展望：谋划“十三五”特殊教育发展；第二，特殊教育学学科建设：任重而道远；第三，特殊教育教师教育：聚焦专业标准；第四，残疾人高等职业教育：亟待更多关注；第五，手语、盲文语料库建设：成果初现。

在中国高等教育学会特殊教育研究分会2016年学术年会上，方俊明、肖非、吴佩芳、张阿妮、李萍英、王雁、刘全礼分别做了题为《从国家特殊教育实验区建设的成就谈未来我国特殊教育的发展》《送教上门，特殊教育的重要补充形式》《台湾学前特殊教育的发展、困境以及未来的展望》《少数民族特殊教育研究的价值与视角探讨——以新疆为例》《融合教育：高功能自闭症学生的天分与未来》《“复合型”特殊教育教师内涵解析》《资源教室的过去今生》的主题报告。在为期两天的研讨中，学者们还围绕特殊教育的专业课程建设、优质师资培养与需求、融合教育等相关问题进行了深入系统的探讨和交流。本次研讨会主题鲜明，内容丰富，气氛热烈，成果显著。通过本次会议，与会学者进一步交流和分享了特殊教育的前沿信息，探讨了特殊教育发展中面临的问题及对策建议，加强了各院校间的交流与合作，加深了校际间的友谊，对推动特殊教育的研究、促进特殊教育事业的发展具有积极意义。

（二）中国教育学会特殊教育分会主（参）办的学术会议

2010年11月，中国教育学会特殊教育分会在北京召开第六次代表大会。会议总结了上一届理事会6年来积极组织学术研讨、教学实验、技能大赛、师资培训和对外交流等活动，为推动群众性教育科研活动的开展、促进特殊教育事业发展做出了一定贡献。新成立的第六届理事会下设盲教育、聋教育、培智教育、职业教育与信息技术、文艺体育、师资培训与课程改革专业委员会和对外联络部，并首次设立了顾问委员会。会议期间，王文湛、詹万生等专家做了“关于学习贯彻国家中长期教育改革和发展规划纲要精神、推进教育改革和德育研究”等专题讲座。来自全国各省市、自治区教育行政部门的特殊教育干部、特殊教育学校代表、部分高校和科研单位的学者代表等 80 多人出席会议。

2012 年 10 月 10 日至 12 日，由中国教育学会特殊教育分会智力障碍与发展障碍学术委员会、《现代特殊教育》编辑部和上海市长宁区特殊教育指导中心联合主办的全国特殊教育学校医教结合实践成果交流会在上海举行，来自全国的近 80 名代表参加了活动。活动期间，北京市海淀区培智中心学校、广东省广州市越秀区培智学校、江苏省常州市光华学校、辽宁省大连市甘井子区特殊教育中心、湖南省长沙市特殊教育学校、内蒙古自治区赤峰市元宝山区特殊教育学校、上海市闵行区启智学校、上海市长宁区初级职业技术学校 8 所学校重点介绍了各自开展医教结合的实践经验及遇到的问题和困惑。与会代表围绕对医教结合的认识和理解、康复训练课程的设计、教师的专业发展、学生的医疗诊断与评估等问题展开了热烈深入的研讨。大家一致认为，医教结合是中国特殊教育的一个重要研究课题和实践课题，各地特殊教育学校应加强交流，互相促进，着力探索本土化的医教结合区域发展模式，促进区域特殊教育学校实现医教结合多样化发展，更好地促进残障儿童有效发展。

2013 年 10 月 28 日至 29 日，由中国教育学会特殊教育分会主办、北京市第三聋人学校承办的第二届全国特殊教育信息化年会在北京召开，本次会议的主题是“特殊教育数字化学校建设的现状与未来”。来自全国 120 多所特殊教育学校的 240 多名校长、教师参加了会议。

开幕式上，中国教育学会特殊教育分会副理事长谢敬仁回顾了近 10 年来我国特殊教育信息化发展走过的历程，希望通过本次会议，学习交流国家最新的教育信息化动向，了解新教育技术对教育改革的影响，分享各地特殊教育信息化的成功经验，研讨推进特殊教育信息化过程中的困惑以及相关问题的解决方案，以教育信息化带动特殊教育现代化，实现特殊教育跨越式发展。上海师范大学蒋鸣和做了题为“新一代信息技术引领的教育学革命”和“特殊教育信息化”的专题报告，介绍了国内外特殊教育信息技术发展的现状和趋势及通用学习设计技术在特殊教育中的应用。北京市第三聋人学校、南京市聋人学校等 8 所特殊教育学校的代表进行了大会发言交流。会议期间，代表们还分组参观了北京市盲人学校、北京市第三聋人学校和北京市海淀区培智学校的数学化校园现场。教育部特殊教育办公室主任李天顺出席闭幕式并发表了重要讲话。李天顺在高度评价近 10 年来我国特殊教育信息化发展成绩的同时，特别强调了特殊教育与信息化的同等重要性。他提出教育信息化的核心任务是信息技术与教育教学的深度融合，教育信息化的基本推动力和成败的检验标准是应用；要求大家在国家教育的大平台、大政策下，抓住机遇，发展特殊教育。本次大会还正式宣布启动第四届全国特殊教育学校教师信息技术综合应用能力大赛。

2014 年 11 月 29 日至 12 月 1 日，中国教育学会第 27 次学术年会特殊教育分论坛在北京召开。分论坛以“特质化发展：特教教师专业发展的必然追求”为主题，邀请北京联合大学特殊教育学院教授、中国教育学会特殊教育分会秘书长许家成担任主持人，邀请北京师范大学教育学部教授、中国教育学会特殊教育分会副理事长王雁进行专家报告。各学术委员会推荐 4 所特殊教育学校及相关机构代表进行交流，10 所特殊教育学校(机构)代表进行汇报发言。来自山东、江苏、广东、河南、黑龙江、福建、湖北、北京、上海、四川、重庆 11 个省市近 60 名特殊教育教师和特殊教育机构工作者出席会议。

此次论坛是特殊教育分会首次在中国教育学会学术年会的框架

内组织的特殊教育学术研讨活动。尝试参与中国教育学会的学术活动，是基于当前以及未来特殊教育的发展趋势——走融合教育之路；同时为了加强与中国教育学会以及学会其他分支机构之间的联系，运用中国教育学会以及其他分支机构的资源，推动特殊教育的发展。参与此次论坛交流的既有高校的理论研究专家，又有一线特殊教育学校的校长、教师。因此论坛的研讨既有理论方面的思考探索，又有实践经验的提炼总结。整场论坛针对“特殊教育教师的专业发展”这一主题，从“是什么、为什么、怎么办”的逻辑框架进行了较为深入的研讨交流，不仅丰富了特殊教育教师专业化发展的理论体系，而且总结了特殊教育教师专业化发展的实践模式。通过交流研讨大家认为，我国特殊教育教师专业发展从程度上来看还没有真正成为专业，属于半专业，或者是准专业，专业定位还没有很好地建立起来。特殊教育教师是专业性要求很高的职业之一。特殊教育教师应该从专业化的学习者、行动的研究者和支持性环境的创建者等角度实现专业发展；在不同的教育实践方面，要能根据不同学生的需要采取相应的措施来提升自身的专业化水平，以提高我国特殊教育教师整体水平。但是由于教师的个性不同、专业背景不同，对教师专业的定向，包括今后的发展都是一个问题。特殊教育本身就是一个跨越学科的领域，包括教育学、心理学、医学等，因此专业化发展是一个很大的挑战，不仅需要理论研究者的理论探索和一线特殊教育学校的建设实践，还需要一些政策，包括一些制度的保证。

（三）《现代特殊教育》杂志编辑部主（参）办的学术会议

2012 年 5 月，《现代特殊教育》理事会在南京成立并举办首届校长论坛。首届校长论坛的主题为“当前特殊教育的现状、热点与困惑”。来自全国的 40 多位校长围绕这一专题展开研讨。许多校长认为，我国特殊教育地位不断提升，正在呈现加快发展的势头；但同时，特殊教育的发展和社会的期望还有差距，尤其是投入不足，师资不足，教育观念、内容和方法还不能完全适应时代要求等，正在成为制约我国特殊教育发展的因素。

2012年12月7日至8日，由《现代特殊教育》编辑部主办、苏州工业园区仁爱学校承办的全国特殊教育学校改革与发展系列活动——关注孤独症专题研讨会在苏州举行，来自全国各地的近80位代表参加了活动。本次研讨会的主题是“孤独症（自闭症）儿童少年的教育环境设计和教学方法交流”。华东师范大学学前教育与特殊教育学院方俊明做了题为“自闭症儿童的跨学科研究”专题讲座，华东师范大学学前教育与特殊教育学院杨广学、原江苏省教科所成尚荣、南京特殊教育职业技术学院谢明、上海市长宁区特殊教育指导中心夏峰等从多角度对校长沙龙和个案研讨做了专业的点评和指导。苏州工业园区仁爱学校校长范里就孤独症儿童的安置和教育介绍了学校的思考和做法，该校3位年轻教师做了“孤独症教学的国际化借鉴与本土化创新”主题发言。与会代表们纷纷表示，参加这样的研讨会对本校今后开展自闭症儿童教育康复很有启发。本次活动为《现代特殊教育》编辑部主办的特殊教育教学研究系列活动之一。《现代特殊教育》编辑部从2013年开始继续策划、组织面对特殊教育教学现实问题的全国性专题研讨活动，进一步加强特殊教育学校之间的交流，更好地促进特殊教育的发展。

2013年5月15日，《现代特殊教育》理事会第二届年会在重庆召开。会议表决通过了新一届理事会章程，宣布2013届理事会正式成立。会上，执行主编阮晓玲通报了理事会上一年度工作情况，介绍了杂志下半年的办刊思路和近期的重要选题。会议代表就本届理事会的活动安排进行了热烈的讨论和交流。2012年以来，《现代特殊教育》在继承传统的基础上不断创新，对相关版面和栏目进行了总体规划和设计；按照党的十八大报告中支持特殊教育的要求，宣传党和政府对特殊教育的政策主张，传播科学的特殊教育教学规律，传达广大特殊教育工作者的心声，关注教育教学热点。《现代特殊教育》策划的重点选题和撰写的重头文章，得到了教育部相关领导和广大读者的肯定及好评。下一步，该期刊将继续坚持抓好质量建设，进一步走进基层，贴近学校，拿出更多的版面推介特殊教育的新思想、新理念、新方法和新经验，报道特殊教育发展的优秀典型和最新信息动态，研讨特殊教育理论与实践中的重点、热点和难点问题，推动办刊质量不断迈上新台阶。

2013 年 7 月 17 日至 19 日，由《现代特殊教育》杂志举办的“中国特殊教育学校改革与发展系列活动——全国聋人大学生汉语教学研讨会”在绥化召开。此次活动由绥化学院和《现代特殊教育》编辑部联合主办，来自特殊教育界的有关专家学者、骨干教师在这里聚集一堂，就聋人大学生汉语教学与研究工作进行了广泛深入的交流和研讨。黑龙江省随班就读骨干教师培训班的全体学员也参加了研讨活动。在此次研讨活动中，来自台湾师范大学的林宝贵为与会代表带来了“台湾聋人大学生的学习现状与支持性服务需求”和“台湾智障教育的发展现状”两场讲座，结合视频录像，生动地再现了台湾聋人大学生高等教育的历史沿革以及智障教育的发展路径和面临的困难等；辽宁师范大学张宁生以“聋人沟通模式与聋校语文教学法评说”为题，对 4 种聋人沟通模式——口语沟通、手语沟通、综合沟通、双语沟通逐一进行了介绍，并针对有关学术问题进行了深入浅出的分析与阐释。2 位专家，3 场讲座，角度不同，内容迥异，让与会代表开阔了视野，拓宽了思路，提升了理念，明确了方向。在研讨会上，现执教于美国麻省圣十字学院的李颖和与会代表分享了自己学好汉语、英语、中国手语以及美国手语的心得体会。来自广东培英职业技术学校的聋人教师孙翰林，操着一口流利清晰的普通话，让与会代表惊叹不已。他那生动又不失幽默的口语表达，赢得了阵阵掌声和笑声。两位优秀聋人的成长故事有力地印证了知识改变命运、教育成就未来，使与会代表对聋人大学生汉语教学信心倍增。研讨会上，来自上海市聋哑青年技术学校的杨七平、广州大学市政技术学院的卢春凌以及绥化学院的靳开宇，分别围绕“聋人中职校的汉语教学问题”“融合教育模式下听障学生语文教学的探索”和“分阶段教学法对聋人大学生汉语分层教学的启发”等主题，介绍了各自的经验与思考。

2015年1月9日，由上海市长宁区教育局、《现代特殊教育》编辑部、上海市长宁区特殊教育指导中心联合举办的“特殊教育实践创新与资源库建设成果分享”活动在上海举行。来自上海、江苏、浙江、广东、福建、江西、安徽、湖南、山东、天津、海南、辽宁、青海13个省市的200多位特殊教育工作者参加了此次活动。此次活动由《现代特殊教育》主编阮晓玲主持。活动期间，上海市长宁区特殊教育指导中心、上海市长宁区初级职业技术学校、上海市长宁区辅读学校、上海市盲童学校等的与会代表分享了各自的教学成果和经验；华东师范大学学前与特殊教育学院教授方俊明、张福娟，中州大学特聘教授张宁生就发言进行了点评。与会代表还参观了上海市长宁区特殊教育指导中心。

2015年11月14日，《现代特殊教育》(高教)专家研讨会在南京特殊教育师范学院顺利举行，这是该刊自2015年1月正式创办以来首次召开的学术委员会委员及专家会议。来自北京师范大学、华东师范大学等8所高等院校，中国教育科学研究院、华夏出版社的专家，以及南京特殊教育师范学院的领导与《现代特殊教育》(高教)编辑部编辑共31人参加了会议。此次会议主要有四个议题：刊物的特色与定位、提高刊物质量的路径与方法、扩大刊物学术影响力的对策和办刊过程中若干重要关系的认识。与会专家、学者围绕这四个议题进行了广泛深入的研讨。

(四)其他有关特殊教育学术会议与国际交流

2012年3月29日至4月1日，由教育部小学校长培训中心、北京师范大学教育学部、北京师范大学校长培训学院主办，上饶市教育局和上饶市特殊教育学校承办的首届中国特殊教育高峰论坛在江西省上饶市成功举办，来自全国的70位学校校长参加了此次论坛，共同探讨我国特殊教育事业发展的新理念、新途径、新方法。举办首届特殊教育高峰论坛，旨在为从事特殊教育的工作者搭建一个沟通和学习的平台，促进各特殊学校之间的学术交流。在该论坛的主题单元中，来自北京师范大学特殊教育研究所的王雁、肖非和邓猛分别就“特殊教育学校教师专业发展”“中国特殊教育立法”“特殊教育教学有效性的思考”同与会校长分享了他们的调查研究成果。浙江省宁波市达敏学校的社区融合教育、北京市朝阳区安华学校的培智职业高中课程体系建设等办学经验，也得到了同行们的认同。在接下来的研讨单元中，校长们围绕“加强特殊教育师资队伍建设”“开发校本教材”“提高学校管理水平”等话题，进行了深入的研讨和交流。

2012年4月，首届中国蒙台梭利特殊教育研讨会在南京特殊教育师范学院举行。会议邀请国外专家做专题报告，与国内特殊教育工作者进行对话与交流。北京、江苏、广西、甘肃等11个省、市、自治区的120多名代表参加了研讨会。本届研讨会由中国蒙台梭利协会和南京特殊教育师范学院共同主办，旨在对我国当前蒙台梭利特殊教育理念以及基层实践进行梳理、考察，加强中外交流和对话，在立足本土文化的基础上构建蒙台梭利教育的新图景。会议期间，与会者还举办了校长论坛和一线教授经验交流会，主要议题涉及多元文化视野下的蒙台梭利教育思想、蒙台梭利教育理论与实践、蒙台梭利教学及延伸活动、省级和特殊教育学校蒙台梭利延伸教具研究等。

2014年6月，以“特殊教育学校改革与发展”为主题的第二届中国特殊教育高峰论坛在海南省海口市特殊教育学校举行。与会代表重点围绕贯彻落实《特殊教育提升计划(2014—2016年)》、推动特殊教育学校改革与发展等展开务实研讨。活动期间，与会代表参观了海南省海口市特殊教育学校校园，观看了残障学生的文艺表演和学生大课间活动，观摩了启聪部、启智部、启明部共 17 节教学展示课。

第四届海峡两岸特殊教育高端论坛暨广东省特殊教育教师发展联盟首届研讨会于 2017 年 11 月 10 日至 12 日在岭南师范学院举行，参加此次论坛与研讨会的人员共 247 名，此次论坛与研讨会共收到论文 52 篇，成立了 2 个工作坊，举行了 6 个圆桌论坛，完成了 2 个重点报告及会议综述报告。大会特别邀请了陈云英、邓猛、黄昭鸣、冼权锋(香港地区)、吴武典(台湾地区)做专题演讲，论述各领域的特殊教育新知。专题演讲的主题是融合教育的递嬗。五位专题演讲者从不同的专业视角触及融合教育的兴革演变，几乎涵盖我国融合教育发展递嬗的各个阶段。吴武典做了题为《特殊教育航向何方——台湾特殊教育政策纲领规划研究》的演讲报告，陈云英做了《特殊教育教师专业发展研究》的演讲报告，邓猛对融合教育本土化范式进行了反思，黄昭鸣做了《康复专业发展与专业人才培养》的演讲报告，冼权锋做了《香港融合教育的发展》的演讲报告。在大会重点报告中，岭南师范学院郑剑虹阐述了特殊教育的“特”在哪里，郑荣双的演讲阐述了自闭症学童干预模式的发展历程、特征及未来取向。会议还开设了自闭症实务工作坊、正向行为支持与问题行为干预，举办了特殊学校的转型、教师专业发展、融合教育、落实国际精英研习项目、辅助科技等 6 场圆桌论坛。本次会议专题演讲紧紧围绕融合教育进行了多角度、多侧面的讨论，主题突出；论文发表创历年新高，质与量均有不同程度的提升；重点报告内容跳出传统学院派的思维，为自闭症干预的发展注入了新鲜“血液”。工作坊论述行为问题干预，获得了许多新的认知；圆桌论坛六大主题探讨了学术的发展。广东省特殊教育教师发展联盟设在岭南师范学院，由此带动了广东省特殊教育的发展。总之，本次论坛在学术发展、实务研讨等方面均获得全场参与教师的高度认可，使得特殊教育的发展成为“有源之水”，给特殊教育界注入了新的理念与研究方法，对未来特殊教育的持续发展会多有助益。

结　语

特殊教育学的基本成就与愿景展望

一、特殊教育学的基本成就

我国特殊教育学经历了三个发展时期，研究成果不断丰富，研究队伍不断壮大，知识体系不断完善，特殊教育理论指导实践的能力、服务特殊教育事业改革发展的能力不断提高，中国特色特殊教育理论体系、学术体系、话语体系正在形成。在当前新时代发展的历史方位中，认真反思、总结特殊教育学学科发展建设的经验，对探索新时代特殊教育学学科的新思想、新路径，具有重要历史意义和现实价值。

（一）特殊教育学发展演进的阶段特征

我国特殊教育学发展与国家发展命脉紧密相连，具有国家经济社会发展特点的深刻印痕。根据马克思历史唯物主义合历史性与合逻辑性统一的原则，特殊教育学每个阶段都是特定历史时期经济社会条件、特殊教育发展实际等现实选择的必然结果。特殊教育学学科在研究主体、知识建构和人才培养等方面，具有自己的鲜明阶段特征。

1. 特殊教育学的学科探索期

这一时期，党和政府以及广大基层特殊教育实践者的工作，开创了特殊教育学形成发展的“根据地”。

在特殊教育学学科前探索阶段，在党和政府的关怀下，特殊教育逐步纳入国家教育体系，成为国家意志行为。这一时期特殊教育主要存在于基层特殊教育学校的实践中，高校的特殊教育人才培养尚未开展。特殊教育学的孕育主要表现为以下几点。第一，党和政府人道主义关怀的政治权威，成为特殊教育学孕育的政治基础。没有党和政府，就没有特殊教育规模化的快速发展。我国特殊教育几乎是在“一片废墟”的基础上发展起来的。党和政府从社会主义人道主义精神出发，迅速做出发展特殊教育事业的安排。1951 年，《政务院关于改革学制的决定》提出对生理上有缺陷的儿童、青年和成人施以教育，私立北京聋哑学校开始由政府接管为公办学校，这体现了党和政府对推进特殊教育的坚定政治意志和人道主义关怀。1953 年，教育部设立盲聋哑教育处主管全国特殊教育工作。1957 年，教育部颁发《教育部关于办好盲童学校、聋哑学校的几点指示》，明确盲、聋哑教育是国家整个教育事业的一个组成部分，随着社会主义建设的发展，必须有计划地发展起来，必须办好现有的盲童学校和聋哑学校。1971 年，周恩来总理和叶剑英副委员长先后亲自到北京市第三聋人学校视察工作。另外，为了加快特殊教育发展，1956 年，国家公派朴永馨、银春铭到苏联国立莫斯科列宁师范学院学习特殊教育学。1959 年，教育部、内务部还专门成立聋哑教育师资讲习所，为聋哑学校培养师资。这为后来特殊教育学学科发展打下了重要的人才基础。第二，广大基层特殊教育学校教师开展的两类残疾儿童教育实践探索直接孕育了特殊教育学的专业基础。在教育对象和目标要求上，《关于改革学制的决定》提出各级政府设立聋哑、盲目等特殊学校，基本确立了两类残疾儿童的特殊教育。《教育部关于办好盲童学校、聋哑学校的几点指示》还从管理、经费、教师、教学等方面，较全面地设计了特殊教育的目的、任务、管理与教学等方面的规范。《全日制六年制盲童学校教学计划(初稿)》和《全日制六年制聋哑学校教学计划(征求意见稿)》在对实践经验总结的基础上，对盲校和聋校的教学目的、学科设置及课时等都做出全面安排。这基本确立了特殊教育实践的内容，直接影响特殊教育学知识构建。第三，黄乃、李牧子、洪雪立、沈家英、叶立言、余敦清、简栋梁等广大特殊教育工作者既是特殊教育实践者，也是特殊教育学孕育的奠基者、播种者。他们的特殊教育实践探索和经验积累等工作，直接培育了特殊教育学产生成长的“沃土”，构筑了特殊教育学启程发展的“地平线”。例如，1959 年洪雪立发表《新中国聋哑教育十年成就》，1974 年北京市第四聋人学校沈家英与周有光合作研制汉语手语。另外，1950 年陈鹤琴主编的《活教育》杂志出版《特殊教育研究专号》。其后，1957 年创刊的《聋哑教育通讯》(内部发行)、1960 年教育部编印的《盲童学校教育工作的初步经验》，都体现了基层特殊教育教师的经验积累和知识建构。上述党和政府以及广大基层特殊教育实践者的工作，开创了我国特殊教育学形成发展的“根据地”。

2. 特殊教育学的学科初创期

这一时期，服务于普及三类残疾儿童义务教育所需师资的人才培养，以高校教师和科研机构学者为主体、以特殊教育概论性质为主的知识建构，构成了特殊教育学主要内容和基础架构。

这一时期，随着国家改革开放步伐加快，特殊教育发展也发生了巨大变化，特殊教育知识开始在高校人才培养中不断发展建构，特殊教育学开始孕育出学科存在的初步形态。具体来说表现在两个方面。第一，服务于普及三类残疾儿童义务教育所需师资的人才培养是特殊教育学初创的根本任务。《中华人民共和国义务教育法》明确要求对视力残疾、听力语言残疾和智力残疾的适龄儿童少年实施义务教育。这基本确立了三类残疾人群为义务教育对象的特殊教育。同时，1989 年教育部颁发的《关于发展特殊教育的若干意见》提出普及与提高相结合，以普及为重点的效率目标要求。这对特殊教育师资培养提出了挑战。学科首先是服务于人才培养的。特殊教育学面临着落实《中华人民共和国义务教育法》法治精神要求、服务于普及三类残疾儿童义务教育所需师资的人才培养任务。特殊教育学学科发展动力机制开始转换为政治—法治结合双重推进。从特殊教育人才培养看，1981 年黑龙江肇东师范学校特师部的成立，1982 年南京特殊教育师范学校(现南京特殊教育师范学院)的成立，其后大量的师范学校中师层次人才的培养，在特殊教育专业建设方面对推动特殊教育学发展发挥了重要作用。在特殊教育本科层次人才培养方面，1986 年北京师范大学教育系设立特殊教育专业，招收本科生，直至华东师范大学等更多的高校开始特殊教育本科生、硕士生层次培养，特殊教育学步入新的发展平台。特殊教育学学科在服务三类残疾儿童义务教育师资培养过程中，不断运用和建构特殊教育知识，传播和交流特殊教育知识。第二，以高校教师、科研机构学者为主体、以特殊教育概论性质为主的知识建构，构成了特殊教育学的学术团体核心和知识底色。从学者及其知识建构角度看，以朴永馨为代表的高校教师和以陈云英为代表的科研机构学者参与到特殊教育学创建中并成为主体，与基层特殊教育学校的优秀实践者一起共同推动特殊教育学学科发展。首先，在高校层面，1980 年朴永馨在北京师范大学教育系建立特殊教育研究室，1981 年开设特殊教育选修课，至 1988 年北京师范大学特殊教育研究中心成立，再至华东师范大学等更多高校及其教师参与特殊教育人才培养，朴永馨、方俊明、汤盛钦、顾定倩、张宁生、张文京等高校特殊教育研究者立足服务人才培养，不断研究积累特殊教育知识。2005 年，朴永馨等 6 位作者完成 8 本以“特殊教育概论”为主旨的高校教材。这直接构成了特殊教育学知识建构的基调。其次，在研究机构层面，1988 年原中央教育科学研究所特殊教育研究室陈云英、华国栋等主要从服务随班就读工作的需要，开展随班就读研究，建构相关知识，形成了以陈云英、华国栋为主要作者的 7 本随班就读著作。中国科学院心理研究所茅于燕、上海教育委员会师资培训处银春铭等专家对智障儿童教育的研究等，有力地促进智障儿童教育理论知识建构。最后，在基层特殊教育学校实践中，李牧子、沈家英、叶立言、余敦清、李宏泰、曹正礼、程益基、赵锡安、季佩玉等优秀的特殊教育基层实践者，紧密结合特殊学校实际需要，分别在盲童教育、聋童教育、智障儿童教育开展实践和研究，有力地促进了特殊教育学的创建。在学者共同体和媒介平台方面，1982 年中国教育学会特殊教育分会作为中国教育学会的二级专业学分会成立，至 2005 年中国高等教育学会特殊教育研究会成立，全国特殊教育领域学术共同体基本形成。同时，《现代特殊教育》和《特殊儿童与师资研究》(现更名为《中国特殊教育》)、《特殊教育研究》(已停刊)及其他特殊教育内部刊物先后创刊，为特殊教育的学术交流创造了条件。

3. 特殊教育学的学科发展期

这一时期，服务于更多特殊需要者教育需求的人才培养和特殊教育发展改革，以及多元立体参与的多学科交叉的特殊教育知识的拓展建构极大地促进了特殊教育学发展。

2005 年中国高等教育学会特殊教育研究分会成立，形成了全国特殊教育领域学术共同体，开启了特殊教育学发展的新阶段。这一时期，特殊教育学表现出强劲发展的态势。具体来说表现在两个方面：第一，服务于更多特殊需要者教育需求的人才培养和特殊教育发展改革是特殊教育学发展建设的中心任务。《中共中央、国务院关于促进残疾人事业发展的意见》和《关于进一步加快特殊教育事业发展的意见》明确提出应逐步普及重度肢体残疾、重度智力残疾、孤独症、脑瘫和多重残疾儿童少年的义务教育。此后，《特殊教育提升计划(2014—2016 年)》提出设立孤独症儿童特殊教育学校(部)。至今，我国已基本确立了面向多类型特殊需要者的特殊教育。多类型特殊需要者的身心特征认识和教育需求满足是一个新的领域，对高校人才培养提出了挑战。同时，党的十七大以来，我国越来越注重教育公平和质量，社会对特殊教育人才的类型、规格、质量提出新要求。另外，随着社会的全面转型变革，特殊教育改革持续深入推进，特殊教育发展遇到的困难也比过去任何时代都更为复杂艰巨，急需特殊教育学者承担时代重任。这一时期，一方面，在特殊教育人才培养上，特殊教育学强调多层次化，北京师范大学、华东师范学大学、华中师范大学等高校在原来培养的基础上，开始了博士层次人才培养；另一方面，随着党和政府决策的民主化、科学化以及特殊教育发展改革难度的增大，党和政府迫切呼唤特殊教育学者的支持。朴永馨、方俊明、丁勇、王雁、顾定倩、肖非等学者开始围绕特殊教育政策研究等，积极参与国家特殊教育发展决策，服务于国家特殊教育改革发展。第二，多元主体参与、多学科交叉的特殊教育知识的拓展建构极大地丰富和促进了特殊教育学发展。从学者及其知识建构角度看，随着特殊教育改革发展推进以及更多类型特殊需要者教育需求的多样化，人才培养的多层次化和参与特殊研究实践者的多元主体化，特殊教育知识开始表现出多元主体参与的多学科交叉的拓展建构的特点。首先，在高校层面，随着南京特殊教育师范学院等更多的专科、本科层次的特殊教育人才培养规模的扩大，特殊教育研究队伍日趋壮大。围绕人才培养，方俊明、丁勇、邓猛、顾定倩、王雁、申仁洪、雷江华等开展特殊教师教育、融合教育等研究；围绕特殊教育满足多类型残疾人多样教育需求，刘全礼、谢明、盛永进、胡晓毅等开展了个别教育计划理论与实践、重度障碍儿童教育、孤独症儿童教育研究；围绕特殊教育基本理论，方俊明、王培峰等围绕特殊教育哲学开展研究；围绕特殊儿童康复，杜晓新、黄昭鸣、何侃等开展教育康复研究和教学，等等。其次，在研究机构层面，中国教育科学研究院孟万金、彭霞光等围绕服务国家特殊教育决策，开展了特殊教育公平和随班就读研究；教育部及其他省市各级相关研究机构通过发布课题集中攻关等形式，也开展了大量的特殊教育支持保障等方面的研究。最后，需要特别指出的是，随着特殊教育越来越多地被社会关注，高校、科研机构以及社会团体组织中，有更多学者跨业界、跨学科专业参与特殊教育知识建构。特别是当前随着特殊儿童教育诉求的多元化和科技的进步，康复科学、人工智能、认知神经科学等现代技术参与特殊教育。特殊教育知识建构的主体、学科立场、思维方式、研究方法、知识构成等更加多元，特殊教育学学科知识的综合性、跨学科性表现出高度的异构性、异质性。康复医学专业背景、信息技术专业背景、社会学专业背景、历史学专业背景的研究者越来越多地参与特殊教育知识建构。例如，北京大学历史系教授郭卫东的《中国近代特殊教育史研究》(2012)反映了跨业界、跨专业参与特殊教育知识建构的特点。在康复研究领域，据中国知网数据库检索，2005年以后对残疾儿童教育康复研究的论文有131篇。

(二)特殊教育学学科发展建设的基本思想

我国特殊教育学的发展历程表明，特殊教育学是在党和政府的关心、支持和引导下，由广大特殊教育理论与实践工作者共同参与，根植于特殊教育实践的深厚土壤中诞生的。特殊教育学学科建设与发展有着党和政府对残疾人的人道主义关怀，有着广大理论与实践工作者对特殊教育知识建构的执着追求。具体说来，特殊教育知识体系主要围绕以下两个方面的基本思想建设。

第一，特殊教育学学科发展建设始终坚持党和政府以人为本理念、人道主义精神的基本思想，建设特殊教育知识体系。

党和政府历来十分重视特殊教育。这是由党和政府为人民服务的宗旨决定的。早在特殊教育学前探索时期，党和政府就把以人为本、弘扬社会主义人道主义精神作为发展特殊教育的基本指导思想，主导和保证特殊教育事业发展，同时也为特殊教育学学科建设奠定了坚实的基础。

在特殊教育学的学科初创期，随着改革开放的全面展开，经济社会发生巨大变化。以人为本和以人道主义精神为指导思想的特殊教育学学科建设开始随着特殊教育发展动力机制的转换，从单纯的政治主导向政治一法治结合的方向转变。1982 年《中华人民共和国宪法》对“国家和社会帮助安排……残疾公民的……教育”的承诺，以及 1986 年《中华人民共和国义务教育法》特别是 1990 年《中华人民共和国残疾人保障法》提出的“维护残疾人的合法权益……保障残疾人平等地充分参与社会生活，共享社会物质文化成果”，推进了特殊教育事业的发展。广大特殊教育理论与实践工作者坚持理论与实践相结合，开展特殊教育研究，打开了特殊教育学学科发展建设的大门。例如，朴永馨的《特殊教育概论》(1991)和《特殊教育学》(1995)、方俊明的《当代特殊教育导论》(1998)、陈云英的《中国特殊教育学基础》(2004)，即是在改革开放后，围绕特殊教育师资培养，服务特殊儿童义务教育的需要，探讨特殊教育学校管理、课程与教学等理论的。同时，在以人为本和人道主义精神的指导下，特殊教育知识范畴也开始不断扩展，出现了随班就读、学前特殊教育和学习障碍儿童教育的研究。例如，陈云英的《随班就读的课堂教学》(1996)、陈东珍的《学前特殊教育》(2001)，以及其他学者对学习障碍儿童教育的研究与教学、对学前特殊儿童教育的教材开发与教学，等等。

在特殊教育学的学科发展期，改革开放全面深入推进，随着经济社会发展全面变革，公平、质量开始成为特殊教育学学科发展的主题。特殊教育学学科发展动力机制开始向政治—法治—社会结合的多元机制转变。特别是从党的十七大到十九大，加强社会建设、保障和改善民生一直是党执政为民理念的有力阐释。特殊教育的性质定位也在整个经济社会发展的布局方位中随着党对教育性质认识的变化而变化。党的十七大首次把特殊教育纳入党的重大决策议程，并把特殊教育化入以改善民生为重点的社会建设领域范畴，提出“关心特殊教育”。历经党的十八大“支持特殊教育”，再到党的十九大“办好特殊教育”，特殊教育定位为以服务残疾人为主。这深刻影响到了特殊教育学学科知识建构。广大特殊教育工作者紧紧围绕关怀残疾人价值理念，在特殊教育观念、课程与教学、特殊教育政策等研究领域更加精准化地、人本化地探讨对所有残疾人享有公平、优质教育的保障。促进特殊教育公平发展、特色发展，成为特殊教育研究和实践的主题。例如，方俊明的21世纪特殊教育创新教材(2011)，分“理论与基础”“发展与教育”“康复与训练”三个系列的研究，很好地反映了这种价值理念；孟万金等对特殊教育公平实证研究的系列论文也体现了上述价值追求；王培峰的《特殊教育政策：正义及其局限》(2015)专门立足特殊教育政策，以政策学和政治哲学的视角探讨了特殊教育政策在公平正义方面存在的问题和局限性。

第二，特殊教育学学科发展建设始终坚持服务于特殊教育人才培养、促进残疾人全面发展的基本思想，建设特殊教育知识体系。

服务于特殊教育人才培养、促进残疾人全面发展，帮助他们更好地融入社会是特殊教育学学科建设的基本出发点。在特殊教育学学科初创时期，特殊教育事业发展有了明显变化，强调《中华人民共和国残疾人教育条例》中的“根据残疾人的身心特性和需要，全面提高其素质，为残疾人平等地参与社会生活创造条件”。特殊教育发展侧重以三类残疾人群的不同群体特征为分类依据，主要实施盲、聋、培智三类特殊教育学校义务教育。特殊教育学学科知识建构也强调根据残疾人群体不同残疾类型的特殊性，围绕不同残疾人群体特征和群体需要，以服务于三类特殊教育学校的义务教育所需师资为重点，开展三类特殊儿童教育的基本理论知识研究。例如，李牧子的

《盲童教育概论》(1981)，叶立言的《聋校语言教学》(1990)，许家成、张文京的《弱智儿童教育》(1990)，朴永馨的《聋童教育概论》(1992)，肖非、刘全礼的《智力落后教育的理论与实践》(1992)，沈家英、陈云英、彭霞光的《视觉障碍儿童的心理与教育》(1992)，银春铭的《弱智儿童的心理与教育》(1993)，华国栋的《差异教学论》(2001)等，鲜明地体现了这一时期特殊教育学知识建构对特殊教育学校义务教育开展的指导。再者，为了更好地服务特殊教育人才培养，特殊教育知识范畴开始延伸。有学者围绕特殊教育史、特殊教育医学基础等开展研究，如朴永馨的《特殊教育》(2000)、张福娟的《特殊教育史》(2000)、刘艳虹的《特殊教育医学基础》(2001)等。另外，特殊教育知识建构不断面向国际，借鉴发达国家特殊教育发展经验，开展比较教育研究，引进发达国家的教育理念，为我国特殊教育发展提供借鉴和参考。例如，朴永馨的《智力落后学生心理学》(1983)对苏联智力落后学生心理学知识的介绍，陈云英对美国全纳教育理念的借鉴，刘全礼的《个别教育计划的理论与实践》(1999)对美国个别教育计划的引进，等等。在工具书研究方面，张明、高长升、柯巍、段为民主编的《特殊教育辞典》(1993)和朴永馨主编的《特殊教育辞典》(1996)相继出版，规范了特殊教育学知识概念，进一步奠定了特殊教育知识基础。

在特殊教育学的学科发展期，随着国家整个教育事业的全面进步以及对全纳教育思想理念的引入深化，满足不同残疾人个体化的特殊教育需要开始成为特殊教育学关注的重点。特殊教育学知识的建构注重围绕促进实现残疾人平等以及更好地参与社会、融入社会，面向所有残疾人，关注残疾人个体差异，侧重运用实证研究方法，在特殊教育改革、课程教学、融合教育以及康复训练等方面开展理论研究和特殊教育人才培养。这主要体现在以下两个方面。第一，特殊教育学学科知识拓展方面：一是特殊教育基本理论方面，拓展了研究范畴，出现了特殊教育哲学研究，特殊教育理论更加丰富、完善，如方俊明的《特殊教育的哲学基础》(2011)、王培峰的《特殊教育哲学：本体论与价值论的研究》(2012)等；二是在特殊教育实践研究范畴拓展了教育对象，一批年轻学者对孤独症儿童、学习障碍儿童、情绪行为障碍儿童、多重障碍儿童、超常儿童方面的研究与实践丰富了特殊教育知识；三是在特殊儿童康复方面的研究也日趋增多，并成为特殊教育知识的重要组成部分，如杜晓新和黄昭鸣的《教育康复学导论》(2018)等。第二，特殊教育在课程教学改革和融合教育方面，主要围绕特殊儿童身心成长、社会参与和融合，开展了大量的课程与教学研究、个别教育计划研究、融合教育研究。特别是随着2014年《特殊教育提升计划(2014—2016年)》提出“全面推进全纳教育，使每一个残疾孩子都能接受合适的教育”，以及2016年《盲、聋、培智三类特殊教育学校课程标准》制定实施，课程与教学改革研究、融合教育研究成为特殊教育研究新动向。例如，王雁的《中国特殊教育教师培养研究》(2012)、邓猛的《融合教育理论反思与本土化探索》(2014)反映了这一时期特殊教育改革和融合教育方面的知识进展。另外，丁勇的《当代特殊教育新论：走向学科建设的特殊教育研究》(2012)，用南京特殊教育师范学院学者在特殊教育基本理论、特殊教育政策、教师教育等方面的研究成果，反映了特殊教育学学科发展在服务人才培养、建构特殊教育知识方面的进展。

(三)特殊教育学学科发展建设的驱动机制

特殊教育学建立在我国现实境遇中，与我国经济社会发展有着深刻的渊源，形成了鲜明的发展路径和逻辑。具体说来，主要是党和政府关心支持特殊教育的政治驱动机制，法律法规强力规范的法治驱动机制，社会需要和公共参与的社会驱动机制。

1. 政治驱动机制

政策是贯彻和体现党和政府政治意志和权威的主要形式。特殊教育政策历来都以党和政府高度的政治权威形式，明确规定特殊教育理念、实践。以党和政府政治理念保障特殊教育发展是我国特殊教育发展的基本特点。甚至可以说，特殊教育活动就是一种以国家意志为主导的政策性设计安排。[①] 首先，全国人民代表大会上的报告，以及国家事业发展五年规划等，作为确立一定时期经济社会发展全局的指导性战略规划和政治纲要，对特殊教育发挥着重要的指导作用。其次，《中共中央、国务院关于促进残疾人事业发展的意见》，以及教育部等部委的规范性文件，是一定时期内特殊教育发展的基本依据。特殊教育学学科发展历程表明，特殊教育学学科发展也具有鲜明的政治推动逻辑。

在特殊教育学的学科初创期，正值改革开放以效率为价值取向的经济社会建设时期。如何保障残疾人群体的教育，成为党和政府关注的一个重点。基于资源匮乏的现实，党和政府凭借强大的政治力量，出台特殊教育政策，以政策蕴含的政治意志调配特殊教育相关资源，保证残疾人教育利益，保障特殊教育发展。例如，20 世纪八九十年代，国家各项事业亟待发展，教育资源极度匮乏，严重影响到特殊教育的资源分配。党和政府通过独立建制的特殊教育师范学校或在普通师范院校附设特殊教育师范部等途径，快速开展特殊教育人才培养，有力支撑了特殊教育发展；在各地教育部门迅速设立特殊教育管理机构、研究机构，并于 1988 年和 1990 年接连召开全国特殊教育工作会议，部署全国特殊教育工作；快速研制三类特殊教育学校教学计划，开展随班就读实验以及全面部署随班就读工作，发布《关于发展特殊教育的若干意见》《中华人民共和国残疾人教育条例》《特殊教育学校暂行规程》等一系列文件，以刚性的政治权威有力地弥补了特殊教育在资源获得方面的不足。1987—1996 年是特

① 王培峰：《特殊教育政策：正义及其局限》，14 页，南京，南京大学出版社，2015。

殊教育事业辉煌发展的十年。特殊教育学校数量和师生数量急剧增加。1987年，全国仅504所特殊教育学校，5.2万在校生①；到1996年，全国特殊教育学校已达1426所，在校生达32.11万人。② 党和政府的政治权威也直接推动了特殊教育学学科建设与发展。特殊教育研究和实践者围绕贯彻落实党和政府的相关特殊教育发展意见和举措，探讨特殊教育学学科建设。例如，《关于发展特殊教育的若干意见》不但奠定了残疾儿童义务教育普及发展的基石，而且确立了特殊教育学学科发展的基本领域。从知识范畴来看，这一时期，特殊教育知识建构主要立足党和政府对增加特殊儿童义务教育所需师资和丰富特殊教育理论的呼唤，围绕特殊教育安置、课程与教学、师资培养、学校管理等开展研究和教学。

在特殊教育学的学科发展期，随着党的建设的深入推进，以及政府公共服务职能的转变，党和政府指导经济社会发展的能力更加强大。党和政府的相关政治权威对特殊教育学学科建设的影响也更为深刻。2007年，党的十七大首次提出关心特殊教育，特殊教育已成为党的报告中重大决策的关注点。2008年，《中共中央、国务院关于促进残疾人事业发展的意见》明确指出"关心残疾人，是社会文明进步的重要标志。残疾人事业是中国特色社会主义事业的重要组成部分"。2010年，《国家中长期教育改革和发展规划纲要(2010—2020年)》为特殊教育单列一章，突出强调了对特殊教育发展的支持保障。党和政府的政治决策深刻影响到特殊教育研究和实践者的研究视野、路径和内容，对特殊教育知识建构和人才培养已产生了广泛深刻的影响。教育部发布的有关课题研究方向、一些学者的研究方向，以及南京特殊教育师范学院等有关高校的特殊教育人才培养方案，开始面向中国特色社会主义新时代的要求，探索具有新时代特色的知

---

① 《我国特殊教育落后面貌亟待改变》，载《中国教育报》，1988-11-24。

② 引自《1996年全国教育事业发展统计公报》。

识体系、人才培养体系。特别是探索布局合理、学段衔接、普职融通、医教结合的特殊教育体系，建立政府主导、部门协同、各方参与的特殊教育工作格局，推进以普通学校随班就读为主体、以特殊教育学校为骨干、以送教上门和远程教育为补充的融合教育实施途径等正成为特殊教育研究和实践者知识建构的重要内容。

2. 法治驱动机制

法律是规范人们社会活动、调节社会关系的重要依据和工具。在特殊教育学初创时期，随着义务教育的普及，在政治意志推动特殊教育发展的同时，法治的力量开始逐渐生长壮大。1982年的《中华人民共和国宪法》是改革开放以来我国治理国家的总章程，为特殊教育发展提供了根本的法治驱动力，同时也为特殊教育学的发展奠定了制度框架。

在特殊教育学的学科初创期，1986年，《中华人民共和国义务教育法》以法律规范的形式明确规定地方各级人民政府为盲、聋、哑和智障的儿童少年举办特殊教育学校(班)。这在当时开辟了特殊教育快速发展的“快车道”；同时，也以法律的刚性形式奠定了特殊教育学发展的重要基础。特殊教育学发展由过去依靠政治和政府行政的单一驱动方式，向法治和政治共同参与的多样化转变。其后，1990年的《中华人民共和国残疾人保障法》和1994年的《中华人民共和国残疾人教育条例》分别作为残疾人事业发展和特殊教育的专门法律或法规，明确界定特殊教育对象和目标以及主要内容和方式途径。基于当时资源极度匮乏，视力、听力残疾儿童入学率还不足6%的现实困境①，特殊教育研究与实践者关注“穷国办大特殊教育”的出路、办法和策略，特殊教育学的知识建构以服务普及残疾儿童少年义务教育为根本任务，着重从三类特殊教育学校的课程教学、管理等方

① 《我国特殊教育落后面貌亟待改变》，载《中国教育报》，1988-11-24。

面快速开展研究，推动特殊教育学知识创新。例如，20世纪80至90年代，李牧子、叶立言、曹正礼、李宏泰、余敦清等一批特殊教育学校校长基于实践开展的盲童教育、聋童教育的研究；20世纪90年代中期，陈云英、华国栋等开展的农村特殊儿童随班就读试验，等等。另外，迫于解决普及残疾儿童义务教育师资短缺的问题，1982年，南京特殊教育师范学校(现南京特殊教育师范学院)成立；1986年，北京师范大学教育系设立特殊教育专业；1988年，华东师范大学心理学系增设特殊教育专业，越来越多的师范院校陆续开设特殊教育专业，揭开了大规模规范化的特殊教育师资培养的序幕。同时，为了促进特殊教育经验交流和学术繁荣，《现代特殊教育》和《中国特殊教育》分别于1992年和1994年创刊，2005年中国高等教育学会特殊教育研究分会成立，以及各级特殊教育研究机构、学会等纷纷设立，为特殊教育学知识建构和交流提供了有力支持。

在特殊教育学的学科发展期，法律规范更加完善，法治推动力量更为壮大。2006年修订的《中华人民共和国义务教育法》颁布，残疾儿童义务教育获得了更加坚实的法治基础。2008年修订的《中华人民共和国残疾人保障法》进一步增强了对残疾儿童义务教育的保障，以强制性的义务性规范要求普通小学、初级中等学校必须招收能适应其学习生活的残疾儿童少年入学。2017年修订的《中华人民共和国残疾人教育条例》在总结借鉴前期经验的基础上，进一步完善特殊教育的指导思想和原则，突出要求残疾人教育应当提高教育质量，积极推进融合教育。这一时期，特殊教育学发展有了更加坚实完善的法治依据。广大特殊教育研究者围绕贯彻落实特殊教育相关法律法规，以特殊教育政策研究、特殊教育体系与模式研究、特殊人群心理健康研究①，以及基于落实三类特殊教育学校课程标准的特殊教

① 张艳琼、张伟锋：《我国特殊教育的知识图谱分析——基于2000—2013年〈中国特殊教育〉刊文》，载《西南民族大学学报(人文社会科学版)》，2014(12)。

育课程与教学研究等开展特殊教育知识建构。同时，随着《中华人民共和国残疾人教育条例》对特殊教育教师专业资格证书制度的推进，以及《特殊教育教师专业标准（试行）》的实施，特殊教育专业建设、人才培养规格，以及特殊教育教师资格认证等也开始了法治化进程。依法规范特殊教育师资培养、培训和管理，以及推进特殊教育教师专业发展，成为特殊教育研究和师资培养培训的新领域。

3. 社会驱动机制

新中国成立前，从1874年威廉·穆瑞等外国传教士、1916年张謇等本国人士创办特殊教育机构开始，我国特殊教育的发展一直深受社会力量的推动，有着深刻的社会基础。新中国成立后，一方面，中国盲人福利会、中国聋哑人福利会成立，特别是1988年中国残疾人联合会成立后，以残疾人联合会为主的具有一定社会组织性质的机构及其他相关学术团体组织积极参与特殊教育活动，对特殊教育发展起着重要推动作用。另一方面，一些民间人士、企业等对特殊教育发展具有重要影响。例如，1952年黄乃对汉语新盲字的研究与推广实践，民间人士徐白仑1988年开展的"金钥匙盲童教育研究中心""金钥匙盲童教育计划"的研究与实践，都有力地促进了特殊教育发展。

社会参与治理是当今社会事业发展的重要趋势。特殊教育发展以及特殊教育学发展都深受社会参与治理的影响和推动。随着公民社会的发展和国家治理方式的转变，特殊教育作为社会的系统工程，存在于社会公共空间。社会力量参与特殊教育治理、推动特殊教育学学科发展的作用越来越显明。这主要表现在以下三点。第一，在特殊教育发展中，越来越注重吸纳不同组织和单位、部门、企业和公民参与特殊教育。例如，《第二期特殊教育提升计划（2017—2020年）》明确要求鼓励高等学校、教科研机构以多种形式为特殊教育提供专业服务，还提出发挥乡镇（街道）、村（居）民委员会在未入学残疾儿童少年信息收集、送教上门、社会活动等方面的支持作用。这一时期，参与特殊教育办学与监督的主体日趋多元，特殊教育发展方式日趋多样，特殊教育发展的活力空前增强。特殊教育学发展也表现出以研究社会参与治理为主题的知识建构视野。社会参与治理成为在政治力量、法治力量之外，推动特殊教育学建设的又一个重要力量。各种社会力量参与治理特殊教育，改变了过去单一的行政方式，对特殊教育办学管理体制等提出了挑战。一些特殊教育研究者尝试从理论和实践的不同视野来应对。例如，有研究者在特殊教育政策研究中对多重和重度障碍儿童教育提出建立社区资源共享机制、多边合作机制和送教上门机制等特殊教育公共治理的思考①；有研究者从特殊教育学校实践角度，提出社会参与特殊教育学校课程教学，建立实训基地和购买服务等。当前，社会参与特殊教育方式路径的研究、社会参与特殊教育管理监督的研究，契合了我国经济社会转型特别是政府职能转变的需要，备受政府和研究者的关注，是当前及今后特殊教育学学科知识建构和创新的新领域。第二，在跨学科的新知识建构中，高校、科研机构及社会其他机构和行业有越来越多的学者，跨学科专业参与特殊教育学学科知识建构。另外，以残疾人联合会为主的社会组织和各类残疾人康复机构、企业等，以表达诉求、参与监督、技术支持、资金支持等方式广泛参与特殊教育，有力促进了特殊教育的发展。第三，以中国高等教育学会特殊教育研究分会为主的学术团体，也是有力促进特殊教育知识传播创新的重要途径。中国高等教育学会特殊教育研究分会是中国高等特殊教育领域专门的群众性学术团体，自2005年成立以来，每年召开年会，围绕着特殊教育学学科建设与社会需求，不断规范完善特殊教育学学科发展，积极总结构建特殊教育学学科知识，促进特殊

---

① 王培峰：《特殊教育政策：正义及其局限》，276～278页，南京，南京大学出版社，2015。

教育学术交流。中国教育学会特殊教育分会、国际视障教育学会中国分会、中国残疾人康复协会、中国心理卫生协会残疾人心理卫生分会、中国教育技术协会教育康复专业委员会、中国统计教育学会特殊教育统计研究会等也定期开展活动，从不同视野丰富与推进特殊教育学学科建设发展。

（四）特殊教育学学科发展的成就与不足

特殊教育学是一门年轻的学科，遵循着政治驱动、法治驱动、社会驱动的内在机制，不断发展壮大，取得了较好的成就，也存在着诸多不足。

1. 特殊教育学学科发展的成就

新中国成立 70 年来，特殊教育学发展十分迅速。第一，从 1982 年建立南京特殊教育师范学校开始，逐渐发展到 1984 年北京师范大学招收特殊教育专业硕士研究生，再到 1986 年北京师范大学教育系设立特殊教育专业，开始本科层次人才培养，专业人才培养渐成规模。据全国特殊教育专业招生计划不完全统计显示，至今，招收特殊教育专业本科生的高校已近 60 所，年招生规模超 4000 人；拥有特殊教育专业硕士点的高校有 16 所，拥有特殊教育专业博士点的高校有 3 所。第二，研究者与专任教师渐成规模。改革开放 40 多年来，特殊教育专业研究者与专任教师日趋增多，通过特殊教育学学科发展建设培养出一大批专业研究者，且随着特殊教育学学科发展的深入，越来越多的年轻学者较之第一代研究者更具特殊教育专业知识的国际视野，构成了我国特殊教育研究队伍的新生力量。第三，服务于特殊教育发展改革的能力不断提升。为我国特殊教育发展改革提供理论支撑是特殊教育学学科建设的重要使命与任务。在特殊教育学初创时期，特殊教育工作者主要以跨专业或兼业身份开展特殊教育研究，侧重介绍国外经验和服务残疾儿童义务教育需要。在特殊教育学发展时期，伴随专业研究队伍的不断壮大和特殊教育学学科知识体系的拓展丰富，服务于特殊教育发展改革的专业能力不断提升。从1991年朴永馨的《特殊教育概论》的出版，到现在特殊教育专业著作、论文的极大丰富，以及各种期刊和特殊教育研究分会的增多，特殊教育专家学者及其成果为特殊教育发展改革做出了直接理论贡献。例如，朴永馨、陈云英、方俊明、丁勇等专家学者越来越多地参与国家重大特殊教育决策，反映了特殊教育专业队伍建设的成就。第四，特殊教育研究学术平台建设取得重大突破。2005年，中国高等教育学会特殊教育研究分会成立，这是全国特殊教育领域专家学者的联合体和学术共同体，为特殊教育的学术交流创造了条件。1988年，原中央教育科学研究所设立特殊教育研究室。同年，北京师范大学特殊教育研究中心成立。至今各省市和有关高校都纷纷设立特殊教育研究机构，为特殊教育研究奠定了坚实的基础。在专业媒介建设方面，从1992年《现代特殊教育》创刊，1994年《特殊儿童与师资研究》(现更名为《中国特殊教育》)创刊，到现在更多的期刊刊发特殊教育专业论文，特殊教育学学科知识传播渠道越来越广泛多元，促进了特殊教育交流。第五，特殊教育研究日趋繁荣。这主要表现为特殊教育基本理论、特殊儿童康复、融合教育等受到空前关注。随着特殊教育发展方式的变革和转型，特殊教育学学科建设进入变革与成熟发展的新阶段。通过心理学、医学、社会学等学科交叉参与特殊教育知识建构，特殊教育学学科知识成果越来越多。融合教育、特殊教育政策、特殊教育史、特殊教育哲学、特殊教育社会学、特殊学校课程教学、特殊教师教育、特殊儿童诊断与康复训练等纷呈，对特殊教育学术繁荣起到了重要推动作用。同时，国家加大对特殊教育改革发展的专项课题研究，为国家决策服务。例如，方俊明的"特殊教育支持保障体系研究"等国家课题研究，为特殊教育发展提供了相应的理论学术成果支撑。此外，特殊教育研究方法也从以定性研究为主，走向定性与定量研究相结合。

2. 特殊教育学学科发展的不足

特殊教育学学科建设虽然取得了一些成就，但是还存在诸多问题，主要有以下几点。第一，学科建设目标还不清晰。当前，在中国特色社会主义新时代，特殊教育发展面临新的任务和挑战，与其他高水平学科相比，与特殊教育发展的时代需要相比，还有相当大的距离。第二，理论研究水准有待提升。特殊教育专业起步较晚、学科影响力较小、人才培养规模不够大等原因，使得特殊教育研究难以形成更加成熟的知识体系，难以更好地服务专业人才培养和支撑特殊教育改革发展。第三，原创性的理论创新不足。当前理论研究与教学实践中存在着注重移植西方发达国家经验的做法，盲目跟随西方，缺少根据我国实际需要的创新。这与我国广泛而深刻的特殊教育变革不相匹配。第四，特殊教育学学科知识传播的平台尚不够丰富。许多期刊特别是核心期刊常常以特殊教育读者受众少、特殊教育影响小等为由，拒绝刊发特殊教育学术成果。第五，特殊教育专业知识体系和人才培养体系尚不够健全。特殊教育学学科知识最终是服务于人才培养的。当前，一方面，特殊教育专业知识本身正在发展完善的过程中，如特殊教育哲学等很多新形成的知识还没有进入人才培养的课程；另一方面，特殊教育专业人才培养体系也存在目标不够明确、措施不够完善等问题，如有的高校没有及时按照 2015 年教育部颁布的《特殊教育学校教师专业标准(试行)》完善人才培养的专业课程体系。第六，专业教学和研究队伍建设尚有不足。我国特殊教育发展和问题的解决要植根于我国现实的土壤中。尽管借鉴国外经验是必要的，但及时总结我国的经验、解决我国的问题更为重要。因此，特殊教育发展特别需要培养一支植根我国、了解我国并具有国际视野的特殊教育学者队伍，以问题解决取向的明确研究目标研究我国特殊教育问题，为我国特殊教育发展改革提供理论支撑。

二、特殊教育学的愿景展望

以色列新锐历史学家尤瓦尔·赫拉利(耶路撒冷希伯来大学教授)在其所著的《未来简史》中曾言:“人们之所以不愿改变,是因为害怕未知。但历史唯一不变的事实,就是一切都会改变。”其实,改变是永远的主题,整个人类社会历史如此,特殊教育学学科发展也是如此。在日新月异的时代变迁中,面对特殊教育学学科的历史演进,我们如何才能洞见未来?

(一)洞见与盲视:特殊教育学学科发展之反思

新中国成立70年,是我国特殊教育不懈探索、不断攻坚克难的70年。70年来,特殊教育概念的更新、特殊教育内涵的延展、特殊教育对象的拓展、特殊教育实践的创新等,逐步推进形成特殊教育改革与发展的中国道路,并体现了鲜明的中国特色。面向未来,我国特殊教育的发展不仅要满足残疾儿童的学习需要,而且要面向更多具有特殊需要的人群。

1. 历史演进:由学习借鉴欧美理论到中国化改造

新中国特殊教育学学科的理论与实践发展,既是本土特殊教育学学科理论探索逐步深化和实践经验逐渐总结提升的历程,也是借鉴与融合欧美特殊教育学学科理论研究和实践经验的发展过程。总体而言,特殊教育学学科发展呈现出由探索走向形成、由借鉴走向创造、由经验走向实践的演进发展逻辑。

在特殊教育学学科前探索时期,特殊教育逐步被纳入国家国民教育体系,成为国家意志行为。此阶段高校的特殊教育人才培养尚未开展,特殊教育主要存在于基层特殊教育学校的实践中。正是我国政府推进特殊教育学校建设及基层特殊教育实践者的工作,培育了特殊教育学形成发展的“根据地”。在特殊教育学学科初创时期,高校教师和科研机构学者在特殊教育学学科创建中成为主体,并与特殊教育学校的实践工作者共同推动了特殊教育学学科的发展。此阶段基于特殊教育发展的现实需求，在借鉴欧美特殊教育学学科理论研究和实践经验的基础上，逐步完成了特殊教育理论的知识建构和服务于“三类残疾儿童”义务教育所需师资的人才培养专业架构。在特殊教育学学科快速发展时期，多元主体参与的多学科交叉的特殊教育知识拓展，与服务多类型多样化特殊教育需求的多层次人才培养，以及特殊教育的发展改革，极大地丰富和促进了特殊教育学学科发展。

同时，我国的特殊国情为特殊教育学学科发展提供了一个不可复制的实验场地。随着政治、经济、文化的发展与教育改革的深入推进，我国特殊教育学研究者紧密联系我国特殊教育发展的现实，不断拓宽特殊教育学学科研究的视域，创新研究的理论与方法，使更加符合我国实际的、更具中国特色的特殊教育学学科体系逐渐生成。概而言之，我国特殊教育学学科在学习和借鉴欧美特殊教育学研究成果的基础上，逐渐完成了由引入到照搬，再到中国化改造的历史性转变。

2. 理论演进：由单一理论来源到多元理论兼容并蓄

理论是开展一切研究的基础，没有理论依据的研究恰如无源之水、无本之木。自本土学科成立以来，我国特殊教育学学科建构在理论层面上逐步实现了从教育学理论来源向心理学、医学、社会学、管理学等多学科理论交互融合的转变，原有理论的内涵也由此得到丰富和完善。从这个层面而言，我国特殊教育学学科的理论演变遵循由单一理论来源到兼容并蓄的多元理论交融的演进逻辑。

从学科产生的源头来看，特殊教育学是教育学的二级学科，教育学理论毋庸置疑是特殊教育学研究的主要理论源泉，如课程与教学论、学前教育学、高等教育学、教育技术学。但是，特殊教育对象及其教育过程的复杂性，单一理论来源的普适性不断受到质疑。尽管我们认同教育活动本身构成了一个具有多样性、丰富性和差异性的复杂世界，然而，特殊教育领域的教育问题并不等同于一般意义上的教育问题，单一的教育学理论对特殊教育领域的教育现象或问题并不具有全然的解释力。从学科研究的属性来看，对于具备丰富多样性的特殊教育学而言，其学科研究必然涉及学科交叉地带，学科研究的交叉性决定了其理论来源的多元化走向。随着研究视域的日益拓宽、研究内容的不断丰富，理论支持的乏力日益凸显。我国特殊教育学研究者开始从心理学、医学、社会学、管理学等学科中借鉴理论研究成果，以满足学科研究的理论需求。

如果说初期的特殊教育学学科尚带有刚脱胎出来的母体特征，具有一定的幼稚性，那么，经过一段时间的成长，它已从与其他学科的交叉领域吸收营养，发展壮大自身，这必然是一个新的进步。随着科技进步和特殊儿童教育诉求的多元化，康复科学、人工智能、认知神经科学等现代科技深度参与特殊教育。特殊教育知识建构的主体日趋多元，特殊教育知识建构的学科立场、思维方式、研究方法、知识构成等也更加多元。多学科交叉的特殊教育知识拓展建构极大地丰富和促进了特殊教育学学科发展。总而言之，我国特殊教育学学科发展在以教育学理论为主导的前提下，广泛吸收了心理学、医学、社会学、管理学等学科的理论成果，逐渐形成了一种兼容并蓄的多元理论架构。

3. 实践演进：由致力于解决宏观问题到宏观、中观、微观并举

特殊教育学学科发展源于特殊教育实践的需求，具有鲜明的实践特色。从新中国特殊教育学学科发展来看，我国特殊教育学学科研究在实践层面始终保持应用性与时代性相结合，逐步实现了由关注特殊教育重大发展问题向关注特殊教育实践发展的中观、微观相结合的转变。从这个层面而言，我国特殊教育学学科发展历程在实践层面遵循着由致力于解决宏观特殊教育发展问题到宏观、中观、微观并举的实践演进逻辑。

处于不同历史时期的特殊教育学研究肩负着不同的职责，研究问题的不断变化符合学术研究的内在逻辑和现实需要。在特殊教育学的学科探索期，特殊教育学校基层教师开展的“两类残疾儿童”教育的实践探索、经验积累和知识建构，直接孕育特殊教育学的专业基础。在特殊教育学的学科初创期，特殊教育学学科在服务“三类残疾儿童”义务教育师资培养过程中，不断运用和建构特殊教育知识，传播和交流特殊教育知识。基层特殊教育实践中，一批优秀的特殊教育实践者，在盲童教育、聋童教育、智障儿童教育领域开展实践和研究，大力促进了特殊教育学学科的创建。在特殊教育学的学科发展期，随着特殊教育改革持续深入推进，特殊教育发展遇到的困难也比过去任何时代都更为复杂艰巨。服务于更多特殊需要者的多样化教育需求的人才培养和特殊教育发展改革是特殊教育学学科发展的中心任务。特殊教育学学科建设服务于以公平和质量为主题的特殊教育内涵发展及特殊教育全面改革，从服务于“三类残疾儿童”教育到服务于更多类型残疾人多样化教育。服务于特殊教育实践持续贯穿于我国特殊教育学学科发展的各个历史时期。

随着我国特殊教育改革的持续深入，不仅推进融合教育等宏观的重大发展问题依然存在，中观、微观的特殊教育问题也日益凸显，一系列新情况、新问题亟待分析和破解，如孤独症学生的安置与适性教育，提升特殊教育教师的专业化水平等问题。我国特殊教育学学科发展继而开始转向致力于回答和解释经济社会发展以及特殊教育改革发展中不断涌现的现实问题，加强中观、微观的应用研究，势必增强为特殊教育决策服务的实效性。对中观、微观问题研究的重视不仅有利于理论联系实际，解决具体的特殊教育新问题；而且有利于为特殊教育政策改革提供依据，为特殊教育发展等宏观问题的研究提供素材。总体而言，我国特殊教育学学科成立以来，特殊教育学学科发展的实践性特色得到了进一步彰显，实现了由致力于回答和解释特殊教育发展的宏观问题，向既保持宏观的长线话题研究，又致力于回答和解释特殊教育改革发展中的路径、对策等现实问题的宏观、中观、微观并举的实践转变。

(二)机遇与挑战：特殊教育学学科发展之突破

新中国成立70年来，特殊教育学学科发展经历了从滥觞到繁荣的学科三部曲。第一步是伴随新中国的成立，特殊教育学学科完成了从无到有的学科探索；第二步是借改革开放“春风”，特殊教育学学科实现了从初创到建构的规模化发展；第三步就是今天，跟随民族复兴的强国之梦，让我国的特殊教育学学科从弱到强，走向国际特殊教育学学科发展的前沿。

1. 顺应国家政策发展，优化整合学科资源

我国的特殊教育在国家及各部门的重视与支持下，在各级教育部门、各级残疾人联合会、特殊教育学者专家与社会各界的通力合作下，已逐渐发展并取得令人瞩目的成就。我国先后出台《特殊教育提升计划(2014—2016年)》《第二期特殊教育提升计划(2017—2020年)》，重视残障学生的受教育权，保障残疾儿童少年入学，积极致力于提升特殊教育教学与服务水平，提供符合残疾学生发展需求的课程教学与无障碍环境，努力实现有教无类、因材施教与人尽其才的教育理想。

2019年2月，中共中央、国务院印发《中国教育现代化2035》，提出“将服务中华民族伟大复兴作为教育的重要使命”，聚焦教育发展的突出问题和薄弱环节；重点部署了面向教育现代化的十大战略任务，其中一项是“实现基本公共教育服务均等化”；并特别提到“办好特殊教育，推进适龄残疾儿童少年教育全覆盖，全面推进融合教育，促进医教结合”。

上述一系列国家政策的出台表明办好特殊教育已成为新时代教育发展的重要命题。未来十五年，是我国经济和社会发展从全面实

现小康向基本实现现代化迈进的十五年，也是实现中华民族伟大复兴的中国梦最为关键的十五年。随着以公平为目标价值追求的普及教育的发展，我国特殊教育将更加普及化和均衡化；随着现代终身特殊教育体系及其治理机制的建立和完善，我国特殊教育将更加系统化、终身化和制度化；随着特殊教育发展方式从规模扩张转向内涵建设，我国特殊教育将更加注重优质发展和教育质量的提高。为此，特殊教育学学科发展需要优化整合学科资源，以回应特殊教育的服务对象、入学安置、行政制度、专业师资、课程教学、学习环境、家庭参与、绩效评估等现实问题，提出解决策略。

2. 适应社会服务需求，持续推进学科发展

随着社会经济的快速发展，我国特殊教育服务需求已突破九年义务教育，呈现出向两头延伸的趋势，如学前特殊教育、高中及大学阶段的特殊教育，甚至终身特殊教育的需求已进入快速增长期。特殊教育在正规教育系统与非正规教育系统中的需求也日益多样化。例如，在残疾人托养机构中的特殊教育服务内容与方法手段日渐增多。可以预见，建立覆盖生命周期、内涵丰富、结构合理的特殊教育服务体系将成为常态。国家政策的支持、社会力量的参与，必将出现新兴的特殊教育服务行业。

在此情况下，特殊教育及相关专业服务质量成为竞争关键。作为特殊教育及相关专业服务人才，只有具备扎实的专业理论基础和丰富的专业实践经验，才能从专业的角度提供服务。因此，今后我国的特殊教育发展必须与社会发展相适应，突破专业、行业间的信息壁垒，不断拓宽思路，积极谋求实现跨行业的融合与合作，通过深度融合、协同创新体现特殊教育服务的社会价值。

3. 催生多元学术流派，培植学科本土特色

学科的不断成熟往往得益于学术争鸣。借助多种学科采用不同的方法路径来研究同一特殊教育问题，可以产生不同的学术流派，

引起学术争鸣，从而推动特殊教育学学科发展走向成熟。特殊教育学学科内部的学术流派形成过程，既是学科自身发展的过程，也是新时代我国特殊教育学学科发展的必然要求。

学术流派是一门学科自身结构的重要内容，不论从一个国家来看一门学科，还是从世界范围来看一门学科，如果没有形成几个学派，这门学科就缺乏支撑力量。学派的形成是理论发展的重要途径，是理论长久生命力的不竭之源。学派的发展从深层次探索了学科发展的内在可能性空间。通过不同学术流派建设促进特殊教育学学科发展，是新时代的必然要求。形成我国特殊教育学不同学术流派，是实现特殊教育学学科原创性发展的有效途径。

当前，我国特殊教育学学科研究者既要具有学科意识，又要具有学术流派意识。从学科发展走向学术流派的发展，是我国特殊教育学学科发展的必然趋势。植根于我国文化土壤，从我国特殊教育实践的问题入手，在研究我国特殊教育问题的基础上，形成具有中国特色和中国智慧的多样化的特殊教育学术流派，是我国特殊教育学学科真正成为一门自立、自为、成熟学科的重要标志之一。

4. 转化科研创新成果，推动特殊教育事业发展

特殊教育学学科的发展离不开科学研究的支持和推动。近年来，越来越多的特殊教育专业学者获得来自国际合作课题，或国家级、省部级科研基金的支持，发表了诸多高水平的科研成果，并开展了国际的学术交流活动，不断将有价值的特殊教育科研成果进行转化，用于指导特殊教育实践，最终将推动特殊教育学学科的发展，促进特殊教育质量的提高。然而，目前受制于个人、组织环境等多方面因素的影响，特殊教育研究成果转化率较低，从研究成果转化为实践应用还需跨越巨大的鸿沟。因此，在不断开展高质量的特殊教育研究基础上，特殊教育发展还需争取更多的政策和资金支持，充分利用产学研平台进行转化研究，将特殊教育的新概念、新技术、新

方法应用于实践，从而真正体现出科研的价值，推动特殊教育事业的发展。

随着国内外社会形势的发展和文化强国战略的实施，我国特殊教育学学科的发展正在迎来一个大好的机遇。抓住机遇，有所作为，回应时代的呼唤，推动学科发展更上一层楼，对特殊教育工作者来说，已经不仅仅是一个心愿，更是一个责无旁贷的历史使命。

（三）嬗变与趋向：特殊教育学学科发展之展望

1. 发展需求本位的鉴定标准，提供终身服务

未来特殊教育在服务对象方面将以教育为本，按学习需求或功能进行分类，不必拘泥于医学模式；并且应改进现行评估模式，提升鉴定准确度。在服务年龄方面，目前限定在 7～14 岁，未来特殊教育服务对象年龄希望逐渐拓展至终身。

2. 建置适性多元的安置模式，实现机会均等

特殊教育学生特质不同，教育需求各异。各类、各地、各校的特殊学生人数不同，环境特性也有差别。以单一模式安置势必无法满足各方面的需求。当前我国对特殊教育学生的安置已日趋多元。未来我国应配合特殊教育学生及教育环境的不同特性，继续建置完成多元安置模式，提供特殊教育学校、普通学校特教班、融合资源班、巡回辅导等各种模式，使每位特殊教育学生均有充分且均等的教育机会，获得最适当的安置。

3. 建构行政支持的完整体系，落实融合教育

为使每位特殊教育学生均能享有适才、适性的教育机会，我国政府应积极建构完整的行政支持体系，为融合教育与特殊教育学校提供充足的人力、教材、设备等支持，以具体落实零拒绝的融合教育理想与政策。

4. 建立特殊教育的专业伦理，营造人文关怀的校园环境

建立特殊教育的专业伦理，目的在于维持特殊教育教师专业角

色的质量和形象，维护特殊需求学生的权益。特殊教育教师在教学活动中应考虑特殊需求学生及家长的最大利益，致力于提高特殊需求学生的教育与生活质量。在专业伦理的引导与规范下，人文关怀的情操与专业理性的沟通要能落实于校园环境中。

5．推动个别化教育计划的绩效责任，提高特殊学生的学习质量

通过推动个别化教育计划的绩效责任，充分结合课程、评估、专业团队运作模式，参考家长意见，拟订符合学生学习能力与学习需求的个别化教育计划，使每位特殊学生皆能执行适当的个别化教育计划，习得相关知识、情意与技能，适应社会，提高学习质量。

6．发展实证研究的课程教学，提升学习辅导的效果

教师在选用课程架构与教学策略时，应以实证研究为基础，考虑学生的特殊性，积极采用适切与有效能的教学与评估方法；参照全国性研究数据，设计具有信度和效度且适合特殊学生的替代性评量，并发展多元的评量方法，辅导特殊学生发挥潜能，增强效果。

7．营造无障碍的校园环境，提供适性辅助的支持服务

营造无障碍的校园环境，建立个别化辅助系统，适性调整学生学习工具及教学软件，并研发适合各类特殊学生的软件和硬件系统，让每位特殊学生不会因其身心障碍而被拒绝入学，或难以接近及使用任何学习资源，进而提供一个温馨、安全、适性的学习环境。

8．设置贫困家庭的支持网络，增进家庭参与教育的机会

鼓励特殊学生家庭参与特殊教育，建立家庭与学校教育的联系，促进特殊学生在校的学习与发展。通过家校合作及支持服务，协助特殊学生学习与成长。

9．制定特殊教育绩效评估指标，提升特殊教育服务质量

特殊教育评估工作应以当前特殊教育思潮、社会价值、教育专业、接受特殊教育服务的个体需求为考虑，以具体可行的绩效指标为标准，并强调能力本位的教师效能。目的在于对特殊教育教师及

行政人员的教育专业和服务质量做出价值判断，以提高教育经费的使用效益，实现特殊教育质量的自我提升。

10. 分享特殊教育的价值信念，营造友善关怀的人文环境

随着人类社会的进步，公平正义、尊重差异等已成为特殊教育的共识与目标，成为社会和谐发展的基础。特殊教育教师、相关专业人员、学生及家长理性、真诚、适切的沟通，分享特殊教育的历程与经验，可以在校园文化中创造彼此关怀与相互尊重的人文世界，进而共同营造全民友善关怀的人文环境。

期待未来我国的特殊教育能往下扎根，向上提升，达到服务对象普及化、入学安置多元化、行政管理制度化、教育师资专业化、课程教学精准化、学习环境优质化、家庭参与全面化与绩效评估标准化的目标，以增强特殊教育效能，提升特殊教育质量。

主要参考文献

一、国内著作

[1]北京市教育学会特殊教育研究会:《北京市特殊教育 50 年》,北京,华夏出版社,1999。

[2]陈云英等:《中国特殊教育学基础》,北京,教育科学出版社,2004。

[3]陈云英:《逐个一体化教育改革的理论与实践》,北京,新华出版社,1997。

[4]邓猛:《融合教育背景下中国特殊教育体系发展研究》,南京,南京师范大学出版社,2017。

[5]邓猛:《融合教育实践指南》,北京,北京大学出版社,2016。

[6]丁勇:《当代特殊教育新论:走向学科建设的特殊教育研究》,南京,南京师范大学出版社,2012。

[7]杜晓新、黄昭鸣:《教育康复学导论》,北京,北京大学出版社,2018。

[8]方俊明:《当代特殊教育导论》,西安,陕西人民教育出版社,1998。

[9]方俊明:《特殊教育学》,北京,人民教育出版社,2005。

[10]顾定倩、朴永馨、刘艳虹:《中国特殊教育史资料选》上、中、下,北京,北京师范大学出版社,2010。

[11]顾定倩:《特殊教育导论》,大连,辽宁师范大学出版社,2001。

[12]顾明远:《教育大辞典》增订合编本,上海,上海教育出版社,1998。

[13]顾明远口述,李敏谊整理:《顾明远教育口述史》,北京,北京师范大学出版社,2007。

[14]国家教育委员会初等教育司:《特殊教育文件、经验选编》,北京,人民教育出版社,1989。

[15]国家教育委员会基础教育司:《国外特殊教育资料选编》,北京,华夏出版社,1992。

[16]何东昌:《中华人民共和国重要教育文献(1949—1975)》,海口,海南出版社,1998。

[17]华国栋:《差异教学论》,北京,教育科学出版社,2001。

[18]华国栋:《特殊需要儿童的随班就读》,大连,辽宁师范大学出版社,2002。

[19] 蒋云尔:《特殊教育管理学》,南京,南京大学出版社,2007。

[20]金长泽、张贵新:《师范教育史》,海口,海南出版社,2002。

[21] 李拉:《我国特殊师范教育制度研究》,南京,南京大学出版社,2016。

[22]李牧子:《盲童教育概论》,北京,北京盲文出版社,1981。

[23]刘全礼:《特殊教育导论》,北京,教育科学出版社,2003。

[24]刘艳虹:《特殊教育医学基础》,大连,辽宁师范大学出版社,2001。

[25]刘英杰:《中国教育大事典(1949—1990)》,杭州,浙江教育出版社,1993。

[26]刘玉华、朱源:《超常儿童心理发展与教育》,合肥,安徽教育出版社,1994。

[27]陆振华:《随班就读管理与特教班建设》,南京,南京大学出版社,2014。

[28]马建强:《中国特殊教育史话》,北京,新华出版社,2015。

[29]茅于燕:《智力落后儿童的早期发现和早期干预》,北京,科学普及出版社,1990。

[30]朴永馨:《特殊教育和我:朴永馨口述史》,北京,北京师范大学出版社,2017。

[31]朴永馨:《特殊教育辞典》第1版,北京,华夏出版社,1996。

[32]朴永馨:《特殊教育辞典》第2版,北京,华夏出版社,2006。

[33]朴永馨:《特殊教育学》,福州,福建教育出版社,2014。

[34]沈家英、陈云英、彭霞光:《视觉障碍儿童的心理与教育》,北京,华夏出版社,1992。

[35]石学云:《特殊教育教师胜任力研究(实践卷)》,北京,教育科学出版社,2012。

[36]苏云雪、张旭：《超常儿童的发展与教育》，北京，北京大学出版社，2011。
[37]汤盛钦：《特殊教育概论——普通班级中有特殊教育需要的学生》，上海，上海教育出版社，1998。
[38]王克南：《北京市第二聋人学校史料选编(1919—2005)》，天津，天津教育出版社，2006。
[39]王培峰：《特殊教育政策：正义及其局限》，南京，南京大学出版社，2015。
[40]王雁、肖非：《中国特殊教育教师培养研究》，北京，北京师范大学出版社，2012。
[41]咸立亭：《新时期基础教育工作指导全书》下册，北京，新华出版社，2002。
[42]肖非、王雁：《智力落后教育通论》，北京，华夏出版社，2000。
[43]杨民：《世界特殊教育研究》，大连，辽宁师范大学出版社，2004。
[44]叶立言：《聋校语言教学》，北京，光明日报出版社，1990。
[45]曾天山等：《新中国教育科研通论》，北京，人民教育出版社，2015。
[46]张福娟、马红英、杜晓新：《特殊教育史》，上海，华东师范大学出版社，2000。
[47]张宁生：《听觉障碍儿童的心理与教育》，北京，华夏出版社，1995。
[48]张宁生：《听力残疾儿童心理与教育》，大连，辽宁师范大学出版社，2002。
[49]张文京：《弱智儿童个别化教育与教学》，重庆，重庆出版社，2005。
[50]赵微：《学习困难儿童的发展与教育》，北京，北京大学出版社，2011。
[51]中国残疾人联合会：《中国残疾人事业年鉴(1949—1993)》，北京，华夏出版社，1996。
[52]中国残疾人联合会：《中国残疾人事业年鉴(1994—2000)》，北京，华夏出版社，2002。
[53]《中国残疾人事业大事编年》编写组：《中国残疾人事业大事编年(1949—2008)》，北京，华夏出版社，2008。
[54]《中国教育年鉴》编辑部：《中国教育年鉴(1949—1981)》，北京，中国大百科全书出版社，1984。
[55]《中国教育年鉴》编辑部：《中国教育年鉴·地方教育(1949—1984)》，长沙，湖南教育出版社，1986。

[56]中国教育学会特殊教育研究会、安徽省教育学会特殊教育研究会：《聋童教育概论》，合肥，安徽教育出版社，1985。
[57]中国盲人福利会：《怎样教育人学盲字》，北京，人民教育出版社，1959。
[58]周念丽：《学前融合教育的比较与实证研究》，上海，华东师范大学出版社，2008。

二、国外著作

[1][美]彼得·圣吉：《第五项修炼——学习型组织的艺术与实务》，郭进隆译，上海，上海三联书店，1998。
[2][美]华勒斯坦等：《学科·知识·权力》，刘健芝等译，北京，生活·读书·新知三联书店，1999。
[3][美]华勒斯坦、儒玛、凯勒等：《开放社会科学》，刘锋译，北京，生活·读书·新知三联书店，1997。
[4]斯大林：《马克思主义与语言学问题》，北京，人民出版社，1957。

三、论文

[1]陈军：《由现实走向未来——全国加强和改进聋校德育工作会议综述》，载《现代特殊教育》，2005(11)。
[2]陈树强：《增权：社会工作理论与实践的新视角》，载《社会学研究》，2003(5)。
[3]陈一知：《论聋哑学校课堂教学》，载《聋哑教育通讯》，1959(3)。
[4]陈咏声：《伤残儿童的教育》，载《中华教育界》，第3卷，第10期，1949。
[5]陈云英：《全纳教育的元型》，载《中国特殊教育》，2003(2)。
[6]陈云英：《中国特殊需要在线远程咨询报告》，载《中国特殊教育》，2004(9)。
[7]程辰：《教育康复学专业实践教学的探索和思考》，载《现代特殊教育》，2018(5)。
[8]戴目：《调动聋人积极因素，培养聋人教师》，载《聋哑教育通讯》，1959(4)。
[9]邓猛、卢茜：《医教结合：特殊教育中似热实冷话题之冷思考》，载《中国特殊教育》，2012(1)。
[10]邓猛、潘剑芳：《关于全纳教育思想的几点理论回顾及其对我们的启示》，载《中国特殊教育》，2003(4)。
[11]邓猛、潘剑芳、关文军：《融合教育背景下我国高等院校特殊教育专业建设

的思考》，载《现代特殊教育》，2015(6)。

[12]邓猛、肖非：《特殊教育学科体系探析》，载《中国特殊教育》，2009(6)。

[13]邓猛：《重读〈努力发展有中国特色的特殊教育学科〉——兼论我国特殊教育学科建设》，载《现代特殊教育》，2017(12)。

[14]丁勇：《关于建构高等特殊教育学的初步探讨》，载《中国特殊教育》，2005(3)。

[15]丁勇：《以专业标准引领特殊教育教师专业成长——关于〈特殊教育教师专业标准(试行)〉的解读》，载《现代特殊教育》，2015(8)。

[16]杜晓新：《单一被试实验法在特殊教育研究中的应用》，载《中国特殊教育》，2001(1)。

[17]甘昭良：《学科体系的探新之作——读〈特殊教育学基础〉》，载《现代特殊教育》，2012(Z1)。

[18]顾定倩：《中国特殊教育的科研和师训基地——北京师范大学特殊教育研究中心简介》，载《现代特殊教育》，1994(3)。

[19]顾定倩、刘颖：《对实施"医教结合"实验的若干思考》，载《中国特殊教育》，2014(5)。

[20]韩园：《因材施教培养特殊人才——海峡两岸特殊教育研讨会在京召开》，载《中国人才》，2003(1)。

[21]何侃、王姣艳、张秀伟：《坚持医教结合，突出"儿童康复"特色——南京特殊教育师范学院康复治疗学专业建设的探索与实践》，载《现代特殊教育》，2018(12)。

[22]洪雪立：《聋哑儿童教学过程的特殊性》，载《聋哑教育通讯》，1958(5)。

[23]洪雪立：《聋哑儿童教学原则》，载《聋哑教育通讯》，1958(6)。

[24]洪雪立：《聋哑儿童认识活动的特点》，载《聋哑教育通讯》，1958(3)。

[25]洪雪立：《聋哑教育制度研究》，载《聋哑教育通讯》，1958(4)。

[26]洪雪立：《聋哑学校的共产主义道德教育》，载《聋哑教育通讯》，1956(2)。

[27]洪雪立：《论教育与矫治相结合》，载《聋哑教育通讯》，1960(1)。

[28]洪雪立：《论聋和聋哑(节录)》，载《聋哑教育通讯》，1958(2)。

[29]胡朔：《怎样分析一堂课》，载《聋哑教育通讯》，1959(3)。

[30]华国栋：《残疾儿童随班就读现状及发展趋势》，载《教育研究》，2003(2)。

[31]雷江华：《特殊教育理论基础的多维视角辨析》，载《中国特殊教育》，2012(2)。
[32]雷江华：《中国特殊教育学学科论初探》，载《华中师范大学学报(人文社会科学版)》，2005(4)。
[33]李欢：《我国高、中等院校特殊教育专业建设现状分析》，载《当代教育科学》，2011(17)。
[34]李拉：《从体系之外到体系之内：我国特殊教育的百年嬗变》，载《教育学术月刊》，2014(7)。
[35]李拉：《对新中国特殊师范教育制度建设的考察》，博士学位论文，南京师范大学，2015。
[36]李瑞华：《怎样教育情绪不正常的儿童》，载《活教育》，第 6 卷，第 3 期，1948—1949、1950。
[37]李尚卫：《我国高校特殊教育专业人才培养方案调查研究》，载《海南师范大学学报(社会科学版)》，2018(3)。
[38]李泽慧：《携手共进，迈向新世纪——中国教育学会特殊教育分会 99 年会在广州召开》，载《现代特殊教育》，2000(1)。
[38]陆莎：《医教结合：历史的进步还是退步?》，载《中国特殊教育》，2013(3)。
[40]吕雯慧：《金钥匙视障儿童随班就读实践的历史考察(1987—2010)》，博士学位论文，华东师范大学，2012。
[41]母进炎：《毕节学院特殊教育事业发展回顾及学科建设思考》，载《毕节学院学报》，2010(1)。
[42]朴永馨：《中国特殊教育师资的培养》，载《北京师范大学学报(社会科学版)》，1988(6)。
[43]钱志亮、刘娲：《北京师范大学与中国特殊教育》，载《高等师范教育研究》，2002(4)。
[44]沈玉林：《利用现代信息技术发展现代化职业教育——中国教育学会特教分会职业教育研讨会(长春会议)纪实》，载《现代特殊教育》，2000(9)。
[45]盛永进：《关于特殊教育研究哲学化的思考》，载《中国特殊教育》，2005(8)。
[46]盛永进：《“医教结合”争论中的学科立场——兼谈特殊教育研究的学术规约

问题》，载《中国特殊教育》，2014(5)。
[47]宋克家：《旅大市智力培育学校办学情况始末（节录）》，载《特殊教育》，1998(4)。
[48]宋思明：《怎样教导伤残儿童学习技能》，载《活教育》，第6卷，第3期，1948—1949、1950。
[49] 王揆生：《盲童的教育职业训练和出路》，载《活教育》，第6卷，第3期，1948—1949、1950。
[50]王文江：《儿童行为指导工作做什么？怎样做?》，载《活教育》，第6卷，第3期，1948—1949、1950。
[51]王艳梅：《多学科视角下的特殊教育理论与基础——评〈特殊教育学〉》，载《教育评论》，2016(7)。
[52]王雁、顾定倩、陈亚秋：《对高等师范特殊教育师资培养问题的探讨》，载《教师教育研究》，2004(4)。
[53]王雁、李欢、莫春梅等：《当前我国高等院校特殊教育专业人才培养现状分析及其启示》，载《教师教育研究》，2013(1)。
[54]肖非、冯超：《建设有中国特色特殊教育学科之思考》，载《现代特殊教育》，2017(12)。
[55]肖非：《中国的随班就读：历史·现状·展望》，载《中国特殊教育》，2005(3)。
[56]《面向二十一世纪的中国特殊教育——中国教育学会特殊教育分会第四次全国代表大会暨内地、香港、澳门、台湾特殊教育学术交流会会议纪要》，载《中国特殊教育》，1997(4)。
[57]《"中国特殊需要在线"特色介绍及最新发展动态》，载《中国特殊教育》，2000(4)。
[58]展雷蕾：《深化实验聋校教育改革 促进聋童教育发展创新——全国部分省市聋校校长研讨会综述》，载《现代特殊教育》，2002(5)。
[59]展雷蕾：《21世纪中国聋教育改革与发展研讨会在宁隆重召开》，载《现代特殊教育》，2001(1)。
[60]张双：《全国弱智学校校长工作研讨会在京召开》，载《中国残疾人》，1996

(12)。

[61]张彦云:《鄂尔多斯市特殊教育管理制度建设研究》,硕士学位论文,内蒙古师范大学,2013。

[62]张艳琼、张伟锋:《我国特殊教育的知识图谱分析——基于2000—2013年〈中国特殊教育〉刊文》,载《西南民族大学学报(人文社会科学版)》,2014(12)。

[63]周全:《对黑龙江省特殊教育学学科建设的思考》,载《教育探索》,2014(7)。

四、其他

[1]《北京市第二聋哑学校概况说明》,选自北京市第二聋哑学校资料,1958年9月17日。

[2]北京市第一聋哑学校:《培养聋哑儿童看话能力的几点经验》,聋哑学校口语教学实验工作汇报会文件,1956年8月。

[3]陈铭钰:《我怎样对聋哑儿童进行品德教育》,载《光明日报》,1954-03-27。

[4]重庆市档案馆馆藏资料:市教育局民政局公安局粮食局第二商业局第一商业局,1964年9月1日。

[5]重庆市档案馆馆藏资料:重庆市教育局分党组,1959年3月31日。

[6]《关于制定聋哑学校口语教学班级教学计划(草案)的说明》,聋哑学校口语教学实验工作汇报会文件,1956年8月。

[7]国家教育委员会基础教育司、中国残疾人联合会教育就业部:《特殊教育文件选编(1990—1995)》,黑龙江省五常市聋校印刷厂印刷,内部资料,1996年。

[8]哈尔滨市聋哑学校:《我们怎样培养聋哑儿童掌握语言》,聋哑学校口语教学实验工作汇报会文件,1956年8月。

[9]洪雪立:《关于聋哑学校低年级语文教材和教学问题》,聋哑学校口语教学实验工作汇报会文件,1956年8月。

[10]洪雪立:《关于聋哑学校语言教学的几个问题》,载《人民教育》,1955(11)。

[11]洪雪立:《聋哑学校语言教学商讨》,载《人民日报》,1954-08-29。

[12]洪雪立:《手语改革的当前任务》,北京师范大学特殊教育研究中心资料。

[13]黄乃:《盲童的教育职业训练和出路》,载《人民日报》,1952-03-14。

[14]《聋哑学校口语教学实验工作汇报会文件》，1956年8月。

[15]沈晓初：《盲字的沿革》，载《光明日报》，1953-07-11。

[16]中国教育学会特殊教育研究会：《特殊教育资料选编》(第1辑)，1981年。

[17]中国教育学会特殊教育研究会：《特殊教育资料选编》(第3辑)，1983年。

[18]中华人民共和国教育部办公厅：《教育文献法令汇编：1956年》，1957年。

[19]中华人民共和国教育部办公厅：《教育文献法令汇编：1957年》，1958年。

[10]中华人民共和国教育部普通教育司特殊教育科：《盲童学校教育工作的初步经验》，中国盲人聋哑人协会，1960年。

附　录　本学科发展大事记

1949 年

1949 年 4 月，南京解放，南京市立盲哑学校由人民政府接管，胡正绪担任接管委员会主任，校长仍由原校长叶炳华担任。

1949 年 8 月，陈鹤琴主持的中华职业教育社召开了上海市特殊教育工作者座谈会，11 月专门组织成立了上海市特殊教育工作者协会。11 月 20 日，上海市特殊教育工作者协会举行成立大会，通过了协会会章，并选出钱道赞、宋思明、陈永声、刘德伟、王文江五人为执行委员，负责《活教育》专刊的编写。

1949 年 9 月，上海市教育局接管上海特殊儿童辅导院。当时国内许多特殊学校是由民政部门接管的。在陈鹤琴的一再坚持下，上海特殊儿童辅导院由上海市政府教育局接管。（此院筹办于 1947 年 3 月；1952 年改名为上海市聋哑学校，原院内伤残班停办，学生转入私立伤残学校；1953 年，开设聋哑初中补习班，后改为技术班；1956 年正式建成全国第一所聋哑人中等专业学校——上海市聋哑青年技术学校。）

1949 年 9 月，原上海市盲童学校校长傅步兰宣布退休。（次年 4 月，他携女儿离开中国。10 月，时任江苏省立江苏学院社会教育专修科主任的王揆生接任校长。1952 年 6 月，上海市教育局接办上海盲童学校，李牧子任校长。）

1949 年，华北聋哑学校（北京市第二聋哑学校）建校三十周年之际，中央人民政府政务院郭沫若和董必武先后到校视察并为学校题词。郭沫若题词："使聋哑儿童能言并启发其智能，是值得献身的崇高的教育事业。"董必武题词："使聋能听哑能言，造化无端自惹烦。科学神奇天可补，不平社会要推翻。"

1950 年

1950 年 3 月，陈鹤琴主编的《活教育》杂志第 6 卷第 3 期出版了《特殊教育研究专号》，刊载论述特殊教育相关内容的文章 15 篇。

1950 年，中央人民政府已设有特殊教育处，负责策划推进全国特殊教育。上海市教育局已设有特殊教育科。（据《活教育》杂志第 6 卷第 3 期《特殊教育研究专号》）

1951 年

1951 年 9 月，世界聋人联合会（WFD）成立。其宗旨和任务是造福于世界各国聋人，捍卫聋人的权利，帮助聋人康复。它是与联合国经社理事会、教科文组织、国际劳工组织和世界卫生组织有正式关系的国际性组织，总部设在罗马。中国聋人协会是该组织正式成员。

1951 年 10 月 1 日，政务院发布《关于学制改革的决定》，明确提出"各级人民政府应设立聋哑、盲目等特种学校，对生理上有缺陷的儿童、青年和成人，施以教育"。

1951 年 12 月，华北聋哑学校由北京市政府接管，更名为北京市第二聋哑学校。

1952 年

1952 年 3 月 14 日，黄乃在《人民日报》发表《关于盲人教育工作的建议》的文章。

1952 年，盲文改革家黄乃将旧盲字改为“以普通话为基础，以北京语音为拼音标准，采用分词写法”。改革后的盲字共有 52 个声母和韵母符号，较“心目克明”盲字有很大优点，被称为新盲字。

1953 年

1953 年 7 月 27 日，教育部复函西安市文教局，提出盲哑学校的方针、任务、课程、教材、学制和编制。复函指出：目前盲哑学校教育的方针，应该是整顿巩固、改进教学、创造经验、提高质量。盲哑小学除实施普通小学智育、体育、德育、美育的基础教育外，在有条件的地方还需要给予盲哑儿童职业技能的训练。其课程除盲校不设图画、聋哑学校不设音乐外，应包括普通小学的全部科目。学制同普通小学一样为六年，但盲校可加半年预备班，聋哑校的预备阶段可为一年至二年。盲校每班十至十五人，聋哑校每班十二至十八人，中、低年级每班一名教师，高年级可略多；音乐、体育、图画、职业技能训练等科可配备专任教师。

1953 年 7 月，内务部成立中国盲人福利会，谢觉哉部长亲任主任，伍云甫、黄乃任副主任，张文秋任总干事。同年，黄乃就任教育部盲聋哑教育处处长，洪雪立任专员。

1954 年

1954 年 1 月，毛泽东接见中国盲人福利会负责人张文秋，就盲人事业发展发表了重要谈话。

1954 年 3 月 15 日，《盲人月刊》在北京创刊，这是用盲文点字印刷、供盲人阅读的一种综合性刊物。刊物由毛泽东同志命名，谢觉哉书写刊头和发刊词。(1966年8月停刊。1978年随着中国盲人聋哑人协会组织的恢复，于同年10月复刊。1988年3月，中国残疾人联合会成立后，成为中国残疾人联合会的刊物之一。)

1954年4月，以黄乃创造的新盲字为基础编写的《盲童学校课外读物》《歌选》等盲文书籍开始出版发行。

1954年8月21日，教育部通知上海市盲童学校进行新盲字字母试用本的试点工作。

1954年8月24日至30日，教育部召开改编聋哑学校低年级语文教材座谈会。会议认为我国聋哑学校教学改革的方向，应当是从手语法转到口语法，并实行“逐步推行”的方针。座谈会还讨论了低年级的学习年限、入学年龄、教学计划以及教材编选等问题。会后，北京市第一聋哑学校、北京市第二聋哑学校、哈尔滨市聋哑学校等学校在本学年入学新生中实验口语法教学。

1955年

1955年4月，中国盲人福利会举办全国盲人训练班。训练班设师资、按摩、音乐、普通工艺与农艺五个班。盲训班的师资班学制两年，先后有290多名学员毕业，分配至全国各地，成为发展我国盲人事业的骨干。

1955年9月6日，教育部发出通知，在盲童学校试教新编初小语文课本第一册(试用本)。由于先学字母，可以使盲童在两个月内初步掌握摸读和听写的技能，因此盲童学校同时取消了原来开设半年预备班的规定。

1956年

1956年2月，在周恩来总理的关怀下，中国聋哑人福利会成立。(中国聋哑人福利会是中国聋人协会的前身。1960年，与中国盲人福利会合并为中国盲人聋哑人协会。1988 年，中国盲人聋哑人协会与中国残疾人福利基金会合并成立中国残疾人联合会，并根据中国残疾人联合会章程同时成立中国聋人协会。2012 年 6 月，经民政部批准，中国聋人协会正式成为社团法人单位。中国聋人协会是由全国聋人(含听力和语言残疾)和与聋人工作有关的社会团体、企事业单位及个人自愿结成的非营利性社会组织。协会的宗旨为：弘扬人道主义思想，发展残疾人事业；代表聋人共同利益，反映聋人的特殊需求，为聋人服务，维护聋人的合法权益，促进聋人平等、充分参与社会生活，共享社会物质文化成果。)

1956 年 8 月，教育部召开聋哑学校口语教学实验工作汇报会。会议认为口语教学是聋哑学校教学改革的中心任务，只有使聋哑儿童掌握语言，才能更好地发展他们的思维能力，便于他们学习文化科学知识。会议讨论修改了《聋哑学校口语教学班级教学计划(草案)》和《关于各科教学的简要说明(草稿)》，具体规定了聋哑学校中语文、算术、自然、地理、历史、律动、体育、图画、手工劳动、职业劳动等科的基本任务和教学内容要点。

1956 年 8 月，国家公派朴永馨、银春铭至苏联国立莫斯科列宁师范学院学习特殊教育学。(1961 年，朴永馨、银春铭回到国内。朴永馨分配至北京市第二聋哑学校工作，银春铭分配至上海市第二聋校工作。)

1956 年 11 月 23 日，教育部发出通知，规定了盲童学校、聋哑学校的经费开支标准。其中，盲童学校、聋哑学校教学行政经费应比当地普通小学的定额标准增加一倍到三倍；住宿生的一般设备经费相当于当地中等师范学校的定额标准，非住宿生的可相当于当地初中的定额标准；教学设备经费相当于当地高级中学的定额标准；人民助学金相当于当地初级中学的定额标准。

1957年

1957年4月22日，教育部发出通知，要求各地研究试行《聋哑学校口语教学班级教学计划(草案)》和《关于各科教学的简要说明(草稿)》。

1957年4月25日，教育部发出《教育部关于办好盲童学校、聋哑学校的几点指示》，指出盲童学校、聋哑学校的基本任务为：培养盲童和聋哑儿童具有一定的文化科学知识，掌握一定的职业劳动技能，并且具有共产主义道德品质，使他们成为积极自觉的社会主义建设者和保卫者。盲童教育和聋哑教育的工作方针为：整顿巩固，逐步发展，改革教学，提高质量。《教育部关于办好盲童学校、聋哑学校的几点指示》对盲童学校、聋哑学校的修业年限、入学年龄、班级人数、教师比例等做了规定，并提出了教学改革和加强教师进修的任务，要求各级教育行政部门加强对盲童学校和聋哑学校的领导。

1957年5月28日，《教师报》发表社论《把盲、聋哑教育事业向前推进一步》。

1957年10月，《聋哑教育通讯》创刊。这是新中国成立后正式出版的第一份聋教育综合刊物。创刊当年出了两期，第一期为油印本。从1958年起每年出6期，20世纪60年代初停刊。

1957年，世界聋人联合会根据欧洲各国聋人组织的倡议，决定1958年9月28日为第一个国际聋人节，并规定以后每年9月的第四个星期日为国际聋人节。

1957年，中国聋哑人福利会副会长兼总干事吴燕生率领中国聋哑人代表团参加在南斯拉夫举办的世界聋哑人大会。

1958年

1958年7月29日，中国聋人手语改革委员会成立，中国聋哑人福利会副主任洪雪立为主任委员，周有光、顾朴为副主任委员。中国聋人手语改革委员会在制定《汉语手指字母方案》和改革聋哑人通用手语方面发挥了重要作用。1963年，在《汉语手指字母方案》正式公布施行后，中国聋人手语改革委员会停止活动。

1958年8月12日，内务部、教育部、卫生部、中国聋哑人福利会等九单位联合发出庆祝国际聋人节的通知，指出根据世界聋人联合会决定，每年9月的第四个星期日为国际聋人节。第一届国际聋人节是1958年9月28日，要求各地筹备，届时举行庆祝活动。

1958年12月，北京市第二聋哑学校成立智障儿童班(当时叫低能班)，第一个班招收16名低能男女儿童，课堂设在鼓楼西大街50号院内，几乎全部住校(个别近的走读)。(1960年又招收一个班16名学生。1962年第一学期又招新生14人，1963年又招新生9人。课程设置有语文、算术、手工、体育、图画、劳动等课。教材开始用聋哑学校的教材，试行一段时间感到聋校识字课本难点集中。后来根据普通小学教材、聋哑课本和低能儿童的实际情况自编课本。1961年朴永馨调入北京市第二聋哑学校，指导低能班的教学。课程基本与普通小学一致，但增加了实物课、发音矫正、辅导课，此外还增加了课外活动指导，进行自我服务训练、认识自然环境等。低能班的出现填补了我国特殊教育的一个空白。1971年，低能班停办。)

1958年，《汉语拼音方案》公布后，中国盲人福利会为了使盲字与汉语拼音方案汇通一致，成立了盲字研究委员会，提出了《汉语拼音盲字方案(草案)》。教育部决定自1958年秋季起，在全国各地盲校一年级采用汉语拼音盲字教学。经过一年试验，由于各地反映汉语拼音盲字由于词形太长，拼写方法复杂，摸读和书写都慢，使用效果不好，因此教育部决定收缩实验范围。

1958年，中国盲人福利会创办盲文印刷所。

1959年

1959年2月24日，教育部、内务部联合通知各地试行《汉语手指字母方案》。这个方案是1958年7月由中国聋哑人福利会邀请专家组成的中国聋人手语改革委员会，以汉语拼音方案为基础研究制定的。

1959年7月21日，教育部发出关于使用盲字问题的通知，规定盲童学校、成年盲人识字教育、盲人业余补习教育仍用新盲字进行教学。

1959年7月27日，教育部、内务部发出《关于施行规范化"聋人手语"的联合通知》，先后出版了四辑《聋哑人手语草图》。

1959年7月，中国盲人福利会与教育部在北京联合举办盲校体育教师训练班，为各地盲童学校培训体育教师40名。

1959年12月，教育部、内务部决定成立聋哑教育师资讲习所，为聋哑学校培训师资。每期80人，学业结束后，回原来选送单位工作。

1959年，旅大市为适应"大跃进"的需要和解决智障儿童的入学问题，试办培智学校。

1959年，中国聋人手语改革委员会编制了《聋人手语草图》。

1959年，洪雪立发表《新中国聋哑教育十年成就》。

1960年

1960年2月17日，教育部和内务部联合创办的中国聋哑教育师资讲习班开学。讲习班通过短期集训的办法，分批培训聋哑学校师资。

1960年，经国务院批准，中国盲人福利会和中国聋人福利会合并成立中国盲人聋哑人协会。同年5月20日，全国盲人聋哑人第一届代表会议召开。周恩来总理等党和国家领导人接见了全体代表，并合影留念。

1960年8月6日，教育部、内务部发出联合通知，决定在上海、天津、广州、旅大四个城市的盲童学校继续实验《汉语拼音盲字方案草案》。

1960 年 10 月 19 日，内务部、教育部、中国文字改革委员会批转中国盲人聋哑人协会制定的《关于修订聋哑人通用手语工作方案》，同意在全国试行。

1960 年，教育部初等教育司特殊教育科编写《盲童学校教育工作的初步经验》。

1962 年

1962 年，教育部制定了《全日制聋哑学校教学计划(草案)》和《全日制盲童学校教学计划(草案)》。文件结合我国的情况明确提出了这两类学校的任务是："必须在党的领导下，贯彻教育为无产阶级政治服务，教育与生产劳动相结合的方针，通过学校教育与训练，力求弥补聋哑儿童(盲童)的听觉(视觉)缺陷，使他们在德育、智育、体育几方面都得到发展，成为有社会主义觉悟的有文化的劳动者。"文件还为聋哑、盲童学校规定了德、智、体几方面的具体培养目标。

1963 年

1963 年 1 月 31 日，教育部、内务部发出联合通知：《汉语拼音盲字方案(草案)》尚待修改，在正式公布以前不宜推行，并决定自当年秋季开学起停止实验，一律改用新盲字。

1963 年 11 月 1 日，教育部、内务部、公安部、粮食部、商业部联合发出通知：各地盲聋哑学校恢复招收附近县、市和农村盲聋哑儿童入学。由于压缩城市人口，减少商品粮的供应，各地盲聋哑学校一般都只招收本市学生，不招收附近县、市和农村的盲聋哑儿童，致使许多盲聋哑儿童上不了学。为此，教育部等部门联合发出这一通知，对这些学生的户口、副食品及日用必需品供应、口粮补助等问题的解决办法做了规定。

1963年12月29日，《聋人汉语手指字母方案》正式公布施行。

1964年

1964年7月，全国第二届盲人聋哑人代表会议在北京召开。

1965年

1965年8月，中国盲人聋哑人协会召开盲字研究座谈会。内务部部长曾山在会上讲话，要求盲文研究水平应逐步提高，并同时考虑将来发展的需要。

1965年，《汉语手指字母论集》由文字改革出版社出版。

1968年

1968年3月，解放军三〇一六部队卫生科进驻辽源市聋哑学校对学生进行针灸治聋，这一活动进而发展成20世纪60年代后期大规模兴起的一场用针灸医治聋哑病的活动。起初由部队派医疗队到聋哑学校免费为聋童治疗，随后由学校的卫生保健人员或教师接替继续治疗。虽然中医和针灸作为中国传统医学对某些耳病或耳鸣有一定的疗效，但并不是所有类型、所有程度的耳聋症全可用针灸治愈。

1968年，中国盲人聋哑人协会停止工作。

1971年

1971年4月30日，周恩来总理陪同柬埔寨西哈努克亲王视察北京市第三聋人学校。周总理走进手语、针灸、语训等教室，拿起教鞭指着黑板上的《毛主席语录》教聋童朗诵。在与学校教师交谈时他说："学生要有一技之长，要把有残余听力的学生送到普小学习。"

1971年5月10日，中央军委副主席叶剑英视察北京市第三聋人学校，看望聋童，嘱托教师对聋童进行职业教育。

1974 年

1974 年 7 月，北京市第四聋人学校的沈家英和周有光合作，在《汉语手指字母方案》的基础上制定声韵双拼《汉语手指音节》指式图，设计增加 20 个指式。使用时，右手打声母，左手打韵母，两手相互配合同时打出指式，一次即打成一个完整的音节。

1977 年

1977 年 10 月 25 日，教育部发出通知：为解决聋哑学校的教材问题，决定委托上海市统一编写一至八年级语文、数学教材。

1977 年 10 月 29 日，教育部发出通知：在上海、太原、天津、福州、长沙、昆明六座城市的盲校实验试行《带调双拼盲字方案(草案)》。

1978 年

1978 年，中国盲人聋哑人协会恢复活动，各省、自治区、直辖市的盲人聋哑人协会及其下属组织也相继恢复工作。

1979 年

1979 年 5 月 14 日，教育部发出《关于盲聋哑中、小学教职工工资待遇问题的复函》，经与国家劳动总局研究，同意对盲聋哑中、小学教员、校长、教导主任按评定的等级工资，另外加发 15%，以示鼓励。

1979 年 9 月，上海市在一些聋哑学校和普通小学附设十二个智力落后儿童辅读班，招生 173 人。

1979 年 12 月，《中国聋人》试刊。(1980 年 2 月，正式创刊(季刊)；1986 年，改名为《盲聋之音》；1989 年 1 月，以《盲聋之音》为基础创办《中国残疾人》杂志。)

1980年

1980年4月6日至14日，中国聋人盲哑人第三届全国代表会议在北京召开。中共中央政治局委员、书记处书记彭冲出席了会议，民政部、教育部、卫生部、国家计划委员会、国家劳动总局的领导在会上都发表了讲话。会议总结了过去三十年的工作，交流了经验，通过了章程，选举了新的委员会、常务委员会和协会领导。民政部部长程子华被选为中国盲人聋哑人协会名誉主席，吴績被选为主席，黄乃(盲人)、李石涵(聋人)、李正被选为副主席，李正兼任秘书长。

1980年10月26日，江苏教育学会特殊教育研究会在南京成立，学会编印出版《聋教通讯》季刊。第一次理事会议决定在南京市盲哑学校开设师资培训班，在扬州首次召开律动教学现场交流会等事宜。

1980年12月，北京市特殊教育研究会成立。

1980年12月19日，上海市教育学会特殊教育研究会成立。

1980年，北京师范大学特殊教育研究室成立。这是我国高等师范院校设立最早的特殊教育教研室，主要承担研究生、本科生、成人教育等不同层次的培养与教学任务。(1986年改为特殊教育系。)

1980年，教育部特殊教育处设立。这是中国主管特殊儿童学前教育和义务教育的职能部门，由教育部初等教育司(后更名为基础教育司)领导，主要职责是掌握国家关于特殊教育的方针政策，制定特殊教育发展计划和标准、教学计划、教学大纲，并组织实施和检查。龙庆祖任处长。

1981年

1981年1月24日，中国盲人聋哑人协会副主席李石涵和北京师范大学教师朴永馨赴罗马参加由世界聋人联合会召开的国际会议。

1981年3月17日，教育部发出通知，决定在中等专业学校、盲聋哑学校班主任中试行发给特殊教育津贴的办法。

1981 年 4 月 25 日，中国国际残废人年组织委员会成立，28 日在北京召开中国国际残废人年大会，并组织了一系列活动，发行了纪念邮票。(注：因当年尚未使用"残疾"一词，故均使用"残废"一词。)

1981 年春，朴永馨为北京师范大学教育系 77 级、78 级学生首开特殊教育选修课。

1981 年，北京市东城区新鲜胡同学校、西城区育德胡同小学在市、区教育局的领导下创办弱智儿童教育辅读班，招收 24 人。(1984 年 9 月，首批弱智学校相继成立，北京市西城区育德小学更名为西城培智中心学校。它的成立，标志着北京市弱智教育从普通小学附设辅读班逐步发展为弱智教育的专门学校。)

1981 年，联合国确定本年为"国际残疾人年"。此为联合国发起的支持和声援残疾人一系列活动的总称，主题是"充分参与和平等"，即残疾人在个人条件允许的情况下尽可能充分参加社会生活，并享有与健全人完全平等的权利。主要目标是促使人们关注残疾人的生活和工作境况，消除对他们的偏见和歧视，确保他们尽可能生活在正常社会之中；同时，敦促各国政府和国际社会努力为残疾人提供适合他们需要的教育、训练、医疗和指导。包括中国在内的 131 个国家参加了这一活动。5 月，"国际残疾人年"世界大会在西班牙召开，"聋症——国际残疾人年"会议在意大利召开。

1981 年，新中国第一部有关盲教育的专著《盲童教育概论》由北京盲文出版社出版，作者是李牧子。该书对盲校教育的对象、教学内容、教学原则、方法以及班主任、教养员等工作做了比较全面的阐述，对我国盲教育有一定的影响。

1981 年，我国第一个设在普通师范学校内的特殊教育师资培养机构肇东师范学校特师部在黑龙江省肇东市成立，为黑龙江省培训盲校、聋校、智力落后儿童学校的教师。(1990 年，该校被列为联合国儿童基金会合作项目学校之一。)

1981年，残疾人国际(DPI)在新加坡成立，是残疾人自身的非政府组织，在联合国理事会享有咨商地位。其总部和秘书处设在瑞典首都斯德哥尔摩。其宗旨是遵循《联合国人权宣言》，致力于残疾的预防及康复，实现残疾人平等参与社会生活，分享社会与经济发展成果。

1981年，由中国教育学会特殊教育分会筹备组主编的《特殊教育》创刊。

1981年，云南省特殊教育研究会成立，同年出版《云南特殊教育》杂志。

1982年

1982年，中国教育部和联合国儿童基金会开始开展教育项目的合作。特殊教育师资培训被纳入合作项目。在第一周期合作项目(1982—1984年)时，联合国儿童基金会协助中国教育部创建了中国第一所独立设置的特殊教育师范学校——南京特殊教育师范学校。联合国儿童基金会为学校捐助了20万美元的教育设备。

1982年10月，中国教育学会特殊教育分会在江西南昌成立。此为中国教育学会下属的一个二级专业学会。

1982年12月3日，教育部发文正式筹建南京特殊教育师范学校，并委托江苏省教育厅和南京市教育局筹建与代管。这所学校负责为全国培养特殊教育的小学师资，设盲童教育、聋哑教育、智力迟钝教育三个班级。学生由各地选送，毕业后回去工作。(1985年，面向全国招生。2001年，成立江苏省特殊教育师资培训中心。2002年，升格为南京特殊教育职业技术学院。2009年，成为中残联全国残疾人职业教育师资培训基地。2015年，升格为普通本科高校，更名为南京特殊教育师范学院。)

1982 年 12 月 4 日，第五届全国人民代表大会第五次会议通过并实施的《中华人民共和国宪法》第四十五条规定："国家和社会帮助安排盲、聋、哑和其他有残疾的公民的劳动、生活和教育。"这是国家根本法第一次对残疾人教育作出规定。

1982 年 12 月，第 37 届联合国大会通过《关于残疾人的世界行动纲领》。这是联合国在 1983—1992 年开展的一项全球性的活动纲领，这十年也被称为"联合国残疾人十年"。

1983 年

1983 年 4 月至 1984 年 5 月，叶立言等六名特殊教育教师被公派前往美国进修特殊教育。

1983 年 6 月 29 日，世界聋人联合会第十一届代表大会暨第九届世界聋人大会在意大利召开，中国盲人聋哑人协会副主席李石涵率中国聋人代表团参加。

1983 年 6 月，中华聋儿语言听力康复中心在北京成立。它是对聋儿进行康复、听力训练的研究与指导机构，隶属于中国残疾人联合会。(1988 年 9 月，更名为中国聋儿康复研究中心，全面负责组织与指导全国聋儿康复工作，设有医疗门诊部、语言训练部、咨询函授部、科技研究室，集医疗、教育、科研为一体，是全国性、综合性的康复研究机构。)

1984 年

1984 年 3 月 15 日，中国残疾人福利基金会在北京成立。

1984 年 3 月底，教育部初等教育司召开了全日制八年制聋哑学校教学计划座谈会，总结了聋哑学校运用教学语言手段的经验教训。7 月颁发的《聋哑学校教学计划(征求意见稿)》指出："在课堂教学中，教师和学生的语言手段，必须以口语为主导，凭借课文合理运用手指语、手势语和板书作辅助语言手段。”表达了几种语言形式之间的正确关系，符合聋哑学校教学目的，反映了聋哑学生的语言特点，被目前聋哑学校普遍认可。

1984年6月，世界盲人福利会和国际盲人联合会合并，成立世界盲人联盟(WBU)。其宗旨是使全世界的盲人以平等的机会和权利参与社会生活。总部设在巴黎，现有会员国190个，中国盲人协会是正式会员。

1984年7月27日，教育部印发的《全日制八年制聋哑学校教学计划(征求意见稿)》指出：“根据党的教育方针，针对聋哑学生生理、心理特点，采取各种有效措施，补偿聋哑学生的听觉缺陷，形成和发展他们的语言，使聋哑学生德、智、体全面发展，成为热爱祖国、热爱社会主义、热爱生活，有良好的道德品质，有初等文化程度和一定劳动技能，身心正常发展，适应社会生活的劳动者，并为他们继续接受各种形式的教育和自学打下基础。”

1984年10月，全国特殊教育研究会第一届年会在南京举行。

1984年，世界盲人联盟成立大会在沙特阿拉伯利雅得召开，将每年10月15日定为国际盲人节。

1984年11月，《三月风》杂志创刊，这是由中国残疾人福利基金会主办的一份综合性月刊。办刊宗旨是沟通健全人和残疾人之间的相互理解。

1984年11月10日，民政部、原劳动人事部、财政部、中国盲人聋哑人协会发出联合通知，给聋哑人手语教师和翻译干部增发15%的特殊教育津贴。

1984年12月8日至12日，中国盲人聋哑人第四届全国代表会议在北京召开，出席会议的代表共358人。

1984年，北京师范大学以比较教育专业的名义招收第一名特殊教育专业硕士研究生。

1985 年

1985 年 2 月 25 日，教育部、原劳动人事部、原国家计划委员会、民政部联合制定颁发《关于高等学校招收残疾青年和毕业分配工作的通知》，指出应该支持和鼓励残疾考生。他们虽然身有残疾，但他们中的许多人并未丧失生活自理能力及学习和从事某些工作的能力。这些人积极上进、刻苦努力、专心致志，希望能够升学深造，为祖国四化建设贡献聪明才智。

1985 年 3 月，教育部在上海召开全国弱智（今称之为“智力障碍”）教育经验交流会，总结和交流了全国 12 个省市举办的 160 个弱智学生教育班的经验，推动了智障儿童教育的快速发展。

1985 年 5 月 27 日，中共中央颁发了《中共中央关于教育体制改革的决定》。全文有五个部分。第二部分“把发展基础教育的责任交给地方，有步骤地实行九年义务教育”中指出：“在实行九年义务教育的同时，还要努力发展幼儿教育，发展盲、聋、哑、残人和智力落后儿童的特殊教育。”

1985 年 6 月，四川省教育学会特殊教育研究会成立。

1985 年，山东滨州医学院残疾人医学系创办，同年 9 月招生。这是全国第一个专门招收残疾学生的大学本科专业系，学制五年。

1986 年

1986 年 1 月 23 日至 24 日，由中国残疾人福利基金会组织举办的第一届国际残疾人康复学术报告会在北京举行。全国人大常委会副委员长朱学范、黄华出席开幕式，基金会名誉理事长王震为大会写了贺词，美国前总统里根为大会发来贺电。报告会主要从医学、法学、社会学、心理学、生物工程学等角度探讨残疾人的康复问题。

1986 年 2 月 28 日至 3 月 5 日，中国盲人聋哑人协会和原国家教育委员会初等教育司在北京联合召开带调双拼盲字学术讨论会。

1986年4月，中国残疾人康复协会成立。

1986年4月12日，第六届全国人民代表大会第四次会议通过《中华人民共和国义务教育法》(7月1日起施行)。其中第九条明确规定“地方各级人民政府为盲、聋哑和弱智的儿童、少年举办特殊教育学校(班)”。

1986年7月，联合国“残疾人十年”(1983—1992)中国组织委员会成立。

1986年9月17日，华夏出版社创建，隶属于中国残疾人联合会，以为残疾人服务、为社会主义精神文明建设服务为宗旨。

1986年9月，北京师范大学教育系设立特殊教育专业，第一次在全国招收15名特殊教育专业的本科生。

1986年，由原国家教育委员会、原国家计划委员会、财政部、原劳动人事部等部门联合印发的《关于实施〈义务教育法〉若干问题的意见》，指出：“应该把那些虽有残疾，但不妨碍正常学习的儿童吸收到普通中小学上学。”这是对我国随班就读思想的早期阐述。

1986年，徐白仑创办“金钥匙盲童教育研究中心”，主要工作有：编辑出版刊物《中国盲童文学》；研究视障儿童教育的普及与提高，提出“金钥匙盲童教育计划”，组织编写盲童教学教材；开展农村盲人职业教育研究，从种植、饲养、家庭手工业等方面为盲人寻找出路；与有关部门合作，开展全国性的盲童活动；与德国心桥资助中国视障学生协会共同设立“心桥—金钥匙”奖学金。

1987年

1987年1月15日，原国家教育委员会印发的《全日制盲校小学教学计划(初稿)》规定盲童学校的任务为：“针对盲童生理缺陷，通过教育教学活动，采取各种补偿措施，使学生德、智、体、美、劳诸方面全面发展，为把他们培养成为有理想、有道德、有文化、有纪律的社会主义公民打下初步基础。”

1987 年 2 月，山西、江苏、河北、北京等省市的 16 个县市的村镇小学试点以随班就读形式实施盲童义务教育的计划。

1987 年，经国务院批准，首次全国残疾人抽样调查从 4 月 1 日开始，在一个月内完成入户调查和登记工作。10 月，全国残疾人抽样调查办公室公布调查结果，依据调查数据推算总体。全国残疾人共 5164 万人，占总人口的 4.9%。其中听力言语残疾 1770 万人，智力残疾 1070 万人，肢体残疾 755 万人，视力残疾 755 万人，精神残疾 194 万人，综合残疾 673 万人。

1987 年 5 月，原国家教育委员会师范教育司在天津召开专业目录审定会，对《普通高等师范院校本科基本专业目录》初稿进行审定。会后经再次加工整理，形成征求意见稿。最终形成的专业目录共 22 项。特殊教育首次作为一个独立的专业被列入普通高等师范院校的本科基本专业目录中。

1987 年 6 月，原国家教育委员会初等教育司在昆明召开《汉语盲文七五方案》(原名《带调双拼盲字方案(草案)》) 教学实验交流会。经过充分讨论，提出意见，并报请原国家教育委员会批准推广试行。

1987 年 6 月 29 日，中国国家副主席、中国残疾人福利基金会名誉理事长王震与美国全球 2000 年发展基金会主席、前总统吉米·卡特代表双方签署《中美特殊教育师资培训合作项目(1988 年—1992 年)》。内容是由美方提供经费，在 1988—1992 年，通过在中国举办培训班和选派留学生、访问学者赴国外学习的形式为中国培训特殊教育专业课师资和管理人员。我国先后在北京、营口、青岛、上海、武汉、长春、重庆举办了 9 个培训班，参加者 300 多人，另派出 8 名留学生和访问学者赴美国或英国学习。

1987 年 10 月 18 日，全国特殊教育研究会在烟台举行中国聋哑教育创办 100 周年纪念及第二届年会活动。中国残疾人福利基金会、中国盲人聋哑人协会分别派代表参加。会上收到论文与调查报告 225 篇，美国 3 位特殊教育专家与会做了学术报告。

1987 年 12 月，原国家教育委员会印发《全日制弱智学校(班)教学计划(征求意见稿)》，明确提出了支持智障儿童随班就读这一形式。

1987 年，经原国家教育委员会批准，长春大学特殊教育学院正式成立。这是我国第一所同时也是亚洲第一所专门招收视障人、听障人接受高等教育的学院，开创了我国视障人、听障人接受高等教育的先河。

1988 年

1988 年 3 月 11 日，中国残疾人联合会在中国残疾人福利基金会和中国盲人聋哑人协会的基础上成立。邓朴方为中国残疾人联合会主席团主席兼执行理事会理事长，王震为中国残疾人联合会名誉主席。中国残疾人联合会首届全国代表大会在北京召开。中国残疾人联合会的组建标志着中国残疾人事业进入了“政府更加重视，社会更加关注，残疾人组织更广泛、更全面”的新的发展阶段。

1988 年 6 月 27 日至 30 日，首次由中国举办的特殊教育国际性学术会议在北京召开。20 多个国家和地区的 600 多名代表出席会议，其中中国代表 100 余名。会议收到论文 134 篇，就特殊教育教学计划、聋教育、残疾儿童早期鉴定和干预计划、课程设置、特殊教育师资培训、残疾人职业培训和就业准备、服务设施和形式、科学研究、为残疾人服务的技术 9 个专题进行学术交流。

1988 年 8 月 3 日至 5 日，第六届亚太地区耳聋学术大会在北京人民大会堂举行，旨在促进对听力残疾的预防、治疗、康复、教育及福利。

1988 年 9 月 3 日，经国务院批准颁布实施《中国残疾人事业五年工作纲要(1988—1992)》。目的是使中国残疾人事业与社会经济协调发展，内容包括背景、原则、任务、措施4部分，共60条，在教育方面提出10项具体任务和要求。

1988年9月，原国家教育委员会委托北京师范大学举办弱智教育专业教师培训班，辽宁特殊教育师范学校举办聋教育专业教师培训班，青岛盲童学校举办盲教育专业教师培训班。培训时间为1年，每班培训名额30人，各省、自治区、直辖市向每班各派1人。

1988年9月，经原国家教育委员会批准，华东师范大学在心理学系增设特殊教育专业，面向全国招收15名本科生。

1988年10月13日，北京师范大学特殊教育研究中心成立。这是国家级特殊教育研究机构之一，早期由原国家教育委员会和北京师范大学双重领导，后来属于北京师范大学教育学部。具体工作如下。一是对特殊教育进行基础理论研究和应用研究，以应用研究为主；对外国特殊教育和中国特殊教育进行研究，以中国特殊教育为主；对特殊教育历史和当前实践进行研究，以当前实践为主。二是研究特殊教育学校各学科教学的任务、内容和方法，研究指导教材建设，研究特殊教育的教学设备、教具、学具等。三是协调各地的特殊教育科研工作，出版特殊教育专业刊物，进行国内外特殊教育学术交流。四是进行特殊教育科学实验，推广特殊教育科研成果，培养特殊教育科研人才。

1988年10月，原国家教育委员会师范教育司主持召开了全国高等师范院校特殊教育专业课程方案研讨会，这是新中国成立后首次研究高等院校特殊教育专业课程建设的工作会议。这次会议涉及办学方针、培养目标、课程设置、招生对象、教学计划等特殊教育专业的具体问题。

1988年11月18日至23日，经国务院批准，原国家教育委员会、民政部、中国残疾人联合会联合召开了历史上第一次全国特殊教育工作会议。这次会议在北京举办，任务是研究和部署全国特殊教育的发展问题。会议着重研究在残疾少年、儿童中实施义务教育的指导方针、发展规划以及需要采取的政策措施，以进一步推动特殊教育事业的改革和发展。为此，集中审议《关于发展特殊教育的若干意见》《特殊教育补助费使用办法》《中华人民共和国残疾人教育条例》等文件，并交流了各地开展特殊教育的经验。宣布从1989年起国家设立残疾人教育专项补助费，扶持各地发展特殊教育事业。

1988年，中央教育科学研究所特殊教育研究室成立，这是国家级特殊教育科学研究机构，陈云英担任研究室主任。主要任务是配合国家教育行政管理部门，进行特殊教育基础理论和实践的研究，举办特殊教育师资培训，促进特殊教育科学发展，提高特殊教育质量。

1988年，浙江省残疾人联合会成立浙江省残疾人理论研究会。

1989年

1989年1月，《中国残疾人》杂志创刊，这是由中国残疾人联合会主办的月刊。

1989年10月，原国家教育委员会师范教育司在北京师范大学召开全国高等师范院校特殊教育专业课程方案研讨会。12月6日，原国家教育委员会颁发《高等师范院校特殊教育专业教学计划（草案）》文件，内容包括培养目标、学制和招生、时间安排、学分、课程设置5部分，提出："特殊教育专业主要培养中等特殊师范学校(班)、普通中等师范学校的特殊教育专业课师资，以及特殊教育科研人员、行政管理人员和社会工作者。""近几年内以招收高中毕业生为主，逐步转变为以招收有一定实践经验、中专文化程度的在职人员和中等师范毕业生为主，招收少量高中毕业生为辅。"这对当时特殊教育专业的发展起到了指导和规范作用。

1989年11月16日，原国家教育委员会发布《中等特殊教育师范学校教学计划(试行)》。

1989年，浙江省残疾人联合会组织杭州大学、社会部门学者和专家编写出版《残疾人工作概论》，这是我国第一本阐述残疾人事业的教材性著作。

1989年，原国家教育委员会与中国残疾人联合会等八部委联合下发《关于发展特殊教育的若干意见》，指出重点抓好盲、聋、智障三类残疾儿童普及教育的同时，要注意其他类残疾儿童的教育，积极吸收肢体残疾和有学习障碍、语言障碍、情绪障碍等少年儿童入学，并努力改进教学方法，探索教学规律，使他们受到适当的特殊教育。这是国家对特殊教育事业发展首次做出的系统化设计与全面部署，对于我国特殊教育的发展具有重要的历史影响。

1989年，中国聋人协会编辑的《中国手语》在华夏出版社出版。该书收录词条3000余条，是中国聋人手语规范化工作的一项成果。(在1994年8月又出版了《中国手语》(续集)。两本书一起使用，可基本满足聋人生活、学习和工作交往的需要。)

1990年

1990年2月22日，第二次全国特殊教育工作会议在北京举行。这次会议由原国家教育委员会、民政部、中国残疾人联合会联合召开，提出“坚持多种形式办学，逐步形成以一定数量的特殊教育学校为骨干，以大量的特殊班和随班就读为主体，城乡兼顾的发展残疾儿童少年教育的新格局”。

1990年9月，朴永馨主编的关于中国聋幼儿语言训练的教材《学说话》，由华夏出版社出版。

1990年12月28日，第七届全国人民代表大会常务委员会第十七次会议通过了《中华人民共和国残疾人保障法》，1991年5月15日起施行。《中华人民共和国残疾人保障法》在教育方面规定国家保护残疾人受教育的权利。其中第三章专门规定了残疾人的教育问题，再次宣布了国家保障残疾人受教育的权利，国家、社会、学校和家庭对残疾儿童少年实施义务教育，同时对残疾人教育的发展方针、办学渠道、普通教育方式、特殊教育方式、成人教育、师资、辅助手段等都做了规定，还规定了残疾人的定义和种类，即包括视力残疾、听力残疾、言语残疾、肢体残疾、智力残疾、精神病残疾、多重残疾和其他残疾 8 类；不仅为重点进行的 3 类(盲、聋、智力落后)残疾儿童教育，而且为其他类别的残疾人享受平等教育权做了法律规定。第 48 条还规定每年 5 月的第三个星期日为全国助残日。

1990 年，原国家教育委员会正式出版了全日制智力落后学校(班)的语文、数学、体育、常识、美工、音乐、劳动技能 7 门课的教学大纲(征求意见稿)。

1991 年

1991 年 11 月，朴永馨著的《特殊教育概论》由华夏出版社出版。

1991 年 12 月 12 日，国务院批准颁布《中国残疾人事业"八五"计划纲要(1991 年—1995 年)》。

1991 年，我国首部康复医学大型参考书《中国康复医学》出版。

1992 年

1992 年 2 月 29 日，经国务院批准、同年 3 月 14 日原国家教育委员会以第 19 号令形式发布的《中华人民共和国义务教育法实施细则》就盲聋哑弱智儿童和少年的入学年龄、特殊学校的设置、特殊学校学生的困难补助、特殊学校师资的培养等方面进行了进一步的规定。

1992 年 4 月，中国残疾人联合会主席邓朴方、理事长刘小成作为中国代表团特别顾问出席了在北京召开的联合国亚太经社会第 48 届会议，中国会同 33 个亚太经社会成员国提出“亚太地区残疾人十年(1993—2002 年)”提案，并在会议上获得一致通过。

1992 年 8 月，《现代特殊教育》创刊，面向国内外发行，双月刊。办刊宗旨是交流特殊教育理论和教学经验，促进中国特殊教育的发展。(2014 年 6 月 30 日，南京特殊教育师范学院与江苏省教育报刊社签订协议合作主办。)

1992 年 10 月，第 47 届联合国残疾人问题特别会议宣布每年的 12 月 3 日为国际残疾人日。

1992 年 12 月，《中国残疾儿童康复》创刊，该杂志由中国残疾儿童康复培训中心主办。

1992 年，《特殊教育研究》创刊，这是由北京师范大学特殊教育研究中心主办的内部期刊，朴永馨任主编。

1992 年，南京市聋哑学校和青岛市盲校分别创办我国第一所正式的聋人高中和盲人高中。

1993 年

1993 年 2 月，原国家教育委员会、中国残疾人联合会和黑龙江教育委员会在哈尔滨市联合主办了联合国教科文亚太地区特殊教育研讨会。参加会议的有中国、日本、韩国等 12 个国家的 130 多位代表，联合国教科文组织、联合国儿童基金会、世界银行等六个国际组织派遣观察员参加了会议。这次会议听取了关于国际和亚太地区特殊教育发展趋势报告和 12 个与会国家特殊教育发展情况的报告，通过了《哈尔滨宣言》，并就施行全民教育的目标和形成全纳式特殊教育观念等问题达成了意向式意见。

1993 年 8 月，由原国家教育委员会师范教育司制定的《中等特殊教育师范学校专业课教学大纲(试行)》颁布，科目有特殊教育概论、聋童心理学、聋童教育学、手语基础、耳聋预防及康复、聋校小学语文教学法、聋校小学数学教学法、聋校小学常识教学法、盲童心理学、盲童教育学、盲字基础、目盲预防及康复、盲校小学语文教学法、盲校小学数学教学法、盲校小学常识教学法、智力落后儿童心理学智力落后儿童教育学、精神发育迟滞及测查、行为矫正、智力落后学校语文教学法、智力落后学校数学教学法、智力落后学校常识教学法等。

1993年9月，国务院批准成立由32个部委负责人组成的国务院残疾人工作协调委员会来主管残疾人工作。具体工作由中国残疾人联合会承担，秘书处也设在中国残疾人联合会。职责如下：综合协调有关残疾人事业方针、政策、法规、规划、计划的制订与实施工作；协调解决残疾人工作中的重大问题，组织协调联合国有关残疾人事务在中国的重要活动。每年召开一至两次会议。(2006年更名为国务院残疾人工作委员会。)

1993年12月12日，原国家教育委员会印发了九年制《全日制聋校课程计划(试行)》和《全日制盲校课程计划(试行)》，提出对全日制聋校规定的培养目标是："聋校要按照国家对义务教育的要求，对听力语言残疾学生实施全面发展的基础教育，补偿生理和心理缺陷，使他们在德、智、体诸方面生动、活泼、主动地得到发展，具有良好的思想道德品质、基本的文化知识、健康的体魄和一定的生活能力、社会交往能力，掌握初步劳动技能，为他们适应社会生活，成为社会主义的建设者和接班人奠定基础。"对全日制盲校的培养目标规定为："盲校小学和初中要按照国家对义务教育的要求，对视力残疾儿童、少年实施全面的基础教育，补偿视觉缺陷，使他们在德、智、体诸方面生动、活泼、主动地得到发展，具有良好的思想道德品质、基本的文化知识、健康的体质和一定的生活能力、社会交往能力及初步的劳动技能，为学生适应社会生活、继续获取知识，成为社会主义的建设者和接班人奠定基础。”

1993年，中共中央、国务院印发《中国教育改革和发展纲要》，其中第十二条明确提出：“重视和支持残疾人的教育事业。各级政府要把残疾人教育作为教育事业的组成部分，采取单独举办残疾人学校或普通学校招收残疾人入学等多种形式，发展残疾人教育事业。逐步增加特殊教育经费，并鼓励社会力量办学、捐资助学。要对残疾人学校及其校办产业给予扶持和优惠。”

1993年，特殊教育作为二级学科在北京师范大学创建了硕士点。北京师范大学特殊教育研究中心开始招收特殊教育学硕士研究生。

1994年

1994年3月，中央教育科学研究所主办的《特殊儿童与师资研究》创刊。（1996年4月更名为《中国特殊教育》。）

1994年6月7日至10日，世界特殊教育会议在西班牙的萨拉曼卡市召开。会议由88个国家政府和25个国家组织通过《萨拉曼卡宣言》。全文共5条。主要内容包括：强调每一个儿童都有受教育的基本权利；教育体系的设计和教育方案的实施应充分考虑到每个儿童的个人特点、兴趣、能力、学习需要与需要的广泛差异；有特殊教育需要者必须有机会进入普通学校，这些学校应该将他们吸收在能够满足其需要的、以儿童为中心的教育活动中；各国政府应当重视特殊教育，制定法律、法规和规划，保证经费投入，建立示范性项目，确保师资培训，鼓励家长、社区和残疾人组织参与决策，应扩大和加强国际合作，有效地支持和参与全纳教育，并将特殊教育作为其各项教育项目中不可分割的部分而发展；各非政府组织要加强与国家机构的协作，增加对全纳性特殊需要教育的规划、实施及评估的参与。

1994年7月，原国家教育委员会基础教育司委托北京市教育局进行孤独症(自闭症)儿童教育训练实验。

1994年8月，国务院颁布《中华人民共和国残疾人教育条例》，这是我国最高行政部门制定的有关残疾人教育的国家专项行政法规，明确提出残疾人教育是国家教育事业的重要组成部分。该条例共9章，内容丰富，涉及特殊教育的性质、地位、方针、政策、体系、领导及从学前教育到成人教育的各级各类特殊教育、教师、物质条件保证等各个方面；提出将随班就读作为残疾儿童接受义务教育的法定途径之一。这是我国特殊教育立法进入立法阶段的重要篇章，标志着我国特殊教育开始进入依法治教的新阶段。

1994年，原国家教育委员会在江苏省盐城市召开全国残疾儿童少年随班就读工作会议，总结交流1989年以来开展随班就读的经验，并部署全面开展随班就读的工作。

1995年

1995年3月18日，第八届全国人民代表大会第三次会议通过《中华人民共和国教育法》。第十条规定："国家扶持和发展残疾人教育事业。"第三十九条规定："国家、社会、学校及其他教育机构应当根据残疾人身心特性和需要实施教育，并为其提供帮助和便利。"

1995年，朴永馨著的《特殊教育学》由福建教育出版社出版。

1996年

1996年3月10日至17日，第一批全国盲人按摩专业统编教材在北京审定。这批教材包括《人体解剖学》《医古文》《中医基础》《中医诊断学》《经络腧穴学》《按摩学基础》《寄生虫与微生物》《中药与方剂学》。

1996年4月，《中国残疾人事业"九五"计划纲要(1996年—2000

年)》颁布。

1996 年 12 月，中国残疾人联合会主编的《中国残疾人事业年鉴(1949—1993)》由华夏出版社出版。年鉴的主要内容包括重要讲话、法规、文献及中国残疾人事业的历史和现状等。

1997 年

1997 年 9 月开始，上海市教育委员会颁发上海市特殊教育专业证书，颁发对象是获得国家中小学、幼儿园教师资格证书并在盲校、聋校、弱智学校、工读学校、普通学校辅读班、学前特殊教育幼儿园任职的教育教学人员和学校教育管理人员。上海市成为中国大陆第一个实行特殊教育专业证书制度的地区。

1997 年，中国高等师范院校第一个学前教育与特殊教育学院——华东师范大学学前教育与特殊教育学院成立。

1998 年

1998 年 8 月 29 日，第九届全国人民代表大会常务委员会第四次会议通过《中华人民共和国高等教育法》，1999 年 1 月 1 日施行。其中第九条规定："公民依法享有接受高等教育的权利，高等学校必须招收符合国家规定的录取标准的残疾学生入学，不得因其残疾拒绝招收。"

1998 年 10 月 16 日，中国残疾人联合会第三次全国代表大会举行，中共中央政治局常委、国务院副总理李岚清发表了题为《进一步发展我国残疾人事业，与残疾人携手迈向新世纪》的祝词。

1998 年，教育部发布了《特殊教育学校暂行规程》。这是中央教育行政管理机构发布的在特殊教育学校全面贯彻教育方针、实现教育教学规范化管理的文件，对九年义务教育的特殊教育学校的培养目标、入学和招生、教育教学、考核、校长教师、日常管理等都做了具体规定。

1999年

1999年6月13日，《中共中央国务院关于深化教育改革全面推进素质教育的决定》出台，提出全面推进素质教育，培养适应21世纪现代化建设需要的社会主义新人；深化教育改革，为实施素质教育创造条件；优化结构，建设全面推进素质教育的高质量的教师队伍；加强领导，全党、全社会共同努力开创素质教育的新局面。

1999年，全国高等教育自学考试指导委员会批准设立“高等教育自学考试特殊教育专业(专科)2000年通过考试计划”。共22门科目，考生可选择其中16门参加考试，其中特殊教育类考试科目13门。

2000年

2000年3月3日，全国各地举办全国第一个爱耳日活动。

2000年9月，北京联合大学特殊教育学院正式成立，面向全国招生，当年招收新生120名，其成立填补了北京市残疾人高等教育的空白，标志着具有首都特色、较为完整的特殊教育体系已经初步形成。

2000年12月，顾明远、梁忠义主编，朴永馨编写的《特殊教育》由吉林教育出版社出版。

2000年，华东师范大学设立第一个特殊教育学博士点。(2004年，华东师范大学3位由方俊明指导的我国大陆第一批特殊教育专业博士生通过答辩。)

2001年

2001年4月10日，由国务院残疾人工作协调委员会制定，经国务院同意并批转各地、各部门执行的《中国残疾人事业“十五”计划纲要(2001年—2005年)》规定了康复、扶贫、教育等16个方面的工作任务。

2001年4月14日至15日，由教育部、民政部、中国残疾人联合会共同召开的第三次全国特殊教育工作会议在北京举行，研究布置“十五”期间残疾人教育工作。主要任务是：总结、交流1990年第二次全国特殊教育工作会议以来特殊教育改革和发展的经验，研究面向新世纪，贯彻落实《中共中央国务院关于深化教育改革全面推进素质教育的决定》，进一步推进特殊教育改革和发展的思路、政策和措施，部署“十五”期间有关工作。会议阐述了“十五”期间特殊教育改革和发展的主要任务。

2001年9月21日，北京联合大学听力语言康复技术学院揭牌仪式暨2001级新生开学典礼在北京举行。首批招收的100名新生经过两年学习，取得大专文凭，成为全国第一批经过正规专业培训的聋儿语训专业人才。

2001年，特殊学校进行课程改革，按照新的改革方案重新编写聋校、盲校和培智学校教材。

2002年

2002年6月3日，中国残疾人联合会与北京大学合作签字仪式暨北京大学言语听觉研究中心及教学基地揭牌仪式在北京举行。中国残疾人联合会主席邓朴方、北京大学校长许智宏出席仪式并揭牌。北京大学言语听觉研究中心的成立，不仅在我国建立了言语听觉科学学科体系，还将为我国的听力语言康复工作培养高学历、高水平的基础研究、临床应用和康复实践专业人才。

2002年10月25日至28日，联合国亚太经社会政府间高级别会议在日本大津举行。亚太地区30多个国家的代表和联合国相关机构人员参加。会议总结了“亚太地区残疾人十年(1993—2002)”活动，通过了旨在为亚太地区残疾人创造一个包容、无障碍和以权利为本的社会的《琵琶湖千年行动纲要》，并发起第二个“亚太地区残疾人十年(2003—2012)”活动。为了表彰在第一个“亚太地区残疾人十年”期间中国残疾人事业所取得的成绩和邓朴方为推动“亚太地区残疾人十年”所做的贡献，联合国亚洲及太平洋经济社会委员会授予邓朴方“杰出贡献奖”。

2002年10月，中国残疾人联合会主编的《中国残疾人事业年鉴(1994—2000年)》由华夏出版社出版。

2002年12月，教育部基础教育司和中国残疾人联合会教育就业部在北京联合召开全国随班就读工作经验交流会。目的是：在总结、交流各地随班就读工作经验的基础上，继续加大工作力度，使全国残疾儿童少年的随班就读工作再上新台阶。各地负责特殊教育的同志和实际工作者共100多人出席会议。会议认为开展随班就读工作有效地提高了残疾儿童少年义务教育的入学率，促进了他们的身心发展，促进了教育思想观念的转变，使全社会更了解和理解残疾人。提出随班就读是我国发展特殊教育事业的重要策略，是我国教育工作者参照国际融合教育做法、结合我国实际的一种教育创新。会议还讨论了《残疾儿童少年随班就读工作办法(征求意见稿)》。

2003年

2003年4月，安徽省陈鹤琴教育思想研究会特殊教育分会成立，该会于2005年编辑出版《陈鹤琴特殊教育文选及研究》。

2003年5月，《中国听力语言康复科学》杂志创刊，由中国残疾人联合会主管、中国聋儿康复研究中心主办，是我国第一本听力语言康复方面的国家级刊物。

2003年12月，全国特殊教育学校信息技术教育工作经验交流会在吉林长春举行。会议强调特殊教育学校普及信息技术教育的工作原则是：纳入规划，分层分步逐步实施和推进，因地制宜，注重实效(质量和效益)。会议确定了特殊教育学校信息化建设的目标、任务和推进的四个层面：学校普及信息技术教育、网络普及运用、现代远程教育、各类残疾学生专用软硬件及设备研发。

2004 年

2004 年 2 月 10 日，教育部制定的《2003—2007 年教育振兴行动计划》发布，提出："积极发展特殊教育，切实依法保障残疾学龄人口的受教育权利。"

2004 年 6 月 30 日，原隶属于国家新闻出版总署的中国盲文书社改名为中国盲文出版社，由中国残疾人联合会管理。

2005 年

2005 年 10 月 21 日，中国高等教育学会特殊教育研究分会在河南郑州中州大学宣布正式成立。这是中国高等特殊教育领域的群众性学术团体，成员包括残疾人高等教育工作者、为残疾人事业培养专业人员的各类高等教育工作者，隶属于中国高等教育学会。第一届理事长是北京师范大学的朴永馨。

2005 年，教育部基础教育司提出组织编写《中国特殊教育史》。

2006 年

2006 年 6 月 21 日，中国聋儿康复研究中心与华东师范大学联合成立言语听觉康复科学研究院，旨在举办研究生教育和继续教育，培养多层次人才，申报国家重大科研课题，推进行业技术创新和成果转化，力争将言语听觉康复学科建设成为全国重点学科。

2006 年 6 月 29 日，第十届全国人民代表大会常务委员会第二十二次会议修订了《中华人民共和国义务教育法》(2006 年 9 月 1 日施行)，其中第十九条规定："县级以上地方人民政府根据需要设置相应的实施特殊教育的学校(班)，对视力残疾、听力语言残疾、智力残疾的适龄儿童、少年实施义务教育。特殊教育学校(班)应当具备适应残疾儿童、少年学习、康复、生活特点的场所和设施。普通学校应当接收具有接受普通教育能力的残疾适龄儿童、少年随班就读，并为其学习、康复提供帮助。”同时第三十一条、四十三条、五十七条从经费保障和职责上做了规定。

2006年8月21日至23日，中国教育学会特殊教育分会、中国高等教育学会特殊教育研究分会2006年年会在北京师范大学举行。这次会议是中国特殊教育历史上第一次基础特殊教育与高等特殊教育联合召开的年会，具有划时代的意义。

2006年8月，朴永馨主编的《特殊教育辞典》(第2版)由华夏出版社出版。

2006年12月13日，第六十一届联合国大会审议并通过了《残疾人权利公约》。《残疾人权利公约》使国际人权法公约体系的主体构成由原来的六大公约发展成七大公约。该公约的内容由序言和包括宗旨定义一般原则等在内的50项条款组成，核心内容是确保残疾人享有与健全人相同的权利，并能以正式公民的身份生活，从而能在获得同等机会的情况下为社会做贡献。

2006年，我国举办的第二次全国残疾人抽样调查结束，调查数据显示，我国有各类残疾人8296万，占全国总人口的6.34%。各类残疾人的人数及各占残疾人总人数的比重分别为：视力残疾1233万人，占14.86%；听力残疾2004万人，占24.16%；言语残疾127万人，占1.53%；肢体残疾2412万人，占29.07%；智力残疾554万人，占6.68%；精神残疾614万人，占7.40%；多重残疾1352万人，占16.30%。

2006年，《中国残疾人事业“十一五”发展纲要(2006年—2010年)》提出“十一五”期间残疾人事业发展在教育方面的要求与采取的措施。

2006年，国务院残疾人工作协调委员会更名为国务院残疾人委员会，这是新形势下国家为更好地管理领导残疾人工作成立的独立管理机构。

2007年

2007年2月2日，教育部颁布了《盲校义务教育课程设置实验方案》《聋校义务教育课程设置实验方案》和《培智学校义务教育课程设置实验方案》。

2007年10月15日，中国共产党第十七次全国代表大会在北京召开，胡锦涛总书记做了《高举中国特色社会主义伟大旗帜，为夺取全面建设小康社会新胜利而奋斗》的报告。报告把"优先发展教育，建设人力资源强国"作为以改善民生为重点的社会建设的重要内容和任务，强调"教育公平是社会公平的重要基础"，并提出要"关心特殊教育"。

2007年10月22日，中国残疾人联合会党组会议决定筹备成立残疾人事业发展研究会。此后，草拟了《残疾人事业发展研究会章程》，确定了研究会的理事会组成、宗旨、工作范围、活动方式和理事、常务理事及会员名单。(经报请国务院同意，2008年10月22日，民政部批复中国残疾人联合会同意筹备成立残疾人事业发展研究会。2008年11月30日，残疾人事业发展研究会召开了筹备成立大会暨第一次全国会员代表大会，通过了章程，产生了第一届理事会。)

2007年12月，首届中国残疾人事业发展论坛在中国人民大学举办，此后每年举办一次。

2007年，在第二次全国残疾人抽样调查数据开发利用和课题研究的影响下，中国残疾人联合会分别与北京大学、中国人民大学、山东大学合作，相继成立北京大学中国残疾人事业发展研究中心、中国人民大学残疾人事业发展研究院和山东大学残疾人事业发展研究中心。这是发挥专业研究机构(高校)和残疾人组织的积极性，积聚人才和致力于残疾人事业发展研究的一个创新。

2008 年

2008 年 3 月 28 日，中共中央、国务院发布了《中共中央、国务院关于促进残疾人事业发展的意见》，再次明确提出："关心残疾人，是社会文明进步的重要标志。残疾人事业是中国特色社会主义事业的重要组成部分。"文件的第四部分"促进残疾人全面发展"专门提出发展残疾人教育。鼓励从事特殊教育，加强师资队伍建设，提高特殊教育质量。完善残疾学生的助学政策，保障残疾学生和残疾人家庭子女免费接受义务教育。发展残疾儿童学前康复教育，加快发展高中阶段特殊教育，鼓励和支持普通高等学校开办特殊教育专业。逐步解决重度肢体残疾、重度智力残疾、失明、失聪、脑瘫、孤独症等残疾儿童、少年的教育问题，采取多种措施扫除残疾青壮年文盲。积极开展残疾人职业教育培训，有条件的地方实行对残疾人就读中等职业学校给予学费减免等优惠政策，支持师范院校培养特殊教育师资，实施中西部地区特殊教育学校建设工程，落实特殊教育学校教师特殊岗位津贴政策。各级各类学校在招生、入学等方面不得歧视残疾学生。

2008 年 4 月 24 日，第十一届全国人民代表大会常务委员会第二次会议修订通过《中华人民共和国残疾人保障法》，2008 年 7 月 1 日施行。《中华人民共和国残疾人保障法》特别提出"残疾人教育，实行普及与提高相结合、以普及为重点的方针，保障义务教育，着重发展职业教育，积极开展学前教育，逐步发展高级中等以上教育"。

2008 年 12 月 1 日，山东大学残疾人事业发展研究中心的专业学术成果《中国残疾人研究(第 1 辑)》出版，目的在于为理论界、学术界提供一个交流、分享不同学术意见和观点的平台，提高国内残疾人事业发展的理论研究水平，服务于中国残疾人事业的发展。

2009 年

2009 年 2 月，山东省爱聋手语研究中心(简称爱聋手语)获山东省社会科学界联合会批文，4 月获得山东省民政厅批准成立。这是中国第一家省级手语研究机构。该中心以博爱、理解、尊重、融合为指导理念，致力于中国手语的研究及推广，并为聋人提供手语翻译服务以促进聋人与整个社会的融合，用爱心呼唤社会真情，为聋听互助凝聚社会力量。

2009 年 5 月 11 日，第四次全国特殊教育工作会议在北京召开，国务院办公厅转发的教育部等八部门《关于进一步加快特殊教育事业发展的意见》明确了当前和今后一个时期我国特殊教育事业发展的总体目标和主要任务，即以残疾儿童少年义务教育和残疾人职业教育为重点，不断完善残疾人教育体系。全面提高残疾儿童少年义务教育普及水平，加快发展以职业教育为主的残疾人高中阶段教育，加快推进残疾人高等教育发展，因地制宜发展残疾儿童学前教育，大力开展面向成年残疾人的职业教育培训，采取各种措施扫除残疾青壮年文盲。围绕全面提高残疾儿童少年义务教育普及水平，不断完善残疾人教育体系；完善特殊教育经费保障机制，提高特殊教育保障水平；加强特殊教育的针对性，提高残疾学生的综合素质；加强特殊教育师资队伍建设，提高教师专业化水平；强化政府职能，全社会共同推进特殊教育事业发展五个方面切实发展特殊教育事业。

2009 年 11 月，教育部基础教育二司向有关省市教育厅(教育委员会)下发《关于在特殊教育学校建立“医教结合”实验基地的通知》，决定建立医教结合实验基地并向全国特殊教育学校推广。

2010年

2010年3月1日，中国残疾人联合会在北京举行全国首个盲人远程学历教育班开班仪式。首批105名盲人学员(其中本科38人，专科67人)将通过两年半的网络学习，接受盲人针灸推拿专业专科和专升本的远程学历教育，考试合格者将获得国家承认的学历证书。为让盲人能有更多的机会接受高等教育，中国残疾人联合会开发建立了盲人网络远程教学平台，并与北京联合大学合作，通过网络教学平台对盲人开展高等学历教育。该教学平台以信息无障碍技术为标准，实现了远程授课和盲人独立网上自学两大功能的有机结合，不仅支持所有盲人读屏软件，而且独有的字体放大功能便于低视力者操作使用。远程教育是一种新型的、非常适合盲人学习的教学方式。利用网络技术，盲人不出家门也能接受良好的教育，同时也能大大地减轻经济负担，拓宽学习就业的途径，为平等参与社会生活创造了更好的条件。

2010年7月16日，由教育部、国家语言文字工作委员会、中国残疾人联合会共同组建的国家级手语和盲文研究机构——国家手语和盲文研究中心在北京师范大学成立，顾定倩任中心主任。

2010年7月18日至22日，第21届世界聋人教育大会在加拿大温哥华召开。会议肯定了世界各地聋人群体积极地为社会发展做出的贡献，特别指出，在“残疾思维定式”的影响下，聋人仍然受到排斥与贬损。会议号召所有的国家承认聋人群体的应有权利，并鼓励聋人积极参与社会生活。会议否决了1880年米兰国际聋教育大会决议中禁止世界各地的聋教育课堂中使用手语的决议。

2010年8月，上海市教育委员会和上海市卫生局联合申报了国家教育体制改革试点项目“推进医教结合、提高特殊教育水平”。2013年1月，国家教育体制改革试点项目“推进医教结合、提高特殊教育水平”在上海通过鉴定。

2010 年 9 月，由顾定倩、朴永馨、刘艳虹主编的《中国特殊教育史资料选》(上、中、下)由北京师范大学出版社出版。

2010 年，《国家中长期教育改革和发展规划纲要(2010—2020 年)》首次将特殊教育作为独立篇章进行系统发展规划。

2011 年

2011 年 3 月，《残疾人研究》(季刊)杂志正式出版，这是残疾人研究领域唯一的国家级高端学术期刊，由中国残疾人联合会主管，残疾人事业发展研究会主办，设有专题研究、理论研讨、实践探索、观察视界、统计调查、学术动态等栏目。

2011 年 5 月，“21 世纪特殊教育创新教材”系列丛书由北京大学出版社出版，由方俊明任总主编，分为理论基础系列、发展与教育系列、康复与训练系列。

2011 年 11 月 16 日至 17 日，中国高等教育学会特殊教育研究分会换届会暨 2011 年学术年会在北京联合大学召开。会议选举产生了中国高等教育学会特殊教育研究分会第二届理事会和常务理事，正、副理事长。方俊明当选为理事长，朴永馨当选为名誉理事长。

2012 年

2012 年 5 月 4 日，由南京金陵科技学院承办的中国高等特殊教育信息网开通，网站设有新闻动态、学会资讯、院校介绍、人才培养、职业教育社会服务和资源共享等栏目，发布有关中国高等特殊教育，包括残疾人高等特殊教育、职业教育、高等特殊教育的教师教育和专业人员培养的相关政策、科研成果、人才培养、社会服务等方面的信息。

2012 年，中国残疾人联合会教育就业部依托全国残疾人职业教育师资培训基地分别于 7 月和 9 月在北京和南京两地成功举办了全国残疾人中等职业学校骨干教师培训班。来自全国各残疾人中等职业学校的80名骨干教师参加了培训，进一步加强了残疾人中等职业学校师资队伍建设。

2012年9月，教育部发布《关于加强特殊教育教师队伍建设的意见》，正式提出要制定特殊教育学校教师专业标准，提高特殊教育教师的专业化水平。

2012年11月，中国特殊教育博物馆在南京特殊教育师范学院建成。这是中国第一所教育类历史专题博物馆，展厅面积2000多平方米，现馆藏特殊教育实物2300余件(套)，分设通史馆、技术馆、体验馆、成果馆、影视馆、残疾人集邮馆等。

2012年，党的十八大报告进一步提出“支持特殊教育”。

2013年

2013年3月28日，教育部发布文件，决定在本科专业目录中教育学一级学科下设置教育康复学。自此国内教育类(师范类)本科专业目录中出现了教育康复学和特殊教育学两个与特殊教育人才培养关系密切的本科专业。

2013年10月18日，由北京教育学会特殊教育研究会与中国聋人网主办的2013特殊教育学术研讨会在中国残疾人体育运动管理中心召开。这次会议着重研究三个议题：一是为听障学生提供适合教育的方法策略的研究，二是与听障人士沟通方法及手段的研究，三是招生就业与学校课程设计的策略。

2014年

2014年1月27日，国务院办公厅召开全国特殊教育工作电视电话会议，启动实施教育部等七部门联合制定的《特殊教育提升计划(2014—2016年)》。《特殊教育提升计划(2014—2016年)》确定了“到

2016年，全国基本普及残疾儿童少年义务教育，视力、听力、智力残疾儿童少年义务教育入学率达到90%以上，其他残疾人受教育机会明显增加”的总体目标，同时明确规定了完成上述目标的重点任务、主要措施和组织领导保障。中共中央政治局常委、国务院总理李克强专门做出重要批示，指出办好特殊教育对保障残疾人平等参与、增加残疾人家庭福祉、促进社会公平正义具有十分重要的意义，也是教育现代化的重要内容。各级政府要高度重视，带着深厚感情，履行职责，特教特办，认真实施好特殊教育提升计划，让残疾孩子与其他所有人一样，同在蓝天下，共同接受良好的教育。

2014年9月，南京市溧水区特殊教育学校校长葛华钦当选为“全国教书育人楷模”。

2014年10月，北京联合大学新增了临床医学硕士专业学位授权点，这是我国开设的唯一一个招收盲人的硕士点，填补了国内空白。

2015年

2015年1月，“特殊儿童教育与康复文库”丛书20本，由南京师范大学出版社出版，丁勇任文库总主编，是国家“十二五”重点图书出版规划项目暨国家出版基金项目。“特殊儿童教育”系列包括：《残疾儿童权利与保障》《特殊儿童教育导论》《特殊儿童教育评估》《特殊儿童早期发展支持》《特殊儿童沟通与交往》《特殊儿童认知训练》《特殊儿童行为管理》《特殊儿童生活教育》《特殊儿童体育与运动》《特殊儿童生涯发展与转衔教育》。“特殊儿童康复”系列包括：《特殊儿童康复概论》《特殊儿童物理治疗》《特殊儿童作业治疗》《特殊儿童语言与言语治疗》《特殊儿童心理治疗》《特殊儿童艺术治疗》《特殊儿童舞动治疗》《特殊儿童功能性视力训练》《特殊儿童定向行走训练》《特殊儿童辅助技术》。

2015年8月26日，教育部印发《特殊教育教师专业标准（试行)》，对特殊教育教师的专业理念与师德、专业知识和专业能力三方面提出了要求。

2015年11月13日至14日，中国高等教育学会特殊教育研究分会学术年会在南京特殊教育师范学院召开。

2016年

2016年1月20日，教育部办公厅发出关于印发《普通学校特殊教育资源教室建设指南》的通知，从功能作用、基本布局、场地环境、区域布置、配备目录、资源教师、管理规范方面规范教室的设置。

2016年12月26日，根据中国残疾人联合会、教育部办公厅《关于开展职业院校残疾人康复人才培养改革试点工作的通知》要求，在各省级残疾人联合会和教育部门推荐的基础上，经过专家评议和公示等程序，确定北京市残疾人康复服务指导中心等59个残疾人康复机构和北京卫生职业学院等59所职业院校为残疾人康复人才培养改革试点单位，试点工作周期为三年。

2016年12月，教育部正式发布了三类特殊教育学校义务教育课程标准，即2016年版“盲校义务教育课程标准”“聋校义务教育课程标准”“培智学校义务教育课程标准”。至此，自2001年新课程改革以来，义务教育阶段学校课程标准制定基本健全完善。

2016年，中国残疾人联合会和教育部共同启动了职业院校残疾人康复人才培养改革试点工作。为保障试点工作顺利推进，中国残疾人联合会组织有关专家启动了试点系列教材编制工作，确定将编写《康复医学概论》《运动治疗技术》《作业治疗技术》《康复护理》《物理因子治疗技术》5本教材。

2017年

2017年1月11日，国务院第161次常务会议修订通过《中华人民共和国残疾人教育条例》，其中第三条提出“残疾人教育是国家教育事业的组成部分。发展残疾人教育事业，实行普及与提高相结合、以普及为重点的方针，着重发展义务教育和职业教育，积极开展学前教育，逐步发展高级中等以上教育。残疾人教育应当根据残疾人的残疾类别和接受能力，采取普通教育方式或者特殊教育方式，充分发挥普通教育机构在实施残疾人教育中的作用”。

2017 年 6 月，国务院正式批准将每年 8 月 25 日设立为“残疾预防日”。2017 年 8 月 25 日是全国第一个“残疾预防日”。

2017 年 7 月，教育部联合中国残疾人联合会等七部门颁布了《第二期特殊教育提升计划(2017—2020 年)》，提出：到 2020 年，各级各类特殊教育普及水平全面提高，残疾儿童少年义务教育入学率达到 95%以上，非义务教育阶段特殊教育规模显著扩大。特殊教育学校、普通学校随班就读和送教上门的运行保障能力全面增强。教育质量全面提升，建立一支数量充足、结构合理、素质优良、富有爱心的特殊教育教师队伍，特殊教育学校国家课程教材体系和校本课程基本建成，普通学校随班就读质量整体提高。为完成这一目标，从提高残疾儿童少年义务教育普及水平，加快发展非义务教育阶段特殊教育，健全特殊教育经费投入机制，健全特殊教育专业支撑体系，加强专业化特殊教育教师队伍建设，大力推进特殊教育课程教学改革六个方面推进实施。

2017 年 10 月，党的十九大报告提出“办好特殊教育”。

2017 年，残疾人事业专项彩票公益金助学项目的实施，为全国家庭经济困难的 1.9 万余残疾儿童享受普惠性学前教育提供资助。

2018 年

2018 年 1 月 10 日，国家社会科学基金重大项目“中国特殊教育通史”课题组在北京师范大学举办课题开题论证会。“中国特殊教育通史”课题由北京师范大学肖非主持，课题组成员来自北京师范大学、华东师范大学、西南大学、华中师范大学、陕西师范大学、西北师范大学、浙江师范大学和南京特殊教育师范学院等高校。

2018年5月，中国残疾人联合会、教育部、国家语言文字工作委员会发布通知，《国家通用手语常用词表》和《国家通用盲文方案》经国家语委语言文字规范标准审定委员会审定，作为语言文字规范，于2018年7月1日起实施。

2018年7月19日，教育部等四部门通过《关于加快发展残疾人职业教育的若干意见》。提出“大力发展残疾人中等职业教育，让完成义务教育且有意愿的残疾人都能接受适合的中等职业教育。职业院校要通过随班就读、专门编班等形式，逐步扩大招收残疾学生的规模，不得以任何理由拒绝接收符合规定录取标准的残疾学生入学。现有的残疾人职业院校要根据需求不断完善残疾人职业教育的专业设置，有针对性的开设适合残疾人学习的专业……加快发展残疾人高等职业教育。鼓励职业院校与现有独立设置的特殊教育机构合作办学，联合招生、学分互认、课程互选，共同培养残疾学生”。

2018年9月1日上午，中国残疾人联合会、教育部、国家语言文字工作委员会在北京启喑实验学校举行《义勇军进行曲》国家通用手语版推广发布仪式，中国残疾人联合会副理事长程凯及教育部、国家语言文字工作委员会有关司局负责同志出席会议。

2018年11月12日，普通高校残疾人高等融合教育试点工作座谈会在四川大学召开，中国残疾人联合会副主席、副理事长程凯出席座谈会。座谈会听取了四川大学、北京联合大学、长春大学、南京特殊教育师范学院等试点高校一年多来开展高等融合教育试点工作的汇报，对试点工作中的成效、问题和建议进行了总结和回应，明确了下一阶段将试点中的有效措施和经验上升为国家制度的努力方向。

截至2018年年底，全国共有特殊教育学校2152所。1949年新中国成立前全国仅有特殊教育学校42所。

2019年

2019年2月23日，中共中央、国务院印发了《中国教育现代化2035》，从八个方面提出了2035年主要发展目标，其中包括“残疾儿童少年享有适合的教育”。

2019年2月23日，中共中央办公厅、国务院办公厅印发了《加快推进教育现代化实施方案(2018—2022年)》，提出了推进教育现代化的十项重点任务。其中第二条提到“保障特殊群体受教育权利”。

2019年6月11日，康复大学(筹)揭牌仪式在山东省青岛市举行。山东省委书记刘家义，国家卫生健康委主任马晓伟，中国残疾人联合会主席张海迪，山东省委常委、青岛市委书记王清宪，博鳌亚洲论坛全球健康论坛大会主席陈冯富珍女士共同为康复大学(筹)揭牌。中国残疾人联合会副主席、副理事长程凯主持揭牌仪式并介绍了康复大学筹建情况，山东省副省长于杰宣读教育部《关于支持筹建康复大学的函》。康复大学由山东省主办，驻地青岛市。中国残疾人联合会、国家卫生健康委等部门共同建设，教育部正式批复支持筹建康复大学。康复大学建设将以高起点、高水平、国际化标准，秉承当代先进康复理念，融合医学、生命科学、人文科学等，建成一所以研究为基础、以康复应用为主导的新型大学。

2019年8月7日，中国残疾人联合会、国家市场监管总局等部门在北京共同发布国家标准《就业年龄段智力、精神及重度肢体残疾人托养服务规范》(GB/T37516－2019)。此为我国残疾人服务领域出台的首部国家标准，南京特殊教育师范学院何侃(第一起草人)领衔起草。

后　记

经过半年多的努力，《共和国教育学70年·特殊教育学卷》终于交稿了。面对这部书稿，我们首先是倍感荣幸。新中国成立70年来，特殊教育学从无到有，从酝酿孕育到初创建设，再到发展壮大，一代一代特殊教育学人筚路蓝缕，值得新中国铭记。我们在该书的写作过程中，幸以身临其境般回溯与亲近学科发展历程中的那些人、那些事、那些著作、那些论文、那些思想、那些争鸣。感谢丛书总主编侯怀银教授的信任及我的同事杨克瑞教授的支持。其次是饱知艰辛，时间短、任务重、人手紧、资料少，主要是本领恐慌，提炼萃取成效不高。最后是主客观原因导致我们书稿中还有一些不足，觉得还有颇多遗憾，有愧于开创与建设特殊教育学学科的特殊教育界前辈们，有愧于正在蓬勃发展的特殊教育事业。我们应该好好整理研究我国特殊教育事业发展史，特别是特殊教育学学科史。可惜我们由于时间紧与能力弱，书稿中有一些不尽如人意、不尽如己意的地方。当然我们也难免敝帚自珍：我们确实在现有条件下尽心尽力尽职了。作为这一领域的第一本专著，我们将以此为起点，不忘初心，争取以后拿出更好的成果。此时此刻我们非常感恩、感怀、感动的是一批特殊教育界前辈对本书稿给予了特别的支持。朴永馨，中国特殊教育学学科的主要奠基人与开拓者，不顾高龄与多病，从学科立场到学科分期，到学科要素，到话语方式，到史实厘定，到书目介绍，到资料推荐，到亲自作序，可谓全程陪护、耳提面命、语重心长、无微不至。我们当然知道，书稿离他的要求，离特殊教育学学科发展历史的真实呈现，还有不少距离，但他总是倍加鼓励，倍加包容。银春铭、张宁生、方俊明、顾定倩、刘全礼、叶立言、余敦清、曹正礼、丁勇、邓猛、盛永进等多位特殊教育界专家，或当面赐教，或电话指导，或书信鼓励，让我们无比感激。台湾特殊教育界前辈林宝贵听说我们在编写这本书后，当即给予口头表扬，次日给予物质奖励：她亲手送上了她主编的多本特殊教育专著供我们学习借鉴。中国残疾人联合会副主席程凯博士、中国教育学会会长钟秉林博士、国家教育部特殊教育处首任处长龙庆祖先生、清华大学教育研究院石中英博士也对书稿编写给予了热情鼓励与当面指导。著名教育家周洪宇教授，近年来致力于中国教育活动史研究这项重大工程的理论架构与实践推进。他关怀特殊教育，关爱特殊教育史，关注特殊教育学学科史，关心特殊教育活动史。他百忙之中的赐序，既是褒奖与鼓励，又是鞭策与启迪，更是扶持与引领。

本书由王立新(南京特殊教育师范学院党委副书记、教授、博士、博士生导师)担任编委会主任，他给本书的写作提供了学校校级层面的保障与社科名家层次的支持。在写作过程中，马建强(南京特殊教育师范学院中国特殊教育博物馆馆长、编审、教授)，何侃(南京特殊教育师范学院康复科学学院教授、江苏省特殊教育学重点建设学科带头人)，王培峰(南京特殊教育师范学院特殊教育学院教授)一直如切如磋、如琢如磨、聚精会神、同舟共济，也一直如履薄冰、如临大敌，此刻也没有如释重负。博物馆季瑾、孙爱芹两位博士承担了部分编务工作。马建强拟定了全书体例，编制了全书提纲，撰写了绪论第一部分，指导完成了大事记，统校了全书书稿。何侃撰写了第七章第三节、第八章第三节、第九章第三节、结语第二部分，王培峰撰写了第四章、结语第一部分，张伟锋撰写了第六章第三节、第八章第二节、第九章第三节，季瑾撰写了绪论第三部分、第一章、第三章，李拉撰写了第二章，吕雯慧撰写了第六章第一、二节，高宇翔撰写了第五章第一、二节，王娇艳撰写了第八章第一节、第九章第一节和第二节，潘威撰写了第七章第一、二节，史万兵撰写了绪论第二部分，孙爱芹承担了大事记编写工作，邱淑永拍摄了书中所配的所有图片，王顺琪、刘小溶、魏冉等同学参与了一些资料收集、整理、汇编工作。在朴永馨教授的介绍下，北京联合大学特殊教育学院院长滕祥东教授整理编写了中国高等教育学会特殊教育研究分会从筹建到历次年会的相关宝贵资料，给本书编写提供了重要信息，向她的无私奉献表示感谢。高宇翔是北京师范大学特殊教育专业硕士、新疆师范大学特殊教育专业博士，新疆乌鲁木齐聋人学校教师。他虽远隔千里，但举笔相助，远水解近渴，谢谢。

本书也是“十三五”江苏省重点建设学科“教育学”成果之一。

现在从历史走来，现在向未来走去。新中国成立70年来，特殊教育事业取得了巨大成就，特殊教育学学科获得了长足发展。我们相信，特殊教育事业必将迎来辉煌的未来，特殊教育学学科必将取得更大的成就。千里之行，始于足下，特殊教育学者永远在路上，特殊教育学学科任重道远，特殊教育事业的明天更加美好。

最后特别感谢北京师范大学出版社鲍红玉和梁民华两位编辑。对于你们为本书稿的付出，我的理解是除了专业与敬业外，更多的是你们对特殊教育及残疾人事业的理解、支持与帮助，谢谢。

马建强

2019年8月21日于南京

图书在版编目(CIP)数据

共和国教育学70年. 特殊教育学卷 / 侯怀银主编;马建强等著.
—北京:北京师范大学出版社,2020.5
ISBN 978-7-303-25567-2

Ⅰ.①共… Ⅱ.①侯… ②马… Ⅲ.①特殊教育—教育史—中国—现代 Ⅳ.①G529.7

中国版本图书馆CIP数据核字(2020)第016413号

营销中心电话 010-58802135 010-58802786
北师大出版社教师教育分社微信公众号 京师教师教育

GONGHEGUO JIAOYUXUE QISHINIAN · TESHU JIAOYUXUE JUAN
出版发行:北京师范大学出版社 www.bnup.com
北京市西城区新街口外大街12-3号
邮政编码:100088
印　　刷:北京盛通印刷股份有限公司
经　　销:全国新华书店
开　　本:710 mm×1000 mm 1/16
印　　张:32.25
字　　数:410千字
版　　次:2020年5月第1版
印　　次:2020年5月第1次印刷
定　　价:162.00元

策划编辑:郭兴举 鲍红玉　　责任编辑:马力敏 梁民华
美术编辑:王齐云　　装帧设计:王齐云
责任校对:康 悦　　责任印制:马 洁